唐蘭全集

二

論文集上編二

（一九三五—一九四八）

上海古籍出版社

論文集上編二（一九三五—一九四八）

目録

上編二

《古文聲系》序

孫君海波既刊行其所輯《甲骨文編》，復取甲骨金文之可識者，以聲系之，爲《古文聲系》，而仍屬余爲序。夫聲韻之學非余夙習，寧敢多言，然余習古文字既久，愚者之得或有一二，既覩同志，豈能不傾倉倒囷，羅列以進，用爲序。曰：

文字起原莫不由於圖畫，及其與語言合，有形、有聲、有義，是謂文字。故上古文字，近似圖畫，蟲魚鳥獸，率狀其形。企立坐卧，俱象其意，覩形知義，而聲亦存焉。近世所謂文字畫word-picture與意義畫idea-picture者，即象形與象意也。及其降至近古，則變爲音符。蓋圖畫文字以應語言，時有不給，則或引申其義，或假借其聲，引申假借既繁，則一字之形所代表之言語愈廣，舉其聲可知其義，而形或無預焉，此音符文字所由興也。其爲文字有綴音、注音之殊，綴音者，僅存音符，曲狀語聲。注音者，兼存形符，聲義兼備，中國文字實用注音，所謂形聲者是已。

中國文字之所以演進爲注音者，蓋當圖畫文字之時，象意字中已有聲化之傾向。如𢦔爲揚戈，异爲捧豆，凡動詞以受動者爲聲也。復爲㝵於道，漁爲魚在水，凡有附加語者，以主語爲聲也。余嘗求得其例，見《古文字學導論》。由是演進，則於引申之義，如少之爲少女，樹梢者，遂增益女或木旁，而爲妙及杪矣。於假借之聲，如羊之爲水名、女姓者，遂轉注水與女旁，而爲洋及姜矣。蓋歸納舊文，得其條例，踵而行之，遂闢新術。然則形聲文字之産生，由於自然之演進，而非突變也。

中國文字之變化至爲繁賾，且歷世既久，遺迹頗多泯滅，溯原探本，其事至難，然猶幸自商以來文字具在也。既不如埃及古文之中絶，又異於日本假名之後起，雖進爲音符，而形符猶多存者，故推考古語，非不可能之事也。形聲文字，聲必有母，蓋聲以載語，而聲有限，數語而同一聲，其義恒相類也，此謂語根。其在形聲文字，則謂之聲母，聲既有限，則聲母不能甚繁。今之言聲母者，依《説文解字》許氏所記，聲母千有餘，何其多也。余嘗考之，蓋頗有不當合而合，不當分而分者。龍本象形，而以爲從童。甫本作，而誤謂父聲，此不當合而合者。㝵之與帚及婦、立之與位，聲似迥異，然卜辭以帚爲㝵、帚爲婦，金文以立爲位，蓋㝵與立皆其本聲也，此不當分而分者。其間誤合者少，誤分者多。苟能一一詳考，而析之併之，則聲母必遠減於前，聲母既定，斯語根不難求矣。

今冬，倫敦將有中國藝術之展覽。容君希白與余當南下選集出品，詰朝將行，未獲詳讀孫君之書，然我知其於聲母之考訂，必有新得也。余深望其擴而充之，自甲骨金文之可識者，而求其不可識者，由甲骨金文之所有者，以推及其所無者，盡抉形聲字之聲母，以求中國語之根源，則不朽之盛業矣。我聞之，爲學不蘄近功，所守者約，所成者宏。我日斯邁，而月斯征，願爲孫君誦之。

二十四年一月十日秀水唐蘭序

作者自注：寫成於一九三五年一月十日。

載孫海波《古文聲系》第一至四頁（原文無標點）北平來薰閣影印。

陳常匋釜考

陳常匋釜銘見陳簠齋自藏拓本册（附圖一），凡十字，吴大澂《説文古籀補》留字下亦著録之。簠齋於拓本上題曰：「周齊田陳殘瓦量，十字，□（出）□（臨）菑。」又跋云：「立事本《周書・立政》文，見宋王復齋《款識》齊銅甑（蘭按見阮氏《積古齋款識》，陳氏誤記）。又見余藏膠西靈山古城出二銅區。立事即相。《史記》田常始相齊，常子盤，盤子白，白子和，代相，無名冋者，白即冋之譌，蓋莊子所作器，陳氏四量之一也。戠許説田器，字從□同□，或□荷戈，田或田器，即戠與。王從，見古匋□□□□。釜，吴清卿以爲釜之正字。第十字□□□區文（下缺）。光緒丁丑（三年）十一月廿六日雪中（下缺）。」蘭按陳説多誤，此器乃陳常所作，於史事頗有關，故作此考。

陸（陳）冋（常）立事歲，甾之王釜也。

冋字即向字。《説文》尚從八向聲，古尚字作□（見□鼎），或作□（見陳侯因資錞），則冋即向字無疑。向與尚同聲，古從酉之字，每加八而爲酋，如尊之即尊，奠之即奠，皆是，則尚亦即向字也。陳尚當即陳常。《史記》謂陳氏改爲田氏，實戰國以後所改，今傳世陳氏器無作「田」者，則陳常即《論語》、《左傳》之陳恒，《史記》之田常矣。古書唯《吕覽・慎勢》言陳成常，與釜銘相類，然據釜銘，則「常」當作「向」，亦考史之一助也。

□字陳釋戠，吴大澂釋留，古鉩有□德，丁佛言《説文古籀補補》亦釋留，均誤。按當是甾字。甾本當作□，金文所習見，尸鐘「師于淄澭」之淄，作□，即其確證（《嘯堂集古録》下卷七十九葉）。□譌作□，遂變作□。猶小篆作「□」而今隸譌爲「甾」也。古文字中，此類變化之例極多，如甲骨之□，小篆變譌作□，即其證也。甾乃地名，蓋即《漢志》齊郡之臨淄，春秋時齊所都，故城在今山東臨淄縣北。此釜所出，正在臨淄，則〓即甾字，無可疑也。

「王釜」蓋謂大釜，猶謂「王弓」「王鮪」也。第十字陳氏跋中所釋已殘闕，按其語氣，似以爲「區」字。今按非也。區當作〓，與此迥異。以字之地位考之，蓋「也」字（附圖二）。按《左傳》、《論語》、《孟子》等書均好用「也」字，而古器物銘罕見，秦在春秋戰國時用「殹」字，雍邑刻石、詛楚文、新郪虎符並同，其作「也」者，僅其併天下後之刻石及權量詔版耳。向以爲疑。今得此釜，用知春秋末葉，齊地已有「也」字，雖一字之微，所關至巨。蓋「也」字爲春秋後齊魯流行之詞，秦人本用「殹」，及併一天下，染齊魯之風氣，乃改用「也」，然於千百之中，猶或一用「殹」字，如《薛氏鐘鼎款識》所録平陽斤是，蓋舊習之難忘也。「也」既行於春秋之時，而不恒見於銘刻，即齊魯之銅器，亦未一見者，古時文字，均事摹仿，故古器物銘大都從同，言鐘聲則曰「𧰼𧰼數數」，言祭祀則曰「以亯以嘗」，其如「綽綰釁壽」、「子孫萬年」之類，率爾遺詞，皆有成語，猶後世之濫調四六也。即其稍異常軌，自立新體，亦均言則古昔。故銅器刻銘，實爲當時之古典文學，其不能用「也」字，猶今日作古文之不能用「呢」或「嗎」字也。此爲匋釜，其銘乃倉卒所刻，而非鑄成，蓋施用於民間，故用「也」字，與銅器異例矣。

《史記》載「田常成子與監止俱爲左右相，相簡公，田常心害監止，監止幸於簡公，權弗能去，於是田常復脩釐子之政，以大斗出貸，以小斗收」。此釜殆即其時所作，云「王釜」則即大釜，陳氏之私量也。按陳氏篡齊，其處心積慮，已非一日，至陳成子常，始得齊政。今此釜銘云「甾之王釜」，甾爲齊都，而陳氏得行其私量，則代齊之兆，亦顯然矣。

《左傳》昭三年曰：「齊舊四量，豆、區、釜、鐘，四升爲豆，各自其四，以登於釜，釜十則鐘。陳氏三量，皆登一焉，鐘乃大矣。」據其説則陳氏之釜，當容八斗，惜此釜殘缺，不能知其容積，爲可惜也。

銅器之刻銘者，多六國時器，此則當春秋末年，與此時代相近者，僅魯太宰邍父簋、齊侯鼎等數器耳。蓋刻銘之風氣，即受匋器之影響也。刻銘書法恒較鑄銘爲簡率，此銘尤甚，如「立」之作「〓」，已頗開隸書之風氣。蓋即書法一端，平民與貴族亦恒不一致也。

陳常匋釜考附圖一

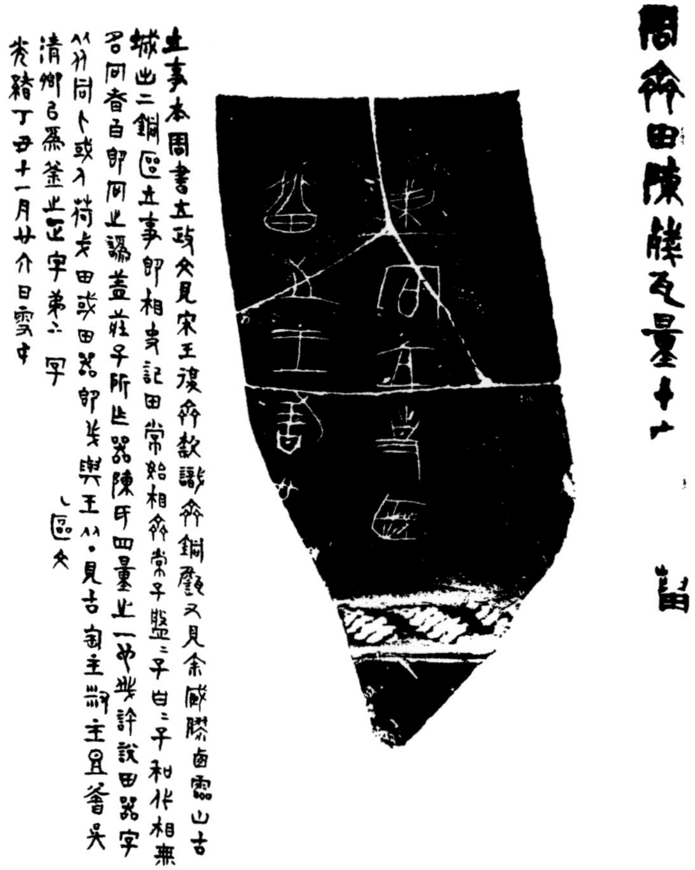

陳常匋釜考附圖二

載北京大學《國學季刊》第五卷第一期一九三五年五月。

《北宋拓周石鼓文》跋

此北宋搨秦雍邑刻石，（舊名石鼓，馬叔平氏定爲秦刻石。今依嶧山、會稽諸刻石例，改稱爲雍邑刻石，石出天興即秦雍邑也）除重文外，凡存四百九十七字。原爲明錫山安國（民泰）所藏，安自署曰前茅本，與中權本、後勁本同爲十鼓齋中最精之本，而此本尤勝。遊車石「麀鹿速〻」之鹿字，中權本只存[illegible]形，此本作[illegible]，較多一筆。角弓上一字，中權本泐存[illegible]形，此本則可辨爲[illegible]。汧殹石「其斿𤓰〻」句，𤓰字攵旁，中權本泐作[illegible]，此本作[illegible]，頗完好。「黄帛其鯾」句帛字白旁，中權本微泐，此本未損。田車石「田車孔安」句之安字，中權本女旁與宀旁相連，此本未連。吴人石遊其下此本較中權本多一殘字。由此可知，此搨施墨尚在中權本之前（此本而師石較中權本少「[illegible][illegible][illegible][illegible]」四字，蓋剪裝時誤截去者）。若後勁本則更不如中權本，自不能與此抗衡矣。此刻自宋以來，剥泐日甚。歐陽永叔謂可見四百六十五字（梅聖俞詩「四百六十飛鳳皇」蓋舉成數言之）。元至元時，潘迪作《音訓》云，見存三百八十六字，清乾隆己巳摩搨則只存三百十字（乾隆五十七年程瑶田題石鼓硯云：僅存二百九十八字。按最近精搨本，尚存三百十數字，程氏或不數及殘字耳）。傳世精搨，稀如星鳳，藏家得一「氏鮮」未損本，已詫爲奇珍，諸所謂宋搨者，率爲入燕都後所搨，故存字之數，與潘氏《音訓》漸近。乾隆五十二年，海鹽張燕昌（芑堂）登浙東范氏天一閣，模其所藏趙松雪家北宋本，其次年作《石鼓文釋存》。又其次年，以所校天一本，重橅於石。嘉慶二年，阮元謂張刻尚未精善，因重橅天一本，刻石於杭州。張石尋燬於道光乙亥，雖有徐氏鉤本，而不顯於世，阮模本遂獨傳。其後有伊（秉綬）、姚（觀元）、尹（彭壽）諸摹本，並楊（守敬）鉤本，並自阮本出，世人咸以阮本爲即天一本矣。然張、阮所橅，取校元明舊搨，已有不及。夫搨手庯有高下，紙墨庯有不同，椎搨庯有未盡，剪裱庯有割棄，故後出打本，間有勝於舊搨，而存字較多者。然同一字之泐否，自有先後之殊。舊本已泐，新本決難復完，此本一定不易之理。天一本出自北宋，苟遜近搨，顯悖於理。顧昔人崇信太過，弗之疑也。其實張、阮所刻，非即天一原本。天一本出自剪裱，多有割棄，張氏志在復原刻之舊，故雜採宋陳氏甲秀堂《周秦篆譜》、明顧氏石鼓硯，並元以後搨本，加之校定。故如遊車石「遺」字，《釋存》補注云：天一閣本已割去，而橅本作「[glyph]」。鑾車石「趍三」下一字，天一本原作六，（陳譜、顧硯同）張氏謂是由別本割本補，因據所藏元搨似作[glyph]者模於石，可見校訂之勤。然如遊車石「遊敺其特」之「遊」，《釋存》引天一本作[glyph]，而模本只作[glyph]，則未免舛誤。至阮本雖稱重橅天一，實僅據張刻，其書丹者亦即張氏。然持校張刻，猶未能逮。遊車石「[走憲]」字，張刻作[glyph]，而阮譌作[glyph]。鑾車石「遊麀允異」之「遊」字，《釋存》所引天一本有之，張刻有之，而阮本敓，是則更非天一本之真矣。雖然善搨難覯，《薛氏款識》、陳譜、顧硯其源固同出北宋，然臨摹縮寫，舛誤更多。即以字數論，顧本存四百三十六字，陳本存四百四十二字，薛本存四百五十一字，而張刻則有四百六十八字，自足以振鑠一時，視爲最古最精之本矣。乃安氏墨本既出，即尋常宋搨猶足訂正張、阮（所謂丁本也）。至中權本，則已遠勝天一原本，如遊車石之「特」字、「趩」字，不可殫述。而此本又在中權本之上，以數字論，中權本存五百字，此本存四百九十七字，兩本互補，可得五百又一字，字數之多，前所未見（明人僞東坡鈎本全文不足辨）。今人眼福，洵突過古人。然無識者猶取張、阮摹刻，以繩墨古搨，羣相驚詫，云是贋作。積非成是，謂球圖瑰寶，世不當有，可爲慇惜。按安氏收藏之富，有聲晚明。既雄資財，又精鑒賞，與同邑華夏（中甫）最善，華氏即刻真賞齋法帖者也。安氏所藏石鼓舊搨凡十，因號爲十鼓齋。而此前茅本及中權、後勁三搨實爲之冠。後以諸搨精者，緘固一龕，寘於天香堂梁際。道光時，其後裔拆售天香堂，因發見諸搨，旋入邑人沈梧（旭庭）之手（梧嘗作《石鼓文定本》，署古華山農），或云由沈氏之介，質錢四十萬，輾轉流入市儈手。遂以此前茅本售於東瀛，得萬金。而中權本，經印行者詭易權字爲甲，剜改之迹甚顯，又割去安氏長跋，故諸搨原委今不能盡詳也。前年，友人郭鼎堂氏自日本遺書，告以得見前茅本，尤勝於中權本。（郭君著述中稱先鋒、中堅乃誤記）。予方自悵其不得見，會有挾攝景本求售者。尋繹之，即此前茅本，但惜無跋語耳。一日燕集，座有馬（叔平）、徐（森玉）諸氏，談及此搨。諸先生並海內真賞，矜此奇寶，咸主設法保存。蓋原墨已不可見，此與孤本無殊矣。數百年來，僅張、阮等數人得見天一閣本，錢辛楣稱張氏云：好古之士，得見北宋搨本於七百餘年之後，厥功偉矣。今一旦得見北宋搨本兩種，且遠出天一本上，其有裨於學者之研索，書家之臨摹，爲何如哉。其中權本雖已印行，然遠不如此本之古。蓋刻石當以此雍邑爲最古，而雍邑搨本當以此前茅爲最古，謂爲第一祖搨可無愧焉。

中華書局既付景印，以廣流傳，其原本雖已隨海舶而逝，亦可無憾矣。

廿四年五月，秀水唐蘭記於北平僦庖之亡斁齋。

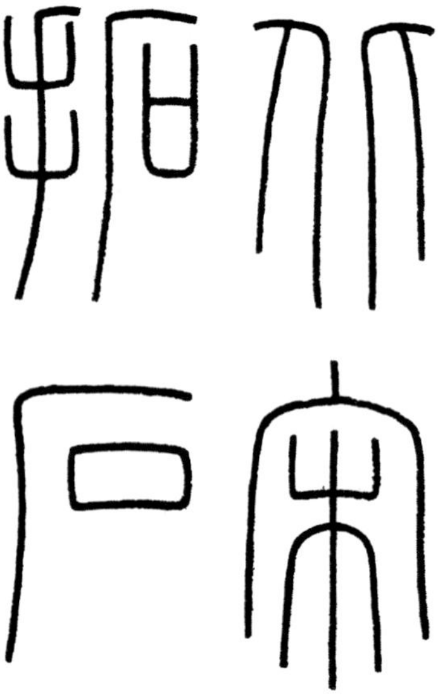

歲次旃蒙大淵獻壯月
中華書局印行
古杭王禔篆

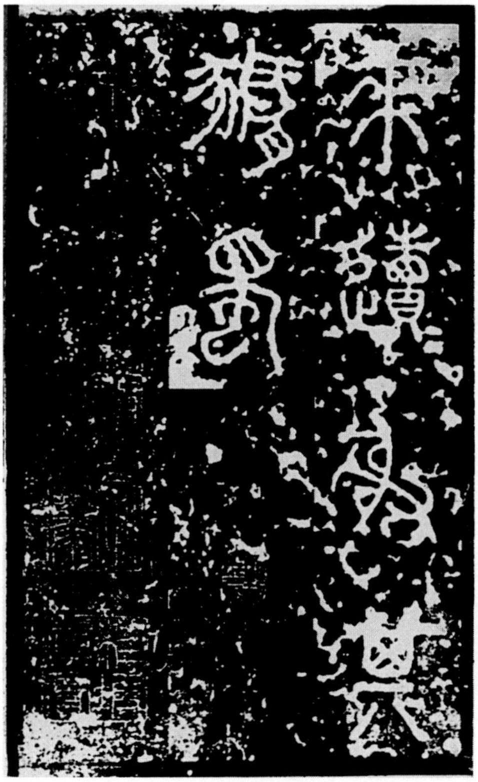

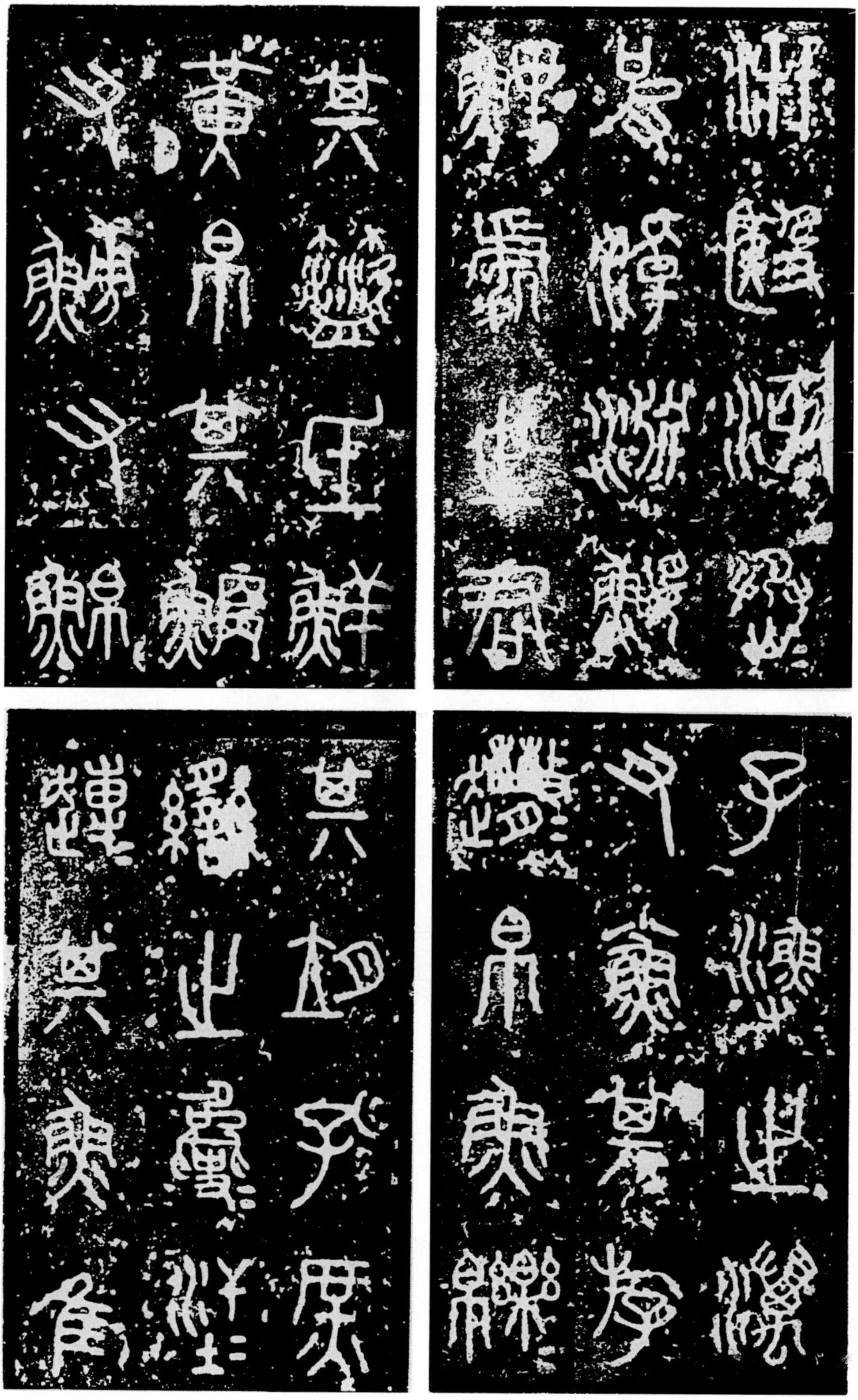

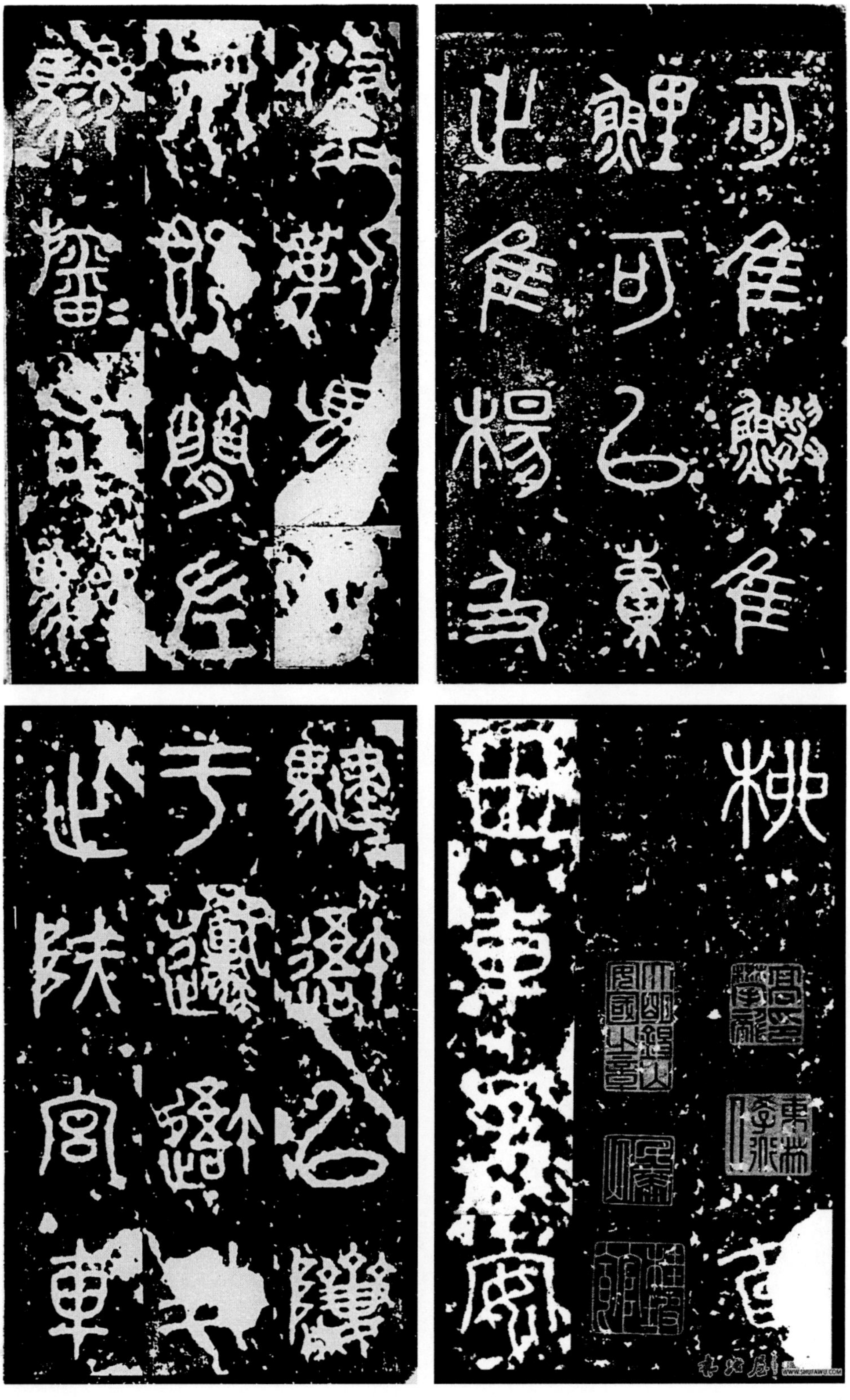

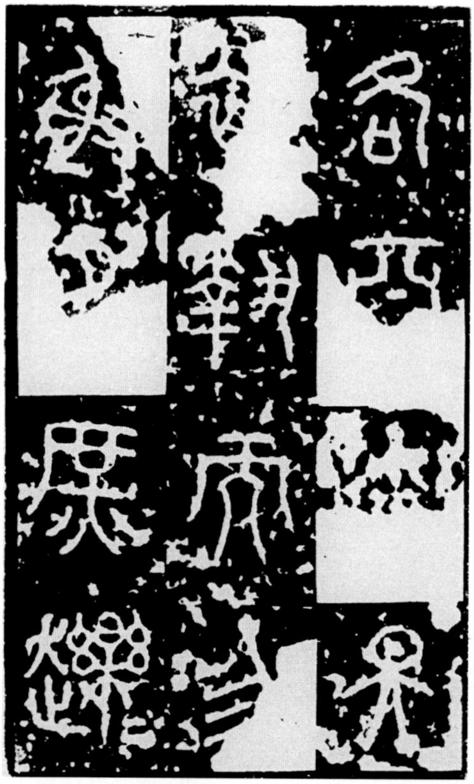

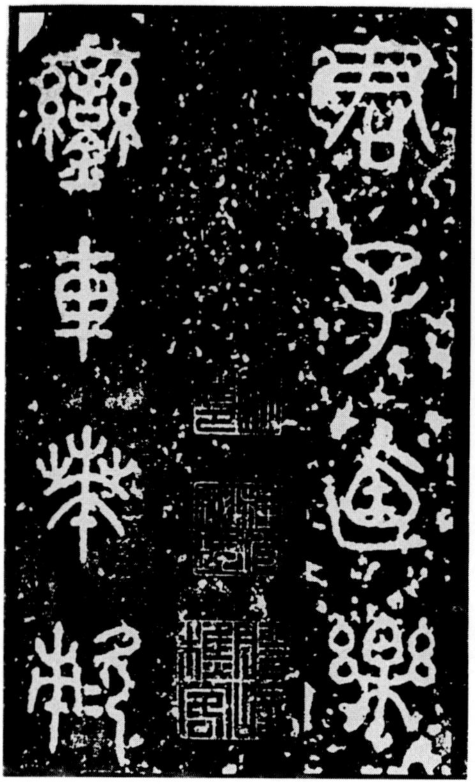

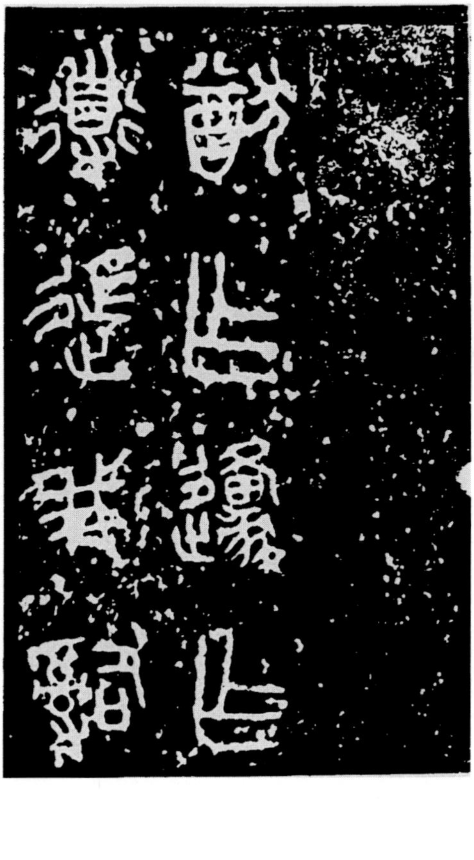

作者自注：寫成於一九三五年五月。

載《北宋拓周石鼓文》中華書局一九三五年八月初版(原文無標點)。

前茅本北宋最早搨汧陽刻石跋

此搨頃由中華書局影印，即將出版。此石通稱石鼓，今依馬衡氏所考定，改稱爲汧陽刻石。

此北宋搨秦汧陽刻石，除重文外，凡存四百九十七字。原爲明錫山安國(民泰)所藏，安自署曰前茅本，與中權本、後勁本，並爲十鼓齋中最精之本，而此本尤勝。邀車石「麀鹿速=」之鹿字，中權本只存□形，此本作□，較多一筆。角弓上一字，中權本僅辨□形，此本則可辨爲□。汧殹石「其斿⿺走敫=」句，⿺走敫字之文旁，中權本泐作□形，此本作□，頗完好。「黄帛其鯾」句，帛字之白旁，中權本泐筆，此本未泐。田車石「田車孔安」句之安字，中權本女旁與宀 旁相連，此本未連。吴人石邀其下，多一殘字，爲中權本所無。由此可知此搨施墨時，尚在中權本之前(此本而師石，較中權本少□□□□四字，蓋裱時誤割去者)。若後勁本則殆爲金搨本之精者，更不能望其項背矣。此刻自宋以來，剥泐日甚。歐陽永叔謂可見四百六十五字(梅聖俞詩云「四百六十飛鳳皇」，蓋舉成數言之)。元至元時，潘迪作《音訓》云，見存三百八十六字，清乾隆己巳摹搨則只存三百十字(乾隆五十七年程瑶田題石鼓硯云，僅存二百九十八字。按最近精搨本，尚存三百十餘字，程氏或不數及殘字耳)。傳世精搨，稀如星鳳，藏家得一「氏鮮」未損本，已詫爲奇珍，諸所謂宋搨者，率爲入燕都後所搨，故存字之數，與潘氏《音訓》漸近(《金薤琳瑯》載明(淇)[洪] 武趙撝謙所得宋本四百十九字，今坊間印安氏藏别一宋本計四百二十二字，蓋皆金搨本也)。乾隆時海鹽張燕昌(芑堂)手模浙東范氏天一閣所藏趙松雪家北宋本，因參考宋陳氏甲秀堂《周秦篆譜》、明顧氏石鼓硯，而爲《石鼓文釋存》。其書刊於乾隆五十三年，其明年又以所校北宋本，重橅於石。嘉慶二年，阮元又校天一閣本，刊石於杭州。張石尋燬於道光乙亥，阮橅本遂獨傳。其後有伊秉綬、姚觀元、何紹業、尹彭壽諸橅本，皆自阮本出，世人亦皆以阮本爲真即天一本矣。其實張橅本已不盡據天一本。以邀車一石言之，「麀鹿速速」之鹿字，《釋存》未引天一本，而橅存□形。按舊搨作□，此蓋取近搨所補。「邀敺其特」之邀字，《釋存》引天一本作□，而橅本只作□。

「其來遺遺」之遺字，《釋存》補注云：天一閣本此字已割去，而橅本作[illegible]。蓋天一原本爲剪裝，多所割棄，張氏據陳譜、顧硯欲復原刻之舊，自不得不參取天一以外之本。故鑾車石趍趍字下，天一本原有六字，陳譜、顧硯俱同，張氏《釋存》謂天一本乃由別本割一六字補入，因據所藏元搨本以作[illegible]者橅於石，其多所改更可知。然校改既多，難免舛誤，如遊字不用天一本，反用近搨，是其例也。阮氏謂張刻尚未精善，故重橅天一本而以明初諸本參校，其書丹者雖乃爲張氏，所刻則尚遜於張橅本，如遬車石⿺走盧字，張橅本作[illegible]，而阮橅本譌作[illegible]，鑾車石「遊麀允異」之遊字，《釋存》所引天一本有之，張橅本有之，而阮本脱去，更非天一本之真矣。學者於此石苦無善本，天一本出自北宋，自足震鑠一時。然張、阮氏所橅，間反不如明舊搨。夫搨手庸有高下，紙墨庸有不同，椎搨之時，庸有未盡，剪裱之時，庸有割棄，故後出打本，或有勝於舊搨，其存字亦或有較多於舊搨者；然同一字之泐文，則自有先後之殊，舊本已泐，新本決難復完，近搨尚完，古搨決不能泐滅，此一定不易之理也。張、阮所橅頗有不應泐壞而泐壞者，正以雜採他本之故，而昔人遂以爲天一原本如此，則過信橅本之失也。雖然，天一本外，如《薛氏款識》、陳譜、顧硯，其源固皆出於北宋搨本，可資參考，然皆爲臨摹，時有譌誤，又不如張、阮橅本之尚近真（今世所傳，無北宋以前搨本。《古文苑》所録，當亦北宋本，與薛書所祖石本同源，至楊慎僞造唐本，則不足辨）。顧本存四百三十六字，陳本存四百六十八字，即非盡天一本之舊，其存字要可謂最多。世儒不得見真北宋搨，自當視爲最古最精之本矣。今考天一閣原本，蓋與安氏所藏中權本較近。遬字損攴旁，安字中書連上，此兩本所同者。而中權本完好之字，天一本泐損已多。如遬車石之特字，中權本尚可辨，天一本已不可識，趧字之異旁，中權本筆畫清晰，僅旁有微泐，天一本已只存田形；則其時代當尚遠在中權本之後也。此本與中權本，雖亦剪裝，殘字都未割去，故存字尤多。此本存四百九十七字，誤割去四字，中權本存五百字，誤割去一字，合二本互補後，可得五百又一字，僅舉其完整可證者，猶有四百八十餘字，遠出天一本之上，即歐陽永叔所見之本，亦無此完備，洵是此石無上佳搨，世間有數環寶也。況此前茅本犖字可辨，遬字未泐；較中權本搨墨尤早，實海内第一祖本矣。按安國於晚明以富饒雄一時，好收藏，精鑒賞，與華夏（中甫）友善，華氏即刻真賞齋法帖者也。安氏所藏碑刻多精搨，而於此刻尤蓄意訪求，得精搨十，因名其齋曰十鼓，前茅、中權、後勁三搨，實爲之冠，其後以諸精搨藏於天香堂，緘固一匣，置諸梁際，秘不示人。及清道光時，後裔式微，拆售天香堂，發見諸搨，旋入邑人沈梧（旭庭）之手（梧嘗作《石鼓文定本》）。故諸搨多有安、華、沈三氏鈐記。或云，由沈氏介紹，以四十萬質於某氏，立有契約。其後輾轉入市儈之手，遂以此前茅本售諸日人，得五萬金，而中權本經印行者，剜改權字爲甲，以滅前茅本之迹，又將安氏長跋割棄未印，跋中本詳載諸本原委，因之遂無可徵。中權本既印行，以其遠出天一本上，庸耳俗目，驟覩佳搨，謂不當有，便疑爲贋。余嘗問諸錫人，頗知其源流，決其非僞。既而郭沫若氏，自日本遺書，告以得見前茅本，尤勝於中權本（郭君著述中稱爲先鋒本，中堅本，乃誤記）。因悵其不得見也。久之，會有挾攝景本求售者，索值甚鉅。尋繹之，即前茅本，但缺跋語。余寒士力不能舉，一日讌集，座有馬叔平、徐森玉諸氏，縱談及此，諸先生並海内真賞，矜此奇寶，咸主設法保存，謂原墨既不可見，猶幸得留片影，等於孤本，豈可使復湮没，乃盡力謀之，僅得如願，前後幾一載矣。數百年來，僅張、阮得見天一所藏北宋搨本。錢辛楣稱張氏云：好古之士，得見北宋搨本於七百餘年之後，厥功偉矣。然天一祖本，施墨既遲，存字又少，張、阮所橅，更殊原本，今一旦得見真北宋最早搨本，其有裨於學者之研索，書家之臨摹，爲何如哉。其中權本雖已印行，然遠不如此本之古。蓋刻石之中，當以此汧陽刻石爲最古，而此石搨本，當以此前茅爲最古，今得中華書局付之影印，廣爲流傳，使人人得見此第一古搨，則其原本雖已隨海舶以東，亦可無憾矣。

二十四年五月，秀水唐蘭記於北平皦居之無斁齋。

作者自注：亦寫成於一九三五年五月，於《北宋拓周石鼓文·唐跋》之後，對原文有所增删修改，並加標點符號。載天津《益世報》第三張《讀書周刊》第九期一九三五年八月一日。

同簋地理考（西周地理考之一）

傳世同毁凡二器，《周金文存》三卷補遺著録其搨本（《西清續鑑甲編》六卷著録僅一器）。銘凡九十一字，曰：

隹（唯）十又二月初吉丁丑，王才（在）宗周，各于大廟。㷠（榮）白右同，立中廷，北鄉。王命：「同𠂇（左）右吴（虞）大父嗣昜林吴（虞）牧，自虒東至于⿰氵⿰歹可（菏），氒逆至于玄水，世孫＝子＝𠂇償（左）右吴（虞）大父，毋女（汝）又閑」。對䚄（揚）天子氒休，用乍（作）朕文丂（考）叀中𡚁寶毁，其萬年子＝孫＝永寶用。

郭沫若《兩周金文辭大系》以爲懿王時器，雖無以定其是否，以文體書法考之，當在昭、穆以後，厲、宣以前，無疑也。

虒字作，⿰氵⿰歹可字作，向均不識。郭氏以爲洛，蓋拓本不晰，因而致誤。又釋爲河，雖頗近似，亦未碻。按當是虒字，《說文》：「委虒，虎之有角者也。从虎厂聲。」其篆文作者，即形之譌。誤爲厂，余别有説詳之。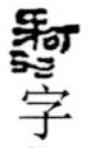字從水⿰歹可聲，與河字異，卜辭河字作，從丂，不從⿰歹可也。⿰歹可字即何之異文，《說文》「何，儋也」，經傳多以荷爲何，然則⿰氵⿰歹可即⿰氵何字，亦即⿰氵荷字。荷或省作苛（《漢書・酈食其傳》荷禮即苛禮），故⿰氵荷字亦作菏；《說文》菏字从水苛聲，其實當从荷省聲，故《禹貢》菏字，《史記》逕作荷也。

銘言「嗣昜林虞牧，自虒東至于菏，氒逆至于玄水」，其地域，昔人未有言之者。按「虒」地殆在今山西曲沃縣西，《左・昭八年傳》「晉侯方築虒祁之宫」，蓋平公也。劉歆《遂初賦》云「過下虒而歎息兮，悲平公之作臺」，下虒即虒祁也，對上虒而言之耳。「虒祁」當是語聲之舒，急言之則但爲「虒」，如「邾婁」之爲邾矣。「菏」者，《禹貢》云「浮于淮泗，達于菏」（今本譌

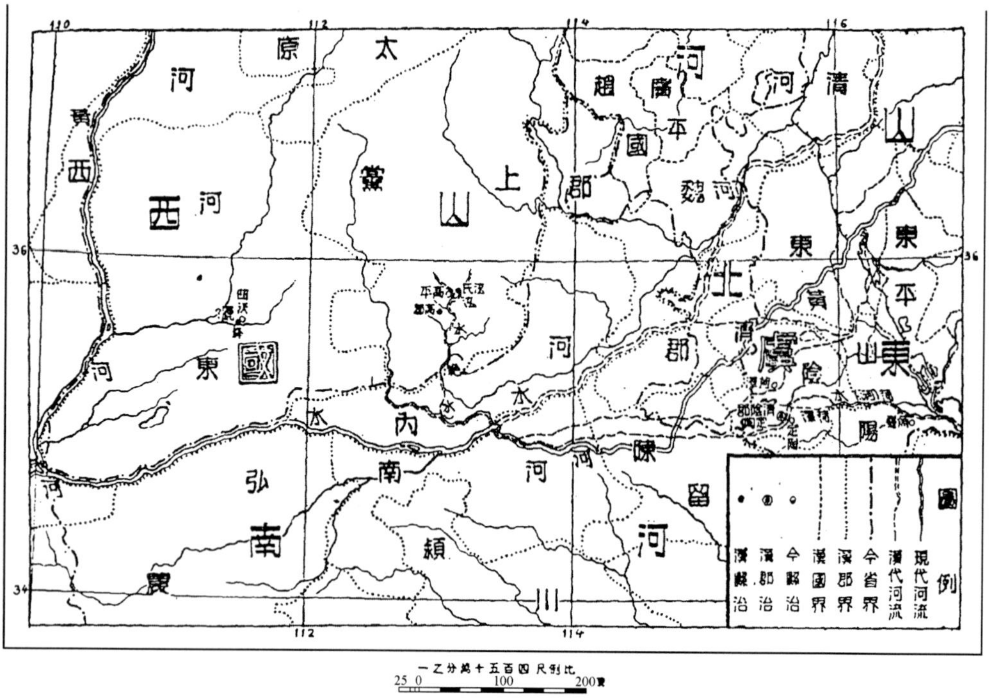
圖例
現代河流
漢代河流
今省界
漢郡界
漢國界
今縣治
漢郡治
漢縣治
比例尺四百五十萬分之一
25 0 100 200里

爲河)」,又云「導菏澤,被孟諸」,又云「又東至于菏」。《漢書·地理志》濟陰郡下云「《禹貢》菏澤在定陶東」,又山陽湖陵下云「《禹貢》菏水在南」。其地在今山東菏澤及魚臺一帶也。「玄水」當即「泫水」,《地理志》上黨高都下注「莞谷,丹水所出,東南入泫水」。又泫氏下,應劭注云「《山海經》泫水所出者也」(今《山海經》無此文)。《水經沁水注》「泫水出泫氏縣西北泫谷,東南流逕泫氏縣故城南而東會絶水,亂流下入高都」。是玄水之地當在今山西高平也。

然則銘所謂「昜林虞牧」,自山西之曲沃,東至山東之菏澤,其逆至於山西之高平;在兩河之間,爲河之陽,逾河而東,爲濟水流域也。銘云「令同左右吴大父」,「吴」即「虞」國,殆以虞牧之事爲國名者。春秋時虞國猶在曲沃之南,地最相近。文王時有虞芮之爭,其故地均相近。其在西周,國勢度必强盛,故能東至于菏,咸爲虞牧之所(參看所附地圖),周王乃因而令同也。

載《禹貢》第三卷第十二期第十二至十四頁一九三五年八月。

參加倫敦中國藝術國際展覽會銅器説明

一　中國青銅器之起源
二　銅器之種類
三　銅器之時代
四　銅器之地域
五　中國銅器在藝術上之價值
六　中國銅器在史料上之價值
七　本次出品概要
　（一）烹飪器及食器類　三十八件
　（二）容器温器及飲器類　四十二件
　（三）尋常用器類　九件
　（四）樂器類　七件
　甲　新鄭銅器羣　八件
　乙　壽縣銅器羣　四件

本文經馬衡、徐鴻賓、容庚、關百益諸先生多所匡正，特附識於此。

一　中國青銅器之起源

中國青銅器之發明，最遲當在商初，（西紀前一五〇〇年左右）或尚遠在其前。以我人就現存之商代銅器觀之，其製作之技巧，已極進步矣。

冶金術之起原，與製陶極有影響。故古代銅器之形制，大部與陶器相同。如鬲、甗、豆等在古陶器内極多發見。然銅器之較遲者，或出於他種器物之摹倣，如簠即仿諸竹製之筐是也。

二　銅器之種類

銅器之種類，自使用上分別之，大致可分爲下列之五類：

（一）烹飪器及食器鑄如鬲、甗、鼎、敦、簠、簋、豆等。

（二）容器温器及飲器鑄如罍、壺、卣、盉、角、爵、斝、觚、觶、尊等。

（三）尋常用品　如盤、鑑、匜等。

（四）樂器　如鐘、鎛、鉦、鐃、鈴、鐸等。

（五）兵器　如戉、戈、矛、劍等。

注：　以上一、二、三各類，舊時總稱爲禮器，與樂器相偶，實未確當。蓋此三類器及樂器，最初皆爲日用所需，其後遂兼爲祭祀及殉葬之用，即兵器亦如此，故無論何類銅器，皆含有用器、禮器、明器三種用途，不能以禮器一名包括之也。

三　銅器之時代

中國銅器之有銘文者，常可藉以證明一確定之時代。就目前所知者，大體可分爲六期：

（一）商器　（約西紀前一〇七〇年以前）
（二）西周器　（約西紀前一〇七〇至七二二年）
（三）春秋器　（約西紀前七二二至四八一年）
（四）戰國器　（約西紀前四八一至二二一年）
（五）漢器　（約西紀前二〇六年至西紀二二〇年）
（六）漢以後器

商、西周、春秋三時期，爲銅器時代中最主要者，其間變化較少。然樂器在商時尚未甚發達，鐘鎛一類，當起於西周時。食器之盨，亦西周末年始發見。故單就銅器之進化，有時亦可判別其時代也。春秋末年及戰國時，銅器之形式、花紋、文字各方面，均有劇烈之變化。其主要原因，則以春秋以前，製銅器者，盡屬於王所居之都會。而春秋以後，各國均有製器，地方特性之發展，遂有各種歧異也。近時有稱此爲「秦式」者，誤矣。漢代銅器歸於素樸簡質，合於實用，漢以後則爲衰落時期，無特殊之風格矣。

四　銅器之地域

除時代不同外，苟銅器之製作地點不同，則其所表現之風格迥異。此種情況，春秋以前，尚未顯著。春秋時齊、秦、晉、楚等國之文化，在銅器中灼然可辨。如烹飪器中之敦，即盡爲齊器，即其顯證。戰國時器變化之繁夥，亦正以銅器産地之推廣耳。

五　中國銅器在藝術上之價值

由藝術眼光以研究中國銅器可分爲四點：

（一）色劑　由製造銅器之原料不同，則其所發之色澤及斑銹，亦因之不同。《考工記》言「金有六齊」，其別如下：

六分其金而錫居一，謂之鐘鼎之齊。

五分其金而錫居一，謂之斧斤之齊。

四分其金而錫居一，謂之戈戟之齊。

三分其金而錫居一，謂之大刃之齊。

五分其金而錫居二，謂之削殺矢之齊。

金錫半，謂之鑒燧之齊。

《考工記》爲戰國時書，古人製器不盡如記中所述之劃一。近來收藏家認爲色澤之不同，乃由於原料成分之不一。然尤爲重要者，蓋爲火候之優劣。同一原料，所得結果亦有不同也。

（二）形式　銅器繼石、陶、竹、木等器而發達。所摹仿之範圍甚廣，因而其形式甚繁。且每一類器，必有其主要之形式，而其餘則時有變化。如圓形之器每變爲方形，圈足之器每於足下加以方几，圓柱形之足變成鳥獸形或人形，蓋頂及鋬飾以鳥獸形，器身上飾以牙狀之棱等。故雖同類之器，形式多不相同。

（三）花紋　銅器雖間有素樸而無花紋者，然花紋實爲銅器藝術之重要部分。

商周銅器之花紋中，以回紋爲最重要。此種花紋，在中國古雕刻品内最爲普遍。且古代回字正作回形以象其狀，舊時稱爲雷紋者，雷即回也。回紋亦有時用以填補別種主要花紋之隙處。

鳥紋、獸紋、龍紋（即所謂蟠夔紋）、饕餮紋、蟬紋等，均此時代所習見之主要花紋也。

戰國時器，類多蟠螭、蟠虺等紋。且好嵌石類，與商代之刻骨同。其錯金銀爲花紋者，尤爲美觀。

除圖案化之花紋外，在銅器中亦有作鳥獸之圖形者，春秋以後，頗爲習見。

（四）書法　銅器之銘文中，不乏優美之書法，且可以窺見中國書法之源。其較古者，甚近於圖畫。有時以文字組合類似圖畫，有時以文字錯雜於花紋之内，幾不能辨。戰國時則作鳥蟲書，以鳥或蟲形配合於文字，使類於花紋。

六　中國銅器在史料上之價值

中國銅器，不僅在藝術及考古學方面，佔重要之位置。其有關於歷史文化，尤爲學者所珍視。如盂鼎銘與周初之《酒誥》相似。散盤銘可藉以考見周厲王時矢，散二國之分田，虢季子白盤銘可考見周宣王之伐玁狁，且其文與《詩經》相同。而宗周鐘爲厲王所自作，獻侯鼎記「成王」之名於其生時，皆中國文化上之瓌寶也。

七　本次出品概要

本次出品，以籌備時間太短，私家藏品散在各處，未能徵集。故僅就國立主要文化機關所藏，遴選精品，儘可能範圍内組成系統。

依上述銅器之種類，除兵器外，別爲四類。又新鄭及壽縣所發見之兩銅器羣，爲表現其由地域得來之特殊風格計，故各附於後。

（一）烹飪器及食器類
（二）容器温器及飲器類
（三）尋常用器類
（四）樂器類
甲　新鄭銅器羣
乙　壽縣銅器羣

（一）烹飪器及食器類説明

本類可分爲二小類，即烹飪器與食器。兩者爲用相近，故合之。

烹飪器之主要者爲鬲、鼎及敦，由鬲所蛻化者爲甗。鬲、甗及鼎均遠自商世，已極盛行。敦在古時，殆以瓦製者爲多，春秋以後，始大行於齊國。

食器之重要者，爲簠、簋及豆。豆源流最古，然傳世銅豆，未見甚古者。簋自商世已有，簠則起於西周末年或春秋時。簋後變爲盨，亦在西周末年發見。

前人不識敦，誤以爲鼎或彝。又誤簋爲敦，盨爲簋，今並訂正。

編號	銅字名稱	原藏者
甲	**鬲屬**	
一	父辛鬲（有銘） 商器。	故宮博物院藏（以下簡稱院）
二	鳥紋方鬲（舊稱蟠夔方鬲） 商或周初器。	院
乙	**甗屬**	
三	父乙甗（有銘） 商器。錯金銀。	院
四	蟠螭紋方甗（舊稱蟠夔方甗有花紋） 周器。	院
丙	**鼎屬**	
五	婦鼎（有銘） 商器。	院
六	饕餮鼎（舊稱蟠虺鼎）	院

器甚大，足上飾以饕餮形。周初器。

七　父己鼎（有銘）　院

款足似鬲狀。商或周初器。

八　父辛方鼎（有銘）　院

商或周初器。

九　子京鼎（有銘）　古物陳列所藏（以下簡稱所）

商器。

一〇　文方鼎（有銘）　所

商或周初器。

一一　獻侯鼎（有銘）　所

周成王時器。（約西紀前一〇六〇至一〇三〇年）

一二　鄭父方鼎（有銘）　院

鼎腹作鳥紋。有八棱。作牙形。西周初年器。

一三　康鼎（有銘）　院

西周器

一四　大鼎（有銘）　院

附耳。西周器。

一五　芮公鼎（有銘）　院

芮國在今陝西朝邑，芮公器亦甚多。西周末或春秋時器。

一六　巤季鼎（有銘）　所

足尖而短。春秋時器。

一七　叔單鼎（有銘）　所

春秋時黄國器。（今河南潢川）　所
一八　郜伯鼎（有銘）
附耳。春秋時郜國器。（今山東濟寧）　所
一九　蟠虺鼎
附耳，蓋有三環，可仰置。戰國時器。　所
二〇　龍紋鼎（舊稱蟠夔鼎）
附耳，蓋有鏤空之圓頂，可仰置。戰國時器。　院
二一　鳳耳鼎
以鳥首代兩耳，平蓋，蓋有紐，可握。有四鳥首，可仰置，形製極奇。戰國時器。（有花紋）　院

丁　敦屬

二二　陳侯午敦（有銘）
齊桓公時器。（西紀前三八四至三七八年）　所
二三　雲紋敦
三足爲環形所展成。戰國時器。　所
二四　素敦（舊稱素鼎）
三足並蓋上三環，均爲環形所展長。戰國時器。　院

戊　簠屬

二五　召叔山父簠（有銘）
春秋時鄭國器。（今河南新鄭）　院
二六　陳曼簠（有銘）
春秋時齊國器。　院

己 簋屬（舊稱敦）

二七　饕餮紋簋　所
無耳，周身花紋，極精美。商器。

二八　父丁簋（有銘）　所
腹作直紋。商器。

二九　父乙簋（有銘）　院
歛口。商器。

三〇　父癸簋（有銘）　院
商器。

三一　亞方簋　院
亞古代爵稱，口下作龍紋，腹作饕餮紋，腹下作鳥紋，並間以小回紋。兩耳作怪鳥形，器四周有八棱。商器。

三二　訽辛簋（有銘）　所
素腹。西周初年器。

三三　作寶尊彝簋（有銘）　所
腹作鳥紋，兩耳作鳥形。西周初年器。

三四　虢簋（有銘）　所
口甚侈，兩耳作獸形，花紋有金銀錯。春秋時器。

三五　陳侯午簋（有銘）　所
兩耳作龍形，底連方几。齊桓公時器。（西紀前三八四至三七八年）

庚 盨屬（舊稱簋）

三六　讅季獻盨（器内蓋内有銘）　院
春秋時器。

三七　華季盨（有銘）　所

此器是盨，而銘中稱爲簋，可證盨由簋蜕化而成。

辛　豆屬

三八　星虬豆（内鎸花紋）　所

兩耳作環形，腹中有三鳥圖。戰國時器。

（二）容器、温器及飲器類説明

容器、温器及飲器，在使用上頗有聯繫，蓋皆與酒有關係也。

罍、壺、卣等，用以容酒漿者，謂之容器。其源出於陶器，罍之小者稱瓿，春秋戰國時間有稱鑰及鉶者。壺，漢時稱爲鍾，方壺稱爲鈁，春秋時又有所謂鉼者，實亦壺也。

卣皆有提梁，然古卣本無提梁。昔人所稱爲方彝者，實亦卣也。

盉、角、爵、斝等，均有長足可供温酒之用，然角、爵、斝，又兼爲飲器。角無柱，而爵、斝，有柱，角蓋較古之型式也。

觚、觶皆飲器，尊似觚而較大，其用途未甚明瞭。

甲　罍屬

三九　饕餮紋罍　院

頸腹之間，飾三獸首。商或周初器。

四〇　饕餮紋方罍　院

蓋有四鳥形，腹側飾兩獸首。商或周初器。

四一　乳丁罍　院

頸腹間飾獸首，間以鳥形及牙稜，腹有乳間以回紋，極精美。商或周初器。

乙　錇屬

四二　獸耳回紋錇（舊稱雲雷瓿）　所

商或周器。

四三　饕餮紋瓿　所

商或周器。

丙　鉶屬

四四　寧鉶(有銘)　所

戰國時器。

丁　壺及鍾屬

四五　曾伯陭壺(有銘)　院

蓋頂如花瓣，兩耳作獸首形，附環，通體作盤雲紋。西周或春秋時，曾國器。(口内有銘。蓋口及頂均有銘)

四六　芮公壺(蓋頂有銘)　院

西周末，或春秋時芮國器。

四七　殷句壺(蓋上有銘)　所

西周末或春秋時器。

四八　□侯壺(有銘)　所

西周或春秋時器。

四九　伯庶父壺(口内有銘)　院

耳附兩環，西周或春秋時器。

五〇　周𡚸壺(口内有銘)　院

耳附兩環，西周或春秋時器。

五一　行獵圖壺　所

以行獵圖與花紋相間。戰國時器。

五二　四獸圖壺　所

腹有四獸圖，有提梁。戰國時器。

五三　鳥獸圖壺　所

腹有鳥獸圖，以金銀錯之。戰國時器。（兩耳有鼻）

五四　龍鳳紋壺（舊稱夔鳳壺）　所

戰國時器。

五五　瓠形壺　院

戰國時器。（底邊似繩狀）

五六　庲昃扁壺（有銘）　所

戰國時器。

五七　馭虎圖扁壺　所

一旁爲獸圖，一旁爲有人馭虎之圖，有鏈狀之提梁。漢器。

五八　南皮侯家鍾（有銘）　所

漢器。

戊　鈁屬

五九　畫像鈁（舊名雙耳方壺）　院

頸腹足並有圖紋，似漢畫像。戰國時器。

六〇　綱紋鈁　所

腹以綱紋作斜方格，格中作雲紋，嵌緑松石。戰國時器。

己　鉼

六一　孟城鉼（舊名雙環扁瓶）（有銘）　院

春秋時器。

庚

卣

六二　[illegible]卣（舊名用禾卣）（有銘）　院

通身作龍紋，間以小回紋，有四稜，精美絶倫。商器。

六三　父庚卣（舊稱父庚盉）（有銘）　院

有喙。商器。

六四　周乎卣（有銘）　院

西周器。

辛

盉屬

六五　父丁盉（有銘）　院

商器。

六六　[illegible]盉（有銘）　院

四足，蓋頂作獸形。商或周初器。

六七　龍紋方盉（舊稱蟠夔方盉）　院

失蓋。商或周初器。

六八　獸盉　院

喙作獸形，無鋬，有提梁，足短。戰國或漢器。

子

爵屬

六九　一柱爵　所

爵均兩柱，此以二柱合爲一柱。商或周初器。

丑

斝屬

七〇　非子異斝（原稱子孫斝）（有銘）　院

商器。

七一　龍紋罍（舊名夔紋罍）　所
商或周初器。
寅　觚屬
七二　鈴觚（舊稱雲紋觚）（有花紋）　院
商或周初器。
七三　回紋觚　所
商或周初器。
卯　尊屬
七四　父辛尊（有銘）　院
商器。（帶銅膽）
七五　諸姛方尊（有銘）　院
有八稜，腹上飾象首、鹿首各四，饕餮紋與龍紋相間，隙處均飾以小回紋。商器。
七六　邢季㚟尊（有銘）　院
腹作鳳紋。西周時邢國之器。（今河北邢臺。）
七七　季尊（舊名周季受尊）　院
周初器。
七八　服尊（有銘）　院
有稜，有兩耳作龍形，通體作鳥獸及龍紋。西周器。
七九　獸尊　院
作獸形，鳥喙，以首爲蓋，頸部下爲器，形製絶奇。春秋或戰國時器。
八〇　犧尊（有花紋）　院
錯金銀及緑松石。

（三）尋常用器類説明

尋常用器，在商周時，最主要者爲盤、鑑及匜。皆盥洗所用器也，然盤亦用以盛食物，鑑可以鑑容。而匜之有足者，可以爲温器。

盂亦鑑類也，通常稱之爲洗，大抵皆漢器也。

奩，鐙等皆漢以後器。

甲　盤屬

八一　魚盤　所

有流，有鋬，三足，盤内以十三魚字組成花紋。西周器。

乙　鑑及盂屬

八二　蟠虺紋鑑（有花紋）　院

戰國時器。

八三　富貴昌宜侯王盂（有銘）　所

漢器。

丙　匜屬

八四　陳伯元匜（有銘）　院

春秋時陳國器。

八五　魚鳧圖匜（舊名漢魚鳧匜）　院

匜内有魚鳧圖紋。春秋或戰國時器。

八六　單環匜　院

足爲圓輪形，匜身附一環。春秋或戰國時器。

八七　王子匜（有銘）　院

銘字近鳥蟲書，器作獸形，以口爲流，無足。戰國時器。

丁　奩屬

八八　錯金奩　　所

漢或漢後器。

戊　鐙屬

八九　聖得鐙（有銘）　　院

漢器。（柄有「聖得鐙」三字）

（四）樂器類説明

銅製樂器，可別爲三小類。（一）執而擊者，鐃、鉦是也。鐃多商或周初器，鉦多春秋器，蓋由鐃變成者。（二）懸而擊者，鐘、鎛是也。鐘之有銘詞者，最早爲西周末年，鎛則多春秋時器。鐘、鎛之有甬者側懸，有鈕者皆直懸。（三）中有舌者，鈴、鐸是也。此類之有銘詞者極少，亦西周以後之器。

甲　鐘屬

九〇　芮公鐘（有銘）　　院

西周末或春秋時芮國器。

九一　工歔王鐘（有銘）　　院

清乾隆二十六年（西紀一七六一年）臨江（今江西清江縣）民耕地得十一鐘，獻之，今存此一器，可寶也。工歔即吳國。春秋時吳國器。

九二　子鮢編鐘（有銘）（舊稱周從鐘）　　院

春秋時器。

乙　鎛屬

九三　盤雲紋鎛（舊稱蟠虺鎛）　　院

以交龍爲紐，乳作盤雲紋。春秋或戰國時器。

九四　蟠虺紋鎛　院

以交龍爲紐，乳作螺紋。春秋或戰國時器。

九五　交螭紋鎛　院

紐兩端作獸首形，乳作螺紋。春秋或戰國時器。

丙　鉦屬

九六　素鉦　院

甲　新鄭銅器羣説明

新鄭銅器羣，於中華民國十二年（公元一九二三年）發見於河南新鄭縣城内。一坑中出成形之器七八十件，破碎者不計其數，現俱存河南博物館内。新鄭在春秋爲鄭地，此等銅器，大概爲東周時造。今選取八件。以見一斑。

九七　龍文鬲

九八　牢鼎（即牛鼎）

器形較大，前後鼻上着牛首形。

九九　蟠虺紋鼎（原名鼐）

器蓋全。

一〇〇　蟠螭紋簋（原名敨）

一〇一　蟠虺紋簠

器蓋全，花紋精細。

一〇二　蟠螭紋壺（原名圜壺）

頸上作山紋，其下作螭紋，間以横紋。

一〇三　蟠螭紋編鐘一

一〇四　蟠螭紋編鐘二

編鐘原有二組，共存二十一件，今選其大小各一。

乙　壽縣銅器羣説明

壽縣古物，發現於中華民國二十二年（西紀一九三三）夏，器物多有散出，惟安徽圖書館，尚保存七百餘件。壽縣於秦以前爲壽春，楚地，楚考烈王二十二年遷都於壽春，至楚王負芻五年，前後凡二十年，（自西紀前二四一至二二二年）皆都於此。銅器之作，當在其時。此羣銅器冶鑄之術不甚精，然可以確知爲戰國末年楚國之銅器，且其形式頗多特異者。今由安徽圖書館選取四件。

一〇五　楚王畬肯鼎（有銘）

此器當爲楚考烈王作，（西紀前二四一至二三八年）形製極大，附耳，有流，三足，作獸首形。

一〇六　俎

此器前所未見，當係置於鼎上以供割肉者。古「捌鼎」字象置丬於鼎上，有肉而以刀割之。丬即俎形，與此正同。中作十字形孔，蓋以泄汁者。

一〇七　盤雲紋簠（有銘）

此次所出簠甚多，形狀皆同。

一〇八　環梁方盤。

此器有兩環狀之提梁，形製罕見。

載北京大學潛社《史學論叢》第二冊一九三五年十二月。
又《唐蘭先生金文論集》第三八四至三九六頁紫禁城出版社一九九五年十月。

關於「尾右甲」卜辭

——董作賓氏典册即龜版説之商榷

現代人研究中國古史的方法有兩種，或用懷疑的目光來推翻舊有的史料及傳説，或由考古學上的發現或發明來印證紙上材料而建設起新的歷史。這兩種方法裏面，前者衹是首先發難，而不能有最後的成功；後者在精密正確的研究之下，由極瑣細的發現到絶大的發明，漸漸累積起來，就可以成爲做一部古代史所需要的資料。建設古史的重擔，是要用後一種方法的人們負荷起來的，但我們切不可忘了精密正確。

中國古史上，目前擱了很多的問題，商代有没有歷史和文學，是比較重要的一個問題。有些學者們懷疑《商書》的真實性，有些學者簡直以爲商代的文獻，只有卜辭和簡單的彝銘。關於《商書》的真僞，問題太複雜，我們先且擱開，但如商代只有卜辭、彝銘而没有别種文獻的説法，照我看來是不對的。《多方》説：「惟殷先人，有册有典，殷革夏命。」《多方》是學者公認的周初書，周初人知道殷的先人「有册有典」，而且這種典册裏記載着「殷革夏命」的事情；這種記載在卜辭、彝銘裏是找不出來的，顯然，商代還有其他的文獻。

但要照董作賓氏的説法，典册是龜版而不是簡札，我們的信念，就又得摇動了。董氏是當代有數的殷虚學者，他的「貞人説」的發明，確有很大的貢獻。前有羅、王，後有郭、董，這是殷虚學裏的四個功臣。

他所作《商代龜卜之推測》一文，（《安陽發掘報告》第一期）其第十章紀「册六與編六之發現」，云：

余整理龜骨，編號既竣，李濟之先生適來參閲，見有兩龜版猶粘着一處者，其間泥沙甚厚，蓋余將留之以存地下之原狀。李先生謂「宜揭而視之，或有新辭奇字，亦未可知」。揭之，果得「册六」之文，吾等乃不禁狂喜。蓋所粘着之一版爲「尾右甲」，例無文字，而不意竟有此新發見也。（圖一）

「冊六」作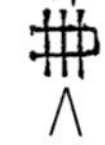∧，逼近尾甲之尖，上下左右，更無其他文字。稍上，斷處有孔，餘其半，知此甲全時，在一冊中爲其表面之一版，其孔，所以貫韋編也。余既以比例算法，求得此坑所出之龜版，大小不同者凡十有九，則此十九版者，必與冊六有關，蓋所謂「冊六」者，猶今世書籍表面之書卷六矣。

又於拓印時，剔去土鏽，發見「∧」及「∧」之文各一。其部位皆在「尾右甲」之尖部，（圖二及圖三）文例與「冊六」正同。

余疑爲編字之古文，從象人形，從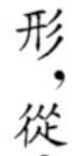，像皮韋，所以編聯龜版，使之成冊也。編爲後起之形聲字，從糸，已失古者韋編之義。疑「編六」猶「冊六」也。下一方爲同文，形稍省變。從，從，人省一臂，猶是皮韋之形耳。

冊與編，異名而同實，蓋猶經與籍也。以質言，則從竹曰籍，從龜曰冊；以形言，則編之以韋，猶經之以絲。是知冊與編之二名並用，自商而然矣。

董氏由此發現，更進而推論龜版也叫做冊和典，他説：

冊，《說文》作訓「符命也，諸侯進受於王也。象其札一長一短，中有二編之形」。卜辭中冊字作，，，，諸形，金文中冊字作，，，諸形，其中物皆爲一長一短之形，而所謂「二編」者，不過一韋之束而已。據上節「冊六」之文，知此冊字最初所象之形，非簡非札，實爲龜版。其證有二：

第一，自積極方面證之。吾人既知商人貞卜所用之龜，其大小長短，曾無兩甲以上之相同者，又知其必有裝訂成冊之事，則此龜版之一長一短參差不齊，又有孔以貫韋編，甚似冊字之形狀。而冊，當然爲其象形之字也。

第二，自消極方面證之。《儀禮·聘禮》疏引鄭氏《論語序》云：「《易》、《詩》、《書》、《春秋》、《禮》、《樂》，冊皆二尺四寸；《孝經》謙，半之；《論語》八寸策者，三分居一，又謙焉。」是古代簡策雖有長短之異，而其於一種書，一冊書中，策之長短必同。而冊字之所象，乃一長一短，則非簡非札，可斷言也。

龜版之可以名冊，更可求證於《莊子》。《莊子·外物篇》：「乃刳龜七十二鑽而無遺策。」疏云：「算計前後，鑽之凡經七十二；算計吉凶，曾不失中。」是訓遺爲失，訓策爲謀，於義未諦。余謂策本馬箠，以同音而假借爲冊。同書《駢拇篇》「則扶策讀書」，可證也。釋文：「策竹簡也。」……可知策即冊也。……余以爲「無遺策」者，言此龜版上無有餘隙也。蓋經過七十二鑽，雖尺二之大寶龜，亦將不能留餘隙矣。

《說文》：「典，五帝之書也。從冊在丌上，尊閣之也。」卜辭中有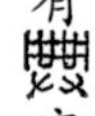字，羅雪堂釋冊。陳邦懷《殷契拾遺》以爲典字，其說甚是。……

據此，則冊象編成龜版之冊，而典又爲兩手奉此龜冊而藏之之形。蓋其上所從之冊，仍爲此長短不齊之龜版也。此則證之實物，證之文字，皆可助余「庋藏」說之成立者也。

一冊之中，有若干龜版，此亦有可資考證者。即爲上節「冊六」「編六」之文。此所謂「六」，有三版之多，可知其非冊之名，而爲其一冊或一編中龜版之總數，而刻之於其冊若編之最表面一塊者也。刻「冊六」「編六」於表面，猶今之書籤然。據此以求，則每冊之龜版爲六枚，可以斷言。又典字所從之冊，最多者有六版，作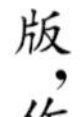形，是亦一證。

這一說大概能得到一部分人的信從，朱芳圃的《甲骨學商史編》都采了進去，僅把「編六說」略去——這是朱氏對他釋或做「編」有所懷疑的緣故。

其實董氏這一個考證，在方法方面，嚴格的批評起來，只有釋做冊，沒有錯誤；此外就都有可商。

一、董氏說「尾右甲例無文字」，這是不對的。尾右甲固然常常没有文字，但不能說是「例」。

二、董氏說「斷處有孔，餘其半，知此甲全時，在一冊中爲其表面之一版，其孔，所以貫韋編也。」這一說疏漏很多。「有孔」，怎麼知道一定不是別的原因，而是貫韋編用的呢？這塊甲怎麼知道在一冊中表面的一塊呢？龜甲有没有用韋編的實證呢？除了這一塊甲，別的尾右甲有没有孔？假如都没有孔，這六塊甲怎樣編法呢？這都是待證實的問題。

三、董氏說：「余既以比例算法，求得此坑所出之龜版，大小不同者凡十有九，則此十九版者，必與冊六有關，蓋所謂「冊六」者，猶今世書籍表面之書卷六矣。」這裏的錯誤，有兩點：第一，所謂「十九版」，是否可靠，姑且不論，但如何知道『必與冊六有關』呢？第二，照董氏的說法，一捆龜版共六個，表面寫「冊六」兩字；那末，這兩字的意義應當是「共六冊」，怎麼會又扯上了「卷六」呢？

四、董氏釋□、□爲「編」，在字形方面既無關涉；在文字的歷史裏也一無根據。這都是文字學上講不通的。

五、董氏說「疑□爲編字之古文」，又說，「疑冊六猶編六」，本都只是「疑」。但接着他就說：「是知冊與編之二名並用，自商而然。」積二疑而成一是，在邏輯上是講不過去的。

六、董氏據「冊六」之文，知道冊字象龜版而不是簡札。他又提出二證：第一，從龜版大小長短不等，而又有裝訂成冊之事，和「冊」字形似。第二，由一種書或一冊書裏，簡策的長短必同，而推斷冊字古文所象的一長一短，不是簡策。這種證據，實在太脆弱了。「□∧」兩個字，本不能證明是六塊龜版，裝訂成冊。「冊」字作□、□等形，固然是一筆長一筆短，但在這種簡單筆畫裏，那能斷定是象龜甲呢？

七、董氏引《莊子・外物》「七十二鑽而無遺策」，說策就是冊「無遺策」是說龜版上無有餘隙。這裏的錯誤也有兩點：一、冊是龜版的說法是「丏辭」。二、即如董說冊是象六枚一組的龜板，而在這裏又必說做一枚龜版，已是矛盾；《莊子》的話，如其譯做「鑽了七十二次而没有餘隙在龜版上」，在文法上也講不通。

八、典字說隨冊字而誤。

雖然，這八點還不是最重要的關鍵。董氏最大的錯誤，是以「□∧」爲「冊六」，□字毫無問題，∧字却大可注意。∧字在卜辭裏應當釋作「入」，而不應釋做「六」。因爲卜辭裏的「入」字有∧、□□等形，而以∧形爲最普通；「六」字則只有在和鑽鑿相應的記數字裏有用∧形，而在普通卜辭裏只作□□□等形。董氏因爲把「冊入」誤釋做「冊六」，又把「□入」「□入」附會成「編六」，種種幻象，都由此生出來了。

尾右甲上記着「某入」的，據我所見到的，還有十一例，今揭之如次：

罡入。（圖四）

□入。（圖五）

弇入。（圖六）

芜入。（圖七）

吹入。（圖八）

罗入。（圖九）

□王入。（圖一〇）

吼入。（圖一一）

王入，迺各于□。（圖一二）

章□入。（圖一三）

□入。（圖一四）

這十一例裏面的前八例，都是董氏撰文時期所能看得到的材料，假如他能搜集起來，做一番綜合研究，就不致於説六枚一組的龜版叫做册了。而且他也許就把∧字釋成入字。但是這些美妙的幻象就無從發生了。

當董氏發掘殷虛，捆載以歸的時候，他一定抱有很熱烈的蘄望，想在這批材料裏面有很大的發現。所以，當「册∧」兩字的發現，他的熱情就驅使他去做一個美妙的解釋；這原是人之常情，我們所可以想象的。偶然把應釋「入」的「∧」字錯釋做「六」，本不很要緊；即使假定「册六」和龜版的枚數有關，也不過假定而已。但把册六確定做六枚龜版一册，而且引起了典册都是龜版的説法，這是可商的。

「∧」字應釋做「入」，在文字方面，是没有疑問的。在辭例方面，像「王入，迺各于□」，應當讀做「入」，也可以無疑。而且刻在尾右甲的，還有一辭，是「医吃來」，（圖一五）「來」和「入」的意義相近，更可以證明「∧」確當讀做「入」字。

那末，這一類尾右甲刻辭是什麽意義呢？我以爲「入」和「來」是動詞，上面的字是名詞，這是説一個人入，或來的事情，雖則有些人的名字，像□或□之類，還不能認識，雖則像「□王入」一辭還不能完全解釋，但由「王入」和「医吃來」的例子看來，我們可以決定這一個解釋是無誤的。

其實，這一類的刻辭，也只是卜辭的一種。有些卜辭往往把照例的「（某日）卜」，或「貞……」的套辭省去。在尾左甲上有一辭説「[glyph]弗戈彝」,(圖一六)即其一例。「王入」和《殷虚書契前編》一卷九葉七片説「甲□卜,完,貞王入」的辭例略同。而「医呲來」和《龜甲獸骨文字》二卷三葉十六片「医冊來」相同,更是確實的證據。

因爲這類卜辭刻在尾右甲下方的邊緣上,所以異常地簡單。在這種卜辭裏所卜多是某人入,或來的事,久之,就成爲一種特殊的例子,但這種特例,不是固定的。卜辭裏有許多特殊例子,像「組于義京」都刻在方的骨版上:「(某)示(幾)[glyph]」大都刻在骨臼或甲骨的背面:這兩種卜辭都只有某日,而没有「卜貞」二字,卜人都寫在全辭的最後;董氏和郭沫若都認骨臼辭爲記事,我以前也相信此説,其實都是錯誤的。這些特例,我們還應該逐一詳細去研究。

「尾右甲」卜辭的通例既已明白,那末,「冊」和「[glyph]」,或「[glyph]」只是人名和「典冊」、或「編」,並無關係。主張商代只有卜辭和彝銘的人們,或不免有些怏怏觖望。但是,在古代史裏面,却又掃除一重翳障了。

本文付印後,承魏建功先生指示,知《考古》第三期董氏「我在最近」一文内所發表的「安陽侯家莊出土之甲骨文字》一文的目録」裏面有一條「尾甲記名例」,分爲「冊六之訂正」和「狄之記名」兩項,是董氏已自有訂正,但不知和我的説法異同如何。

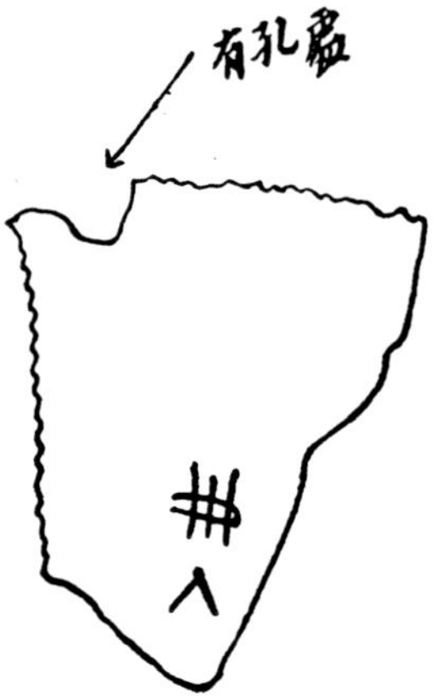

圖一　《安陽發掘報告》一二七頁

圖二　《安陽發掘報告》一二七頁

圖三　《安陽發掘報告》一二七頁

圖四 《殷虛書契前編》五，廿一，三片

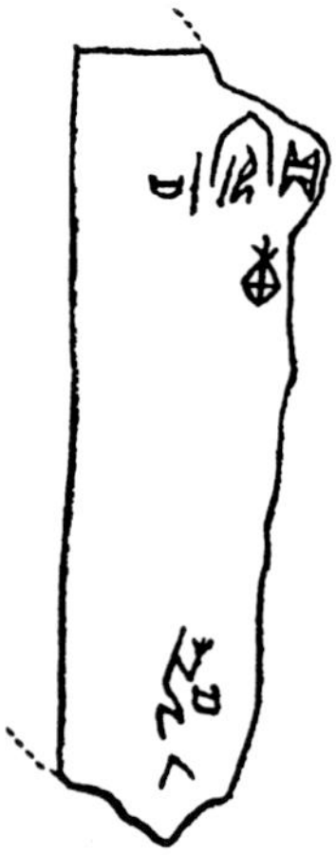
圖五 《殷虛書契前編》六，廿九，三片

圖六 《殷虛書契後編》下廿八，一片

圖七 《殷虛書契後編》下册二，十六片

圖八 《鐵雲藏龜拾遺》十三，四片

圖九 《鐵雲藏龜拾遺》八，五片

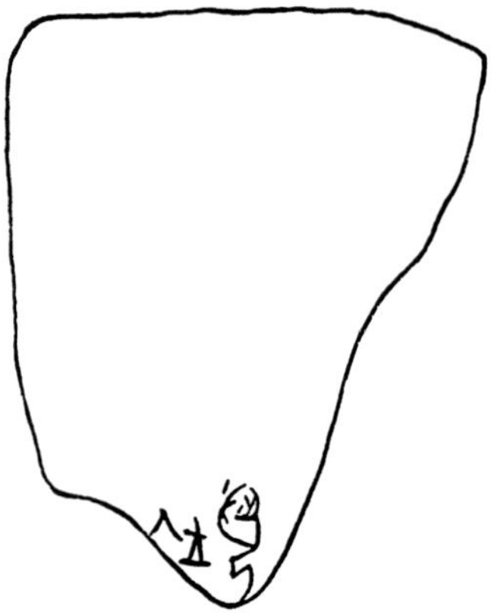
圖一〇 《殷虛卜辭》七三，三片

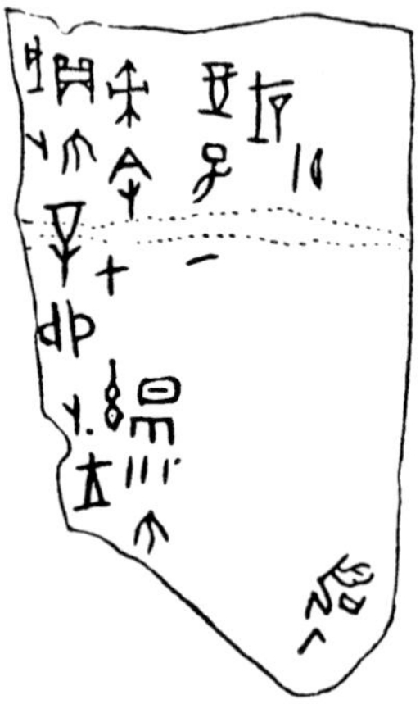
圖一一 《殷虛書契續編》四，十二，四片（《簠室殷契徵文》天五九片又雜百四片又文十六片）

圖一二 《殷虛書契續編》二，二，四片

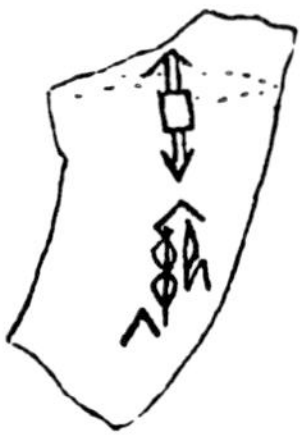

圖一三　《殷契佚存》七二〇片

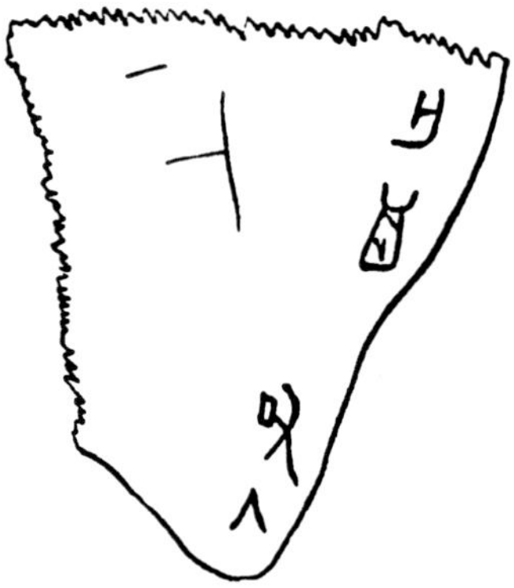

圖一四　《甲骨卜辭》一九三一片

圖一五　《殷虛書契續編》五，五，六片（《簠室殷契徵文人十片又人九七片》）

圖一六　《殷虛書契前編》一，卅二，五片

載北京大學《國學季刊》第五卷第三號第二一〇頁一九三五年。

十五年來之文字學

近來言文字學者，每以形義聲兼舉。夫形聲研究，不能兼賅。文字構成，固有諧聲。然聲音既隨地而有變遷，亦因時而有改革，語其變遷改革之故，别有專門之學。故言文字學者不必窮極聲韻，正如《説文》之作，本不爲言韻也。余以爲若治聲韻，當稱爲語言學或音韻學，而文字學者，實專限於形體之研究者也。

語言、音韻之學，若干年來，發展頗速。國内外專家著述，頗有可觀。文字學則大異，坊間課本，類多膚陋。間有一二專門著述，亦無以逾越清儒之範圍。故僅就此言，十五年中，曾未有特殊之成績也。蓋古韻之學，實爲創作，人抒己見，以求合於詩騷，時愈後則析之愈精，迄於近世，重以語言學與語音學之發展，其進步自易。而言文字學者，字形本諸《説文》。構成之説，拘於六書。既有不易之範圍，則初闢蹊徑者尚易爲功，時代愈後，愈無以下手矣。

彝器款識之學，昉自宋世，盛於清季。而古文字之研究繼之，吴大澂、孫詒讓輩導於先，羅振玉、王國維等踵其後，地下材料，自銅器、陶器、鉩印、貨幣以至殷墟甲骨，學者於其文字，頗多纂輯，此爲古文字學。十五年來，此學似頗發展，然亦僅材料之發現較多，與搜集材料之方法漸近科學，使迂執之士，不敢輕詆爲僞託而已。

以近時所知言之，文字發生，由於繪畫。是謂象形，而象意繼之。繪畫之事，凡庶皆能，不必倉聖也。降至近古，乃有形聲。而象形象意，轉衰替矣。六書之名。肇自《周官》，《周官》作於東周，而六書之説，則出自劉歆。鄭衆、許慎，並本劉説。非造字之際，先有六書也。《説文》所録，多據小篆，雜采古籀，而所謂古文，實即壁中古文經，書於六國末造，非遠古之文字也。許君據後世之文字，而推説上古，其説多有舛誤，然其書實爲創作。後世學者誤以六書爲造字之法，許書爲不祧之祖，此文字之學，所以不能進步也。今世所有商周文字，其材料遠出於大籀與小篆之前，多可訂正許説。小學之家，拒而不窺，是徒依傍門户而無真知者也。

考古之士，每以賞鑒爲主，其所詮釋，多考而無據。近世學者，往往承其弊，炫其新奇，罔識規矩，故古文字學或爲時詬病。夫一字嬗變，必有歷史，其構成必有方法，今欲釋古文字而不讀小學之書，不究構成之法。是嚮壁虛造而無所依也。

於此，將有新文字學焉。方法條例，承之許氏而益求精。其材料則上采商周，下沿秦漢，每字必窮其源流，著其史迹，則文字之學，庶可抗衡語言音韻而無慚色矣。然今兹方將發端，亦無足稱道者。

文字學之不振已久，否極則泰將生焉。此十五年中，固未見顯著之進步，其有蘊畜於此時，而昌大於異日者，則非此時所能量測矣。

載《私立無錫國學專修學校十五週紀念册》第六十至六十一頁一九三五年。

一九三六

周王𡫳鐘考

一　引言

周王𡫳鐘，舊通稱宗周鐘，最初著録於《西清古鑑》，（三十六卷四葉）稱周寶鐘。阮元《積古齋鐘鼎款識》（三卷八葉）始據銘中「作宗周寶鐘」語，稱爲宗周鐘，後人咸因之。今以作鐘者爲周王𡫳，改稱爲周王𡫳鐘。

《古鑑》與阮氏所著録者，本爲二器，《古鑑》所載爲清内府藏，《積古齋款識》則據山陰陳廣寧藏器之拓本，其文字筆畫，頗顯異同，羅福頤《金文著録表》以爲一器，誤矣。

陳氏器自阮書摹録後，又轉摹于《攈古録》，（三之二卷五六葉）此外未有著録。民國七年忽傳此器復出，其拓本見《周金文存》，（卷一附録）及《小校經閣金文拓本》。（一卷九十四葉）《文存》内鄒安自記云：

去年四月，忽由江寧胡子英君約觀此器，初以銘字與阮、吴兩録違異，疑别一器，繼加宷視知確是原器，第文字似經磨礱耳。器本在吴興沈仲復中丞家，中丞故後，抵入同縣楊氏，沈與楊同寓蘇。楊故後，子幼，家移滬上，乃兄爲貨所藏，估人遂以二千墨銀易去。

又於其後附印一鼓右殘拓，因有阮元小印，定爲《積古》所從出之本，以爲新出之鐘，即陳氏舊藏之證。

然鄒安實極無鑒别力者，其所輯《周金文存》，著録僞器甚多，其在《夢坡室獲古叢編》中加以考證之銅器，亦多贋製，其考證蓋至不足信。以此鐘論，殘拓上之阮元小印，甚不足據，銘字之與阮、吴兩録違異，則鄒氏已自知之矣。謂經磨礱而字失半神則可，今其字形有迥異者，將誰欺乎？且其字形拙鈍，一望可知爲據阮録摹刻，非鑄文也。其鉦間銘文之下端，作兩[illegible]形，尤爲可怪。其花紋與清内府所藏，亦截然不同。然則此器當是黠者以舊鐘僞刻者耳，陳氏原器，今莫知其存佚矣。

清内府藏器，今存故宫博物院上海倉庫。今春我政府參加倫敦中國藝術國際展覽會，余被約爲專門委員，負審查銅器之責，因得入庫展玩。此鐘製作雄偉，光芒奪目，歎爲觀止。旋由專門委員會評定爲國寶。

此銘舊釋多舛，孫詒讓、郭沫若釋之較精，然猶有未盡。郭氏以爲昭王時作亦誤。余既定爲厲王時作，與西周史事，所關頗多，因爲之考。

二　銘辭研究

（甲）章句及韻讀

此鐘銘辭，可分爲五節。云：

王肇遹眚（省）文武，堇（勤）疆土。南或（國）𠬝孳（孳）孳敢臽處我土。王章伐其至，戭伐氒（厥）都。𠬝孳乃遣閒來逆卲王，南尸（夷）東尸具見，廿又六邦。

隹（唯）皇上帝百神，保余小子，朕猷又（有）成，亡競。我隹司（嗣）配皇天。

王對，乍（作）宗周寶鐘。倉倉悤悤，雉雉雝雝。用卲各不（丕）顯且（祖）考先王。

先王其嚴才（在）上，㲋㲋數數降余多福。福余沥（仍）孫，參壽隹琍（利）。

㝬其萬年，畯（畯）保三或（國）。

凡一百二十二字。首節及三節，爲記事，故稱「王」。二節自稱爲「余」，「朕」及「我」，四節自稱爲「余」。獨五節自稱其名爲

「𪒨」，則鐘銘之慣例也。

其用韻則首以武、土、土、都爲韻，並魚部。次以王、邦、神、成、競、天、鐘、悤、雝、王、上、數等字，間雜爲韻，王、競、王、上，並陽部；邦、鐘、悤、雝、數，並東部；神、天，真部；成，耕部。最後以福、㖿、或爲韻，福、或，並之部；㖿讀爲利，本脂部，此處殆音轉如力，故叶入之部，晉姜鼎以利與亟德爲韻，亦正在之部也。

（乙）注釋

王肇遹眚（省）文武，堇（勤）彊（疆）土。

遹眚　《爾雅·釋言》：「遹，述也。」《書·康誥》：「遹乃文考。」眚猶省，《説文》：「省，視也。」盂鼎：「雩我其遹眚先王，受民，受彊土。」

南或（國）𠬝䜌（孳）敢臽處我土。

南或　或讀爲國。《詩·四月》：「滔滔江漢，南國之紀。」《禮記·樂記》：「武始而北出，再成而滅商，三成而南，四成而南國是疆。」《薛氏款識》南宫中鼎云：「王令中先省南國貫行。」蓋南國者當在商虚之南，江漢之北矣。

𠬝䜌　阮元、孫星衍釋䜌爲要，誤。孫詒讓據《説文》以爲孳字籀文甚是。惟謂「服孳者，服子也。孳即子之稭字，其君之爵也，」則亦未碻。爵稱之「子」習見於古書及甲骨金文，從未有假孳爲之者。余謂「𠬝」爲國名，「䜌」乃人名，以國名與人名相繫，固經傳所習見也。

臽處　處字舊摹多謁，前人因誤釋爲虐，臽虐我土，於詞不順。今按故宫藏器作，則即字，應釋爲處，謂陷我土而處之也。

王𦎫伐其至，𢦚伐氏（厥）都。

𦎫伐　寡子卣：「𦎫不弔」。不䫃簋：「女及戎大𦎫戟。」孫詒讓、王國維並謂𦎫即敦。《詩・常武》：「鋪敦淮濆。」《閟宮》：「敦商之旅。」

𢦚伐　王國維謂與虢季子白盤「博伐厰執」之博伐同，𢦚亦即「大𦎫戟」之戟，「鋪敦」之鋪。

𠬝䜌迺遣閒來逆卲王。

遣閒　阮元釋爲「遣使請閒」。乃增字以釋，非本意也。閒當是人名。

逆卲王　逆阮元釋造，許瀚、孫詒讓釋迁，並誤。《說文》：「逆，迎也。」卲與昭通，《爾雅・釋詁》：「昭見也。」孫詒讓《古籀拾遺》云：「昭王者見王也。《孟子》：『紹我周王』，趙岐注釋爲『願見周王』，僞古文《書・武成》用其文作『昭我周王』。」其說甚是。（孫氏別有《紹我周王見休義》一文，在《籀高述林》三卷，解紹爲釋詁「詔、亮、左、右、相，導也」之詔，不如此說之確。）鄭玄《禹貢》注引《胤征》，正作「昭我周王」。近出驫羌鐘云：「賈于倝宗，令于晉公，卲于天子，」卲或作⿰昭卩；卲于天子，謂見于天子也。本銘云：「逆卲王」者，王未深入，而𠬝䜌使閒來迎見也。自王國維氏創生稱王號之說，郭沫若氏推廣之，頗多發明，然其說此銘卲王爲周昭王之生稱，則失之。銘云：「遣閒來逆卲王，」卲王若爲名詞，則迎至何處，或迎之何爲，當有說明，否則其詞未足。今一無說明，知卲必動詞矣。凡他器之稱王號者，皆於文中初見時稱之，此銘於上文已兩稱王，而於此始出王號，非例也。且此鐘之器制，銘辭，文字，書法，史迹，俱與昭王時不合，其說詳見後章。

南尸（夷）東尸（夷）具見，廿又六邦。

隹（唯）皇上帝百神，保余小子，朕猷又（有）成，亡競。

我隹司（嗣）配皇天。

王對，乍（作）宗周寶鐘。

王對　《詩・清廟》：「對越在天。」井侯彝：「對，不敢家。」

倉倉悤悤⿰火隹⿰火隹⿰音隹⿰音隹（雝雝）。

倉倉悤悤　《説文》：「鏓，鎗鏓也。」「鎗，鐘聲也」。鎗鏓即倉悤。

⿰火隹⿰火隹⿰音隹⿰音隹　⿰火隹字阮釋雄，郭釋雉，並與字形不合。秦公鐘：「其音⿰金炏⿰音隹，⿰金炏⿰音隹孔皇，」⿰金炏⿰音隹與⿰火隹⿰音隹同。⿰火隹⿰金炏並從炏聲，《説文》挩炏字，於宊字下解爲「從穴、從火、從求省。」其實當是從穴炏聲也。（歸夆簋：「我亦弗宊亯邦，」宊字小變作然亦可證「從火從求省」之非。）⿰火隹⿰音隹之讀當與宊字相近。《易·恒象》傳以深與中、容、禽、終、凶、功等字爲韻，則⿰火隹⿰音隹爲疊韻連語也。宊、肅音相近，疑⿰火隹⿰音隹即肅雝，狀鐘聲之和美也。《詩·何彼穠矣》：「曷不肅雝，王姬之車。」《清廟》：「肅雝顯相。」《有瞽》：「喤喤厥聲，肅雝和鳴。」《禮記·少儀》：「鸞和之美，肅肅雝雝。」

用卲（昭）各（格）不（丕）顯且（祖）考先王。

先王其嚴才（在）上。

其嚴才上　虢弔旅鐘：「皇考嚴在上，異在下。」

⿱⺈泉⿱⺈泉數數，降余多福，

⿱⺈泉⿱⺈泉數數　或曰數數⿱⺈泉⿱⺈泉，鐘銘恒言也。⿱⺈泉舊並誤釋爲熊，不知熊本從能，能字金文習見，固與此迥殊也。余謂此字上從乃⿱⺈比字，下從爲泉字，偏旁至顯，且有較早之圖形字作者可爲確證，當釋⿱⺈泉字無疑，⿱⺈泉字當從泉⿱⺈比聲，與《説文》⿱⺈泉讀若薄同，則⿱⺈泉⿱⺈泉數數，乃雙聲疊語，猶云：蓬薄、旁薄，形容豐盛之詞也。余以此説告郭沫若氏，承其采用，以糾正舊説，并發見士父鐘作⿱⺈疌，而雍邑刻石以⿱⺈疌與庶、⿺走尃爲韻，知⿱⺈泉字正當讀若薄，實余説之有力證明也。

福余⿰氵乃（仍）孫，參壽隹（唯）剌（利）。

沕孫　沕字舊闕。郭釋順，非。字作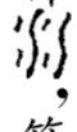，范稍損，當是沕字。陳介祺藏一簋云「且日辛乃孫乍寶簋」，故宮藏一巨鼎云「乃孫乍且己宗寶」，乃孫即沕孫也。一曰仍孫，《爾雅·釋親》「晜孫之子曰仍孫」，所言世數雖不可信，然仍孫之名，古固有之。

參壽　此亦彝銘恒言。者瀘鐘云「若蠠公壽，若參壽」，參殆亦人名歟，亦作三壽。曩中壺「匄三壽」，晉姜鼎「三壽是利」，《詩·閟宮》：「三壽作朋。」

隹剌　晉姜鼎作利，此從工刺聲，刺亦利字，利鼎利字作，古從禾之字，每變從木。許瀚疑即刻字，郭沫若從之，並非。

㝬其萬年，㽙(畯)保三或(國)。

㝬　陳氏器作，小誤。金文習見此字，舊釋琱及舒，阮釋割，孫詒讓於此銘釋㝬，皆非，孫於《名原》釋㝬是也。此鐘爲周王所作，然周王未見名㝬者，郭沫若以爲即昭王名之瑕不確。余以爲當讀爲厲王名之胡，説具後章。

三或　銘作三或，有脱畫。

三　㝬爲周厲王考

郭沫若氏以鐘銘有卲王二字，謂即周昭王合於生稱王號之説。又以作者自稱爲㝬，而昭王名瑕，㝬、瑕之聲相近，因謂㝬即昭王之名。其説頗新穎，學者多有從之。然余以爲有可疑者二：就各方面觀察，此鐘不當作於昭王之時，且必遠在其後，則㝬不當爲昭王之名，一也。金文習見之㝬國，郭氏承舊釋讀爲舒，與此讀瑕，未能一致，且此二讀，均無證據，二也。

郭氏近著《兩周金文辭大系考釋》於引孫詒讓讀卲爲紹説後，云：

近時唐蘭亦主此説，並云：「周初無鐘，本銘字體亦不甚古，疑是厲王時器。厲王名胡，胡、㝬音亦近轉。」今按孫、唐二氏説均有至理，而尤以唐説爲進步。蓋孫解在謚法舊説未破以前，唐説在謚法舊説既破之後，更有確可成爲問題之三證也。

郭氏以坦直之態度，承認此説之有至理，其虚懷至可欽佩。惟余與其商榷此問題時，匆匆着筆，論辨未周，而郭氏近著，仍低徊於昭王之説，則均不無遺憾也。

余所以堅持此鐘非昭王時所製者，可由五點明之，即器制、銘辭、文字、書體，及銘辭中之史迹是也。

自器制言之，周以前無鐘，周初未見有鐘。周鐘之有銘者，最早爲虢弔旅鐘、克鐘、井人妄鐘等，均爲大鐘，與此相若，其時代皆當厲、宣之世，則此鐘時代，不難想見。郭氏云：「周初雖未見有鐘，然周鐘必有其起原時，以此當之，或不無突兀之感，恐前此尚有之，尚待發掘耳。」其説頗難自圓，我人誠承認周鐘必有其起原時，然謂今世所出有銘之周鐘，咸不能超過厲王之世，而獨此鐘遠出夷、孝、懿、恭、穆之上，而在昭王之時，則誠不免突兀矣。

銘辭方面，郭氏以「王肇遹省文武，堇彊土」，一語，與盂鼎「雩我其遹省先王，受民，受彊土」相校，然此不足爲本銘早出之證，因所同者僅「遹省」二字，「堇彊土」與「受彊土」，用意迴異，非相祖述也。本銘後半云：

先王其嚴才上，㲋㲋數數，降余多福……㝬其萬年，……

則與他銘極多相似，如：

皇考嚴才上，異才下，數數㲋㲋，降旅多福。旅其萬年，……虢弔旅鐘

前文人其嚴才上，數數㲋㲋，降余厚多福亡彊。妄其萬年……井人妄鐘

其嚴才上，數數㲋㲋，降余魯多福亡彊，……士父其眔□□萬年，……士父鐘

先王其嚴才帝左右，戰狄不龏。數數㲋㲋，降福亡彊。敱其萬年，……敱鐘

此種語句相襲，乃同時之風氣使然，蓋此類皆厲、宣時代鐘銘之習語，猶東周時人習用「中韓戲鴋，元鳴孔皇」，「用匽以喜，用樂嘉賓，」等語也。又「雉雉雒雒」，與秦公鐘合，「參壽隹𠼝」，與晉姜鼎合，此二器皆已入春秋，則此銘至早，不過西周末季，可知也。

自文字言，余謂此銘文字不古，而郭氏以爲「南字作，百字作，除畫有粗細而外，與大盂鼎文全同。」然比較文字古近，宜著眼特殊之點。南與百皆習見之字，結構易於相近，百字昌鼎、沇兒鐘同作，南字噩医鼎、齊医壺同作，固不能謂其時代相近。若貝字，周初必作等形，此銘作，目字周初必作等形，此銘見字則作，此則皆一望可判知其爲出於西周晚年也。

由書法觀察之，此銘與康王時之盂鼎，昭王時之㝬簋、過白簋、䡗簋，穆王時之遹簋諸銘迥異，而與虢弔旅鐘、克鐘、克鼎一類作風相近，亦此器晚出之證。郭氏謂：「字體雖不及盂鼎等之雄厚，然較之恭、懿時器文之散漫，已有雲泥之感。」然此銘實併不如昭、穆時器之瑰奇秀麗，其較勝於恭、懿時之散漫者，特以漸趨整齊，而骨格恢張，則又厲、宣時期之特色也。

再由銘辭中之史迹考之，此銘云「南或𠬝䜌敢臽處我土」，又云「南尸東尸具見，廿又六邦」，明𠬝即南夷之一邦也。然考之史迹，則昭王嘗伐楚荆矣，曾無伐南夷之事。雖吴其昌氏曾附會此爲伐楚時作，然楚荆在漢水流域，南夷在淮水流域，詎能相混。過伯簋、𣪘簋、䡗簋三銘，具記昭王伐楚荆之事，與此銘所記迥殊，文字書法均顯不同時，可知此器必不作於昭世。惟厲、宣之世，並嘗征淮夷，具見於史，與此器時代，庶幾相應耳。

由器制、銘辭、文字、書法、史迹，五端言之，此鐘之鑄，決不在周初昭王之世，而必位置於厲、宣時期，無可疑者。因此，余嘗臆測此作者之㝬，或即厲王之名。㝬、胡之聲，固亦相轉，然不過假定其有可能而已，初無確鑿之證據也。

顧此後余續得重要之證明，厲王名㝬之説，乃得確立。其端蓋自㝬字之研究肇之。

金文習見㝬字，作，，，，，，，等形。其用法有二：一爲國名，如𣪘鼎、录簋之㝬，及遇甗、㝬医之孫𩐈鼎之㝬医是也。一爲人名，如本銘及大夫始鼎、㝬鼎、㝬弔簋、㝬父簋、㝬衍簋，是也。宋人誤釋爲琱，徐同柏釋录簋國名爲舒，然㝬實從夫從害，害作等形，與舍作等形者迥異，則舒亦誤也。孫詒讓釋爲㝬，爲㝬，㝬㝬一字，斯爲得之。郭沫若於此銘釋㝬，謂當從害聲，甚是，而於用爲國名處，誤依徐説釋爲舒，則似未深考也。

孫詒讓謂[夫古]即㝬之媘變，説至礬闢，余由是思及季宫父簠自稱其器爲[匚㝬]，其所從之[㝬欠]，亦即㝬字也。銅器之簠，銘中多作[匚古]字，從匚古聲，即經傳「瑚璉」之瑚也。季宫父簠以[匚㝬]爲[匚古]，則㝬可讀爲胡也。

金文中之㝬國，與淮夷有關。录戜卣云：「王令戜曰：『𠭰淮尸敢伐内國，女其㠯成周師氏戍于[古古]𠂤』。」录簋云：「白雝父來自㝬。」𢽎鼎云：「師雝父省道至于㝬。」遇甗云：「師雝父戍，才古𠂤，遇從。師雝父肩史遇事于㝬侯，侯蔑遇曆，易遇金。」稽卣云：「稽從師淮父戍于古𠂤。」臤觶云「臤從師雝父戍于古𠂤之年」。此諸銘均同時之作，師雝父因淮夷來伐而戍古𠂤，省道至㝬，則㝬侯之國，必濱于淮夷，而猶臣服于周者。今謂㝬即胡，胡國始見於襄二十八年《左傳》，至定十五年爲楚所滅，見於春秋，歸姓之國也。《漢地理志》：汝南郡汝陰，本胡子國，其地在今安徽阜陽縣，處潁水之西，淮水之北，正與淮夷相近。然則㝬即春秋之胡，無疑。

由此以推本器作者之㝬，亦當讀爲胡，無疑也。史稱周厲王名胡，而此器自器制銘辭各方面判之，當在厲宣之世，則㝬即厲王本名，又可無疑也。蓋㝬字僻晦，後世史家，取胡字以代之耳。

四　鐘銘與歷史之關係

鐘銘云「南或𠬝孳敢臽處我土」，南或者南國也。周人稱南國，猶云南域、南疆，蓋周民族與其他民族交壤之地也。𠬝孳當是南淮夷中之崛起者，然後世無聞，前人亦未嘗注意，余頗疑其即濮也。𠬝濮聲相近，後世或假濮爲𠬝耳。春秋時有濮及百濮，爲夷族，近於楚。杜預《釋例》謂在建寧郡南，在今雲南，非也。余謂當在濮水左右，故名曰濮，昭九年傳有夷濮西田，是濮水本夷居之證。濮水在淮之上游，南流入淮，其地固與周相近也。

𠬝爲淮夷之一，《後漢書·東夷傳》「厲王無道，淮夷入寇，王命虢仲征之，不克」，殆即𠬝孳臽處，王往𦤎𢦔之事，史載不詳耳。虢中盨云：「虢中㠯王南征，伐南淮尸。才成周，乍旅盨，兹盨友十又二。」郭沫若氏即引《東夷傳》，證爲厲王時器至爲精確。由此可見南征之役，王固親行矣。虢中疑即虢公長父，《吕氏春秋·當染》「厲王染于虢公長父榮夷終」（《墨子》《當染》號誤爲厲）。《荀子・成相》「郭公長父之難，厲王流于彘」（郭或誤作孰），蓋與厲王相水乳者。故作盨于出征之前，已詳記伐夷之事，與厲王事後作鐘，肆意夸飾，固極一致也。其實，艮䜌僅遣一使，何足言「朕猷有成」，《東夷傳》云「不克」，斯乃實録矣。

厲雖無道，然其時周德未衰，故雖流彘以後，共伯干政，而宣王尚得中興。即以此器言，其制度壯麗，銘辭雄邁，書法整朗，雖不能遠紹周初，然較之龔、懿、孝、夷之世，實有過之，亦可以覘周之未遽亡也。傳世商周銅器雖多，然其可籍以考史者，寥寥無幾，至其可確知王所自作者，僅此器而已。其時期既班班可考，於史事又多所裨益，則此鐘不僅爲宗周重器之冠，抑亦歷史上之瓌寶也。

周王鈇鐘

周王鈇鐘銘辭

載《國立北平故宮博物院年刊》一九三六年七月。
又《唐蘭先生金文論集》第三五至四二頁紫禁城出版社一九九五年十月。

卜辭時代的文學和卜辭文學

一　卜辭時代的社會和文化

研究卜辭，當然得先知道那時代的社會和文化，但是，學者間能留意到這一方面的，還不很多。

郭沫若氏在民國十八年所著的《中國古代社會研究》裏曾有過一篇《卜辭中的古代社會》，裏面包含了兩個子目：（一）社會基礎的生產狀況，（二）上層建築的社會組織；這是做這種研究的第一聲。郭氏書裏所提到的問題的結論，由現在看來，很多錯誤。但因類此的研究太少的緣故，一般人總不免受到那篇文章裏的影響。

郭氏書中最大的錯誤，是關於社會組織方面。照他的意見，商代還是用「亞血族羣婚制」，是兄弟姊妹羣婚的時代；换一方面説，就是商代還是野蠻時代。這一個結論，深入於現代一般人的心目，因而對商代社會文化，常發生誤解。其實「亞血族羣婚制」即是莫爾剛（Morgon）所謂「彭那魯安家族」（Punaluan Family）。照莫氏的解釋，這種制度，發生於「野蠻狀態」下面，（漢譯本《古代社會》下册二八八頁）但一直到「文明狀態」，才發明了聲音字母，開始書寫文字，（同上上册一六頁）而從「野蠻狀態」到「文明狀態」的中間，還有一個「未開化狀態」的時代。卜辭時代是有文字的，而且有很多的聲符文字，那時早已遠離了「野蠻狀態」和「未開化狀態」，是毫無疑問的。在這種狀態下，那能還是「亞血族羣婚」呢？

郭氏所以發此説，實在給一種稱謂欺騙了。卜辭裏有「三父」，「多父」一類的話，驟看去很可奇怪，其實這和後來的諸父有什麽分别呢？有許多地方，凡異姓的年老而可尊敬的，常稱爲「父」，這難道也是雜婚制嗎？有許多名稱的含混，或者是野蠻時代的遺習，但我們不能就這一點來斷定那時代的文化。

卜辭裏面，示壬的妣是妣庚，示癸的妣是妣甲，從湯以下，直系的祖，各有各的妣，這豈是羣婚時代所有的現象。但像配祖丁的有妣己、妣庚、妣癸，和配武丁的有妣戊、妣辛、妣癸，〔一〕我們反可以知道那時所行的是一夫多妻制。

莫爾剛氏所稱爲「父系家長家族」的制度，是屬於未開化時代的晚期的家族形態，但在文明時代的初期，也一時地保存着。（漢譯本下册三七三葉）商代的家族形態，大致和這相近。

照郭氏在《卜辭通纂》（考釋七三葉）裏的説法，和他寫給作者的信裏，均已承認商代的父權制度。那末，他的舊説應取消，是無疑的。但一般人却還很多迷信他的舊説。有人説，春秋時齊、楚等國，諸姑姊妹可婚，還没有脱離血緣婚的範圍，何況商代。這種説法，翹舉一時的變態，來當做常態，實是一種重大的錯誤。

上面説商代已是文明時代，而遠離了未開化時代，只文字一端，已是極好的證據，卜辭時代使用的文字，早已跨入了用聲符的新途徑。照文字學的觀點，判別文字的上古期，和近古期，以有没有聲符字爲標準。那末，單就商代的文字而言，也可以窺見那時的文化了。

商代的青銅器，發現很多。李濟氏在《安陽發掘報告》（五七五葉）裏説到那種青銅武器的形制，多像歐洲青銅時代的第四期物品，和葉尼塞河流域出土的青銅器。這可以證明那時已是青銅器時代了。但郭沫若氏却把殷虚時代列爲金石併用時代，（《古代社會研究》二五一葉）這也是一個重大的錯誤。這個錯誤，又把商代搬出文明時代去了，和他定商代是「亞血族羣婚」是相聯的。不知金石並用時代，只是從石器到金屬器的一個極短的時期，所用多半是黄銅和黄金，和殷虚完全不合。青銅器時代以青銅器爲主體，但石器也還存在，正和鐵器時代還有銅器一樣。所以，就殷虚還有石器發現的一點，不能説商代是金石併用時代。

照人類學家的説法，新石器時代的人們，已知道種植和牧畜，因而母系的社會轉而爲父系社會。在那時候，已有很多石製的兵器，爲後來銅器時代所仿傚的。因農業的發展，人都有安定的生活，人口便繁殖起來，因而共同社會發達，促成支配權的發生，因而形成國家。金屬器時代和國家的發生是同時的，因爲堅硬的武器，增加了酋長們的勢力，王侯就因而出現了。歷史記録的出現，大體上和國家的出現，是一致的。（參考漢譯本西村真次《人類學汎論》一八七—一八九頁）。

由商代的青銅器的形式和花紋，可以看出不是初期的産品；這種極高的技巧，不是人類開始仿傚石器或陶器的時候所能得到的。由文獻上説，在殷虚時代（即殷商後期）以前，六—七百年，夏后啓的時代，有一個昆吾的民族，已經開始鑄鼎了。而銅兵的起源，還在其前。

雖則有些學者，盡量把中國文化縮短，以爲商周以後，才是有史時期。但由夏中葉以後，有王的詳細世系，有每個王的在位年數，有各樣紀事，曾載在《紀下》、《世本》和《史記》裏面，是不容抹殺的。卜辭所見商代的先公，從王亥到示癸正當夏的後期，和《史記》所説差不多，可見這種記載是可信的。歷史和傳説的分界，大概在夏后啓的時候，所以夏后啓和有窮后羿，一方面是古代神話的後鎮，一方面却是歷史記載的前驅。

關於夏后啓以前的傳説，在戰國以後，固然真贗錯雜，但在戰國中期以前的記載，像《山海經》、《左傳》、《國語》、《紀年》、《天問》等書，却頗一致。這種傳説裏最早的時代，有太昊、少昊、炎帝和黄帝，炎、黄的戰爭，和黄帝、蚩尤的戰爭，是中國最早的戰爭。而銅兵的起源，也在這個時候。由黄帝而帝顓頊、帝嚳、帝鴻、帝堯、帝丹朱、帝舜，就到了夏后禹，夏后啓，這一個在歷史記録前的傳説的時期，大概有兩三百年。

當銅兵發生以後，黄帝的一個民族，得到了勝利而組成了國家，這是兩昊諸帝時代。隔了兩三百年，變成羣后時代，不久，就演成世襲的王朝，國家的構成，更堅固了。同時，就有别的銅器的出現，也有歷史記録的發現。那麽，這種傳説，和事實的距離，大概不十分遠。

卜辭時代以前，已經有了六——七百年的歷史，是無疑的。單就商民族而論，從王亥、上甲以下，也有四——五百年的歷史了。國家的形成，據傳説是在黄帝時代，到此時總有一千年的左右了。那麽，那時代的社會組織的進化，和一切文化的進步，是可以想見的。

在卜辭裏面，王的同族是王族，王以外的貴族有公、侯、伯，以至於亞，政府裏面有尹、宰、師、工、卿事、太史、大又、小臣、籍臣、卜人、巫、祝之類；供驅使的有奚和役，——即奴隸；大體上都和周初的情形差不多。王后雖稱爲婦，但婦人稱姓，像：婦好（即子姓）、婦姘（即井姓）之類，也和周世無異。〔一〕

在商代的産業方面，郭沫若氏以爲「是由牧畜進展到農業的時期」，（《古代社會研究》二五四頁）或「以農藝牧畜爲主」（《卜辭通纂考釋》一〇三葉）也都是錯誤的。卜辭説到牧畜的極少，郭氏因用牲之數有到三百四百，就以爲是牧畜最蕃盛的時代。其實後來秦德公祀鄜畤用三百牢，《左傳》「吴人徵百牢」，可見用牲的多，不足證明那時畜牧是「主要産業」。郭氏又説：

其所以𠦪為芻牧貞卜者，蓋包含於祈年之例中也。《詩・小雅・無羊》乃考牧之詩，末章云「大人占之，衆惟魚矣，實爲豐年」，是知古之祈年，不限於稼穡矣。——《卜辭通纂考釋》一〇〇頁。

但年字作[illegible]，本從禾字演變，所以卜辭裏的「受年」就是「受禾」，「𠦪年」就是「𠦪禾」，本只有農業的意味。卜辭裏的「受年」，又分析做「受黍年」和「受䆃年」，〔三〕也和畜牧無關。

農業的重視，在卜辭裏是很明顯的，除了普通的「受年」「𠦪年」外，有專指那一個地方受年的。例如「甲辰卜，商受年」；（《前編》三，三〇，六片）也有泛指各方受年的，像北方受禾、西方受禾之類。此外有「觀耤」的禮，有「告麥」的禮，而且管耤事的還有「耤臣」。可見只有農業才是商代的主要產業。

我以爲牧畜在新石器時代，確是主要產業，但初期的畜牧者，過的還是流浪生活，一直到農業發達，才能有定居的生活。〔四〕農業發達以後，人有定居，才能有村落、有國家，而牧畜也就退居次要了。商代已有大都會，像大邑和師，而王所居有宮、寢、宗、室，試問住在這種都會和宮室裏的民族，還能把牧畜做主要產業嗎？所以，商代只是農業發達的時期，和周代略同，牧畜已是農業的副產物了。祭祀用牲的多，只是特殊階級特意去豢養的。

商人工藝的進步，盡人所知，現在不必特別詳細去記述。傳世的器物，取材的廣泛，品類的衆多，式樣的新異，刻鏤的精美，在《殷虚古器物圖録》、《鄴中片羽》、《殷文存》、《續殷文存》等書裏，可以得到一個概略。中央研究院所發掘出來的物品，尤可以供我們去研討。總之，這些東西，完全和青銅器時代相應而不是一個野蠻時代。

從工業品方面，我們已能知道商代藝術的優美。在那時已用筆墨，書法已頗講求，有好些作風。商畫雖無傳，但在卜辭裏有些文字，幾和圖畫一樣。音樂方面，現所知道的有龠、鼓、磬、鐃等樂器，和濩舞。

宗教方面，商人也很崇拜自然神，像上帝、土、河、岳〔五〕之類。尤其重視的是人鬼，祭祀的繁多，貞卜的頻數，都是「商人尚鬼」的明徵。商人相信一切災咎，有鬼神作祟，因而有通鬼神的巫祝和問吉凶的卜筮。但有些並不是商人創始的，春秋時有夏祝和商祝，可知祝是從夏世已有的。

關於曆數，商人大概只是承襲前世的，從夏世起已有紀年，和春秋時還存有「夏時」，都可以證明。雖則卜辭的記載，有時錯誤，例如一個月裏有了四次卜旬，或因失了一閏而有十四月之類，但像後一種錯誤，就是春秋時還會發生的。〔六〕

有一個末節，可以特別注意的，商代對本族的人鬼，像祖、妣、父、母，和兄，往往用十干爲稱號，〔七〕這是很有趣的問題。前人把這種當做商代的人名，而爲什麽有這名，却有兩種説法。《史記·殷本紀》索隱説：

皇甫謐云：微字上甲，其母以甲日生故也。商家生子，以日爲名，蓋自微始。譙周以爲死稱廟主曰甲也。

皇甫謐以爲用生日爲名，這是一説，而最近董作賓氏却主張死日爲名，（《甲骨文斷代研究例》）這又是一説。

用生日爲名的一説最錯誤，因爲王亥、王恒的亥和恒，上甲的微、天乙的湯，才是真正的名，而十日決不是生時稱的；卜辭裏的婦好、婦姘，決不稱甲乙，但稱爲母或妣的時候，便用甲乙了，更可以證明甲乙是死後若干時才稱的。用死日爲稱的一説也不對。紂死於甲子，爲什麽叫做辛呢？

我以爲上文所引譙周的説法，死稱廟主，實比這兩説爲優。這種稱號，是和祭禮有關的。用甲日祭就叫做甲，用乙日祭就叫做乙。在銅器裏面，常看見，祖日乙、祖日庚一類的名稱，而史喜鼎説「史喜作朕文考翟祭，氒日唯乙」，更是一個確證。王國維氏説：

殷之祭先，率以其所名之日祭之。祭名甲者用甲日，祭名乙者用乙日，此卜辭之通例也。

這是一般學者所公認的，但事實上却是看倒了。

在夏的世系裏，太康、仲康、少康，似乎就是太庚、中庚、小庚。夏帝用十干做稱號，大都已遺漏，只有帝廑又叫做胤甲，他的兒子叫做帝孔甲，隔了兩代，又有一個履癸，即是桀。在商民族方面，當夏的時候也有了上甲、報乙、報丙、報丁、主壬、主癸，和妣庚、妣甲。這種相同，實在不是偶然的。在這一點上，至少可以説商代的文化，有些是起源於夏世的。

在商代所用的禮文裏，郭沫若已經説過「多已與周人同，孔子所謂周因於殷禮者也」的話。（《卜辭通纂考釋》一〇三頁）但這種文化是商時突然産生的嗎？我們根據上面的推論，便還得補充一下。商代文化，在中國古史裏已到了很矣爛的時期，因爲它是從夏文化演進的，孔子所謂「殷因於夏禮」者也。

二　卜辭時代的一般文學

甲　商代有没有文學的問題

現代的文學史家，所最感到困難的，無過於中國的古代文學。中國古代文學的資料，本就不多。加之，這幾年來，受了疑古運動的影響，大部份都被上了可疑的色彩，於是材料就更缺乏了。

就商代來説吧。商代的文學，本來有《商書》可以做代表，〔八〕但一般的文學史家大都不敢接觸到這個問題。這裏有兩層原因：第一，在疑古風氣極盛的時候，學者們總抱着「不食馬肝，不爲不知味」的念頭，有人説《盤庚》是真，有人説《盤庚》是假，在没有定論以前，只好不提。第二，由文學史的看法，韻文是應該先於散文的，但一般所公認的最早韻文，只有《詩經》，而《詩經》只有周人作品，如其説有早於周詩的《商書》，就變做散文先於韻文，所以也只好不提。

除了《商書》以外，還有彝銘和卜辭，無疑地是商人的作品了。但因記載這種銘辭的文字，非專家不能研究，而專家的研究也還没有完密，因而文學史家不能做較深邃的探討。

所以，周以前的文學，在中國文學史裏幾乎是一張白紙，在白紙裏，却充滿了很多待決的問題。

有些研究者，没有注意到這些問題，以爲只有《詩經》是中國最古的文學，於是，商代便被判決爲没有文學或文學剛在萌芽的時代了。照他們的説法，《商書》是後人所作，卜辭和彝銘，才是商人做的，那樣簡短而素樸的體格，只是文學起源時代的東西。在疑古風氣極盛的時期，一切中國古代文化總得移後幾百年，文學又豈能例外，所以，這種説法，是容易博得一部分羣衆的信仰的。

但是，商代有没有文學，不是這樣輕率的説法所能解決的。文學不是一個孤立的東西，在上一章裏，我已經指出商代一般文化的絢爛，在這種文明社會裏，難道不能作一個較長的演説，或談話（像《盤庚》或《微子》裏所記的）嗎？商代的文字，見於卜辭和彝銘，雖不過三千字左右，但在當時，至少總得有一兩萬。〔九〕有這麽多的文字，難道不能寫一篇比較長的文章嗎？

我在《頌齋吉金圖録》的序裏，曾指出卜辭、彝銘所以多簡短而質樸，只是實用的關係，而尋常長篇文字，是應該寫在竹帛上的。不幸，竹帛的保存不易，所以，我們目前所能見到的只是些短篇。在《殷契佚存》的序裏，我又曾指出古代在竹帛以前，大概還用過玉石，雖則我們現在只發見了卜辭、彝銘，而没有發現商以前别的材料，但不能斷然説商代没有長篇的文字。同時，郭沫若氏所發表的《周代彝銘進化觀》，和我的意見，幾乎完全一致。

郭氏文裏引《書·多士》「惟殷先人有册有典」來證明殷時就有竹簡，是有充分理由的。〔一〇〕《多士》是現代學者所公認的周初作品。「惟殷先人，有册，有典，殷革夏命」，意思是説：你們殷人的祖先，有典籍流傳下來，説殷的代夏而有天下，是革夏的命。（《易傳》説「湯、武革命」，就本於此文。）這段話見於周初的記載，出乎成王的口，是何等彊有力的證據。周初書裏常常説到夏、商的史事，當然都是根據這種典册的記載。那末，商代已有很完備的記載，是無可疑的。

只要稍具一些進化觀念的人，一定相信周初許多長篇文章，尤其是只有一個論點而講了七百來字的《無逸》，決不會突然地產生的。整整齊齊，六十四卦，三百八十四爻的《周易》繇辭，也不是文學剛在萌芽時代所能有的。如上面所説，商代有很高的文化，很多的文字，和很完備的記載，那末，一定也有很優美的文學。周初的文學家，受過商代文學的影響，是無疑的。

卜辭、彝銘的素樸和簡短，不够做商代没有文學的證據。春秋的記事，何嘗不素樸簡短，戰國時的匋器銘辭，何嘗不是一兩個字，——最多不過十數字，我們能説春秋戰國時期還没有文學嗎？

乙　商代文學和文學的起源

商代是應當有文學的，那末，商代的文學是些什麽呢？

前面我説過，商代文學是可以拿《商書》來做代表的，現在讓我們把《商書》的内容，檢討一下。《尚書》裏所收的《商書》，據舊説有四十篇，現在把《書序》抄下來，如下：

> 自契至于成湯，八遷，湯始居亳，從先王居，作《帝告》、《釐沃》。
>
> 湯征諸侯，葛伯不祀，湯始征之，作《湯征》。
>
> 伊尹去亳適夏，既醜有夏，復歸于亳，入自北門，乃遇汝鳩汝方，作《汝鳩》、《汝方》。
>
> 伊尹相湯伐桀，升自陑，遂與桀戰于鳴條之野，作《湯誓》。

湯既勝夏，欲遷其社，不可，作《夏社》、《疑至》、《臣扈》。

夏師敗績，湯遂從之，遂伐三朡，俘厥寶玉，誼伯仲伯作《典寶》。

湯歸自夏，至于大坰，仲虺作誥。

湯既黜夏命，復歸于亳，作《湯誥》。 伊尹作《咸有一德》。

咎單作《明居》。

成湯既没，太甲元年，伊尹作《伊訓》、《肆命》、《徂后》。

大甲既立不明，伊尹放諸桐，三年復歸于亳，思庸伊尹，作《太甲》三篇。

沃丁既葬伊尹于亳，咎單遂訓伊尹事，作《沃丁》。

伊陟相大戊，亳有祥，桑穀共生于朝，伊陟贊于巫咸，作《咸乂》四篇。 大戊贊于伊陟，作《伊陟》、《原命》。

仲丁遷于囂，作《仲丁》。

河亶甲居相，作《河亶甲》。

祖乙圮于耿，作《祖乙》。

盤庚五遷，將治亳殷，民咨胥怨，作《盤庚》三篇。

高宗夢得説，使百工營求諸野，得諸傅巖，作《説命》三篇。

高宗祭成湯，有飛雉升鼎耳而雊，祖己訓諸王，作《高宗肜日》、《高宗之訓》。

殷始咎周，周人乘黎，祖伊恐，奔告于受，作《西伯戡黎》。

殷既錯天命，微子作《誥父師少師》。

這四十篇的《商書》，今文《尚書》裏只剩了七篇，五個題目，一，《湯誓》； 二，《盤庚》三篇； 三，《高宗肜日》； 四，《西伯戡黎》； 五，《微子》——即序的《誥父師少師》。〔一一〕 據鄭玄注《尚書》，則壁中古文裏還有《湯誥》、《咸有一德》、《典寶》、《伊訓》、《肆命》、《原命》等篇。〔一二〕 壁中古文原是些零辭斷簡，文字又難識，人都不能屬讀，所以，漢以後就都亡佚了。

在現存的七篇裏面，後面三篇——《高宗肜日》、《西伯戡黎》和《微子》，因爲篇幅都不很長，時代較後，比較容易相信是真的。到了《盤庚》三篇，懷疑的人就多了。到了《湯誓》，相信的人更少。

我以爲大部分古書總是經過許多變動的，這種變動，常常是無意的錯誤，而不是有心的作僞。例如：

（一）因古文字難認而錯誤　像「文王」變成「寧王」，「玲墊」變爲「玲瑰」。

（二）因傳寫而致的錯誤　像「己亥」的寫做「三豕」。「甹在位」的寫做「由乃在位」。

（三）因臆改而錯誤　像「腹腎腸」的爲「優賢揚」，下二字是經過改讀的。

（四）因爲口授的關係而聽錯的　像「惟口起羞」的變成「惟口出好」。

（五）因口授的關係，由方音而變化的　像「非台小子」的「台」，本當作「我」。

（六）因受後世語法或文法的影響而加字　像「取亂侮亡」，變爲「亡者侮之，亂者取之」。又像《盤庚》裏的許多「之」字，本來不一定有，「若顛木有由蘖」，「紹復先王大業」，在當時已可達意，但後人一定要嵌進一個「之」字去，才覺得順適。正和唐人寫書喜歡加「也」字一樣。

（七）因錯簡而錯誤　像《書序》的《疑至臣扈》本應作《伊陟臣扈》，在《咸乂》、《伊陟》、《原命》一起而錯在《夏社》下。《疑至》兩字乃《伊陟》的聲誤。〔一三〕

此外，也許還有基於别種原因的錯誤。凡一篇文章，流傳的時代愈久，地域愈廣，這種錯誤就愈多，有時，和原來大相徑庭；但這只是錯誤，我們不能説成是「僞」。

《盤庚》裏面儘管經過若干變動，或者有若干地方和原本有出入，但我們没有理由可説它是後人所僞作的。《盤庚》裏的史實，大致是可信的。文章的格式方面，只是簡短的記事和演説辭，和商末周初的文相近。雖説文章較長，——以上篇最長，有五百七十多字，〔一四〕但從那時到周初，據《紀年》説只二百七十三年，周初既有許多極長的文章，在二三百年前有此，並不足奇。本來記言記事，和歌謠差不多，在文學裏同是很原始的，事有多寡，言有繁簡，多就多記，少就少記，所以這種文章的長短，和技巧無關，不妨先有像《盤庚》的長文，而後有《高宗肜日》一類的短文。

近代學者對於已亡佚的《書》不很注意，其實，佚《書》在歷史上或文學史上却是佔有重要地位的。我們只見《湯誓》以後，隔了多少時才有三篇《盤庚》，而《盤庚》以後，只有些短文，一直到周初，才有長文，這種現像是可怪的。但我們應知道做《書序》的時候，《尚書》裏所收的《商書》原有四十篇之多。這四十篇裏，〔一五〕大約有十二篇是作於湯時，六篇作於大甲時，一篇作於沃丁時，八篇作於大戊時，一篇作於仲丁時，一篇作於河亶甲時，一篇作於祖乙時，三篇作於盤庚時，五篇作於武丁時，二篇作於紂時，時代本都銜接。在《盤庚》以前，還有《太甲》的三篇，《咸乂》的四篇，盤庚以後，也還有《說命》的三篇，那末，《盤庚》有三篇，不能說是篇幅獨長了。

在普通歷史方面，一定要注意到這部分佚書，像「仲丁遷于囂」一類的話，商代的史事，才可以比較完備。在文學史方面，也一定要注意到它，才能得到商代文學史上的連鎖。比如《說命》三篇雖已亡了，但並沒有完全亡去。《楚語》白公子張說：

昔殷武丁能聳其德，至於神明，以入于河，自河徂亳。於是乎三年默以思道，卿士患之。曰：「王言以出令也。若不言，是無所稟令也。」武丁於是作書，曰：「以余正四方，余恐德之不類，茲故不言。」如是而又使以象旁求四方之賢，得傅說以來，升以爲公，而使朝夕規諫。曰：「若金用女作厲，若津水，用女作舟，若天旱，用女作霖雨；啓乃心，沃朕心；若藥不瞑眩，厥疾不瘳；若跣不視地，厥足用傷。」……曰「必交修，無余棄」也。

所引的書，大概都出於《說命》，而且是《說命》裏面很精彩的一部分。

在商末周初的文章裏，我們常看見一種譬喻的句子，像：

若涉大水，其無津涯。——《微子》

若涉淵水，予唯往，求朕攸濟。——《大誥》

若考作室既底法，厥子乃弗肯堂，矧肯構；厥父菑，厥子乃弗肯播，矧肯穫，厥考翼，其肯曰予有後弗棄基。——同上

若穡夫，予曷敢不終朕畝。——同上

若稽田，既勤敷菑，惟其陳修爲厥疆畎；若作室家，既勤垣墉，惟其塗塈茨；若作梓材，既勤樸斲，惟其塗丹雘。——《梓材》。

今在予小子旦，若游大川，予往，暨女奭其濟。——《君奭》

這種句法和上面所引《説命》的「若金，用女作厲；若津水，用女作舟；若天旱，用女作霖雨；」及「若藥不瞑眩，厥疾不瘳；若跣不視地，厥足用傷；」的句法，差不很遠。這種句法，不是《説命》裏才有的。《盤庚》説：

若顛木之有由蘖。

予若觀火。

若網在綱，有條而不紊，若農服田力穡，乃亦有秋。

若火之燎于原，不可嚮邇，其猶可撲滅。

若射之有志。

若乘舟，女勿濟，臭厥載。

顯然就是《説命》所據的藍本。然而《盤庚》裏也何嘗是獨創的。《禮記·緇衣》引《太甲説》：

若虞機張，往省，括于度，則釋。

這是商初的文章，比《盤庚》大概又得早上二百年了。

人類一切的進化是遲鈍的，——尤其是在古代，他們創造的能力，還不很豐富，所以這種句法，轉輾摹仿了幾百年，大概從商初到周初，是應有的現象。（以文字來説，從西周到春秋，用了五六百年，還没有劇烈的變動，是一個很好的例子）。這種文章本來大都是對話或演説，所以常有豐富的取譬。這種取譬，大都是日常習見的事情，聽者最容易領悟，所以常成爲原始文學裏最精采的一部分。

除了譬喻以外，在古代文學裏最重要的部分，要算格言了。在《商書》裏面，格言極多，例如：

取亂侮亡。——《仲虺之誥》〔一六〕

民非后，無能胥以寧；后非民，無以辟四方。——《太甲》

天作孽，猶可違；自作孽，不可活。——同上

遲任有言曰：「人惟求舊；器非求舊，惟新。」——《盤庚》

念終始典于學。——《説命》

學學半。——同上

敬孫務時敏，厥脩乃來。——同上

惟口起羞；惟甲胄起兵；惟衣裳在笥；惟干戈省厥躬。——同上

格言都是本人生的經驗而來的，是人生哲學的萌芽。所以，到了《周易》裏就有損和益、否和泰、剥和復、既濟和未濟等相對的觀念，可以明白思想是漸進的。有些人懷疑這種格言，以爲商代還不能有，但據我們看來，假如商人還没有這一類東西，而周初突然發生，那才是怪事哩。

在《商書》裏，記事的部分是很少且很簡單的，大部分都是説話。但這種説話因時代較遠的緣故，很多是不能懂的（商代文字，有許多是周人不認識的，所以，周人讀《商書》已未必全懂，至少讀起來不像《秦誓》順口）。但是，譬喻和格言，是没有時代性的。在一個句子裏，即使有難識的字，也不難意會，所以，只有這一部分，常在周以後的古書裏引到。造《僞古文尚書》的人，利用這部分材料，所以不去造孔壁尚存的《典寶》、《肆命》，而去造久已亡的《太甲》、《説命》。我們也應該利用這一部分的材料，才能得到文學史上的連鎖。只有把現存的和已佚的兩部分《商書》合併起來，才可以看

見前後相承的痕迹，可以斷定它們不是僞書，並且可以説《商書》是商代文學的代表。

但在這裏，又有兩個問題：一，商代何以不見韻文呢？二，文學的起源，到底在什麽時候呢？

關於第一個問題，我以爲商代是有韻文的。《湯誓》説「時日害喪，予及汝皆亡。」喪、亡是韻。《説命》説「惟口起羞，惟甲胄起兵，惟衣裳在笥，惟干戈省厥躬」，「兵」字據《墨子·尚同中》所引當作「戎」。[一七]戎、躬是韻。《墨子·非樂》引《湯之官刑》説：「其恒舞于宫，是謂巫風。」[一八]宫、風是韻。又《明鬼篇》引《商書》説：

> 嗚呼！古者有夏方未有禍之時，百獸貞蟲，允及飛鳥，莫不比方。矧惟人面，胡敢異心。山川鬼神，亦莫敢不寧。若能共允，隹天下之合，下土之保。

蟲、方、心、寧，都是韻，似乎全篇本是韻文。這一類的材料，可惜流傳得不多。但我們已可以證明《周易》的用韻，《孟子》和《墨子》所引《太誓》的用韻，和有些周初詩篇，——像《七月》之類的用韻，都不是突然發生了。

説到文學起源的問題，我們可先把《虞夏書》檢討一下。這部分的材料，在《書序》裏據説包含了二十篇，計有《堯典》、《舜典》、《汩作》、《九共》九篇，《稾沃》、《大禹》、《皋陶謨》、《棄稷》、《禹貢》、《甘誓》、《五子之歌》、《胤征》，共十二個題目。孔壁古文還有《舜典》、《汩作》、《九共》、《大禹》、《棄稷》、《五子之歌》、《胤征》，等篇。現存的今文只有《堯典》、《皋陶謨》、《禹貢》、《甘誓》四篇。

誠如郭沫若氏所説，今文《尚書》二十八篇是害了大頭症的。《堯典》、《皋陶謨》、《禹貢》三篇，太大而無當，從各方面看來，都可以證明是商周以後的作品，雖則其間還包含了一部分的古代傳説。今文以外的佚書，像：《舜典》、《汩作》、《九共》、《稾飫》、《大禹》、《棄稷》等篇，所説也都是虞、夏間的事情，據《書序》和古書所引佚文看來，和《堯典》等篇性質差不多，大概也是後人補作的，這裏且存而不論。

《甘誓》是極簡單的一篇文章，并且不像《堯典》、《禹貢》之類的編者，有滿腹經綸，而只是寥寥數言的演説辭，不像是後人所做的。[一九]據《書序》，這是啓做的。據《墨子·明鬼》，却是禹做的。《吕覽·先己》又説是夏后相的事情。[二〇]郭沫若因爲商的先世，也有伐有扈，因而疑心是上甲微做的，而把它也改入商書，但如果真是上甲微做的，也還應列爲《夏書》。

大概這是一篇商以前無主的古文，究竟是誰做的，周人已不很明白，因此也可以知道決不是後人所僞託的。

《書序》在《甘誓》下還有《五子之歌》和《胤征》兩篇，《胤征》今無可考，據《書序》作於仲康時，所以次在《五子之歌》的後面。〔二二〕關於《五子之歌》，《書序》說：「太康失邦，兄弟五人，須于洛汭，作《五子之歌》」。這一件事，在古書裏的記載很多，像《周書・嘗麥解》說：

其在殷（當作夏）之五子，忘伯禹之命，假國無正；用胥興作亂。遂凶厥國。皇天哀禹，賜以彭壽，思正夏略。

《離騷》說：

啓九辨與九歌兮，夏康娛以自縱。不顧難以圖後兮，五子用失乎家巷。

這都和《書序》相合。但是「子之」二字，恐怕是後加的。没有收入《尚書》的時候大概只作五歌，聲變就成五觀，後人誤以爲人名，或逕作觀，以爲國名。像《楚語》説：

堯有丹朱，舜有商均，啓有五觀。

《左傳》昭元年說：

夏有觀、扈，商有姺、邳，周有徐、奄。

《墨子・非樂》又變成武觀，但仍是書的篇名，可見「觀」字是由「歌」字轉變過來的。五子本有五人，所以儘管變成了五觀，而《漢書古今人表》大康下說：「啓子兄弟五人，號五觀。」《潛夫論》也說：「夏后啓子太康、仲康更立，兄弟五人，皆有昏德，不堪帝事，降須洛汭是謂五觀。」還都以爲五人的號是五觀，本是很清楚的。僞本《紀年》「帝啓十一年，放王季子武觀于西河。十五年武觀以西河叛。彭伯壽帥師征西河，武觀來歸」。始誤以武觀爲一人的名，又合《墨子》及《周書》來附會《古本紀年》啓征西河一事，以前學者多誤信爲真《紀年》。於是五觀是一個人呢，五個人呢？這問題就鬧不清。《武觀》和《五子之歌》是不是一事，也没法判斷了。

段玉裁因《武觀》就是《五子之歌》，就附會成五子到觀地去，魏默深又改做《五子之過》，這都可以不必的。無論觀地不在洛汭，把「之」字解爲「往」，在《尚書》同樣句法的目録裏，却没有這一個例。段氏以爲《尚書》裏不應以詩歌名篇，也不對。《皋陶謨》後面是收了三個歌的，《尚書》裏既可收歌，爲什麼不可把歌名篇呢？《詩經》所收，只限于周時，假使《尚書》不能收歌，這首古歌就無家可歸了。

《墨子》引《武觀》説：

啓乃淫溢康樂，野于飲食。將將銘，（疑鎗鎗二字之誤）莧（當作筦）磬以力。湛濁于酒，渝食于野，萬舞翼翼。章聞于天，天乃弗式。

食、力、翼、式，都是韻。由這段佚文看來，似乎不是抒情的歌，而只是一種記事詩的體裁。

《左傳》哀四年引《夏書》説：

惟彼陶唐，帥彼天常，有此冀方。今失其行，亂其紀綱，乃滅而亡。

唐、常、方、行、綱、亡，都是韻。注《左傳》的各家都以爲指夏桀，但這是不對的。因爲如果是夏桀亡了以後做的，便應叫做商書了。僞古文把這一段稍加改動，收入《五子之歌》，却頗有眼光。太康失邦以後，據《書序》説「須于洛汭」，《古本紀年》説太康住在斟鄩，后相即位時住在商邱，後來住在斟灌，可見那時已離開冀方。所以，這一段佚名的《夏書》，很可疑爲《五子之歌》的一部分。也許這就是五子所歌的話，後來因此就把全詩叫做《五子之歌》。

關於《五子之歌》的紀載和佚文，所能知道的，只有這些了，現在讓我們來看這篇書背後的故事。

在上文所論到的，當夏以前，約兩三百年，就有了國家了。但照古來的傳説，古代文化，在夏初有很大的變革。在氏族制度方面，炎帝、黄帝本是兄弟，而一姓姜，一姓姬，少昊和顓頊顯然是兩個民族，但《山海經》有「少昊孺帝顓頊」，孺大概當讀做乳；舜據説是黄帝後，却是姚姓；後來娶堯二女，釐降嬀汭，就改姓嬀，禹也説是黄帝後，但又是姒姓；這些似乎都可以證明還没有超出母系社會，所以堯可以不傳給丹朱而傳給舜。在器物方面，雖已有了銅兵，普通銅器還没有發達，大概只是由金石並用時代剛進到銅器時代。在文化方面，大概還没有歷史的紀載。到了夏以後就大不同了，禹傳位給啓，是由母系中心而轉變到父系中心，於是就有了世襲的王朝了。洪水退了以後，因治水時的經驗，知道金屬的産地，便促進了銅器的發展，成爲正式的青銅器時代，同時，因洪水後新恢復的繁華，加以政治社會工具等的新刺激，一切文化都向前發展，便産生了歷史。

夏后啓是開創這個新時代的主角，所以儘管有人罵他康娱淫縱，却依舊是禹的賢子。當那個時候，除了有苗或有扈以外，没有什麽外患；雖然還有一個有窮后羿在旁窺伺，也未曾覺察，所以他便淫縱起來了。淫縱的故事是這樣的。

> 大樂之野，夏后啓於此舞九代（當作成），乘兩龍，雲蓋三層，左手操翳，右手操環，佩玉璜。在大運山北。一曰大遺之野。——《海外西經》
>
> 夏后開上三嬪於天，得《九辨》與《九歌》以下。此天穆之野，開焉始得歌《九招》。——《大荒西經》
>
> 啓登后九年，舞《九韶》。——《路史》後紀十三注及《大荒西經》注引《紀年》
>
> 啓棘賓商，（當作天）《九辨》《九歌》。——天問

把這種記載和上邊所引《武觀》和《離騷》對照，就知道所謂淫縱，只是舞《九招》的一樁事情。

九韶的樂，有人説是舜作的，有人説是禹興的，也有人説做帝嚳時就有的，這且不管，但舞九韶於野，大概是啓創始的。九韶的名稱，是因九成來的，所以《淮南・齊俗訓》説：「夏后氏其樂夏籥九成。」成是奏樂一遍，遍通作辯，所以又叫《九辯》（後世舞曲的遍，即由此出）。又作《九變》（見《周禮・大司樂》）也可以叫做《九奏》。（《史記・趙世家》：「廣樂九

奏萬舞。」)《九韶》的樂器在《咎繇謨》裏記得雖多,但是堂上樂,也許還有後來增入的。大概它的主要樂器是管和磬,所以《武觀》說「管磬以力」(《咎繇謨》說「簫韶」,《淮南子》說「夏籥」,簫籥都是管)。

《武觀》裏只說「萬舞」,萬舞和舞九招是一件事情。萬舞是舉着兩手學蝎子式的跳舞。〔二二〕舞的時候,據《海内西經》的描寫——舞者赤裸着身體,只在腰以下掛着玉璜,舞時可聽見琤瑽的玉聲,左手執着鳥羽做的翳,右手拿一個環。這種相類的舞底姿勢,我們在現代許多别的民族裏,還可以看到。

舞的時候,還有歌,所以說「九辯九歌」。不過這種歌總是很簡短的,而且總是有唱有和的,所以我疑心《咎繇謨》裏所收入的歌就是《九歌》。因爲《九歌》的名,由《九辯》而起,所以不一定是九篇。那個歌是:

股肱喜哉!元首起哉!百工熙哉!——歌辭
元首明哉!股肱良哉!庶事康哉!——和辭
元首叢脞哉!股肱惰哉!萬事墮哉!

《咎繇謨》在「簫韶九成」後,説到:「帝庸作歌」,可見這歌正是配九成或九辨的韶樂用的。《左傳》文五年引《夏書》説:「戒之用休,董之用威,勸之以九歌,勿使壞」,九歌可以做勸戒,和這個歌辭的意思正相合。

但含有教訓意義的九歌,在啓時只用爲娱樂了。當他在這曠野裏快樂地宴享,而且舉行空前的,大規模的歌舞的時候,這種偉大的藝術,激動了當時的羣衆,引起各種的議論。有的人看慣前人的勤苦,就説這是太放縱了。有的人以爲這樣新奇的玩意,一定是從天上得來的。

若干年後,啓死了,國家的威權也中落了。他的兒子太康、中康等很平庸。他們建都的地方,給有窮氏奪了去,不得已而逃出來,他的子姪輩五人在洛汭等待的時候,就做了一首歌就是《五子之歌》。照後人看來,總是啓的奢縱過分,給天知道了,上帝生氣,才有這樣的事情。

從啓的舞九招起,太康失國,寒浞殺羿,澆滅斟灌和斟鄩,滅夏后相,少康妻二姚,靡伐浞,女艾諜澆,一直到少康歸夏,這是多麽長,多麽有聲有色的一個故事。《五子之歌》不過是這個故事裏的一個序幕罷了。我疑心這個故事,原先本是一篇或幾篇極長的史詩，《左傳》襄四年魏絳引《夏訓》「有窮后羿」一句，下面就講從羿到少康的故事，《夏制》恐怕就是這類史詩的一部分，魏絳因它太長，所以引了一句後，只揀節目去説。除去魏絳所引外，《左傳》和《離騷》、《天問》等還有很多記載，假如没有史詩流傳下來，是不會知道這樣詳細的。

那末，文學在商以前，包含了兩個部分：一部分是簡短的演説辭，例如《甘誓》，《胤征》恐怕差不多。〔一三〕一部分由歌謡而變成史詩。歌謡的起源，大概遠在夏前，韻文先於散文的定律，是同樣能適用於中國的。《孟子》裏引的一首《夏諺》確否尚不確定，但我們至少可以説《九歌》是在啓時已有的，啓死後又有《五子之歌》，後來變成史詩。這兩部分的時期雖難確定，但總是商前流傳下來的東西，是可以無疑問的。

夏代是文學剛在萌芽的時候，到商代，日漸發展，周初尤其輝耀，到春秋以後，却漸漸微弱下去。這一千多年的古代文學，和整個青銅器時代，世襲王朝，都是不能分離的。到了春秋末年，老子、孔子、墨子等一班處士出來，文學史上就起了劇烈的變動，另一新時期於是開始了。

三　銘識的起源和卜辭時代的銘識

許多學者崇信實物而輕略記載，但是地下實物的發現往往不如人意。周以前大批的文獻是寫在竹帛上的，但古竹簡的發現，在六朝以前，我們都看不見了。最近汲縣聽説又發見竹簡，可是看不清文字了。三代的帛書，從未出土過。我們想望中的東西，總不能見到，而意想不到的卜辭，却突如地發現了。

地下材料的發現常常是偶然的，有出乎意外的新發現，可也有出乎意外的不發現，假如因爲没有發現而斷定那時代一定没有這東西，那是很危險的。因爲古物而沉薶在地下的，本只是一部分，而這一部分，不一定能發現；即使發現，未必能保存；即使保存，我們也未必看見；即使看見了，也未必能懂得。我們能看見而且懂得的，實在太有限了，所以只能考其已有的現象，而不要輕率地下結論，説某物或某種現象是那時所没有的。

就現在已發現的屬於商代的地下材料説，除卜辭以外，只有銅器銘辭，材料較多。但無論在何種材料裏，都還没有長過百字的文章。在前面，我根據記載，認爲商代一定有很長的文章，但地下實物是不够證明的。在這一方面只有寄希望於將來的新發現了。但從別一方面説，單是文章的長短，却不够做文學進步與否的標準的。

器物銘識的起源，在什麽時候，現在還不很明瞭。據傳説，這種銘文是很早就有的。蔡邕《銘論》説：「黄帝有巾几之法，孔甲有盤杅之誡，殷湯有『甘誓』之勒，毚鼎有『丕顯』之銘。」《文心雕龍·銘箴》：「昔帝軒刻輿几以弼違，大禹勒筍簴而招諫。」所謂黄帝的巾几，和帝軒的輿几，大概都是本於《漢書·藝文志》的《黄帝銘》六篇，其中有三篇是巾、几和輿，但黄帝書大概都是春秋後人僞作的。禹勒筍簴的故事，見今本《鬻子》，更靠不住了。《孔甲盤盂》見《漢書·田蚡傳》和《藝文志》，班固説：「黄帝之史，或曰夏帝孔甲，似皆非」。這二十多篇的内容，現在不知道，恐怕也不很古。殷湯勒「甘誓」的話，很奇怪，皮錫瑞附會爲先有《甘誓》，殷湯勒銘。其實「甘誓」兩字，只是「日新」之誤，「日新」和下句「丕顯」相對。就是《大學》裏所引的湯之盤銘。至於毚鼎見《左傳》，大概是周以後的銅器了。

古代的銘識，不單在銅器上。在安特生所發見的仰韶期匋器裏，我曾指出有幾個畫在上面的圖形文字，這種文字，大概遠在商以前。中央研究院在安陽發掘出來的匋器上，有刻的文字。這種刻文字在匋器上的習慣，在周以後盛行，而用朱砂寫在匋器上，漢以後也習見。而且在近代所見的實物裏，匋器以外玉石器、骨器等，也常有銘識。

在文字發生以後，使用的器物上，就可以塗寫或刻劃上幾個文字；在文學發生以後，就也可以在那上面做一篇銘文。所以玉石、匋、骨、木等器的有銘識，實遠在銅器銘識之前。《大學》裏引湯之盤銘，我們雖没有積極的證明，但這種格言式的銘辭，在那時，確是可能的。[二四]在商初的時候，食器之類，許已有銅製，而槃杅恐怕還只是木製。在木器上面寫字，或刻字，比銅器裏的銘識，需要進步的工藝的，當然要容易得多多。槃杅容積較大，不妨寫上很多的字，而且是日用的器，所以，要寫上一篇格言的時候，這是最適宜的地方了。

早期的銅器銘識，完全是笵鑄的而不是隨便的塗寫和刻劃所以比較是很後起的。最初的銅器，大概都是飲食器，是從匋器蜕變來的；——冶金術就是從製匋術發展出來的，——銅器的形製和花紋，都是摹仿匋器的；在那時，大概還没有銘識。後來，笵鑄的技術逐漸進步，就發明了銘識的笵。這種銘識最初不過一兩字，有的記明自己的族徽，有的記載器所屬的祖父的稱號。大概商中葉以後，才漸漸發展起來，銘長的可以到三四十字但所載的還不過是作器的原由，一直到周以後，才有極長的銘識。

已發見的商代銅器，拿量來説，真是不少，但有較長銘文的，却不很多。現在把較重要的鈔録如下：

丙寅，子易（錫）□貝，用乍（作）文[illegible]己寶彝。才（在）十月又三，搆。——《薛氏鐘鼎款識》十二文□己匜。

乙亥，子易（錫）小子䍐王商（賞）貝，才（在）[illegible]師䍐用乍（作）父己寶隮（尊）搆。——《續殷文存》上廿五小子䍐鼎

丙申，王易（錫）萄亞罿奚貝，才（在）彖。用乍（作）父癸彝。——《殷文存》下廿三萄亞角

酰。辛巳，王易騣八貝一具，用乍（作）父巳隮彝。——《續殷文存》上八六，騣卣

乙未，卿事易（錫）小子𠭯貝二百，用乍（作）父丁隮毁。搆——《續殷文存》上四八小子𠭯毁

甲寅，子商（賞）小子眚，貝五朋，眚玑（揚）君商，賞用乍（作）父己寶彝。搆。——《續殷文存》上八六小子眚卣

丁巳，王易（錫）嶲[illegible]貝，才（在）□，用乍（作）兄癸彝。才（在）九月，隹（唯）王九祀，咨日。[illegible]。——《薛氏款識》

卷三嶲卣

癸巳，王易（錫）小臣邑貝十朋，用乍（作）母癸隮彝。隹（唯）王六祀，彡（肜）日，才三月。[illegible]亞。——《續殷文存》

下六六小臣邑斝

王易（錫）小臣𢆶易（錫）才（在）帝，用乍且（祖）乙隮。[illegible][illegible]。——《續殷文存》上八六小臣𢆶卣

癸巳，□商賓小子□貝十朋，才在□□，隹（唯）□令伐尸方𦋖。肇用乍（作）文父丁隮彝。才（在）十月三。

搆。——《續殷文存》上四九小子□毁

丁巳，王眚（省）夔且，王易（錫）小臣艅夔貝。隹（唯）王來正（征）尸方。隹（唯）王十祀又五，彡肜日。——《殷文

存》上廿六小臣艅尊

乙巳，子令小子畬先吕尸于堇，（覲）子光商賓畬貝二朋。子曰貝隹（唯）丁蔑女曆。畬用乍（作）母辛彝。才（在）

十月，隹（唯）子曰令𦣠尸方𦋖。——《續殷文存》上八六小子畬卣

庚申，王才（在）東閒，王各，宰椃从，易貝五朋，用乍父丁隮彝。才（在）六月，隹（唯）王廿祀羽（翌）又五。——

《殷文存》下廿三宰椃角

乙亥，王□才彖師，王鄉酉，尹[illegible]邐，隹（唯）各，商賓貝。用乍（作）父丁彝。隹（唯）王正（征）井方。[illegible]。——《續

殷文存》上廿五尹[illegible]鼎

王來獸(狩)自豆录,才(在)[illegible]餗,王鄉酉,王姿宰甫貝五朋,用乍(作)寶鬻。——《續殷文存》上四八宰甫毀

辛巳,王畬多亞聑,亭邐易(錫)貝二朋,用乍(作)大子丁□。——《續殷文存》四八亭毀

坈亞。丁卯,王令組子迨西方于眚,佳(唯)反,王賓伐甬貝二朋,用乍(作)父乙𩱛。——《殷文存》上八組子鼎

己酉,戍伶隮組于𠚑,桼[illegible]廿[illegible]九律,廿[illegible]商(賞)貝朋,万[illegible]用宦丁宗彝。才(在)九月,佳(唯)王十祀,啓日五,佳(唯)來東。——《薛氏款識》卷二廿[illegible]彝

戊辰,弜師易(錫)[illegible]啚卣,𩞁(稾)貝,用乍(作)父乙寶彝。才十月一,佳(唯)王廿祀,啓日,遘于匕戊,武乙奭[illegible]一。[illegible]——《殷文存》上十九[illegible]彝

乙酉。商貝。王曰:「帀□易工,母不戒」。遘于武乙,彡彤日,佳(唯)王六祀。三日,雟伇□商(賞)豐,用乍(作)父丁隮彝。帀子。——《薛氏款識》卷二豐彝

辛亥,王才(在)廙,降令曰:「歸福于我多高[illegible],易(錫)嫠」(釐)用乍(作)毓且(祖)丁隮(尊)。[illegible]。——《貞松堂集古遺文·補遺》上三四毓且丁尊

佳十月又一月,丁亥,我乍(作)𥘅禦[illegible]且(祖)乙匕(妣)乙,且(祖)己,匕(妣)癸,征[illegible]絜,二女咸[illegible](承),□(遺)禪二,㚔貝五朋,用乍,父己寶隮彝。𢍏亞。——《續殷文存》上廿六𢍏亞鼎

以上共廿二個銘辭,可以做最長的商代銅器銘識的代表。

除銅器外,安陽出土的小玉器刻有

乙亥,王易(錫)小臣鶍萳,才(在)大室

十一字,雖寥寥短文,但和銅器銘識極近。

在《殷契佚存》裏,還有三個骨製的匕,[二五]有兩個同銘的,説:

壬午，王田于麥菉（禁）隻（獲）商戠冢，王易（錫）宰豐寑小䄜兄，〔二六〕才（在）五月，隹（唯）王六祀，彡日。

另外一個背嵌緑松石的匕，銘説：

辛巳，王劀武□……录禁隻（獲）白冢。丁酉……

這種銘文和銅器也差不多。

有一個例外，是中央研究院發掘出來的三個獸頭骨，上面刻着

……于[illegible]录，（禁）隻（獲）白冢，于……才（在）二月，隹（唯）王十祀，彡（肜）日，王來正（征）盂方□……

己亥，王田于羌……才（在）九月，隹（唯）王十……

戊戌，王蒿田，……文武丁……王來正（征）……

三個刻辭。這並不是器用，只是商王在田獵後，矜伐他所獲的野獸，因而刻這短文在獸頭上而收藏起來的。

在這許多商代的遺文裏，幾乎完全是紀事的短章，而且大多記因事所受的賞錫，因而作器，在這種一套板的文章裏是很少文學意味的。

但我們要知道，器用是爲實用的，普通的長篇文字，自有玉、石、竹、帛的簡書去記載，不能求之於銘識。格言式的銘，雖然可以在器用上寫，但喜歡寫格言的人，在一個時期裏不是很多的——周代可考的只有《大戴記》等所引武王各銘，《左傳》所引的正考父鼎，《考工記》所引䱷銘，——是偶然的，不是普通的，本來的數量就少，所以不容易發見。并且在商代，銅器的銘識，還没有發展到勒格言的程度，而其他的器物，在目前發見的太少了，所以更不容易有了。

商代的銘識，是不足以代表商代文學的。但是我們在這種銘識裏面，也未嘗不能找到一些有趣的材料，如豐彝説「帀□易工，毋不戒」，毓且丁尊説「降令曰：歸福于我多高㚇，易（錫）嫠（釐）」却已把那時代的文學背景無形洩漏出來，雖然，

這種材料，是太少了。

四　卜辭文學

甲　卜辭的起源

關於卜辭本身的史料，在記載裏幾無可考，因爲當它没有發現以前，没有人知道過，三千年前還有這樣一部檔案。卜的起源，文獻也很缺乏。現在的《商書》裏從《盤庚》以下，常常講到龜卜，可以證明商人由盤庚時已尚卜。但據傳説，卜的起源，還不始於商。《左傳》哀十九年引《夏書》：「官占唯能蔽志，昆命于元龜；」《墨子·耕柱》説夏后啓鑄鼎的時候，「卜於目若之龜，」像在夏時已有了龜卜。《堯典》和《咎繇謨》，雖後人所輯，却没有龜卜的痕迹。[二七]用骨來卜，據《初學記》引楊方《五經鉤沈》説：「東夷之人，以牛骨占事。」中央研究院山東城子崖的發掘，在黑陶文化裏，發見了許多卜骨。那末，商代的兼用骨卜，似乎是從東方民族的習慣來的。

卜後刻辭的起源，大概是極遲的。李濟氏説：「甲骨遺留下來的，以無文字記載者爲多，有文字者不過十分之一。」（《安陽發掘報告》五七五葉）這種現象，固然也可以解釋做卜後不一定要刻辭。但刻辭制度既行以後，大體總該刻的多，不刻的少。殷虚發現未刻辭的骨，如此其多，只能解釋做刻辭制度未行前所遺留下來的，那末，刻辭制度的晚起是無疑的。

董作賓氏的《甲骨文斷代研究》裏把卜辭分做五期，而把第一期假定在高宗時，我想是遲了一些。據我所知道的，武丁時的卜人，像㱿、完等至少還有一班老前輩，像邑、中等人，或許是盤庚、小辛、小乙時的卜人。但刻辭的起源離此總不十分遠。

卜了之後，爲什麽要刻辭呢？這是大家所願意知道的。我以爲不外乎下面兩種理由：（一）卜人們自己記下他們的經驗，（二）他們的主人要考驗他們的成績。《周禮·占人》：「凡卜筮，既事則繫幣以比其命，歲終則計其占之中否。」注：「杜子春云：『繫幣者，以帛書其占繫之於龜也。』玄謂：『既卜筮，史必書其命龜之事及兆於策，繫其禮神之幣而合藏焉。』《書》曰『王與大夫盡弁，開金縢之書，乃得周公所自以爲功代武王之説』，是命龜書。」可見把命龜之事和卜兆記下來是與考驗成績有關，不過，周人不逕寫在甲骨上而别有帛書，和殷人不同。

商代的卜，本來不必記辭，日子久了，覺得有記下來的必要，而甲骨上又有許多空隙，所以逕在甲骨上刻辭，這是最簡捷的，和錫匕記在匕上，獲冢記在獸頭上一樣。周以後只用龜而不用骨，大龜又日漸稀少而變成寶物，於是卜辭另寫在竹帛上了。刻辭於甲骨的習慣，古書裏没有記載，於是老先生要疑心是後人僞造了。

乙 卜辭的組成

殷虚所出甲骨刻辭，除了卜人們必須參考的干支表，和他們練習書法，或隨意刻畫外，全部都是卜辭。卜辭的組成，可分爲叙事、命辭、占辭、占驗四部分。

卜辭的叙事，是在命辭占辭以外的。最簡單的是記卜兆的數目。後來漸漸擴展，就有記時、記人、記地、記事四類；可是，在每一辭裏，是不必全備的。很多卜辭，就只記一個日名。

卜辭的叙事，大都和命辭占辭摻合一起，但也有獨立的。例如：

乙巳。丙午。——《卜辭通纂》四七四片

庚寅卜。——《戩壽堂殷虚文字》三四葉十一片

𤉲——同上四四葉十三片

癸卯卜，王。——同上五十葉八片

甲申卜，王。才夾卜。——《殷契佚存》七九二片

有的只寫日名，有的只寫卜人，也有兩項合寫的，也有更寫地名的。在這種型式裏，有時不記命辭和占辭，有時記在别處。記時裏的日名，總是在全辭的最前，例如

乙未，貞大邠其冓，羽日。——《殷虚書契後編》上二六葉六片

癸亥卜，貞王㝉示癸，𠭍日，亡尤。——同上一葉九片

日名下卜字的有無，是不一定的。

記月在早期的卜辭裏，多附在全辭的最後，和本文稍遠，字體大小也不一致。有時在某月上，繫一才（在）字，例如：

癸□卜，旅，貞旬亡囚。才十一月。——《龜甲獸骨文字》一卷七葉八片

後期的卜辭裏，却往往把「才某月」變成卜辭的一部，在它後面，也常有别的事情。

記年是晚期卜辭才有的。有時稱祀，例如「隹王九祀」；有時稱司，例如「王廿司」。都在記月的後面。

和命辭連在一起的卜人簽名的形式，有三種：一種簽在最後，例如：

己未，俎于義京，羌三，卯十牛。中。——《殷虚書契》六卷二葉三片

這種形式，似乎是早期所獨有的。一種在某日卜下面，例如：

庚午卜，㕣，貞告于三父——《龜甲獸骨文字》一卷五葉

庚子卜，行曰：貞羽辛丑共又[illegible]戠于且辛。——《殷契佚存》四〇一片

壬午卜，卜即，貞其[illegible]。——《卜辭通纂》别二，七葉十三片

第一例最普通，第二例示卜人所言命辭，第三例的「卜即」就是卜人而名即。還有一種，則在王或子親卜的，常寫在卜字上面而成爲某日某卜。

記地的方式不一，有的在命辭後，例如：

貞旬亡囚。才[illegible]。——《殷虚書契後編》下三葉八片

癸巳卜，貞王旬亡囚。才二月。才齊𠂤。隹王來正尸方。——《殷虛書契》二卷一五葉三片

甲寅卜，旅，貞今夕亡囚。才二月。才㠯𤇈卜。——同上六卷三四葉四片

庚午，貞蘁大雋……于帝五丰臣，皿……，才且乙宗卜。——劉晦之藏骨

有的記在命辭前，例如：

癸丑卜，才[illegible]，貞王旬亡畎。甲寅，羽兔甲，才八月。——《殷虛書契菁華》九葉二片

但如記卜人的話，又有下列三種形式：

癸巳卜，王，才豐，貞旬亡囚——《殷虛書契後編》上卷十葉九片

庚寅，王卜，才義，貞余其𨙶才丝上𨛭。……——《殷虛書契》二卷五葉三片

癸酉卜，才攸，永，貞王旬亡畎。王來正尸方。——同上二卷一六葉六片

記事都是因記時聯帶而及的，像「王來正尸方，」或「甲□，祭□甲……」，常在全辭的最後，和在彝銘裏差不多。

命辭是卜辭的主體，形式上較自由，但大體上也還都拘於格例。貞旬、貞夕、貞雨、王𡧊、王徃、王田一類的句法，都差不多。貞旬和貞夕，大都用「亡囚」和「亡畎，」王𡧊大抵用「亡尤」，王徃和王田，總用「亡災」、「亡巛」或「亡𢦏」。

普通在起始的時候，用一個貞字，例如：

貞邗亩牛三百——《殷虛書契》四卷八葉四片

也有作貞曰的，例如：

貞曰：氏來，乃生于章。——同上四卷三五葉一片

但有很多命辭是不冠「貞」字的，例如：

㞢于且辛八南。——《龜甲獸骨文字》一卷十二葉十七片

戊申，帚貞示二□。辰。——《殷虛書契續編》六卷九葉四片

以前，董作賓、郭沫若和我，都以爲骨臼刻辭是記事文，不是卜辭，因爲那是沒有卜貞二字的。其實是錯了，卜辭裏面，卜貞二字，原來都是可寫可不寫的，前面所引「己未，俎于義京，羌三，卯十牛。中」就是一個很好的例子。這是貞祭祀的辭。□字是□形的倒寫，只是豕形而無足，舊釋茅，董作賓釋矛，固誤，郭沫若釋包，也不對。

占辭都是很簡單的。有一部分的占兆，最先單獨寫在兆旁，可分爲三類，如：

一告　二告　三告　小告

不午　不午黽

吉　大吉　弘吉

後來往往變成卜辭的一部分，例如：

癸酉卜，王，貞旬亡囚。吉。告。——《殷契佚存》三八五片

帝□貞不午。——《鄴中片羽》下四一葉三片

至於「王固曰：吉」「王固曰：大吉」「王固曰：弘吉」的轉爲卜辭，寫在命辭後，更是極普通的。

「又囚」、「又壱」、「㞢𡆥」、「亡囚」、「亡尤」、「亡巛」、「亡𡆥」、「利」、「不利」一類，都是占辭。有時在貞旬辭後面，記一「寧」字，在王田辭後面記一「𢀛」(禽)字，也都是占辭。但假如用占辭去命卜的時候，就變成命辭了。

占驗是有記有不記的。像：

> 壬申卜，㱿，貞𠭯𢀛麑，丙子，𦎫，允𢀛二百㞢九」。——《殷虛書契》四卷四葉二片
>
> 壬子，王卜，貞田盂。𢓊來亡巛。王𡆥曰弘吉。丝邗隻狁卌一罞八豜一。——同上二卷二七葉一片

這種禽獲野獸的數目，都是占驗的追記。又在「王固曰：㞢𡆥其㞢來嬉，」之後，常常說「允㞢來嬉，」以下也都是占驗。

以上四類，命辭和占驗的範圍較廣泛，形式也稍自由，但大體上看來，也還是很呆板的。所以，從卜辭的構造剖析起來，形式的束縛太多，在文學一方面是無法發展的。

丙　卜辭文學的研究

卜辭的本身，本和銘識一樣，不能代表商代的文學。它只是屬於太卜的龜室裏面的一大批陳年斷爛檔案，除了等因奉此以外，所餘都不過幾個字，所以，要在這裏面求偉大的文學作品，是不可能的。有些學者把這部分材料的價值看得太高，以爲只有這種真是商代的文學，而紙上材料，是完全不足信的。他們只顧把卜辭抬高，却把商代整個文化壓抑的太低了。

自然，在文學史上，卜辭還要佔很重要地位的。傳世的商代文字，只有《商書》，《商書》雖足以代表商代文學，但傳寫多誤，很多是不能懂的，不如卜辭還能看出商代文章的真面目。其次商代的銘識，材料既遠不如卜辭的多，也不能像卜辭這樣和文學有關。周以後的銘識，有偉大的文學作品，但在一般文化方面，也不像卜辭所包含的廣泛。所以，研究古代文學，在目前，卜辭實在是很重要的材料。

卜辭裏雖然没有很長的篇幅，但實有很好的斷句，這是前人所没有注意到的。不過，這種句子是很難找的。第一要點是不可殘缺過多，不能句讀。第二，不可有不能認識的字，(偶有一二，必無礙文義)。尤其不可有認識錯誤的字。所以，在幾萬斷片中，我只選出六十餘條來做代表。(每辭只截取較精粹的斷句，其餘不録。卜貞等字亦均節去，因爲這樣

才可脱離形式上的拘束）。如下：

𠂤（師）毋才（在）丝（兹）延。——《殷虛書契》一卷九葉

余弗其子帚（婦）姪子。——同上一卷二五葉三片

冢來羞。——二卷十一葉一片

王其尋舟于汅（河）。——同上二卷二六葉二片

今三月帝令（命）多雨。——同上三卷十八葉五片

及丝（兹）二月㞢（有）大雨。——同上三卷十九葉三片

今夕奏舞，㞢（有）从雨。——同上三卷二十葉四片

帝其降堇（暵）。——同上三卷二四葉四片

王今夕寧。——同上三卷二五葉四片

其隹（唯）今九祀，正（征）𢦏（哉）。——同上三卷二八葉三片

禾㞢（有）及雨。——同上三卷二九葉三片

又（有）豚才（在）行，其𠂇（左）躲隻（獲）。——同上三卷三一葉一片

帚（婦）嫀㞢（有）子。——同上三卷三三葉八片

弓（勿）臺（餱）帚（婦）娩子子。——同上四卷一葉六片

余其乍（作）邑。——同上四卷十葉七片

我家舊[illegible]臣亡壱我。——同上四卷十五葉四片

王于正（征），辟（闢）門，柬（燎）。——同上四卷十五葉七片

其于西宗奏王。——同上四卷十八葉一片

亞多鬼[illegible]（夢），亡疒（疾）。——同上四卷十八葉二片

乎（呼）貯（眴）眔內，入邾（御）事。——同上四卷二八葉三片

其用龜。——同上四卷五四葉七片

其彭(酒),彡(肜),弓(勿)鼓。——同上五卷一葉一片

乎(呼)帚(婦)好先収人于龐。——同上五卷十二葉三片

日若丝(茲)敏(晦),隹(唯)年囚(咎)。——同上五卷十七葉五片

今夕子亡不若——同上五卷二十葉六片

王初制令(命)。——同上五卷三九葉八片

季𣎆(祟)王。——同上五卷四十葉五片

丝(茲)雚(風)不隹(唯)餗(孽)。——同上

役(役)隹(唯)㞢(有)不足。——同上六卷四葉一片

萬(獻)龜翊(翌)日。——同書七卷五葉二片

隹(唯)我妥(娞)不足。——同書六卷十九葉二片

雨不足,辰不隹(唯)年。——同書七卷三十葉一片

王大令衆人曰,劦田,其受年。——同書七卷三十葉二片又《續編》二卷二八葉五片

帚涿冥(娩)余子。——同書八卷十二葉三片

月一正曰食麥。——《殷虛書契後編》下卷一葉五片

叀畀不益,隹(唯)之又𡆥(譴)。——同書下卷三葉十片

今其雨,不隹(唯)𤅪(穡)。——同書下卷七葉二片

王疒(疒)首,亡祉(延)。——同書下卷七葉十二片

子萬(獻)咅晄(晙)三方。——同書下卷八葉一片

羽(翌)癸卯,王亦東录(禁)出,㞢(有)冢。——同書下卷十三葉十四片

其乍(作)亞宗。——同書下卷二七葉一片

亡降疒(疾)。——《龜甲獸骨文字》二卷二一葉八片

之日，王㞷（往）于田，從東，允隻（獲）豕。——同書二卷廿二葉十一片

告𪛁（秋）于汅（河）。——《殷契佚存》五二五片

王曰，㞢（有）身，妫（嘉）。□曰，妫（嘉）。——同書五八六片

出兵，若。——同書七二九片

我弓（勿）涉于東兆（洮）。——同書六四七片

方來入邑，今夕弗㞧（震）王𠂤（師）。——《殷栔卜辭》八九片

王𦣞（夢）白牛，隹（唯）𡆥（咎）。——《簠室殷契徵文》人名六片

……旬，壬申夕，月㞢（有）食……。——同書天象二片

王涉滴，躲，又（有）鹿，𢀛（禽）。——《殷虛書契續編》三卷四四葉三片

立中，允亡䨻（風）。——同書四卷四葉，五片

洹其乍（作）丝（兹）邑𡆥（咎）。——同書四卷二八葉四片

其䄍（登）新鬯二升一卣。——同書一卷四十葉五片

王复（復）不安，亡祉（延）。——同書五卷六葉一片

其令多尹乍（作）王寢（寢）。——同書六卷十七葉一片

自今十年㞢（有）五，王豐……——同書一卷四四葉五片

不其□（終）夕雨。——《福氏所藏甲骨》三二片

其于一人𡆥（咎）。——大龜四版之三

若丝（兹）不雨，帝隹（唯）丝（兹）邑龍（寵），不若。——《卜辭通纂·别録》二中村獸骨

帚（婦）涿冥（娩）余弗其子。——《鄴中片羽》下四十葉五片

㞢（有）𠦪（祟）嬉（艱）。……亡□（終）□（譴）。——北京大學藏骨

自東西北逐（逐）□蓖（麋），亡𢦏。——劉晦之藏骨

叀（寧）于三方，其五犬。——明義士藏骨

王其令(命)𡉚乘帚(婦),其告于且(祖)乙一牛。——同上

王于南門逆羌。——同上

余帝(禘)丝(兹)亡祀。——拓本

我們看這種斷句,文從字順,彷彿在看《周易》,《詩》或《左傳》,却不像商周間的《尚書》。這是什麼原因呢?我以爲《尚書》本來也是很好懂的。經過幾回的傳譯,錯誤太多,就不好懂了。以卜辭出土後而論,研究它的學者已學得了幾百年來古文字學的經驗,比之周朝人讀《商書》,漢朝人讀《周書》,總要高明得多。然而像「乎眗及内」的「眗,」誤釋做「珍」,「告蘒于河」的「蘒」,誤釋爲「夏」之類,還觸目都是。尤其彆扭的,像「奏舞,有从雨」,讀成「拲之从雨」,「有祟艱」讀成「之求亘」,就是《尚書》也不能獨美於前。由此可見《尚書》的艱澀,不足爲奇。同時,也可見商代文學本來是很美麗的。

但是,卜辭受形式的束縛太甚,大都是照例的套語,這種較好的句子,是不容易碰到的。在幾萬斷片裏,較長和較完整的卜辭,不過十多條,現在抄下來,做一個比較,如下:

庚寅,王卜,才義,貞余其𠂤(追),才(在)丝(兹)上𩰫(𩰫)今蘒(秋)其章。其乎(呼)涁示于商正,余受又(祐)。王固(繇)曰吉。——《殷虛書契》二卷五葉三片

乙丑卜,貞才獄。天邑商公宫衣,丝(兹)夕亡𡆥(咎)。寧。才(在)九月。——同書二卷三葉八片四卷十葉五片合

甲午,王卜,貞乍(作)余彭(酒),朕𠦪酉(酒)。余步从侯喜正(征)尸(夷)方,三𣪊示受(授)余又(祐)。不曹𢦏(哉)! 囚告于大邑商,亡𡿧(它)自𡆥(繇)。王𡆥(繇)曰吉。才(在)九月,遘上甲𠦪。隹(唯)十祀。——同書四卷一八葉一片三卷二七葉六片合

乙巳,王,貞啓乎(呼)兄(祝)曰,盂方收人,其出伐,𠂤(師)高其令(命)東追□,高弗每。不曹𢦏(哉)王𡆥(繇)曰吉。——《龜甲獸骨文字》二卷二五葉六片

丁卯，王卜，貞今囚，巫九备，余其从多田(甸)于多白(伯)正(征)盂方峀，叀衣，羽(翌)日步，亡𠂇。自上下𡧊示，余受又=(祐)。不曹𢦏(哉)。囚告于丝(兹)大邑商，亡壱(它)才(在)畎(繇)。王𡆥(繇)曰弘吉。才(在)十月，遘大丁，羽(翌)。——中央研究院藏骨

□□卜，𠬪，貞帚(婦)姘冥(娩)，妫(嘉)。王固(繇)曰：其隹(唯)庚冥(娩)，妫(嘉)。旬辛丑，帚(婦)姘冥(娩)允妫(嘉)。——《殷虛書契續編》四卷廿五葉一片《殷契卜辭》一八四片合

己亥卜，辰，貞羽(翌)庚子酌(酒)。王固(繇)曰丝(兹)隹(唯)庚雨卜。之夕雨，庚子酌，三嗇云𩅴，其既𥙐𠬝(啓)。——《殷契卜辭》二片

□□卜，𠬪，貞羽(翌)乙卯其俎，易(暘)日。乙卯，俎，允易(暘)日。昊，雈于西。——《鐵雲藏龜》十三葉三片又六九葉一片又八五葉一片又百十葉一片合

王固(繇)曰出(有)希(祟)，其出(有)來娃(艱)。三至九日辛卯允出(有)來娃(艱)。自北，奴、敏、安告曰：土方帰(侵)我田十人。——《殷虛書契菁華》二葉

癸巳卜，㱿，貞旬亡囚(咎)。王固(繇)曰：乃丝(兹)亦出(有)希(祟)，若偁。甲午，王㞷(往)逐(逐)兕，小臣由車馬展，王車，子㚖亦𠂤。——同上三葉

王固(繇)曰：出有希(祟)。八日庚戌，出(有)各云自東宦母。昊，亦出(有)出自北，歓于汅(河)。——同上四葉

癸卯卜，𠬪，貞旬亡囚(咎)甲辰，大𩖣(風)。之夕良。乙巳，□𡴘□五人。五月，才(在)□。——同上五葉

這種卜辭雖像很長，但除去照例的話外，至多也不能過二十字，在這種形式的束縛裏，就是大文學家也束手無術。卜辭作者，不能放筆去寫，他們就盡量去捶鍊。他們用「品」字，是當祭祖宗的牲數高下講的，例如：

其品司(祠)才(在)兹——《殷虛書契後編》下卷九葉十三片

乙未，酌(酒)。𢆶(系)品，匣十、匚三、匚三、匚三、示壬三、示癸三、大乙十、大丁十、大甲十、大庚七，釆(燔)

三，……三，且乙十……——同上上卷八葉十四片《戩壽堂殷墟文字》一葉十片劉晦之藏骨合

一個極大的祀典，只用「系品」兩字，真是簡無可簡了。在這種文章裏，而要略施狡獪，像常常說的「王囚曰吉」，忽然改做「王吉斯卜」，這真是難能可貴了。

雖然這樣說，卜辭裏有這許多優美的斷句，已經儘够贊嘆了。這種句子，決然不是文學剛在萌芽的時代所能有的。一個人在隧道裏過生活的時候，瞧見一線陽光，就可以斷定地面上正有絶大的光輝：我們從這許多精美的斷句，也可以斷定商代已有極燦爛的文學。

前面已說過，文學的高下，不以長短爲標準。《春秋》、《法言》、《世説新語》，篇幅都很短，但我們不能説周和漢、晉没有很高的文學。在卜辭裏所用字彙的豐富，文法的完密，顯然已和周以後相近。許多成語，像：「王賓」、「彡日」、「告麥」、「有年」之類，都是後來所本的。又如：「徜方」就是《尚書》裏的「陟方」，「遏旅」就是《詩經》裏的「振旅」，〔二八〕「征嫠」就是後世的「延釐」，卜辭裏喜歡用這種成語，可見在那時的文學的背後，已有很長的歷史了。

卜辭裏的「之」字還只用做形容字，像「之日」，「之夕」，《詩經》和「之子」相類，而没有像普通的用法。但「哉」字確已應用了。有些累贅的句法，像「百日有七旬有□日」，（《殷契佚存》一二三片）和《堯典》的「朞三百有六旬有六日」正同。這種偶見的例子，雖可以證明商代的文法，有些不如周代的進步，但大體上却已很接近了。

關於卜辭的文學部分的各種專門的研究，尚未開始，所以現在能討論到的只有這些，這在我們研究卜辭的人是十分感覺到不滿足的。不過，在本文裏，只用以證明商代已極有高的文化和文學，這是較容易做到的，所以也無須十分地精密了。

五　結論

由上文的論證，可以得到如下的結論：

一　商代已是青銅器時代。氏族組織是父系家長制度。在那時已有很高的文化，這種文化是從夏時開始的，而一直到周時還繼續着，商民族適當着極盛的時期。

二　在文學方面，也是一樣。夏是文學剛萌芽的時代，有許多史詩或短文遺留下來。商代到周初的文學，則非常燦爛。這種古代文體一直到春秋時才衰歇。

三　地下材料裏的銘識，尤其是銅器銘識，起源太遲，所以不能代表商代文學。但也有些句子，偶然反映出那時代是有很高的文學的。

四　卜辭是一部分檔案而不是純粹文學，所以也不能代表商代文學。它有形式的拘束，所以在文學方面不能十分發展。但有許多極精美的句子，在文學史上佔極重要的地位。并且，可以證明商代的文學已十分發展，和周代相差不遠

許多流行的説法，總是把中國古代文化抑得太低。他們要把一切文化移後幾百年，所以周人或漢人的功績特別加大了。但是文化能突如地產生而成長嗎？在進化史的立場上，總説不通。這種弊病，是由於對周以前的歷史文化認識不明而起的。因爲不明，而去懷疑，本是應當，但只去懷疑，是不能有收穫的。

古代的記載，固然是不可盡信，大部分却不能不信。我們一定得先有標準才能去判別記載的真僞。所以研究古史，一定得由考古學和古文字學入手。

懷疑以後，一定要有所確信。我們不能儘説周以前没有什麼，我們應當去研究周以前有什麼。懷疑只是破壞的工作，有確信才能有建設，所以希望學者們大家來做後一種的工作，庶幾，真正的中國古代史可以重新建設起來。

〔一〕卜辭裏的婦好，婦姘等，均武丁之妻生時之名，妣戊等乃後世追稱。
〔二〕王國維《殷周制度論》説殷時女子不以姓稱，甚誤。
〔三〕䊞字舊誤釋爲酋，詳見拙著《殷虚文字記》。

〔四〕後來有許多地名，像卜辭裏所見的「昜牧」却還是畜牧時代遺留下來的痕迹。
〔五〕河字依郭沫若説，他以爲是人名，却錯了。岳字即嶽，依孫詒讓説。卜辭河、岳每和夒同祭。
〔六〕孫海波氏以十三月爲正月，十四月爲二月，非是。
〔七〕羅振玉氏等以爲人名有用十二支者，其實皆誤。
〔八〕《商頌》是後人仿作。
〔九〕于省吾氏《續殷文存序》與余意見正同。
〔一〇〕董作賓氏謂典册皆龜甲，甚誤，余别有文論之。
〔一一〕據此知《書序》所據的本子和今本不很同。
〔一二〕《肆命》一本作《伊陟》。
〔一三〕君奭説「若大戊時則有若伊陟、臣扈」，可證。《堯典》疏引鄭玄注《咸有一德》云「伊陟臣扈曰」，似鄭所據壁中本不誤。
〔一四〕但《盤庚上》似是兩篇演説所組成。
〔一五〕所謂篇數，依舊説，確否不可定。
〔一六〕或引作「亡者侮之亂者取之」。
〔一七〕《墨子》引《術命》「惟口出好，興戎」，孫詒讓説《術命》即《説命》甚是。「惟口出好」，出好即起羞。「興戎」即「起兵」，但脱「惟甲胄」三字。
〔一八〕這是百篇《尚書》所没有收的佚書。《左傳》昭六年：「商有亂政而作《湯刑》」即此。
〔一九〕《甘誓》裏牽涉到五行三正的問題，但解釋或許不同，例如三正可讀作三政。
〔二〇〕一本作夏后柏，或説是栢禹，或説是栢啓。
〔二一〕鄭玄注《禹貢》引《胤征》「厥篚玄黄，昭我周王」，據《孟子》應該在《周書》裏，壁中書這篇恐怕多錯簡。逸十六篇所以不能行，這大概是主要的原因。
〔二二〕這是吴世昌先生提醒我的。舊説萬是舞的總名。
〔二三〕《墨子·兼愛》引《禹誓》，是伐有苗用的，和這類相近。至於别的書裏所引禹的書，很多是後人僞託的。
〔二四〕可參考余所撰《頌齋吉金圖録序》。
〔二五〕舊不知是何器，郭沫若以爲兕觥非。此同銘的二器和羅振玉《殷虚古器物圖録》所説的殘疏匕正同。此器下端窪下作匕形，正羅説絶佳的證據。又一嵌緑松石的，與羅氏所謂柶形同。馬衡氏説，匕、柶實一物。
〔二六〕指字，大旁像矢，古大、矢字多亂。此當即奢字，見《埤倉》及《廣雅》。在此疑借爲匕字。

〔二七〕《禹貢》説「九江納錫大龜」，《禹貢》成書或較《堯典》等更遲。錫疑即蜥蜴，納蜥蜴與大龜，也似不爲卜用。

〔二八〕許多人要讀徜爲循，是錯誤的。《集韻》循同陟。

載《清華學報》第十一卷第三期一九三六年七月。

讀古詩《明月皎夜光》

明月皎夜光，促織鳴東壁。
玉衡指孟冬，衆星何歷歷。
白露霑野草，時節忽復易。
秋蟬鳴樹間，玄鳥逝安適。
昔我同門友，高舉振六翮，
不念攜手好，棄我如遺迹。
南箕北有斗，牽牛不負軛，
良無磐石固，虚名復何益。

古詩十九首在文學史的研究上，引起很多的問題，尤其是《明月皎夜光》一首，因爲這首詩裏所説的促織、白露、秋蟬、玄鳥，統通是初秋的景物，但第三句却説「玉衡指孟冬」，這是很矛盾的。照李善的意想，這首詩所代表的是七月，所以説孟冬的緣故，是漢之孟冬即今之七月。而下面説到秋蟬是「明實候，故以夏正言之」。假使李善的話可信的話，這首詩大概是西漢太初以前的作品了。但是近代文學史家，却認爲五言之起，最早不過成帝之世。於是，這首詩的孟冬，倒底是不是漢初未改曆時的孟冬，就成了討論的焦點。

這裏有兩點可以注意：一個是五言詩起源的問題。另一個，是這一首詩的解釋。

關於前一點，我們所得的資料還是太少。學者間大都根據《文心雕龍》説成帝以前没有五言詩，但成帝時的《邪徑》童謡却又顯然是五言，所以大家以爲五言是成帝時創始的。這種説法是勉强過得去的，但是太巧，巧到不能使人相信。「邪徑敗良田」據《五行志》説是歌謡，它的本身實在就是一首平常的古歌，給五行家硬拉做「詩妖」。這種無名詩人的歌辭，和許多别的樂府古辭一樣，有相當的技巧。我們很難認爲只有這首歌是唯一的創始者；但如果我們承認成帝時不僅有這一首五言詩，那就很難説這是絶對的創始時期了。

學者間所以認爲成帝前絶對没有五言詩的最有力的證據，是《文心雕龍》。但這却不是劉彦和的本意，而是他的話被今人誤會了。《明詩篇》説：

漢初四言，韋孟首唱，匡諫之義，繼軌前人。孝武愛文，柏梁列韻，嚴馬之徒，屬辭無方。至成帝品録，三百餘篇，朝章國采，亦云周備，而辭人遺翰，莫見五言，所以李陵、班婕妤見疑於後代也。按《召南·行露》，始肇半章；孺子滄浪，亦有全曲；暇豫優歌，遠見春秋；《邪徑》童謡，近在成世；閲時取證，則五言久矣。又古詩佳麗，或稱枚叔，其《孤竹》一篇，則傅毅之詞，比采而推，兩漢之作乎。觀其結體散文，直而不野，宛轉附物，怊悵切情，實五言之冠冕也。

劉氏所説成帝品録三百多篇裏没有五言，本只用以證明李陵、班婕妤所以見疑於後世，他自己的看法認爲五言古詩的來源很久，兩漢都有，是很明顯的。但後人却把文義誤會，以爲成帝時所品録的三百多篇没有五言，就是成帝以前没有五言，於是劉氏的話就先後矛盾了。不知劉本旨是着重在「李陵、班婕妤」等名人身上，西漢時應該有五言詩，不過作者都是些無名詩人，所謂李陵、班婕妤，以及枚乘，却不一定可靠；所以他一方面説班婕妤見疑於後世，一方面又説「《邪徑》童謡，近在成世」，可以看見他的本意，不在時代的斷限；不然，班婕妤明明是成帝時人，有擇仿《邪徑》童謡一類作品的可能，爲什麽也見疑呢。

劉氏所謂「成帝品録，三百餘篇」，其實就是《漢書·藝文志》的歌詩二十八家，三百一十四篇，因爲這本是劉向《别録》裏面的材料，而《别録》是成帝時校書的結果，所以就説做「成帝品録」了。劉向校書的時候，雖也曾有陳農的求遺書，而大部分的書籍材料都是武帝時遺留下來的。賦裏面有「上所自造賦二首」，上是武帝，可以證明。劉向所校的是經傳，諸子和詩賦，在詩賦一部分裏，那時的學者所注意到的只是賦，劉向自己又能賦，所以有許多新材料的搜集，而所謂歌詩的一方面只是剛在萌芽的文學，還没有詞人的創作，所以只不過隨便的校集而不一定是完備的「品録」。現在著録的三百十四篇歌詩，可以分爲兩部分，一部分是皇帝以至黄門倡隨便歌唱的篇章，一部分是各地搜集的民間歌詩。班固說：「自孝武立樂府而采歌謡，於是有代趙之謳，秦楚之風」，可以看出劉向所校歌詩，尤其是各地的歌詩，只是武帝時所搜集的舊材料，並没有加入當時的新材料。那末我們對於成帝時所品録的三百餘篇裏没有五言，而成帝時却顯然有五言的存在的矛盾就可以解決了。

關於五言的起原，要得一個確切的年代，在目前是不可能的。有些人相信《楚漢春秋》裏面美人虞的歌固然可笑，但一切把「邪徑敗良田」當做五言的創始，而定爲起源於成帝時的説法，也不見得高明。我們如果只想找出一個相對的年代，最合適的是武帝以後成帝之前。

五言是從雜言變來的，《漢書·外戚傳》戚夫人的歌説：

> 子爲王，母爲虜，終日舂薄暮，常與死爲伍。相離三千里，當誰使告汝。

又李延年的歌説：

> 北方有佳人，絶世而獨立。一顧傾人城，再顧傾人國。寧不知傾城與傾國，佳人難再得。

這種歌離五言已經很近，尤其是李延年的歌，在技術上已和後來五言詩完全一致，假使把「寧不知」三字認爲襯字，那就是一首很真的五言詩了。所以，五言詩創始稍後於武帝時是很可能的。李陵和枚乘是否做過五言，我們固然無法去決定。但所謂「古詩佳麗，或稱枚叔」，是先有這些古詩而後歸之於枚叔，不是特意去僞造的。兩漢辭人多矣，而古詩獨託於枚叔，這也顯示五言詩的創始，離武帝時是不很遠的。

由上邊的説法，五言詩的起源，大概在武帝以後，成帝以前，但我們仍不能知道《明月皎夜光》一首詩的時代。我們找不到關於這首詩的可信的史料，唯一的辦法，就是在本詩裏去揣摩。這首詩的章句縝密，由衆星而引起箕斗牽牛，由玄鳥的逝，引起高舉的六翮，由時節變易引起「良無磐石固」，這全然是詩人的技巧，所以決不是早期的作品，和民間的歌謡。

但從陸機時已是古詩看來，這首詩也決非東漢。大概這首詩的産生期，猶在西漢末年以後，到東漢中葉的一個時期吧。

關於後一點，最惹人注意的，還是「玉衡指孟冬」一句。除了李善的説法外。別的説法很多。最主要的有三説：（一）是五臣注張銑説：「上言孟冬，此述秋蟬者，謂九月已入十月節氣也。」（二）是元人劉履説「冬」當作「秋」。（三）是吴湛《六朝選詩定論》的説法，以爲玉衡不是斗杓。「仲秋夕，斗杓當指申，衡應指孟冬」。

這三個説法裏第二説把冬字認的爲秋才之誤，那末，既説「玉衡指孟秋」，又説「秋蟬鳴樹間」，這詩人未免太笨了。第三説的彎拐得太大，明明是仲秋時候，却硬要説衡指孟冬。而且陸機所仿的「招摇西北指。」招摇就是斗杓。可見玉衡還是合稱第五至第七三星的斗杓，而不是單指杓和魁中間的第五星，吴説只是强爲穿鑿而已。

張銑説是想湊合詩意的，詩裏滿篇是秋景，而又説到孟冬，他就想到九月裏已入十月節氣了。由表面看，這種説法是很連貫的，但一深求也就不對了。詩中的景物都在初秋，説是七月最相宜，八月也還可以，放在九月就極不妥了。促織，白露，秋蟬，玄鳥，這些景物湊起來，無論如何，不像是個九月。所謂十月節氣者是立冬，九月裏交立冬，總在下半月了，説還有促織和蟬的鳴聲，已可奇怪。即使勉强一些，説促織是「在户」，秋蟬是曳殘聲，但在九月而已交立冬的時候還有白露，終是費解；立冬之前是霜降，剛交霜降節的時候，也許還有待凝爲霜的白露，但既是立冬，轉眼便交小雪，當然只有已凝的霜，而不會是將凝的露了。

熱心回護這一説的人，可以想出了一個較聰明的説法，把「明月皎夜光，促織鳴東壁，」説是九月上半月，「玉衡指孟冬，衆星何歷歷，」説是九月下半月；同樣，「白露霑野草，」是在上半月，「時節忽復易」，又在下半月。於是這一首詩裏的時間，可以從九月上旬直到九月末，從寒露霜降之交直到立冬。促織鳴，白露降，都在九月初，寒露初過，霜降未到，那是比較地合適了。

可是，這樣一説，就鑽進牛犄角去了。「明月皎夜光，促織鳴東壁。玉衡指孟冬，衆星何歷歷。白露霑野草，時節忽復易。秋蟬鳴樹間，玄鳥逝安適。」這八句，誰都知道是寫景，是即目寓興，現在把「明月皎夜光」四句，分做兩截，「白露霑野草」兩句也分做兩截，這景是怎麽寫法呢？除非這位無名詩人在九月初的時候，一時興起，寫上了頭兩句和第五句，隔了半個多月，才補上了第三四兩句和第六句吧！這樣寫詩，比之「兩句三年得」當然快得多多，但如果真有一個這樣的詩人，把景物的時間，會寫成兩橛，他的詩也就無足觀也已。

假如我們不去刻意求深，而且不過分重視「玉衡指孟冬」這一個問題的話：這一首詩本是很明顯很容易解釋的。當「月出皎夜光」的時候，詩人聽見了「蟋蟀鳴東壁」，因而仰觀天文，知道「玉衡指孟冬」，而感慨着「衆星何歷歷」。同時他又覺到「白露霑野草」，而想及「時節忽復易」矣，於是聯想到「秋蟬鳴樹間」了，而玄鳥之逝將安適耶？因爲時節的變易，不免想到人的事業，和出處，於是記起昔我同門之友，像鴻鵠高舉而振六翮，不念携手之好，而棄我如遺迹矣。但是像星一樣。箕、斗、牽牛並無其實，四時更變，歲暮甚速，人生若寄，奄忽飆塵，本無磐石之固，那末，要這種虛名，又有何益呢？

這首詩確是一首好詩，好在鉤勒分明，很容易領會。這種詩只應該一揮而就，無論怎樣，詩裏所叙的景物，只是一個月夜。假如分成兩橛，就索然無味了。

就本詩看，這詩的時間在初秋，李善的説法，是絲毫無可駁詰的。最大的證據，是在「白露霑野草」兩句，因白露而想到時節的變易，這一定是白露初降的時候，假如是「蒹葭蒼蒼，白露爲霜」的時候，便不應只説白露了。所以只此便可以證明這是初秋，決不是暮秋。詩人最容易感觸的是秋天，眼看由極盛的夏，而變爲開始衰落的秋，不免想到時節變更的容易；但在秋冬之際，却很少這種悲哀，因爲一切的衰謝，已很顯著了。所以，這一首詩裏所叙的節候，是初秋，是毫無疑問的。

但是，問題又回來了。這首詩通體既是初秋的景物，何以又説是孟冬呢？這實在是一個不容解的謎，在目前，還没有很好的證據，所以最好不要作肯定的推斷。

李善所主張的改曆説，不失爲很好的假定。雖則據前邊所説，在太初改曆以前，還没有純粹的五言詩，而且這首詩的神情韻味，也不像是早期的作品，有人根據這一説來證明五言起於漢初，只是丐辭，但是我們還可以替李氏補充一下，説：「有些舊習，在民間是不易革除的，官曆雖改，詩人還沿用舊曆，這是很可能的。」不過，這種説法，必得先證明漢初確曾把夏曆的七月叫做孟冬，而這一點不容易做到。

如其假定爲這詩是東漢人做的，而有心摹仿西漢早年的口氣（或者作者原想假託枚乘、李陵一班人做的，）因有故意説「玉衡指孟冬」，以附會太初以前的曆。這是很可能的，但也没有强有力的證據。

陸機的擬詩摹仿「玉衡指孟冬」兩句説：「招摇西北指，天漢東南傾」，西北是戌，招摇指戌是九月無疑，但「天漢東南傾」却明明是七月，這也是很難解的。但我們知道士衡是在摹擬，他覺得「玉衡指孟冬」可怪，就拿季秋來擬它，一方面和孟冬相近，另一方面總還是秋景，兩面都對付得，這誠然是仿古的能手了。但可惜七月和九月中間還留了很大的罅隙（至於李陵詩「招摇西北馳，天漢東南流，」却是根據陸詩僞造的）。

由此，我們可以知道在陸機時已不能懂得「玉衡指孟冬」的真解了。一直到現在，還是不能明晰地知道。有些奇難的問題，如果能有真確的解答，當然最好；但如果目前不能的話，却最好不要去勉强解釋。因爲越説得玄之又玄，越容易把自己墮入五里霧中。以爲是清清楚楚，實際上反而成爲一筆胡塗帳了。「玉衡指孟冬」固然不易解釋，但我們又何必只顧去解釋這一句呢？説詩者不以文害辭，不以辭害志，可也。如其只在一點上去鑽堅鑿深，則詩人之志荒矣。

載天津《益世報·讀書周刊》第六四期一九三六年九月三日。

尊古齋所見吉金圖初集

定價國幣三十六圓　代售處北平琉璃廠來薰閣

號稱爲文化區域的北平，近年來淪爲邊疆，日漸蕭索。在往時，這裏確是全中國文化的中心，因而造成一個文化的商場，那就是琉璃廠。古書、書畫、碑帖、玉器、瓷器、銅器、古錢，以及筆墨箋紙，没有一樣不以廠肆爲總匯。廠肆之名，聞於天下。

在廠肆裏面的商人，很有些精鑒別，識源流，爲士大夫們所器重的。以銅器而論，近三十年來，有尊古齋主人是黄濬，字伯川，他的鑒别銅、玉器是頗有聲譽的。近來他的鋪子已停業，但他所編的材料書却方源源不絶的印行，已出版的有《鄴中片羽初集》、《衡齋金石識小録》、《衡齋藏見古玉圖》、《尊古齋古鉩集林》和最近出版的本書五種。

廠肆既是國中最大的古物市場，那末，除了有計畫的發掘外，凡是舊家收藏而新脱手的和新出土的古物，大都是在這裏經歷過的。黄氏本是這裏頭的魁率，又立意要蒐集這一類的材料，前後曾費了三十年的心力，所以成績是很可觀的。

本來，蒐集這種材料是很困難的。除了清宫所藏有大批銅器外，近世材料書，大概有兩種，一種只是個人所收藏的，一種是徵集各家藏品的。私人收藏，是有制限的，而徵集各家藏品，却因散在各處，極不容易。許多藏家，往往把古物秘不示人。又有極精貴之物，出土後旋歸外國，在國内欲見一拓本而不可得。這種困難，是學者們所常常遇到的。

在這種場所，商人們蒐集材料，比學者便利多了。藏家秘爲奇珍，學者守其禁臠，常有不肯公開的，但在他們那裏，却只是商品而已，除了在買賣没有完成時，無須秘密。

學者們以材料相蒐集流布自期，而材料的來源，常常感到缺乏，也就不能不求助於此類商人。但材料的蒐集流布和研究學問究竟是兩回事。在材料過於貧乏的時候，學者固然不得不親自着手去蒐集，但這畢竟是廢時失説的事情。試問一個每天跑琉璃廠，聽聽行市，看看貨色，找幾張拓本，照幾張像片的人，怎麽能静下心來把一個問題作精詳的研究。我們只看陳簠齋對於鑒别收藏，確是卓絶千古，但對於器物或其銘詞本身的研究，却極有限。孫仲容研究銅器銘辭，近世罕匹，但他所收藏的銅器，只有兩件。近時的羅叔言和陳氏相近，王静安便與孫氏相近。可見鑒賞收藏蒐集流傳是一事，研究整理考證發明又是一事，顧此則失彼，最好的辦法，是分工合作。

假如要分工的話，那末，蒐集流布等工作，最好讓收藏家和商人們，或接近古物商的人去做。一個清寒的學者，和不能久抛書卷的人，對於這種工作，是不能討好的。與其向商人們乞其餕餘，辛辛苦苦去編輯，反不如讓别人編好了，再去整理。在目前，大部分的材料都已流布，待解决的問題太多了。流布材料，固是有功於學術，但研究整理，在學者的責任上，比之蒐集流布，重要得多。

因此，我們對於黄氏編輯這些材料書很重視。以本書而論，黄氏所收銅器凡百九十一種，大抵皆極精之品，在同類書中，實爲巨擘。我很希望黄氏能把初集所未載的，像渚亂士迭𣪘（見于序）和楚王歓章戈等都印出來，作爲二集，自然還希望有三集四集。同時，還希望别的古物商人也來效法一下，各把所見的材料公佈出來，在學術界上，也是無量功德。

蒐集材料的書，除材料的真僞問題外，就是編次的方法。本書在編次方面，無特點可言，惟除總目外，每圖之前不冠器名，檢閲少嫌費事耳。真僞辨别本頗不易，雖極有經驗者，偶雜情感，亦必僨事。渚亂士迭𣪘初出，學者或疑爲僞，本書所載同人所作之器甚多，可以無疑，𪔉兑𣪘初見拓本，商錫永氏斥其僞，著於《古代彝器僞字的研究》一文，後見其器，則非僞，怳然自失，今黄氏亦收之本書矣。黄氏鑒别之精，衆所交推，然其所録𢧢鐘，或亦疑其僞刻。又卷四有虎節，文云：「王命𨌲賃，」似頗可疑。因舊有所謂龍節者銘云：「王命𨌲賃一楷飤之，」其辭本在可曉不可曉之間，今截取其半，而又爲虎符，其真僞殆必覩器而後能定。

此書的總目寫得不很好，亞矢鐃的亞矢兩字合文，寫得很奇詭。𣅀鐃的𣅀字沿舊説誤作恒。㬰𣪘的㬰字，明明即果，而不敢識，此類甚多。不過，這於材料本身是無足輕重的。

關於古物的掌故，黄氏所知道的，一定很多。在什麽時候和什麽地方出土，和流傳的歷史，都是我們所很願意知道的，可惜在本書裏，他一些没有記録。我很希望以後他編輯這類材料書時能注意到這一方面。不過，他如要單出一本書，那就更好了。

總之，這一部《吉金圖》材料的豐富，本是值得一看的。尤其是編者是古物商人這一點，是特別值得重視的。古書商人常常編輯些材料書，例如宋陳思的《寶刻叢編》，近代朱氏的《經學叢書》之類，我很希望把這種風氣延展到古器物學方面。蒐集流布自有人在，我們的學者也就可以埋頭几案間，多做些整理或發明的工作了。

載《圖書季刊》第八卷第三期第一四七至一四九頁一九三六年九月。

釋四方之名

四方之名，最初見於《堯典》，然虞夏書多後世追述，未可信據也。惟卜辭習見東西南北之稱，足證其名在商世已甚通用矣。

《説文》：「東，動也。從木。官溥説，從木在日中。」又：「𠧧，鳥在巢上也。象形。日在西方而鳥西，故因爲東西之西也。」又：「南，艸木至南方，有枝，任也。從𣎵𢆉聲。」又：「北，乖也，從二人相背。」按許君説此四字，惟北字差近，其東西南三字，依許君之説，皆有專字，且似制字之初，即與方向有關。今以古文字考之，非也。

丁山作《説文闕義箋》云：

> 東卜辭作，亦作諸形，可以謂日在木中，從、從、木中皆不得謂爲從日。友人徐中舒先生曰：「東古橐字，《埤倉》曰：『無底曰橐，有底曰囊。』《倉頡篇》曰：『囊橐之無底者也。』實物囊中，括其兩端，形象之。鼎文重字作象人負囊形。……」山按其説甚是。毛公鼎有字，散氏盤有字，諸家並釋爲橐，橐許君謂從橐省，實則所從之，即囊字，《易》所謂括囊者也。囊中無物，束其兩端，故亦謂之束；暨實以物，則形拓大，者囊之拓大者也，故名曰橐。橐與東爲雙聲，故古文借之爲東方。——二十八葉

蘭按徐、丁二君於東字推翻《説文》從木從日之説，厥功甚偉。其釋重字亦甚确。然謂東爲古橐字，猶爲未達一間也。余謂金文偏旁，東東二字每通用，東即束之異文，《説文》東字從□木，亦誤。橐字本當從東缶聲，金文所從作者象包束之形，作者文之偶變，其作諸形，或更爲等形（見金文）者，皆象包束後更施以約縛耳。東與東爲一字

者，東字古當讀爲透母字，聲轉而爲東也。《説文》以陳爲從𨸏從木申聲，又有古文作𨻰，然金文以至六國匋鉨，並作敶、𨻰、陳諸形，固從東，不從申也。《説文》又以敶爲從攴陳聲，然以金文觀之，則陳字實晚出，即敶之省也。蓋《説文》既不能釋陳爲從𨸏東聲，又因無敕字而不能釋敶爲從𨸏敕聲，故委曲説之耳。今謂敶實從𨸏敕聲，敕即敕字，則此難題迎刃而解矣。此東、東一字之佳證也。

西字卜辭作□□□□□等形。其作□□□等形者，孫詒讓釋甾，王國維釋西，以爲鳥巢之形，丁山又據□而以爲網形。今按□於卜辭用爲西方之義，王説誠是，然逕釋□爲西，則非也。以字形言之，當依孫詒讓釋甾爲是，卜辭陴字從□，㹨字從□，伷字從□，皆其證，由即甾字也。《三體石經》古文迪從□，王國維氏以篆作𨗨爲正，不知卜辭甾字固或作□也。近世學人之通病，在以後世材料，決定古文。如□本弔字，古人用爲伯弔，或不弔，後世音變，改用叔字，而學者多誤謂□即叔字，或且謂《説文》弔字與從弔之字，均爲叔字之誤，不知金文固自有叔字也。又如□字，商及周時多用爲辰，子、午、未之稱，不知何時始改爲辰，巳、午、未，亦音變也；或者遂欲改卜辭子字及從子之字，盡以爲巳，不知卜辭亦自有巳字也。如此之例甚多。卜辭以甾爲西，亦猶此也。蓋卜辭時代，本或稱爲東甾，即假甾字爲之耳。後世巢字之形，上與甾字略相近，然不得附會甾爲鳥巢也。

其作□□□等形者，□形與金文且子鼎、散弔𣪘合。凡古文字中，×與十形多亂，□或爲□，猶□或爲□也。由□而變爲□，則即後來作□□等形所從出。□變爲□，□變爲□，則又《説文》籀文鹵古文鹵，所從出也。由□形而變爲□，（見漢印西市）更變而爲□，（漢印西鄉）遂爲《説文》所載小篆之□，許氏以爲鳥在巢上，意謂□爲鳥形，實爲繆篆所誤。按卜辭之作□□諸形者，本即囟字，其後漸變作□□□□者，專爲東西之稱，《説文》遂誤列爲二字，不知囟西聲近，原止一字也。卜辭於一時期用甾字以代表西方，另一時期又用囟字以代表西方者，甾囟亦聲近。《説文》囟字古文作□，實即甾字異文，此一證也。《薛氏鐘鼎款識》師酉𣪘，「酉其邁□年」，□字舊不得其解，今謂即囟字而讀爲斯，即「萬斯年」也。囟、斯聲相近，斯從其聲，甾與其聲義俱近，古每通用，是甾、囟聲近之又一證也。

南字卜辭作□、□、□、□、□等形，郭沫若以爲「殆鐘鎛一類之樂器」。蘭按以青之爲聲，壴之爲鼓，例之，□衍爲□，誠可目爲樂器。然以爲鐘鎛一類則非是。郭氏以大薔之鐘爲證，然南與亩固截然二事也。□字，孫詒讓氏釋㱿，王國維氏釋㱿，學者多從王氏，今按當從孫氏爲是。□或爲□，變而爲□，即《説文》㱿字，猶□變爲□，□變爲□矣。㱿象以殳擊𡉚，其聲𡉚然，以聲化象意字例之，當從殳𡉚聲，然則□即𡉚字也。𡉚字本義，今不可詳，以意度之，當是瞉之本字，以瓦作腔殼之形，故叩之而壳然也。卜辭□字，除用爲南方義外，常用爲祭物，如：九□，八□，五□，四□之類，郭沫若謂以鐘鎛類之樂器爲祭，然卜辭又有「一羊一□」（《後編》上五葉），「卯一牛虫□」等辭，（《前編》七卷一葉）以牲與□並祭，謂爲樂器，未免突兀。余謂此類卜辭中之□字，實即𡉚字，當讀爲瞉，九𡉚，八𡉚，即九瞉，八瞉，而以瞉侑牛羊，亦於事爲順也。然則南方之字，本叚𡉚爲之，無本字也。從𡉚聲之字，多轉讀入厚、候等韻，《左傳》「楚人謂乳瞉，」尤其顯證。瞉南聲近，故變爲今音之南。後世見南方之南，形聲俱變，遂以爲别有專字矣。

如上所述，則東本即朿字，西本即囟字，卜辭或叚甾爲之，南本即𡉚字，皆叚借其聲，無本字也。獨北字，許君之説，未嘗牽合北方之義，余以爲實一義之引申。北字作□，象兩人相背，與□對文，□北即鄕背也。由相背之義，引申而有乖背及背面之義。由背面之義更引申之，乃有二義：一爲人體之背，其後更從肉而爲背字；又一則爲北方。蓋古代建屋，皆南鄕，則南方爲前，北方爲後，「安得藼草，言樹之背」，屋之背爲北堂也。人恒鄕南而背北，北方之名以是起矣。

依文字學之觀點言之，四方之名，均無專字，僅就他字引申或叚借爲之，其發生必在既有此諸字以後。然方向之名稱，在原始語言中，或已發生，未必不在文字發生以前也。

如於語源方面作冒險之推測，則東西南北四字，似與日光有關。東西者，日所出入，日出而動，日入而棲息，故東動聲近，西與栖息亦聲近也。南方受陽光，故本曰𡉚，𡉚者瞉也，善也。而北方則背陽光者也。

當文字發生之初，北方之字，固可以兩人相背之北，引申而爲之，而東南西三方，則未有象之之術，故假借他字之聲以爲之耳。

載《考古社刊》第四期第一至六頁一九三六年。

懷鉛隨録

涉秋以來，孱軀多病，頗謝筆墨，因之文債堆積，未遑清理，嘗戲作俳句曰：「本無江氏五色筆，寧有曹王七步才，想是拙遲勝枚馬，居然高築赧王臺。」蓋籍點鬼以自謝也。比方改定《古文字學導》論，並寫《鐘鼎文字研究》，日以二書爲課，乃無暇晷。即舊所寫《殷虚文字記》，久已印竣，尚擬補正數事，亦未着筆也。而吾友思泊，强索我文，以實《考古》，其勢不得不應，因取思慮所及，信筆記之。既未及尋索考訂，又漫無詮次，名之隨録，庶副其實。曰懷鉛者，取其可以記奇字，抑書或有誤，可以拭去也。二十五年冬初見雪立厂父記。

釋真

《説文》曰：「真，僊人變形而登天也。從匕，從目，從乚，八所乘載也。」又曰「古文真。」此字之義，歷來學者，咸所未悟。仙人之説，出自秦漢以後，真字雖不見經傳，然《老》、《莊》已有之，又慎、填、鎮、顛等字從真者至多，其字必至古，寧有造字之初，乃援仙人之説，此許氏之誤也。段玉裁注於此益爲附會，至謂從匕目者，養生之道，耳目爲先，耳目爲尋真之梯級，乚讀若隱，仙人能隱形也。釋八所以乘載之，引《抱朴子》「乘蹻可以周流天下。」段氏經學大師，不謂無識至此也。近世學者乃頗悟許失，思立新解，如徐灝《説文段注箋》謂：「從匕疑當作匕，匕與比同，密也。从乚爲矩，審度之也。从目，諦視之也。八，分別之也。皆審慎之意。」于鬯《説文職墨》謂「蓋即顛之本字，上從匕，下從⿱県巛。⿱県巛字從巛而今作県，猶𦣻字從巛而隸亦作首也。」然類皆奮肊爲説，殊無佐證也。林義光《文源》据金文有⿱宀奠字，謂即寘字，乃謂真即奠字，形譌分爲兩字。其説亦非。曾侯鐘云「⿱宀奠之於西⿰方昜」者，⿱宀奠即奠之繁文，奠者置也非寘字。

今按周代金文，自有真字，其字宋人已識之，後人反不知耳。南宮中鼎云「埶王应，在躿隫真山」，真字第二器作，

（據《嘯堂本》）第一器作〓，蓋即上文而倒之，其例金文所習見也。宋人所釋真字，至確。然清末陳簠齋所得白真甗，其真字作〓，與中鼎第二器相近，諸家考釋，咸不承用。徐同柏《從古堂款識學》釋貞謂「貝下作一，嚴凝之象，」吴式芬《攈古録》、吴大澂《愙齋集古録》、劉心源《奇觚室吉金文述》等亦均釋爲貞，不知貞本由鼎字變來，原不從貝，且亦不應從匕也。容庚以此字入《金文編·附録》，較得闕疑之旨，然亦不知其即真字，本無可疑也。

中鼎爲成王時器，白真甗以字體書法觀之，亦初周器，其真字從貝從匕，乃較早之字形也。真字當從貝而不從目，其證有三，今臚舉之。秦雍邑刻石（即石鼓）云「辜欸真□，」真字今傳世宋拓，僅存上半，而宋《薛氏鐘鼎款識》則作〓，蓋薛氏所據者爲岐下翻刻本，雖多錯誤，其祖本確在傳世諸宋拓之前，故此真字尚全也。唐初雍邑刻石已出，李訓等所立碧落碑，頗采其字，碑云「真宰貞乎昇壹，」真字作〓，當即出雍邑刻石，可知《薛氏款識》非妄作也。然則真字本作〓，變而作〓，又變則作〓，猶〓變爲〓，更變爲〓，此一證也。《説文》真古文作〓，昔人不得其解，于鬯曰「下从〓，蓋貝字，」殊有見地，然謂爲貨之古文則誤。又謂「經書真字不見，安得有古文真字」。亦非，古文多假借，安知慎顛等字，經文無叚真字者耶？然則〓蓋〓之誤形，六國古文本亦從貝。此二證也。《十六金符齋印存》有「馮真賢印」作〓，與雍邑刻石相近。《續集漢印分韻》真字下有〓〓〓等形，是漢以後作真字，猶多從貝。漢王莽作貨泉，而光武起於白水，時人謂貨泉者白水真人也，亦以貝爲真，此三證也。

真本從貝而其後從目者，此文字變遷之通例，凡從貝之字，往往變爲目，如昇變爲昪（即具字）旻變爲昮，並其例也。由〓而〓，而〓，增而繁也。由〓而〓，變而省也。〓又變而爲〓，乃作篆者取姿媚而屈曲其畫耳。後人不知真字從匕從貝，後又增丌。第據已變省之篆文，乃以爲从匕从目从乚从八，無怪二千年來，莫得其解矣。

余謂真字本作〓，當是從貝匕聲，匕非變匕之匕，實殄字古文之〓也。真在真部，殄在諄部，真諄音相近，《詩·小宛》「哀我填寡」，毛傳填盡也，陳奂、胡承珙等均謂填讀爲殄，是其例也。變匕之匕，古殆無此字。倒人爲〓，與倒大爲屰同。〓與〓左右相反，實一字也。古僅有化字，兩人相逆，蓋象意而非形聲，故未必有變匕之匕字。變匕之匕，自來未有用者，《説文》匕部所從，除真及化外，僅有〓字，而〓實〓之誤，與《説文》説長老二字爲從匕同，實皆不從匕也。《説文》諧聲字大抵從化，僅一〓字從匕聲，而其字亦僅見於《説文》，疑後世所增，不然，從化省聲，抑或誤文也。古無反文之説，凡字皆可反書之，後世字之方向既定，乃起反文之説，如反人爲匕，反夭爲夨，反司爲后，反正爲乏之類。時人以專爲殄，乃以匕爲化，與之相反，其實古無此字也。許君既誤認真眞諸字爲從匕，爲之特立匕部，而字乃僅存於殄字古文，後世乃僅知匕字而忽字，抑且不得其解。王筠《説文釋例》於云「蓋从到人，」殊有卓見，然猶未了於同爲到人之所以。朱駿聲《説文通訓定聲》補遺於云「疑从反匕」更較透澈，顧亦不知古無變匕之匕，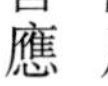可寫作匕，實皆應讀如殄也。

釋阰

《殷虛書契菁華》第三葉有一辭云「癸巳卜，𣪘，貞旬亡𡆥。王固曰，乃茲亦㞢希。若偁。甲午，王往逐兕，小臣車馬硪，王車，子亦阰。」阰字本作，葉玉森釋隊，董作賓釋隨，郭沫若釋墮。今按以字形言，確象人自山上墜下之意。卜辭雖有數字未明，然既明言有希，希者祟也，下文所記，咸爲祟禍，阰自是墮車之意。董氏釋隨，非也。葉、郭二氏釋隊釋墮，雖似較近，然亦無確證。余謂即説文殄古文之字，此作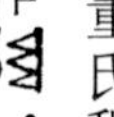，反書則爲阰，當從阜匕聲，讀若顛，蓋真亦從匕聲也。顛者踣仆也，與卜辭義正合。

書碧落碑後

碑爲唐李訓等爲亡母房太妃造天尊像銘，原在像背，像久亡，今傳世皆翻刻本也。余所見有二本，一爲已斷本，即此本，頗有筆法，尚可想見原碑之髣髴，當是唐、宋閒所刻，《廣川書跋》所謂州將別摹者也。又一號稱爲未斷本，字雖無缺，然筆力稚弱，遠不逮此，殆翻刻之甚後者。此碑唐時即大有名，然雜取篆籀古文，人苦難釋。舊有唐咸通十一年鄭承規釋文，後世篆書家奉爲金科玉律，不敢易一字，實則謬誤甚多，顧亭林、錢竹汀等已略舉之矣。文中既多古字，又多叚借字，今盡易本字，更爲釋文如下：

有唐五十三祀，龍集敦牂，哀子李訓、誼、譔、諶，銜恤在疚，寘懷靡所。永言報德，思樹良因。敬立
大道天尊及侍真像。粵若稽古，藐覿遂初。真宰貞乎得壹，混成表於冲用。玄之又玄，迹超言象之域。惟怳惟忽，理冥視聽之端。是以峒山順風，勞乎靡索，汾陽馭辯，窅然自喪。曠矣哉道之韞也，其寄於寥廓之場焉。至於玉笈宣徽，琅函吐祕。方壺神闕，蒙轂靈遊。倏忽九陔，導飛廉而从敦圄，頫仰六合，戴列星而負雲氣。固亦昭章逸軌，昐嚮孤風。淳化其瞭，幽契無爽。伏以　先妃含貞載德，克懋柔儀。延慶台華，正位　藩闈。動容資於典禮，發言光乎箴訓。故紭綖是肅，粢盛無違。大當叶曜，中閨以睦。況倚閭分甘之澤，徙居側盼之規。義越人倫，恩深振古。重以凝神道域，抗志澄源。淮館儀仙，操鴻寶之靈術，楚壇敷教，暢微言之盛範。儒玄兼洞，真俗兩該。德冠母儀，事高嬪則。豈圖昊天不惠，積善亡徵。咎罰奄鍾，荼蓼俄集。訓等痛纏過隙，感切風枝。泣血攀號，自祈顛隕。祗奉　嚴訓，慈勉備隆。偷存視聽，遄移氣序。几筵寂穆，瞻望長違。創巨徒深，寄哀何地。所以先及餘漏，祈福玄宗。敬寫貞容，庶幾終古。而土木非可久之致，鎔鑄爲誨盜之叟。肅奉盅規，圖輝貞質。睟客叔穆，玄儀有煒。金真摛耀，疑金闕之易奔。琳華揚采，若琳房之可覿。霓裳交映，萃駕斯留。帝宸飾翠雲之綗，香幢散朱陵之馥。載彫爰畢，式展□祈。以此勝因，上資神理。伏願棲真碧落，飛步黄庭。謁羣帝於天關，攜列仙於雲路。融心懸解，宅美希夷。駐儀隣以同焕，指乾坤而齊極。介兹多祉，藩度惟隆。如山作固，永播熊章之烈。循陔自勔，冀申烏鳥之志。孔明在鑒，匪曰道遐。昌言叫閽，庶思無拔。昔人銜哀罔極，鉛槧騰聲。柔紛克劭，義切張憑之誄。至德興思，痛深陸機之賦。況清輝茂範，宛若前蹤。瞻言景行，敢忘刊紀。餘魂弱喘，情不逮文。謹侂真猷，直書心事。音儀曰遠，風烈空傳。敂心感慕，終天何及。

文内自祈顛隕之祈，鄭誤釋期，先及餘漏之先，鄭誤釋貪，今並依《汗簡》改正。淮館儀僊之僊，鄭誤釋山，敂心感慕之敂，鄭誤釋叨，今並依顧亭林説改正。克懋瓔儀之瓔，鄭誤釋瓊，昌言嗥閽之嗥，鄭誤釋嘷，及侍真像之及，鄭誤釋逮，先及餘漏之及，鄭誤釋建，今並依錢竹汀説改正。戴列星而袦雲氣之袦，鄭誤釋乘，摻鴻寶之靈術之摻，鄭誤釋參，敬寫貞容之貞，鄭誤釋真，睟容叔穆之叔，鄭誤釋伊，萃駕斯留之萃，鄭誤釋欻，帝辰飾翠雲之冏，冏字鄭誤釋美，並余所改正也。肅奉盅規，謹侂真猷，盅侂二字不煩改讀，鄭釋冲託，今亦無取。此外改讀頗多，不復一一。然尚有數事未明者，如鎔鑄爲誨盜

之□、□字鄭釋先，柔□克劭之□，鄭釋紛之類，姑存其舊，遇多識奇字者詢之。

《金石録》云：「右唐碧落碑，大篆書，其詞則唐宗室黄公譔所述，或云陳惟玉書，或云譔自書，皆莫可知。」今按碑本無書人名氏，不必深求，要之爲唐初人書也。前人於此碑推崇備至，李肇《國史補》謂「李陽冰見而寢處其下，數日不能去」。趙明誠謂陽冰自謂「斯翁之後，直至小生」，於他人書未嘗有所推許，以李説爲不然。又謂「筆法不及陽冰遠甚」。余謂此碑雖雜取古籀，拚湊而成，然確自成章法，大體言之，頗類三體石經篆書，在六朝以後，可謂絶作，陽冰以小篆見勝，果見此，亦自當心折也。

郭宗昌《金石史》於此碑極致醜詆，其言曰：

篆書三代尚矣。下訖秦絶矣。世傳三代遺迹，皆屬贋作，獨岐陽石鼓文彝器款識爲真，即字畫不必盡識，而古雅無前，望而可辨。此碑獨以怪異奥人以不可解，所以有扃户化鴿之説。而點畫形象，結體命意，雜亂不理，其高處不能遠追上古，下者已墮近代惡趣，如村學究教小兒角險字，凡俗可厭，定爲惟玉輩書無疑。唐人於八分尚不能造極，況古篆乎。

今按以三代鼎彝秦刻石與此相較，相去自遠，然自成其爲唐人書耳，亦不致凡俗可厭。郭氏始習見宋、元以後俗儒不通古文而好作古字，雜亂無體，庸俗可憎，因以訾此碑歟。

此碑書於唐初，其時三體石經拓本尚存，雍邑刻石新出，嶧山、泰山、會稽等刻石亦多有傳本。故碑中文字多有所本，除小篆及《説文》之古籀外，所采當以石經爲最多，如在作□，復作□，述作□之類皆是。其取於雍邑刻石者有真、衍、廱、之、章、是、亶、遂、阩、寫、宷、駠、昦、巨、多等字，盜字亦取⿱竹盜字之偏旁也。其取於諸秦刻石者，如因、言等字，尤爲酷肖，陲字則采諸泰山者也。至其用《説文》小篆古籀，觸目皆是，穆、鳥等字，又似旁及金文矣。作者生材料極盛之時，不能如懷仁集字之法，專取石經或秦篆以爲一碑，而乃雜糅爲之，誠爲可憾，然其字多有所本，後人乃以怪異不可解目之，則識字無多之故而不能歸咎於作者也。

碑中用字，頗多假借。有用同偏旁者，如諄之爲敦、孃之爲懷、𢕮之爲靡，㟨之爲端、育之爲六、㪉之爲合、㹼之爲狐、桄之爲先、肣之爲含、𧾓之爲儀、宬之爲盛、蓀琛之爲深、宸之爲振、頛之爲俄、𧇹之爲號、㝀之爲序、欸之有先，慜之爲敬、䜩之爲幾、歖之爲久、潬之爲輝、隕之爲貞、騂之爲奔、敉之爲采、𢠵之爲裳、萁之爲斯、昬之爲宸、絑之爲朱、捆之爲因、貉之爲落、嶋之爲仙、莃之爲希、衕之爲同、定之爲祉、堎之爲度、琟之爲惟、㞐之爲固、棪之爲拔、鍒之爲柔、綅之爲張、斉之爲文、𪓔之爲猷、𪓔之爲烈、抲之爲何是也。有省偏旁者，如豊之爲禮、戉之爲越、侖之爲倫、夰之爲昊、訁之爲罰、㙴之爲纏、京之爲隙、悳之爲聽、屚之爲漏、它之爲網、重之爲幢，之類是也。有聲近而叚借者，如歖之爲唐、（猶説文以啺爲唐矣。）復之爲報、㫚之爲忽、䪿之爲宣、㡯之爲廉、（錢大昕謂㡯爲古文籃是也。）㫑之爲負、（㫑疑褋字之古文。）凭之爲伏、瓔之爲柔、𧶠之爲資、遟之爲徙、屖之爲微、𦋺之爲玄、（錢大昕謂𦋺本目眴字是也。）仕之爲俗、恣之爲慈、㱱之爲氣、迺之爲𥳑、䝿之爲伏、（䝿蓋播字也。）䫀之爲願、（䫀乃顥之誤字，《廣雅》云顥欲也，漢隸有顥無願，《玉篇》《廣韻》皆云顥願同，是其證。）㓞之爲列、（㓞當讀爲絶，故可叚爲列也。）跲之爲路、畀之爲坤、（畀當即蕢古文之臾字，《繫辭》乾確然，坤隤然，乾確坤隤，聲均相近，故借臾爲坤歟。）聑之爲聲、（聑即聲字也。）休之爲弱、窒之爲空之類是也。其餘如𦱤之爲天、□之爲是、□之爲於，當亦假借字，特今頗難考耳。錢竹汀跋此云：「足見古人精於小學，非不知而妄作也，」殊爲允當。世人但以怪異目之，非矣。

此碑經翻刻，點畫頗有舛誤，如孔字作□，子旁不全，先字作□，有以從光之類其失甚顯，然佳處甚多，不可没也。《汗簡》《古文四聲韻》，轉輾傳寫，舛誤更甚，不可輕取以議此刻矣。亦有碑文原已錯誤者，約有兩端。一爲釋字之誤。見於雍邑刻石者如鄘字誤釋爲廓，衍即行字，誤釋爲道，𩫖爲墉字古文，誤釋爲高，臭即昊字，誤釋爲天；見於泰山刻石者，如陞字誤釋爲隆是也。一爲筆畫之誤，如祀之作□，正當作禩，中直筆誤𠂹也。如徙之作□，微之作□，正當作遟屖，上俱從□誤從□也，於之作□，正當作烏，天之作□，正當作□是也。然要之皆有所出，異於向壁自撰，不足爲病也。

唐初所存古文字材料尚多，故此碑文字頗有足資考證者。真字作□，見於雍邑刻石，傳世宋拓已缺其下半，惟《薛氏款識》與此合耳。䀇字一作□，與《説文》合，一作□，與䀇鼎克鐘等合。《積古》於䀇鼎引錢獻之説釋爲䀇，後人多從之。近王静安《史籀篇疏》證，始謂其非䀇字，容庚《金文編》從之，不知《説文》□即□之誤文，錢釋不誤也。據此碑唐初讀□爲

忽，殆即本諸三體石經《尚書》在治曶，《左傳》鄭太子曶等之古文，而《説文》之誤，當遠在唐以前，故碑中兩體並用也。然則□之即曶，由此碑而得確證，誠可謂一字千金矣。風字作□，與卜辭金文作鳳，《周禮》作飌相近，然此碑從凡聲而不作風，其下作□，乃象鳳尾，較《周禮》爲勝，疑當時《周禮》古文猶有傳者也。又《説文》無免字，近人据新出三體石經始知當作□，其實此碑逸字所從作□，蓋即出於石經，惜前人未取以爲證也。此碑實魏、晉以後文字學上之瑰寶，他日有暇，當更詳考之。

書《金石書録目》後

書目之學，號稱難治。容媛女士此編搜采甚勤，剪裁亦頗得當，爲金石書目中不可多得之佳作。此改編本，增訂頗多。然猶有未盡者，如金類脱元楊鉤《增廣鐘鼎篆韻》，此書見有《宛委别藏》本，王楚、薛尚功之書既亡，可以與《嘯堂》《法帖》等相副而行者僅此，不可缺也。又《續考古圖》五卷附《考古圖釋》文，目注云宋闕名，不知《考古圖釋文》乃趙九成所作，見《籀史》，前人考之已詳，宜併入《考古圖》下或别立一目，不宜附見於《續考古圖》下也。

《古器物銘》

《薛氏鐘鼎款識》數引李氏《古器物銘》，余述《古文字學導論》，曾轉引其谷口甬跋語，而不知李氏爲何許人，甚以爲憾。頃讀《金石録》，則薛氏所引均在其中。按《金石録》卷十三有石本《古器物銘》一條云：

余既集録公私所藏三代、秦、漢諸器款識略盡，乃除去重複，取其刻畫完好者，得三百餘銘。皆模刻于石。又取墨本聯爲四大軸附入録中。近世士大夫間有以古器銘入石者，然往往十得一二，不若余所有之富也。

翟耆年《籀史》有趙明誠《古器物銘碑》十五卷，凡商器十卷，周器十卷，秦、漢器二卷。而《金石録》十一十二兩卷，所載《古器物銘》第一至第十五，其目正同。然則此碑乃趙氏所刻甚明，薛氏爲紹興時人，去趙未遠，且碑本有劉跂序，而誤趙爲李，殊可異也。

蓋趙氏集録搨本，號爲《古器物銘》，其間有跋尾者，近四十器。并刊爲碑，《薛氏款識》即録自石本者也。其後集《金石録》，乃僅録跋尾，故《古器物銘》第三，但存其目，而無一跋也。趙書爲薛識所自出，趙氏原輯，凡三百餘器，而薛書增至四百九十三器。則趙輯當已盡在薛書，而其跋尾亦具存於《金石録》，是其碑雖亡猶之未亡矣。

《宣和印譜》

前人多言印譜自宣和始，其譜既佚不傳，明來行學摹刊《宣和集古印史》八卷，四庫存目謂爲依託是矣。顧館臣謂「此書自宋以來諸家書目所不載，惟吾衍《學古編》末有明隆慶二年羅浮山樵附録五條，其存世古今印譜式條内載有《宣和印譜》四卷，計其年月，適在此書初出之時。然則即據此本以載入，非古有是書也」則殊誤。元盛熙明《法書考》卷八即有《宣和印譜》四卷，豈明人所得僞作耶。

宋代印譜考

羅福頤氏作《印譜考》，於宋得四家，曰《宣和印譜》、曰《印格》、曰《漢晉印章圖譜》、曰《姜氏集古印譜》。《法書考》卷八尚有顔叔夜《古印譜》二卷，法云「字景周，吴人。」足補其闕。又《印格》，本楊克一撰，《郡齋讀書志》誤爲晁克一撰，《儀顧堂題跋》曾辨之，《法書考》則作楊克一《圖書譜》一卷，注云「又名《集古印格》，張文潛之甥，其父補之」尚未誤也。

載《考古社刊》第五期第一四三至一五五頁一九三六年冬。

又《釋真》收入《唐蘭先生金文論集》三一至三三頁

紫禁城出版社一九九五年十月。

「商鞅量」與「商鞅量尺」

合肥龔心銘氏景張藏商鞅所作量，馬衡氏以其銘及拓本考之，疑其所用尺當與「劉歆銅斛尺」同。二十四年二月，蘭以審查銅器滯滬上，因劉晦之先生之介，并鮑扶九先生之導引，乃得觀其量於龔氏後人，用「劉歆銅斛尺」度之，其結果適如馬氏所推斷。因爲考證，如下：

「商鞅量著録於《秦金石刻辭》（1.8）《秦金文録》，（圖一）（1.30）《小校經閣金文》，（11.19）及龔心銘著《湯山温泉小誌》。器爲銅製，長方形，有柄，三周及底並刻銘，與柄相對爲「重泉」二字，柄右前爲「臨」字，柄左前云：

十八年，齊逹卿夫=（大夫合文）衆來聘，冬=（冬）十二月，乙酉，大良造鞅爰積十六尊五分尊之一爲升。

底刻始皇二十六年詔，與見於他權量者同。

按此諸銘，當爲兩次所刻，十八年一銘，乃孝公時所刻，以字迹考之「重泉」二字瘦勁與之相類，乃同時所刻；而右側之「臨」字，則與二十六年詔同時所刻。蓋此器初實於重泉，後移於臨耳。

銘云「大良造鞅」者，傳世尚有一戟，銘曰「□年，大良造鞅之造戟」，與此正同。又海城于氏藏二鐓，一云：「十六年，大良造庶長鞅之造雝矛。」（《雙劍誃吉全圖録》下）又一云：「良造庶長鞅之造□。雝驕□。」（圖二未著録）大良造庶長，良造庶長，均即大良造，《漢書·百官公卿表》，秦爵十級爲左庶長，十一級爲右庶長，更進爲左更，中更，右更，少上造，而至大上造，大上造爲十六級，即大良造；更進則爲駟車庶長，十七級；大庶長，十八級；是知由左更以至大上造，本亦皆庶長，故可稱爲大良造庶長，良造庶長，亦可簡稱爲大良造也。《史記·秦本紀》孝公十年，衛鞅爲大良造，則此量與戟、鐓，並商君所造，而在孝公時；孝公十九年，天子致伯，此則其前一年也。

銘云「爰積十六尊五分尊之一爲升」者，明此量爲升也。馬氏謂「尊」字當「寸」，「新嘉量」升銘云：「積萬六千二百分」，即十六寸五分寸之一也。蘭按「尊」字得叚爲「寸」者，《説文》酉部奠或作尊，而墫、蕁、噂、遵、蹲、劕、僔、鐏、繜、罇等字均从奠，無作尊者，然則奠、尊本非同字，以尊爲奠，蓋漢以後混之。「尊」字當從酋寸聲，故得假借爲寸，猶《漢書·元帝紀贊》云「分刌節度」之借刌爲寸也。

「尊」之借爲「寸」字既明，則此量之可資考證者有二事，一爲其時之量，而一爲其度也。《史記·商君傳》記其「平斗桶、權衡、丈尺，行之，」斗桶爲量，而丈尺爲度。然則由此一量，即商君所定度量之法，並可知矣。

據實測，「商鞅量」之内容，長「劉歆銅斛尺」五寸四分，（公尺 0.124 74）廣三寸，（公尺 0.069 3）深一寸，（公尺 0.023 1）以從廣相乘，得冪十六寸又五分寸之一，又以深一寸乘之，得積十六寸又五分寸之一，或萬六千二百分，與「新嘉量」同。其一升之量比公升 0.584 5。

「商鞅量尺」與「劉歆銅斛尺」吻合，劉歆銅斛尺，即《隋書·律曆志》十五等尺之第一等尺也。《志》以「晉前尺」校諸代尺，列爲十五等，其第一等爲「周尺」，《漢志》王莽時「劉歆銅斛尺」，「後漢建武銅尺」，晉泰始十年荀勗律尺，爲「晉前尺」，「祖沖之所傳銅尺，」凡五種；而祖所傳者即「晉前尺」，故實只四種。宋皇祐中高若訥曾依《隋志》仿造，根據王莽時大泉、錯刀、貨布，及貨泉，定爲「漢錢尺，」更以此推定他尺；今所傳「晉前尺」拓本之見於王復齋《鐘鼎款識》者，王國維氏以爲即若訥所造（《觀堂集林》十九）其説是也。然高氏所仿者，亦只存拓本於《復齋款識》，且原書今不知何在，阮、葉兩刻本，長短不足據信；往時學者欲得此尺，惟有取莽時泉布仿製一尺耳。及近年，「新嘉量」發現於故宫，其度與貨布所製之尺正合，於是，「劉歆銅斛尺」乃得實物上之證明矣。（詳見馬衡所撰《隋書律曆志十五等尺》。）

《隋志》以「劉歆銅斛尺」與「周尺」同列第一等，然「周尺」究未有確證也。民國二十一年，冬，洛陽金村古墓所出古物鬻於市，中有銅尺，爲福開森博士所得。以同出之古物有驫羌鐘及韓君諸器，大率皆東周末季，故定爲「周尺。」其尺刻分寸均甚草率，而其長短與「劉歆銅斛尺」正同，（圖三）可爲《隋志》所謂「周尺」之證。（詳見福氏所著《得周尺記》。）

顧洛陽古墓，本爲土人盜掘，諸古物間相聯繫之關係，已不能明，故尺之時代，雖大體可信爲東周物，而不能爲確實之判斷。驫羌鐘刻有銘文，且於其時代，聚訟不已，况此尺本無銘識耶？且古物出土，不必在其原處，此尺在當時使用於何地，亦殊難確知也。今考「商鞅量」所用之尺，既與「劉歆銅斛尺」及福氏所得「周尺」合，則《隋志》之説，更得一實證矣。

凡一時期中所用尺度，雖有標準可依，流俗行用，終不免有贏縮，如漢「建武尺」與「劉歆銅斛尺」同，而「建初尺」則較贏；故考古者貴在得一標準尺也。商及西周之尺，今尚不詳戰國時之丈尺長度，[一]殆不甚整齊，故商鞅有平丈尺之事，「商鞅量尺」當即鞅所手定，正彼時之標準尺也。「商鞅量尺」代表戰國時秦之標準尺，「劉歆銅斛尺」代表王莽時之標準尺，而此二尺完全相同，則自戰國至漢尺度之大概可明矣。今取周及漢尺之現存或可考者，比較之，如下：

（一）周尺（《隋書・律曆志》十五等尺第一等）
與「劉歆銅斛尺」同。
（二）洛陽古墓周尺（福開森博士藏）
比公尺0.231。
（三）壽縣所出周尺（福開森博士藏）
比公尺0.225。（圖四）
（四）秦孝公十八年商鞅量尺（依龔氏所藏量實測所得）
比公尺0.231。
以上周尺。
（五）西京銅望臬尺（《隋志》「晉前尺」銘）
較「劉歆銅斛尺」微弱。
（六）劉歆銅斛尺（《隋志》「晉前尺」銘，又十五等尺第一等。今據「新嘉量」實測。）
比公尺0.231。
（七）王莽時貨布尺（《隋志》「晉前尺」銘所謂「古泉尺。」王復齋《鐘鼎款識》載高若訥所仿「晉前尺。」今據貨布重製。）
比公尺0.231。
（八）始建國元年尺（《貞松堂集古遺文》13.30，《漢金文録》3.4，略同。又《度量衡實驗考》55摹録。）
比公尺0.24（?）[二]

（九）後漢建武銅尺（《隋志》「晉前尺」銘，又十五等尺第一等。）

與「劉歆銅斛尺」同。

（一〇）建初六年尺（即「慮傂尺，」舊藏曲阜孔氏。）

比公尺0.235。

（一一）漢官尺（《隋志》十一等尺第四等）

比「劉歆銅斛尺」1.030 7，即比公尺0.238 09。

以上漢尺。[三]

（一二）姑洗玉律尺（隋志「晉前尺」銘）

較「劉歆銅斛尺」微强。

（一三）小吕玉律尺（《隋志》「晉前尺」銘）

（一四）金錯望臬尺（同上）

並與「劉歆銅斛尺」同。

（一五）晉田父玉尺（即周時玉尺，《隋志》十五等尺第二等）

比「劉歆銅斛尺」1.007，即比公尺0.232 61。

（一六）晉時始平掘地得古銅尺（《隋志》十五等尺第四等）

與上「漢官尺」同。

（一七）鏤牙尺（番禺葉氏藏，見葉恭綽《得尺記》，《逸經》第三期。）

比公尺0.23。（圖五）

（一八）二寸五分玉尺（北平黄氏藏，見《衡齋金石識小録》23葉）

比公尺0.231。（圖六）

（一九）牙尺（孫壯氏藏拓本）

比公尺0.23。（圖七）

（一〇）銅尺（北平黄氏藏，見《尊古齋所見吉金圖》卷三 26 葉）
　　比公尺 0.23°（圖八）
（二一）金錯牙尺（西充白氏藏，見《觀堂集林》19.5）
　　比公尺 0.231 925°
（二二）古銅尺（上虞羅氏藏，見《觀堂集林》19.1）
（二三）牙尺（同上）
　　與「建初尺」長短略等。
　　　以上假定爲周或漢尺。〔四〕

以上凡二十三種尺，今更比其長短，列表如下：

長短比例公尺爲準	尺名	尺度來源	品質	時代
0.225	壽縣所出周尺	實物	銅	周
0.23	鏤牙尺	實物	牙	周或漢
0.231 微弱	西京銅望臬尺	記載		漢
0.231	洛陽古墓周尺	實物	銅	周
	秦孝公十八年商鞅量尺	測算		周
	劉歆銅斛尺	測算		漢
	二寸五分玉尺	實物	玉	周或漢
	牙尺	實物	牙	周或漢
	銅尺	實物	銅	周或漢
	周尺	記載		周
	後漢建武銅尺	記載		漢
	小吕玉律尺	記載		周或漢

續表

長短比例公尺爲準	尺　名	尺度來源	品　質	時　代
	金錯望臬尺 王莽時貨布尺	記　載 記載與測算		漢 漢
0.231 微强	姑洗玉律尺	記　載		周或漢
0.231 925	金錯牙尺	實　物	牙	周或漢
0.232 61	晉田父玉尺	記　載		周
0.235	建初六年尺 古銅尺(略與上等) 牙尺(略與上等)	實　物 實　物 實　物	銅 銅 牙	漢 周或漢 周或漢
0.238 09	漢官尺 晉時始平掘地得古銅尺	記　載 記　載		漢 周或漢
0.24	始建國元年尺	實　物	銅	漢

據此表可見比公尺0.231之長度，實爲當時之標準尺，雖間有出入，亦不能甚遠也。

昔王國維氏作《記現存歷代尺度》首列「劉歆銅斛尺」，固不知「商鞅量尺」之尚在人間也。尺度有銘者甚少，無銘刻者，往往無以確定其時代與地域，然即有銘刻，亦不能確定爲其時之標準尺也。此「商鞅量尺，」則既知其時代、地域，與作者，且又知其確爲標準尺，爲後世所承用者數百年；以目前言，我國古代尺度之可確知者，蓋莫先於此矣。

聞龔懷西氏藏一秦尺，較「商鞅量尺」爲長，惜未得見。又本文承福開森、葉玉虎、孫伯恒、于思泊諸先生惠助材料，附此誌謝。

〔一〕聞中央研究院新購得一骨尺，出於殷虛，余見仿製者，較「劉歆銅斛尺」約短三寸餘。

〔二〕《度量衡實驗考》所考多不足據，此據羅、容兩書所載折算。原尺僅八寸，且似非尋常用之尺。

〔三〕舊傳「元延尺」，一名「長安尺」，爲僞造，今不録。

〔四〕羅氏《雪堂所藏古器物圖》20有二銅尺，其一當「劉歆銅斛尺」七寸六分强。又一僅六寸，當「劉歆銅斛尺」六寸六分强，則全尺當長一尺一寸許矣。

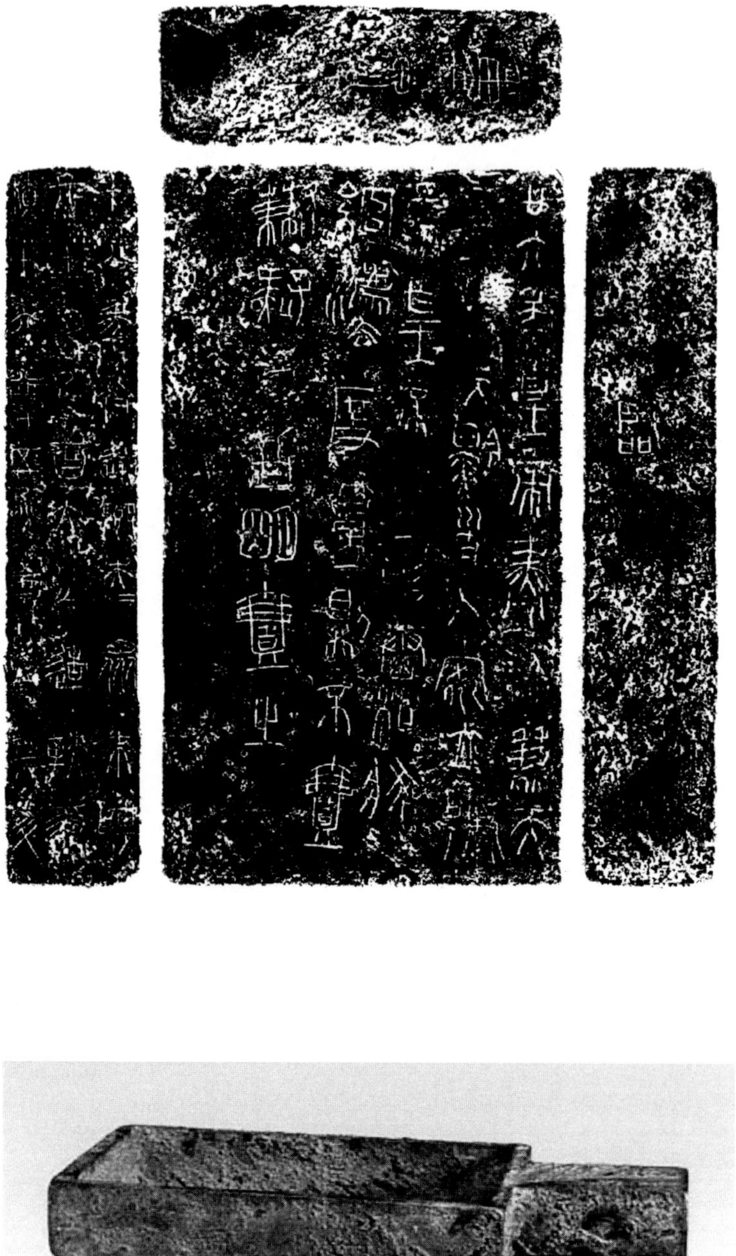

圖一　商鞅量器形及銘刻拓本（合肥龔氏藏）

圖二　大良造鞅矛鐓器攝影（海城于氏藏）

圖三　洛陽金村出土周銅尺攝影（美國福氏藏）

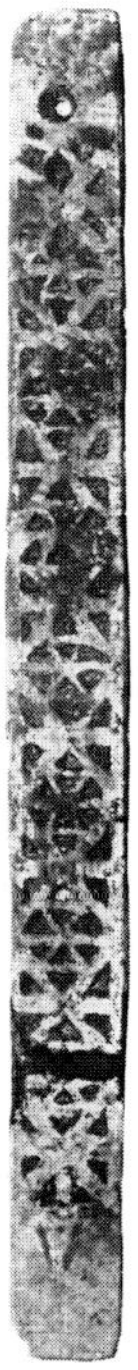

圖四　壽縣出土周尺攝影（美國福氏藏）

圖五　鏤牙尺攝影（番禺葉氏藏）

圖六　二寸五分玉尺拓本（北平黄氏藏）

圖七　牙尺攝影（北平孫氏藏）

圖八　銅尺拓本（北平黄氏藏）

載北京大學《國學季刊》第五卷第四號第一二〇頁一九三六年

又《唐蘭先生金文論集》第二五至三〇頁紫禁城出版社一九九五年十月。

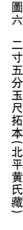

再跋趙孟庎壺

銘曰：「禺邗王于黄池，爲趙孟庎。邗王之惕金，台爲祠器。」

邗王即吴王夫差。古書通作干。《漢書・貨殖傳》：「譬如戎翟之與于越。」王念孫《讀書雜志》謂「于」本作「干」，干越即吴越。引《墨子・兼愛》：「以利荆楚干越。」《莊子・刻意》「干越之劍」，司馬彪注：「干，吴也。」《荀子・勸學》：「干越夷貉之子。」楊倞注：「干越猶言吴越。」《淮南子・原道》：「干越生葛絺。」高誘注「干，吴也」爲證，甚確。俞樾據《管子・内業》言「吴干戰」及《説文》「邗國也。一曰，本邗屬吴」。以爲「古書言干越者當從國名之本訓，不得因其後爲吴邑而即訓爲吴」。余按：吴干之戰，見《管子・小問》，遠在齊桓以前，而諸書之言干越，均已在春秋之後，無緣遠取古國之名。《尸子・勸學》：「干越之工，鑄之以爲劍。」正與《考工記》言「吴粤之劍」合，明干即是吴也。吴之見于金文者，曰「工𫊸」、曰「攻敔」、曰「攻吴」，均即《史記》所謂「句吴」也。所以稱「干」或「邗」者，余舊疑「邗」爲「攻吴」之合音，今按邗在寒部，吴在魚部，韻實不合舊説，余非也。《左傳》哀公九年云：「吴城邗，溝通江淮。」余考城邗之事與吴人爭霸齊晉，關係至鉅。其先，魯與吴會於鄫，而以吴爲無能爲，因而伐邾。邾之矛成子欲請救於吴，而邾隱公以爲「魯擊柝聞於邾，吴二千里，不三月不至，何及于我」。及魯摯邾公，弟夷鴻請救於吴，亦謂「魯弱晉而遠吴」。吴爲邾故而伐魯，將盟，子服景伯尚請「吴輕而遠，不能久」。齊侯使如吴請師，將以伐魯，既與魯平而辭之，蓋皆因吴遠而以爲不足畏也。蓋吴處江南，欲於二千里之外，遥制中國，事本難能。出兵少則不能制勝，出兵多(則)[亦]不能制勝，兵多則餉糈難濟。故既決定伐齊，必先城邗，則溝通江淮也。其城江北之邗，以臨中國，正如句踐之徙都琅邪，魏之徙都大梁耳。欲爭霸中原，不得不然也。其溝通江淮，則以由淮而經泗水，可以至齊魯宋衛，經淮水汝水，又可以至陳蔡，便於舟師也。於是哀十年伐齊，哀十一年再伐齊，而有艾陵之勝。哀十二年有橐皋之會，與鄖之會。哀十三年遂有黄池之會，吴先晉歃，雖晉人亦且畏之矣。《左傳》：「乃先晉人」。謂吳生於晉。徐廣謂：「內外傳同得之」。《左傳》正義、《史記》索隱，皆以爲晉先，乃誤讀傳文耳。案：吳自哀十年以後，每年均有事於北方，如每年必歸江南，亦太勞矣。《史記》以爲掠地齊魯之間，乃想當然耳。余謂吳王此時蓋即居邗，古人於所居之地，即以爲號，如厲王居汾而曰分王，王子余臣居携而曰携王。至戰國時，魏人居大梁則即稱爲梁王，韓人居鄭則即稱爲鄭王。然則吳王時居於邗，故稱爲邗王，無疑也。然則諸書之言吳者，其舊稱也，若《墨子》等書俱出春秋以後，乃多言干越矣。

余前爲莊慕陵氏作本銘跋，據馬叔平先生（衡）説，讀禺爲遇。或謂禺邗即攻吳，而以余説爲非。又或謂銘字環列壺蓋，初無起訖，禺字當在銘末，曰「台爲祠器禺」，則讀「邗王於黄池」爲句矣。余釋此銘，以爲遇邗王於黄池者，《左傳》黄池之會也。爲趙孟疥者，作器之人時嘗爲趙簡子鞅之介。「邗王之惕金，台爲祠器」者，趙鞅之介得邗王之所賜金，因以爲祠器也。或謂若此則無作器者之主名，而以余於介字破句，釋邗王之惕金爲邗王錫之金，爲文法之誤。然余讀古書及器銘類此者甚衆，此或古人不知文法，要非余之咎也。少虡劍云：「吉日壬午，作爲元用，玄鏐鏄吕，朕余名之，謂之少虡。」此亦晉器，與此時代相近，而亦無主名。其意似當爲「余以吉日壬午作爲元用」，或爲「吉日壬午，余作爲元用」。今於此無主詞者，如非文法不通，則是省主詞而不用也。然則此銘之「爲趙孟疥」，即是余爲趙孟介也。「邗王之惕金，台爲祠器」者，即是邗王之惕金，余以爲祠器。又或是余以邗王之錫金爲祠器也。惟此爲作銘者之自述則然，而余前此之跋乃作客觀之敘述，故謂：「作器之人爲趙孟之介以見吳王，吳王錫之金，因以爲祠器」。此或余不善屬辭，而有以辭害意之病，然余迄今尚未能改易其讀法也。《秦策》云：「吳王夫差棲越於會稽，勝齊於艾陵，爲黄池之遇。」是黄池之會，固當言遇也。余固深幸能得此確證，自信其讀遇爲動詞之不誤。抑余雖不治文法，而按諸古籍，則于在二字之用法實有不同，若曰「王在宗周」，則不得用于字，若曰「朝王于宗周」，又不得用在字。若然，則以禺邗爲國名，與讀「邗王于黄池」爲句，以余視之，轉爲不可解矣。且以「禺邗王」或「邗王」爲主詞，則通篇銘文，余固不能通其讀也。或乃讀「爲」作「以」，通介於匃而又轉訓爲予，釋惕爲敬，而解爲邗王以趙孟予邗王之敬金，以爲祠器，則此作銘之人誠不惜費辭矣。且如陳侯午錞云「陳侯午以羣諸侯獻金作皇妣孝太妃祭器鏄錞」之例。則僅云王以趙孟之敬金爲祠器足矣。蓋古文辭自有常格，不當於近代受外來影響之語體文中求之也。以詁訓言，介之訓予，亦所未聞（介可叚爲匃，聲同也。匃可訓爲予，義相反也。然介不得轉訓爲予）。惕固可訓爲敬，然冰敬炭敬之類，非古人所知也。今「黄池之遇」，史之舊文也。爲介，古之達禮也。錫金，器銘之習語也。而省其主辭，文家之慣例也。故即文法有誤，余亦不復改矣。

黄池之會，在魯哀公十三年，獲麟之上年，春秋戰國間之一（丈）［大］關鍵也。有艾陵之役而見姜齊之衰，有黄池之會，而見晉人之衰，寢假而越人亦代吴霸於中國矣。

原跋莊君慕陵曾影印行世，余爲《懷鉛隨録》，亦曾采之。余謂名詞上無動詞，則下不得用於字，惟有一例外，《論語》：「孔子於鄉黨，恂恂如也。」疑當讀如「孔子之於鄉黨」。

三十五年十一月重録補記。

整理者按：文中有兩處排版錯誤：文前部有「出兵少則不能制勝，出兵多則不能制勝」句，「則」爲「亦」之誤。文末有「春秋戰國間之一丈關鍵也」，「丈」乃「大」之誤。

趙孟庎壺拓

載《經世日報·讀書周刊》第十六期一九三六年十一月二十七日。

一九三七

論古無複輔音凡來母字古讀如泥母

中國古有複輔音之説，發於英人伊特金斯 Edkins，瑞典人珂羅倔倫 Karlgren 於諧聲説中亦用其説，然皆只就諧聲現象推之，無他證也。林語堂氏作《古有複輔音説》，乃立四證，一爲古今俗語，二爲字之讀音與借用，三爲字之諧聲現象，四爲印度支那系語言之比較。學者頗或信之。余以爲不然。

按林氏文中，立論之證據，均極脆弱，除第三條以諧聲現象立説，與伊、珂二氏相同外，皆不過牽涉附會，不足以言證據也。其第四條引暹邏語之 Klong 以證中國語之孔——窟窿——孔竉，實單文孤證。且其本身正大有問題也。暹羅語之 Klong，古語歟？近代語歟？本土自有之語歟？抑外來語歟？皆待證者也。即使其與中國語之窟籠有關，而窟籠之音爲 K'ulung，則究竟爲 K>K'u 乎，抑 K'u>K 乎？此又待證者也。夫所謂複輔音者，兩輔音之間無元音，而中國語之窟籠，則明明爲兩音節，非複輔音也。林氏乃逆測爲單音字 Klung 歧分爲雙音字 K'ulung，其證據果何在乎？其第一條所引古今俗語，關于 Kl—(gl—)者，有窟籠、矻落、窟孿、屈林、錮鏴、窟礧等；關于 Pl—(bl—)者，有不律、不來、孛纜、勃盧、勃籠、勃闌等；關于 tl—(dl—)者有突欒、突郎、滴顩、突落、禿驢等；今按此舉不足以證中國語古有複輔音，蓋近代中國語無複輔音，林氏所引之俗語，固俱爲雙音字也。且俗語至多，林氏所引孔爲窟籠，筆爲不律，貔爲貊狸，（鄭玄謂貍之言不來也，蓋讀貍如貔，不來即貊狸之轉也。）團爲突欒之類，不及二十條，而大抵皆反語之法。反語雖出漢末，然緩言爲二字，急言爲一聲，實本諸自然，自古有之矣。以較拚音之法，自不能合。句瀆爲穀，穀豈有 Kd—之音，終葵爲椎，椎豈有 tg—之音？其不能爲複輔音，本易明也。又窟籠、矻落之屬，亦可目爲連語，然連語，亦正與複輔音無關。彼瘻痀、（今北平語若羅鍋）螻蛄，可謂爲 lk—之複輔音乎？瘬薄、蘿蔔，可謂爲 lp—之複輔音乎？邋遢、馲駝（今作駱駝）可謂爲 lt—之複輔音乎？將謂窟籠等爲兩音節，則是反切或連語而非複輔音也。將謂孔字等有複輔音，而變爲窟籠等雙音字，則何以解於句瀆爲穀，終葵爲椎之類乎？故知由俗語決不能證古有複輔音也。其第二條所舉讀音及異文，均只一例，其理由皆不充足。所舉讀音爲[illegible]有來、部二音，其意將以爲複輔音 tl 之例也，然則如貉讀貉而貉讀貊，將謂k、t、p，互爲複輔音乎？又據三傳異文滑及奚字之或作郎，則林氏本人已不敢實指其即爲複輔音矣。蓋書籍異文，其故甚多，有傳寫之誤，有記誦之誤，本不可遽取爲證。即云地名本當爲滑郎，亦自是兩字而非一字之複輔音也。按林氏謂伊特金斯創古有複輔音說，所據者只字之諧聲現象，雖據理類推，似爲切當，而僅此一條，不足以充分證明此新奇之假設。然林氏所增三條，其證據更爲薄弱，則此新奇之假設，終不足以充分證明也。

偏旁諧聲之以K、t、p與l互換，乃各家以爲複輔音說之根據者，林氏所謂較有可靠之立場者也。最著者爲K與l之關係，珂羅、倔倫及林氏所舉者如：

果之諧裸；
各之諧路、洛、略、賂、絡、烙、駱，及酪；
柬之諧練、鍊，及闌；
僉之諧殮、歛，及臉；
兼之諧鎌，及廉；
監之諧籃、濫，及覽；
降之諧隆；
京之諧涼、諒，及亮；
鬲之諧隔，及膈；（蘭按鬲當以讀如隔爲本音，其作曆者後起也。）
婁之諧寠，及屢；
立之諧泣；

而p與l及d與l，則爲例較少，林氏所舉，只稟之諧懍，及廩；童之諧龍；各一例而已。（龍諧童聲，乃沿《説文》之誤，實則龍本象形字也。當云龍諧寵。）按昔之學者以雙聲疊韻説明諧聲之變化，其方法雖太籠統，而所包括則廣。今人以發音學理言之，研究精而制限多，反多窒礙，k、t、p與l互换，乃其例也。西方學者習於其本族語言之有複輔音，遂假設中國古代亦有複輔音，此實幻覺，不蘄然而然，初無縝密之考訂爲之根據也。林氏乃謂除此外，幾無他法可以説明，誤矣。今謂此説之不能成立者凡三點。一曰：以中國語言與文字之關係言之，不能有複輔音。中國古時雖有合體字，如囲爲方甲之類，然作者固未嘗以爲一字也。若爲一字則只有一聲，如什爲十人，只讀十聲是也。蓋中國字只表單音，即極輕微之語聲，亦以一字表之，吁之所代表者一音也，於戲所代表則二音矣。鄒字爲一音，緩言之爲邾婁，則以二字表二音矣。近代北方語語尾之r音，以漢字寫之，必作兒字。凡此可知一音必作一字，即一字只表一音也。然則就最低限度言，於文字之諧聲，必不能考見古之有複輔音也。二曰：由現代尚保存之較古語音足以證明古之無複輔音。臉字從僉聲，本當在k母，《萬象名義》先廉反，《玉篇》、《廣韻》有七廉、力減二切，俱訓爲羹屬，獨《集韻》訓頰，居奄切，尚在k母，蓋臉頰之義，當本俗語，故猶存古音也。元、明以來樂府，保存此音，伶人至今奉爲金科玉律，（曲中多存古音，如閉口韻是。）而今世俗語之臉面，則已變爲力減切矣。此由k變l例證之尚存者，固未見有複輔音爲之樞紐也。三曰：同一主諧字中所諧之字k、t、p、l，往往並見雜出，足以證明其必不由於複輔音也。其較普通者，例如：

諧兼(k)者，有嫌(x)、有廉(l)，又有賺；(t)

諧柬(k)者，有敕(ts)，（金文敕或作敕，可證柬即東字。）

有熏(x)，（熏依金文，本從火柬聲。）有湅、鍊、闌等(l)；

諧僉(ts)者，有檢(k)、有險(x)，又有斂(l)；

諧隹(ts)者，有雖(s)、有椎(d)、有淮(x)，又有蜼(l)；（羅當從維聲，羅當從惟聲，與此近。）

諧凡(b)者，有嵐(l)；凡與丹同字（月之爲肙，猶井之爲丼。）

諧丹(t)者又有鴅(x)；（同當從凡聲，與當從同聲，其例與此同。）

諧萬(m)者，有邁(x)，（萬有x音，故今曰蠍也。）有蠆、噧(t)，又有厲(l)；

諧能(n)者，有熊(x)、有態(t)、有罷、羆(b)，(罷當從能聲)能與㲋同字，(詳後文)諧㲋(l)者又有嬴、羸(i)；

諧婁(l)者，有窶(g)，又有數；(s)

諧坴(l)者，有睦(m)，又有逵(k)；

諧林(l)者，有禁(k)、有郴(ts)、有霖(s)、有彬(p)，又有焚(b)；

諧翏(l)者，有謬(m)、有膠(k)、有嘐(x)，又有瘳(t)；

諧里(l)者，有埋(m)、有悝(k)、有堇、趕(x)，又有廛(t)；(廛當從埋聲，舊謂爲會意字，非也。堇一音丑六切，梩音卓皆切，其例略同。)

諧樂(l)者，有鑠(s)、有嚛、礫(x)，又有濼臕(p)；

諧龍(l)者，有寵(ts)、有瀧(s)、有龔(k)，又有龐；(b)

將謂其語根兼有此諸音而爲 ktpl—乎？古今中外，無此脣吻也。將謂各有其kl—、tl—、pl 或 xl—、gl—、dl—、sl—、bl—、ml—之語根而偶然取同一符號乎？則是諧聲系統亂雜無章，而與其他諧聲現象之有常例者爲矛盾矣。將謂每字只以一種複輔音爲主，其餘皆變例乎？則其假設根本失敗，蓋k、t、p之互通，與k、t、p與l之互換，其於普通發音學理所不易説明者略同，又何用此紛擾爲耶？然則複輔音説之假設，雖似新奇而實無稽也。

余謂諧聲字中有此現象，不當求諸漢語所本無之複輔音以構成空中之樓閣，而當求之於字聲流變之歷史。蓋諧聲文字之起，遠在商周以前，《詩》、《易》之音，已多舛譌，後世又數變易，往往同一羣中，一部聲母，變化極少，而另一部則與本音懸隔，後世學者執漢魏六朝以後之聲類以求之，自多扞格矣。k、t、p與l之互換，今所認爲不能解釋者，其實l母乃n母之變，古無l母也。k、t、p與n可相通轉，n變爲l，相隔遂遠耳。

n母，等韻家所謂泥母也，l所謂來母也。昔人知娘日之歸泥矣，顧未有言來母之本爲泥母者，今以六證明之。

以音理考之。等韻家分三十六字母爲喉、齒、牙、舌、脣五音，其中來、日兩母，爲半舌，半齒，總稱七音。《韻鏡序》謂：「來字則先舌後齒，謂之舌齒，日字則先齒後舌，謂之齒舌。」則來、日二母，歸類獨難，故不得不歧出也。章太炎氏謂今日紐古音皆在泥紐，因以半齒歸入舌頭，於是謂古音有六類，曰：「喉、牙、齒、舌、脣、半舌也。」其新方言又併半舌於舌音。

今按古人發音，大較不別，不如後世之辨晰，既無半齒，不當獨有半舌。近世方言，n、l猶難分別，弄與聾俱來母字也，北平音均讀入n；譯書者往往以爾兒代l音；江淮之間，或併疑、泥、娘、日、來諸母而混之；則泥、來二母，古亦未必分別。l音有本爲n之可能，其證一也。

以諧聲字考之。良與從良之字，今俱在來母，獨娘在娘母，蓋娘與孃字同，爲母稱，又爲少女之稱，古昔相傳，語音未變也。里今在來母，從里之字亦大都在來母，獨《玉篇》𦊅字乃多反，在泥母，蓋𦊅與儺一字，本於《蒼頡篇》，遠在漢前，故猶存古音也。力今在來母，從力之字亦大都在來母，獨男字在泥母，殆以許氏以來，不以爲形聲，故得免於同化也。翏今在來母，從翏之字亦大都在來母，獨嫪字尚存奴巧一切，殆以與撓義近故也。至如尼及從尼之字，在泥及娘母，而秜字獨入來母；耎及從耎之字，在泥及日母，而甐字獨入來母；(《廣韻》三十帖有𠰏、𦖽二字，其起甚遲，《王韻》《唐韻》均尚未收。)柰字在泥母而隸字入來母；則皆爲語聲之偶變者。凡此皆可考見n變爲l之遺迹，其證二也。

以古文字考之。能字泥母，嬴字來母，据金文知嬴爲能字之誤，(嬴即嬴字，嬴即嬴字。)則嬴、嬴、嬴、嬴等字，並當爲能聲之變也。賴從剌聲，在來母，然金文賴作，卜辭作，俱象囊中盛貝之形，以古文貯作象宁中盛貝之形而諧宁聲推之，當諧囊聲(爲囊之本字。)則賴爲囊聲之變，囊固在泥母也。㔷在來母，《說文》從匸丙聲，徐鉉曰：「丙非聲義，當從内會意，疑傳寫之誤。」鈕樹玉曰：「内聲亦相近，漢隸多有作西者，則從内也。」嚴可均曰：「大徐語謬。丙㔷聲之轉，《微子》攘竊，《史記·宋世家》作陋淫，是丙聲也。」今按鈕說内聲，嚴從許氏爲丙聲，均是。据卜辭丙與内實一字作。金文㔷宫卣内字，(見《薛氏款識》内言卣，《殷文存》所録者僞。)昔人所不識，今以卜辭医字作，金文匽字作證之，知即㔷字也。(作㔷者乃從乚丙聲，非從匸内。)漢時㔷蓋讀如曩或釀，故《史記》以陋代攘，而《說文》以㔷爲從丙聲也。內、曩俱在泥母，一聲之轉，故鈕氏謂從内聲，亦無傷也。然則㔷本在泥母，今轉來母矣。凡此皆可以考見l之本爲n其證三也。

以古今語考之。内與裏，古今字也，内在泥母，裏在來母矣。(裏本訓衣内，引申爲一切之内。)年與齡，古今字也，年在泥母，齡在來母矣。又年與秊，(《說文》「稻今年落來年自生謂之秊」。此與年字本義同。漢時或以離及秜爲之，後世又作穭字。)年與稔，(《廣韻》稔穗熟。)亦古今字也，秊、稔亦均在來母矣。髳髳與髳鬛，古今語也(《西京賦》「猛毅髳髳」注。髳髳作毛鬣也。《廣韻》「髳鬛髮起」。)髳在日母，鬛在來母矣。蟷蠰與螳螂，(《說文》作堂蜋，或作螗蜋。)古今語也，蠰在日母，蜋在來母矣。(林語堂謂「古只造一個蜋字」，又謂「古只有蜋字，或者就是要代 tlang 一音字，由不知《說文》有蟷蠰二字也」。）凡此皆可考見古 n 今變爲 l 其證四也。

以疑母與來母之關係考之。疑母（ŋ）與泥母（n）最近而易混淆，故堯在疑母而撓在泥母，埶在疑母而熱在日母也。今謂來母字本屬泥母，則疑母，與來母當有較密之關係可知。按樂字、㠯字及屵字，均有疑母及來母二音。又𠕁字在疑母，而藒字在來母；魚字在疑母，而魯字在來母。（魯當從魚聲，《説文》從鮺省聲誤。）又從來之字，𣓨、𢡊、𪊢在疑母，而𪊢字復在來母；從鬲之字，鷊、鬲、䰛在疑母，而鬲或在來母；從兼之字，䭑在疑母而廉在來母，從品之字，喦在疑母，而臨在來母；從僉之字，驗在疑母，而歛、殮等字在來母，（獫字或作玁，從嚴，嚴亦疑母字也。）驗俗書作驗，從念，則又疑泥之混矣。凡此可以推見 l 之本爲 n，其證五也。

以 k、t、p 等母與 l 之關係考之。k、t、p 與 l，錯綜現象極多。今舉其顯著者，分别述之如次：

（一）K(g)與 l 之關係　K、l 關係極密，除前述外，如：「加之與力」（加當從力聲，卜辭妿即妿，𠡦即嘉，可證。）筋之與肋，（筋當從肋聲，《説文》以爲從力肉會意誤。）莒之與呂，革之與勒，（《詩》鞗革即鞗勒，金文亦或以革爲勒。）咼之與膕，（螺或作蝸，又咼另古今字，另有拐另二音。）豰之與瓃，咎之與絡，（咎當從各聲，此與洛從各聲同。）㝅之與蜋，㓞之與𨎬，以及㢘之讀爲慶，綸之讀如鰥，（睔亦讀古悶切）羮之讀如郎，谷及角之讀如禄，贏之通嬴，蔄之通蘭，獵之作獦等，不可悉數。K 與 l 不可通，然謂 l 本爲 n，K 與 n 則可通。堯爲 ŋ 母，撓爲 n 母，僥、澆爲 K 母；堇爲 K 母，難爲 n 母，是其證也。

（二）X(Y)與 l 之關係　k、x 最近，而 x 與 l 之關係亦頗密，如：虍之與慮，𤇾之與勞、膋、甇、犖（俱當從𤇾聲，𤇾即熒字。）孝之與老，（朱駿聲謂孝從老聲甚是。）劦之與荔，醯之與㐬，（《説文》以醯爲會意非。）乎之與桴，蒦之與矱，以及衖之讀如弄，𨾴之讀如纇，睔之讀如混，濫之讀如濫之類。x 與 l 亦不可通，x 與 n 則可通，如曉爲 x 母，譊堯聲，獿有下巧、奴巧二音，儺字通獻是也。歎象歎聲，樂象樂聲，本並當在 x 母，今轉 t 及 ŋ 母，與 n 亦至近也。（户爲 x 而妒爲 t 𥄉有 x、ŋ 二音，其例同。）

（三）m 與 l 之關係　x、m 極近，（如黑、墨、麻、麾、毛、耗、每、晦、亡、肓、冒、勖、眉、釁之類甚多。）而 m 與 l 之關係亦頗密，如卯之與留、柳、聊、劉等字，（《説文》從丣誤，古無丣字。）命之與令，文之與吝，姥之與老，蠻之與䜌，米之與類，（朱駿聲謂從米聲甚是。）宷之與㲉，以及鴇䳈變爲鴇鶬，犛有茅、氂二音之類。m與l不可通，與n則可通，如爾之與禰、彌，耳之與弭，卜辭金文女與母同字，今方音謬或讀爲n母，泥或讀爲m母是也。又朝在t母，廟在m母，少在s母，杪在m母，t、s與n，亦至近也。

（四）P(b)與l之關係　P、m最近，P、x亦極近，（如𠦃與捧，马與氾，亯有亨、烹二音，蘛即葩字。）故P與l之關係亦多，如：變之與䜌，剥之與录，麃之與鹿，（麃當從火鹿聲。）罰之與詈，（罰當從刀詈聲。）皆是。P與l不可通，與n則可相轉，如丙即内字，女即母字，母亦用爲毋是也。卜辭以卜丙爲外丙，外爲疑母字，亦與泥母相近。

（五）t(d)與l之關係　t與l之關係，如彖之與蠡，獺之與賴，體之與豊，漯之與累，叐之與覒，斗之與料，（料當從斗聲。）以及棃有來、郃二音，儋有他紺、郎紺二音，𩨑有徒協、盧協二音，馲𩦲之讀如駱等。t與l固不可通，然與n則同在舌頭，如能之與態是也。

（六）ts(dz)與l之關係　t與ts最近，故ts與l之關係亦至多，如螭之與离，彲之與麗，㒓之與聯，誺之與來，雴之與立，撈澇等之與劉，盩之與盭，㐱之與沴，嘮之與勞，以及獠之音張絞切，摷之讀如聊之類，ts與l不可通，與n則可通，如聶之與懾，拈之與占是也。

（七）s與l之關係　t、ts與s並極近，故s與l之關係亦頗密，如汈之與梁粱，使之與吏，灑、纚、躧、矖等之與麗，䜌之與䜌，（林語堂謂䜌生讀爲䜌宣，大誤，不知蘇官反乃䜌字音也。）䏶膟之讀如律，（率亦或如律）。鋭有鋭、酻二音之類。s與l不可通，與n則可通，如襄之與曩，燒之與撓，𩅦之與爾是也。

然則凡l母所不可通者，如謂其本爲n母，即俱得通轉。上文所述同一主諧字，k、t、p、l等之並見雜出，亦可以此説明之。蓋t與n同紐，ts、s與n洪纖相轉，而其他各音之通轉，殆以x或ŋ爲之樞紐也。此亦可以推見n之變爲l，其證六也。

由此六證，知古無來母，只有泥母，來母之字，均非本音也。故如闌本柬聲，勞本𤇾聲，盧本虍聲，列本𡿪聲，魯本魚聲，蠡本彖聲，梁本汈聲，臨本品聲，嵐本風聲，柳本卯聲之類，以《説文》所載之諧聲，佐以古文字之學，即知其每字別有語根也。（關於此點，余將另作《來母古讀考》以明之。）然則除少數本爲泥母字，除奈與隸，能與羸之類外，其餘皆自他聲母轉入泥母，更轉而入來母，與其本音睽隔，驟觀之遂似不可解。蓋娘、日之與泥，定、匣之與喻，其變化之時代較遲，其軌迹亦較易尋。泥之變來，則大部分殆遠在漢前，（如能之變贏之類。）不易稽考，故學者往往誤以爲古本音，而諧聲現象中遂多難題矣。今還來於泥，不僅諧聲現象，可以解釋，即先秦文獻中疑義，亦可藉此而明。《易》曰「鴻漸于陸，其羽可用爲儀，」陸與儀非韻，前人改陸爲逵，然無佐證，又逵義不如陸義之長，今謂陸古本可讀如逵，猶里之爲悝，嫣之與贏，則陸儀自可爲韻矣。秦公簋以慶字讀爲慶，叶彊及方，《爾雅》麐與麠訓義同，學者亦以爲疑，今知麐本可讀如慶，則自可叶入陽韻矣。循此以推，漢以前之古音，必有大明之日，此篇之作，僅其嚆矢耳。

載清華大學《清華學報》第十二卷第二期一九三七年四月。

評《中國藝術國際展覽目録》

此書爲紀念倫敦中國藝術國際展覽會而作，編者爲亞士呑L. Ashtor，霍浦孫R. L. Hobson，格雷B. Gray，拉斐爾O. Raphael等，《目録》中中國政府出品之銅器部分則爲葉慈P. Yctts教授所校訂，首爲目録，出品者凡十五國，總數三千〇八十件，世界各國所藏中國藝術精品，略盡於此矣。次爲圖版，凡一百六十面，所收銅器、玉石器、造象、書畫、陶磁、織繡、牙骨器、漆器、文具、家具等，約三百六十餘件，而以銅器、玉石器、書畫、陶磁爲較多。

會中出品以我國政府爲最多，凡一千零二十二件。我國曾組織專門委員會選擇出口，編撰説明。其説明即商務印書館出版之《參加倫敦中國藝術國際展覽會出品圖説》，於銅器、磁器、書畫三部分，均有有系統之説明。此書圖版中所録則以流傳於國外之古物爲多，我國出品，不及四分之一。年來古物名迹之歸海外者甚夥，往往有國人所未及見者，於此可窺一斑。而攝影印刷之精美，遠在商務本之上，試舉饕餮紋方罍比較之（商務本一册四十四頁，此書圖版五下）即可見也。惟此書之編集，似未嘗注意於學術上之貢獻，故編次既無系統，附圖亦皆隨意選擇，所呈露於我人眼簾者只許多零亂之印象耳。當開會時，會中曾有一附插圖之目録，幾於每件出品均有照片，惜縮影過小，不能爲參考之資。而此書所附，於全部出品中僅九分之一，精美重要之品，漏列甚多，殊可惜也。

顧此書所列圖版中仍不乏可注意之材料。如繪畫中之西北邊疆所出唐宋人作品，銅器中之嗣土逘簋（圖版七下）銘中述周初伐商邑事，於史迹所關頗鉅，器亦精美絶倫。（聞此器在國内時，曾至某學術機關，或誤以爲僞而未收，遂至倫敦矣。）又有二盉其一（圖版三下右）有三足如鬲狀，上無蓋而作穹頂，近鋬處有孔以納酒漿，孔前有長喙。另一器（圖版九上）則方形四足，殆並本之較古之陶器者。其他如叉罍（圖版二十八）與叉卣同銘，守宫觥（圖版八上）與守宫尊爲一人所作，國内並從未著録。以及匋齋所藏酒器，（圖版九下）虎持人卣，（圖版十三右）三足觶，（圖版三下左原名壺）少虡劍之類，精品甚多，不能盡舉。

惟編者於銅器方面，似不甚明瞭，故錯誤頗多。如方盉（圖版九上）所附銘文，實爲花紋。隹壺爵（圖版十右）其形爲爵而小異，乃因銘有壺字而題爲壺，（原圖未附銘，照片中尚可辨）又以三足觶爲壺，鐃及錞于爲鐘，皆誤也。此類涉於專門知識，略有錯誤，固未足大病。然如壴鼎（圖版一上右）者卣（圖版十二左）父丁鼎（圖版二上左）㲃觚（圖版十六下右）等拓本均經描改，前二器銘且均倒置。又於叉罍銘中間攙入此四銘，（圖版二十八）顛倒錯亂，不知者且以爲叉罍兼有此五銘矣。又圖版六右端父辛尊銘上忽闌入父辛方鼎一銘，而無其鼎之照片，則似父辛尊兼有此二銘矣。又圖版二十三之上爲□侯壺云附銘文，然所附乃係圖版二十四下陳侯午簋之銘，且截去其上半，驟視幾不可識。於陳侯午簋下，雖亦云附銘文而實闕如，此類錯誤，可使讀者受欺，實所不當有，不知編者何以粗忽至此也。

往時，西方人士，對於中國藝術，除少數人外，大抵無深切之瞭解。此次展覽會後，此種情形頗有改變，實會中最大之收穫。然此種大規模之展覽會不易再舉，徵集全世界所藏之精品而不能對中國藝術作一有系統之介紹，良好機會輕易放過，誠屬可惜。蓋此種紀念圖録，只能供一時之繙閱，無永久存在之價值也。

載《清華學報》第十二卷第二期四一七至四一九頁一九三七年四月。

《天問》「阻窮西征」新解

《禹貢》五卷五期有童書業先生《天問阻窮西征解》一文，謂「阻窮西征，巖何越焉？……安得夫良藥，不能固臧？」三語非言鯀與王子僑事，實言羿事也。又謂窮爲窮石，阻爲徂之通假字，「阻窮西征」者謂羿西征往窮石，見西王母。「巖何越焉」謂羿越崑崙之巖也。「安得夫良藥不能固臧」言羿得良藥而不能固藏，爲姮娥所竊也。童先生因此遂謂「后羿自鉏遷於窮石，因夏民以代夏政」，爲東漢人所造而竄之入《左傳》者。

按童先生此文頗有新見，謂「安得夫良藥，不能固臧」爲羿事，誠屬不刊之論，惟於「阻窮西征，巖何越焉」二語之解則未是。讀阻爲徂，徂窮西征，徂征之義相近，古殆無此文法也。且《天問》原文曰：

阻窮西征，巖何越焉？化爲黄熊，巫何活焉？咸播秬黍，莆雚是營，何由并投，而鯀疾脩盈？白蜺嬰茀，胡爲此堂？安得夫良藥，不能固臧？

今節取首尾四句而爲説，亦未合也。

余謂《天問》之文，當有錯簡，「阻窮西征」以下二十四句當在「何續初繼業而厥謀不同」下。今録改定本如下：

不任汩鴻，師何以尚之？僉曰何憂，何不課而行之？
鴟龜曳銜，鯀何聽焉？順欲成功，帝何刑焉？
永遏在羽山，夫何三年不施？伯禹腹鯀，夫何以變化？
纂就前緒，遂成考功，何續初繼業，而厥謀不同？

（阻窮西征，巖何越焉？化爲黄熊，巫何活焉？

咸播秬黍，莆雚是營，何由并投，而鮌疾脩盈？

白蜺嬰茀，胡爲此堂？安得夫良藥，不能固臧？

天式從横，陽離爰死，大鳥何鳴，夫焉喪厥體？

蓱號起雨，何以興之？撰體協脅，鹿何膺之？

鼇戴山抃，何以安之？釋舟陵行，何以遷之？）

（以上六章二十四句原在「何羿之射革而交吞揆之」下，今移此。）

洪泉極深，何以寘之？地方九則，何以墳之？

應龍何畫？河海何歷？

鮌何所營？禹何所成？康回馮怒，墬何故以東南傾？

九州安錯？川谷何洿？東流不溢，孰知其故？……

鯪魚何所？鬿堆焉處？羿焉彃日？烏焉解羽？

禹之力獻功，降省下土四方，焉得彼嵞山女，而通之于台桑？

閔妃匹合，厥身是繼，胡維嗜不同味，而快鼂飽？

啓代益作后，卒然離蠥，何啓惟憂，而能拘是達？

皆歸䠶𥷑，而無害厥躬，何后益作革，而禹播降？

啓棘賓商，《九辯》《九歌》，何勤子屠母，而死分竟地？

帝降夷羿，革孽夏民，胡䠶夫河伯而妻彼雒嬪？

馮珧利決，封狶是䠶，何獻蒸肉之膏而后帝不若？

浞娶純狐，眩妻爰謀，何羿之䠶革而交吞揆之？

惟澆在户，何求于嫂？何少康逐犬，而顛隕厥首？

女岐縫裳而館同爰止，何顛易厥首，而親以逢殆？

湯（此字疑誤）謀易旅，何以厚之？覆舟斟尋，何道取之？

此一段述鯀至少康之事。「阻窮西征，巖何越焉？化爲黄熊，巫何活焉？」當在「纂就前緒」章後者，化黄熊自是鯀事，下章云「鯀疾脩盈」，又明出鯀名，則此二章皆鯀事也。「安得夫良藥不能固臧」，誠如童先生所説爲羿得不死之藥於西王母而爲姮娥所竊之事。「陽離爰死」，陽離者日也，蓋即羿彈日之事。然則此二章皆羿事也。「蓱號起雨」兩章，與「洪泉極深」以下各章，事類句法，完全相似，本當相銜接也。又「浞娶純狐」章下抽去「阻窮西征」六章，亦正與「惟澆在户」一章相銜接。然即此六章一經改次，通篇史事，秩然不紊矣。

「阻窮西征，巖何越焉」二語，依今改定本觀之，亦是鯀事無疑。窮者窮山也。《海外西經》云：「軒轅之國，在此窮山之際。……窮山在其北」，亦即窮石。《離騷》所謂「夕歸次於窮石」，《淮南子》云「弱水出自窮石」，《説文》「溺水自張掖、删丹，西至酒泉、合黎，餘波入于流沙，桑欽所説」。《史記·夏本紀》正義引《括地志》「蘭門山一名合黎，一名窮石山，在甘州删丹縣西南七里」，然則窮山之地，當在今甘肅山丹縣之地也。按上文云「永遏在羽山，夫何三年不施？伯禹腹鯀，夫何以變化？」《海内經》云「帝令祝融殺鯀于羽郊，鯀復生禹」。復亦當爲腹字。郭璞注引《開筮》云：「鯀死三歲不腐，剖之以吴刀，化爲黄龍也」。《初學記》二十二引《歸藏》云「大副之吴刀，是用出禹。」是古代神話謂鯀死羽山，三年不腐，剖以吴刀，於腹中生禹也。（《吴越春秋》謂「鯀娶女嬉剖脅而産高密」，《帝王世紀》謂「鯀妻脩己，胷坼而生禹」。皆剖腹神話之稍異者）。下文云「化爲黄熊，巫何活焉」，《左傳》正同。《晉語》作黄能，能即熊字，後人以爲三足鱉者誤也。《歸藏啓筮》爲黄龍，龍爲能音之轉，是神話又謂鯀化爲黄熊爲巫所活也。羽山在東方，而巫則在西方。《海外西經》「巫咸國在女丑北……在登葆山，羣巫所從上下也」。又云：「女子國在巫咸北，軒轅之國在此窮山之際，在女子國北。」《海内西經》：「開明東有巫彭、巫抵、巫陽、巫履、巫凡、巫相，夾窫窳之尸，皆操不死之藥以距之。」《大荒西經》：「有靈山，巫咸、巫即、巫盼、巫彭、巫姑、巫真、巫抵、巫謝、巫羅，十巫從此升降，百藥爰在。」是窮山與諸巫相去不遠。然則「阻窮西征，巖何越焉？化爲黄熊，巫何活焉？」似是一事。古代神話殆謂鯀屍剖而生禹，其屍體遂化爲黄熊而西征，被阻於窮山，卒越巖而南，求活於諸巫也。古代神話今多闕亡，故《天問》之文多不可解；然若此類，則尚可以意逆之也。

童先生以「阻窮西征」爲羿西征往窮石，見西王母，則「化爲黄熊」云云爲不可解。此説蓋不可信，然則由此所推測者亦不足據矣。

載《禹貢》半月刊第七卷第一、二、三合期第五五至五七頁一九三七年四月。

又《古史辨》第七册（下）一九四一年。

崑崙所在考

崑崙在古代歷史地理上佔很重要的地位，關於它的傳説和神話很多，但對於它的位置，却没有確實詳細的記載。有些人因而懷疑到它的真實性，以爲是神話裏虛構的地域。其實在先秦古書裏崑崙的記載，雖似紛亂，實際很一致，所以細心鈎考時，它的所在還可以確定。許多錯誤的説法，是漢以後才起來的。

周秦人所謂崑崙，據現在所考，應屬於界於甘肅青海的祁連山脉，其證據如下：

（一）《禹貢》説：「織皮崑崙、析支、渠搜西戎即叙。」鄭玄注「衣皮之民，居此崑崙、析支、渠搜三山之野者，皆西戎也」。《逸周書》、《伊尹》、《朝獻》説：「正西，崑崙、狗國、鬼親、枳己、翕耳、貫胸、雕題、離身、漆齒。」那末，崐崘，是一個民族的名稱。馬融《禹貢》注「崐崘在臨羌西」。按《漢書・地理志》金城郡臨羌注：「西北至塞外有西王母石室，僊海鹽池。北則湟水所出，東至允吾入河。西有須抵池，有弱水崑崙山祠。」是馬氏所本祠字大概是衍文，《後漢・郡國志》，郭璞《海内東經注》都説崑崙在臨羌西，和馬説同，可證。臨羌在現在青海的西寧附近，祁連山脉在西寧的西北。

（二）據山海經・西次三經，三危山遠在昆侖丘的西方。按：三危山和燉煌相近，可見崑崙當在燉煌東。又據《漢書・地理志》燉煌郡廣至縣注「宜禾都尉治昆侖障」，《後漢書・西域傳》燉煌太守張璫上書説「今以酒泉屬國吏士二千餘人集昆侖塞」，《流沙墜簡》烽燧類第七簡説：「宜禾郡蠭第，廣漢第一，美稷第二，昆侖第三，魚澤第四，宜禾第五。」按：昆侖屬廣至，在今安西以西。是燉煌以東漢時還有崑崙的舊名。可以當崑崙山的，當然是那一帶的祁連山脉。

（三）據西次三經昆侖丘是河水、赤水、洋水、黑水所從出；《海内西經》昆侖虛是赤水、河水、洋水、黑水、弱水、青水所從出；《大荒西經》昆侖丘在「西海之南，流沙之濱，赤水之後，黑水之前」。《穆天子傳》崑崙邱也和河水、赤水、洋水、黑水相近。按：河源另詳後文，且不論，《禹貢》「導弱水至於合黎，導黑水至於三危」，這兩水較易考定，合黎在祁連山的東北，三危在祁連山的西北，那末昆侖非祁連山脉莫屬了。

（四）據《西山經》和《穆天子傳》，西王母在昆侖以西。《大荒西經》崑崙丘有人名曰西王母。《漢地理志》説，臨羌西北至塞外有西王母石室。按：《十六國春秋》前涼酒泉太守馬岌説：「酒泉南山即崑崙之體也。周穆王見西王母樂而忘歸，即在此山，山有石室王母堂，珠璣鏤飾，焕若神宫」，是西王母石室晋時還存在。祁連山正在酒泉南，可見崑崙就是祁連了。

（五）據《大荒西經》説：「西海之南，流沙之濱，赤水之後，黑水之前，有大山，名曰昆侖之丘。」《莊子·天地篇》説：「黄帝遊乎赤水之北，登乎昆侖之丘。」《穆天子傳》説：「遂宿于昆侖之阿，赤水之陽。」又説：「南司赤水而北守春山之寶。」可見崑崙在西海和黑水以南，流沙之濱，赤水的北方。按：流沙當在今寧夏和甘肅北部，《尚書大傳》説「西方之極，自流沙西至三危之野」可證。又按：漢時有兩西海，一個是《漢志》的僊海，即現在的青海，王莽時曾立西海郡，附近無大砂磧，與《大荒西經》不合。還有一個是居延海，《後漢書·南匈奴傳》：「永元二年左谷蠡王師子等將左右部八千騎，出雞落塞，……至涿耶山……左部北過西海，至河雲北。」獻帝興平二年武威太守張雅奏立居延爲西海郡，地當酒泉北，在流沙中，則與此正符合。大概居延的稱西海是匈奴舊名，而僊海的稱西海，是因僊西聲轉，或王莽時知匈奴有西海，故意用這名稱來表示誇大的。又按《漢書·西域傳》説：「去胡來王唐兜國比大種赤水羌，數相寇不勝。」去胡來王即婼羌王，國當在陽關外，赤水羌爲居赤水之羌，壤地當與婼羌相接。《舊唐書·太宗紀》：「薛萬均薛萬徹破吐谷渾於赤水源。」《讀史方輿紀要》説：赤水就是赤海，在西寧衛西北。又説：肅州衛東南三十里有紅水，源出衛南山谷中，西流會於白水，入西寧鎮之西海。大概紅水就是赤水，也就是現在流入青海的布喀河。由上所考，崑崙在居延海南，流沙之濱，黑水之後，布喀河之北，那末只有祁連山和大通山一帶，可認爲是先秦時代的崑崙了。

（六）據《海内西經》説：「弱水青水出西南隅，以東，又北，又西南，過畢方鳥東。」《大荒西經》又説：「昆侖之丘，其下有弱水之淵環之，其外有炎火之山，投物輒然。」司馬相如《大人賦》：「經營炎火而浮弱水兮，抗絶浮渚涉流沙。」考弱水自張掖刪丹西，至鼎新和臨水河即北大河會，臨水河出託賴山脉、大通山脉之間，在祁連南。臨水河流到酒泉東，和洪水河相會，水出祁連南麓，疑這二水即弱水和清水。臨水河、洪水河和刪丹河正把祁連環繞起來，而在洪水河、刪丹河之間，祁連的東北麓，都是澤地，有海子、天勞池等，所以說有弱水之淵環之。又考炎火之山，據經文當在弱水之外，按《博物志・異産篇》說：「酒泉延壽縣南山，名火泉，火出如炬。」《後漢・郡國志》延壽縣注引《博物記》曰：「縣南有山，石出泉水，入如筥篆，注池爲溝，其水有肥如煮肉洎，羕羕永永，如不凝膏，然之極明，不可食。縣人謂之石漆。」考延壽在今玉門縣東南，臨水河西赤金峽一帶，現在還有石油，又有硫磺山、火燒溝等地名，可見是火山的遺址。[一]由弱水和火山看來，崑崙就是祁連，更無可疑也。

（七）據《海内東經》說：「國在流沙外者，大夏、竪沙、居繇、月支之國。西胡白玉山在大夏東，蒼梧在白玉山西南，皆在流沙西，昆侖虛東南，昆侖山在西胡西，皆在西北。」郭璞注：「《地理志》：『昆崙山在臨羌西，又有西王母祠也。』」《呂氏春秋・古樂》說：「伶倫自大夏之西，乃至阮隃之陰。」阮隃《漢書・律曆志》《説苑・脩文篇》《風俗通・音聲篇》均作崐崘。王國維《西胡考》說「昆之爲阮聲之近，侖之爲隃字之誤」，甚是。按：流沙即今寧夏和甘肅北部的沙漠。大夏疑在甘肅的武威古浪一帶，南至隴西。《周書・王會解》西北方有「禺氏騊駼，大夏玆白牛，犬戎文馬」，《伊尹朝獻》說「正北空桐大夏」，《史記・封禪書》齊桓公說：「西伐大夏，涉流沙。」《管子・小匡》說齊桓公「西征攘白狄之地，遂至於西河，方舟投柎，乘桴濟河，至於石沉，縣車束馬，踰大行，與卑耳之貉，拘秦夏，西服流沙西虞」，秦夏爲泰夏的誤字。那時的大夏，大概還在山西以北，流沙的東邊，後來遷到流沙的西邊，就到了甘肅東部。《漢書・地理志》隴西郡有大夏縣，大概是大夏國遺墟的一部。月支本也在正北，《王會解》《伊尹朝獻》正北有禺氏，何願船《王會篇箋釋》以爲即月支甚是。後來遷到甘肅。《漢書・西域傳》說本在敦煌祁連間，因冒頓單于擊走而到西域的。《後漢書・西羌傳》說：「舊在張掖、酒泉地。」由後來保南山的小月氏（即湟中月支）分在湟中、令居、張掖一帶，又《地理志》安定郡有月氏道，看來，《後漢書》是對的。西胡白玉山，大概在甘肅古浪附近。西胡就是《封禪書》、《管子》的西虞，也就是《穆天子傳》的西膜。（胡虞聲極近。胡爲x母，膜爲m母，古x m多相通。疑東胡西胡的稱胡本是沙漠的意思。凡水澤，西方稱海，東方稱湖，湖海一音之轉，但海本從每聲，也是x m的變轉了。流沙又稱翰海，可見膜有變稱爲胡的可能。）本在流沙附近，漢以後指燉煌以西爲西胡，和大夏、月氏的遷西域，大概是有關的。白玉山疑即《西山經》在崑崙東的峚山，在那篇裏有很美麗的關於玉的神話，其地當和月支相近。《管子・國蓄篇》「玉起於禺氏」，《地數篇》「玉起於牛氏邊山」，《揆度篇》「北用禺氏之玉」，又説「玉起於禺氏之邊山，此度去周七千八百里。」《輕重甲篇》説：「禺氏不朝請以白璧爲幣乎，崑崙之山不朝請以璆琳琅玕爲幣乎，……懷而不見于抱，挾而不見于掖，而辟七金者白璧也，然後八千里之禺氏，可得而朝也。簪珥而辟千金者璆琳琅玕也，然後八千里之崑崙之虛可得而朝也。」《輕重乙篇》説：「玉出於禺氏之旁山，……距周七千八餘里。」都把玉和禺氏聯起來，説「北用禺氏之玉」，可見這是西北甘肅的月氏而不是後世西域的大月氏了。蒼梧，吴承志《山海經地理今釋》以爲是《漢志》蒼梠的錯誤，這是很大的發現。蒼梠即蒼松屬武威郡，今甘肅古浪縣西。由上所考，流沙在寧甘一帶，大夏、月支都在祁連以東，蒼松在祁連山東南，那末，崑崙，就是祁連山無疑。

（八）據《穆天子傳》説：「自宗周瀍水以西，至于河宗之邦，陽紆之山，三千有四百里，自陽紆西至于西夏氏二千又五百里，自西夏至于珠余氏及河首千有五百里，自河首襄山以西南至于春山、珠澤、崑崙之丘七百里。」共八千一百里。上引《管子》説「八千里之崑崙」，里數略同。按：陽紆之山和渠澤相近，渠澤是「河水之所南還」，大概在今綏遠托克托一帶。穆王西征是循漳水和滹沱出雁門而到陽紆的，單這已走了三千四百里快一半的路程了。再望西去，西夏大概在今寧夏省裏，從西夏到崑崙只有二千二百里，那末，崑崙屬祁連山脉的説法，是最有可能性的了。[二]

（九）據《穆天子傳》説「春山，先王之所謂縣圃」，縣圃是崑崙的最高峯，所以《穆傳》又説：「天子北升于春山之上以望四野，曰『春山是惟天下之高山也』。」由於縣圃的高，所以《淮南·地形訓》説：「崑崙之丘，或上倍之，是謂涼風之山，登之而不死；或上倍之，是謂縣圃，登之乃靈，能使風雨；或上倍之，乃維上天，登之乃神，是謂太帝之居。」《西山經》也説昆侖是天帝的下都，這種神話都把崑崙懸圃認爲和天最接近的高山。考西北一帶最高的山是祁連山，高達海拔五九二五公尺，不但古代中國的山，没有能比它更高的，就是附近巴顔喀喇山脉的噶達素齊老山，前人所誤認爲崑崙的，也只有四五五〇公尺，相去很遠。按：《禹貢》、《周書》時代的昆侖本是西戎的一個部落，漢時的祁連，本屬匈奴，昆侖和祁連，大概是一語之轉，昆在見母，祁在羣母，侖連都在來母，是很易轉變的。又按：顔師古注《霍去病傳》説：「祁連山即天山也，匈奴呼天爲祁連。」又注《武帝紀》説：「匈奴謂天爲祁連，今鮮卑語尚然。」李賢注《竇固傳》天山説：「即祁連山也。今在西州交河縣東北，今名祁縣羅漫山。」考祁連山歸漢後，匈奴别有一天山，在今新疆，顔、李誤合爲一，是錯的。但顔注所據鮮卑語呼天爲祁連，大概是可信的。祁縣羅漫山，《括地志》作折羅漫山，和祁連，大概都是一語之轉。匈奴叫做祁連代表天的意義和古代神話把崑崙當帝之下都正合。〔三〕又按《穆天子傳》懸圃在昆侖之北，大概昆侖涼風是祁連山的南山，像託賴山、大通山之類（託賴或是祁連的轉語），和西寧相近。古人上崑崙是由南方上去的，經過兩個較低的山峯，再登最高的峯，所以《爾疋》説：「三成爲昆侖邱。」又按《御覽》引《涼州記》説「祁連山東西二百里，南北百餘里」，而《海内西經》説「崑崙之虚方八百里」，似乎有些誇大，但我們如果把祁連和託賴、大通等山合併計算起來，那面積恐怕也不很小了。由上所考各點，可以説祁連山脉裏最高峯的祁連山，就是昆侖的主峯縣圃。

從這九證看來，秦以前所謂崑崙，就是祁連山和它附近的各山，是毫無疑義的。在這九個證據裏，我已經引到的先秦古書，有《禹貢》、《逸周書》、《爾雅》、《莊子》、《管子》、《山海經》、《穆天子傳》、《吕氏春秋》等，在各書裏所説的崑崙，除了《山海經》帶些神話的色彩外，是完全一致的。此外像《離騷》、《天問》、《古本紀年》等説到的崑崙，也只是這個地方，總之，在秦以前還没有第二個崑崙的出現。

關于崑崙的種種謬説，是漢以後盛起來的。這種謬説，可以分爲兩類：一類是隨意杜撰的神話，一類是似是而非的考證。前一類大概是受了《山海經》和《禹本紀》的影響。《山海經》來源很古，雖多神話，但神話的背後，有一部分史實。《禹本紀》的成書，總在戰國末年，受了那時人好誇大的影響，説崑崙去嵩高五萬里，正和《國策》裏説扛九鼎有八十一萬人，《竹書紀年》説穆王西征億有九萬里一樣。到了漢以後的雜書像《河圖括地象》、《遁甲開山圖》、《十洲記》、《神異經》、《外國圖》等，就更荒誕不可究詰了。後一類的説法，往往持之有故，言之成理，但論實還是錯誤的。這種錯誤，往往隨一個時代所新得的地理知識而變化。《史記·大宛傳》：「漢使窮河源，河源出于闐，其山多玉石采來。天子案古圖書名河所出山曰昆侖云。」這是關於昆侖的第一個新説。《漢書·西域傳》説：「河有兩源，一出葱嶺山，一出于闐。于闐在南山下，其河北流，與葱嶺河合，東注蒲昌海。蒲昌海一名鹽澤者也。去玉門、陽關三百餘里，廣袤三百里，其水亭居，冬夏不增減，皆以爲潛行地下，南出積石，爲中國河云。」由傳文裏，我們可以看到張騫並没有真正溯河而上，尋得河源，只是聽西域人説蒲昌海「潛行地下，南出積石爲中國河」，就去尋蒲昌海的上流了。杜佑《通典》説：「此宜惟憑張騫使大夏，見兩道水從葱嶺，于闐合流入蒲昌海，其于闐出美玉，所以《騫傳》遂云『窮河源』也。……以于闐山出玉謂之崑崙，即所出便云是河也。」

大概是當時實際情形。但是天子既已把于闐山附會做古書裏的崑崙，臣子們樂得多粧點一下，所以《西域傳》裏，又說「安息長老傳聞條支有弱水西王母，亦未嘗見也」，於是新崑崙說又添了枝葉了。司馬遷對於此說是很懷疑的，所以說：「今自張騫使大夏之後也，窮河源，惡覩《本紀》所謂崑崙者乎？」他不信新崑崙說，大概是因爲于闐南山不很高大，覺得不相稱，但他還承認了新河源說，因而反懷疑到崑崙了。司馬遷以後，對這新說，不再有人懷疑，《水經》所說的河源和崑崙是混合《禹本紀》、《山海經》，和張騫等新說而成。魚豢《魏略》說「弱水在大秦西」，又說：「大秦西有海水，海水西有河水，河水西南，北行有大山，西有赤水，赤水西有白玉山，白玉山有西王母，西王母西有脩流沙，流沙西有大夏國、堅沙國、屬繇國，月支國四國，西有黑水。」《博物志·水篇》說：「漢使張騫渡西海至大秦，西海之濱有小崑崙，高萬仞，方八百里。」這都是根據通西域後所得的地理知識，加以附會而成。《凉土異物志》索性把葱嶺當崑崙，也是本於《西域傳》的。到了晉以後，崑崙的所在，又起了變化，這一次是受了法顯西征的影響，於是《佛圖調傳》、康泰《扶南傳》、釋氏《西域記》等都把天竺的阿耨達山就是現在後藏的岡底斯山，和喜馬拉耶山當做崑崙了。到了唐以後，又有一個新的變化，這是因爲劉元鼎使吐蕃後，發現了一個新的河源。杜佑《通典》、《唐書·吐蕃傳》都說崑崙在吐蕃，河源其間，《唐書》據吐蕃名叫做悶摩黎山，就是現在青海的巴顏喀喇山。《宋史·河渠志》載元至元中學士蒲察篤實窮河源，又把現在的阿尼馬卿山即大積石山，當做崑崙。清代以來，新說雖多，但都根據上面的三說，稍加變化或併合。清高宗命侍衛阿彌達窮河源，到阿勒坦噶達素的天池，但高宗因玉産于闐而主張漢武的舊說，以爲昆侖在回部，回部諸水東注蒲昌海，入地伏流到青海出來成爲河源。這是把青海的河源和于闐南山說混合的。董佑誠《遺書》主張阿耨達山一說，但他說：「岡底斯山緜亘東北數千里，至青海之玉樹土司境，爲巴顏喀喇山，河源出焉。河源左右之山，統名枯爾坤，即崑崙之轉音。蓋自岡底斯東皆崑崙之脊，古所謂崑崙之墟，即在乎此。」又說：「《海內東經》稱『西胡白玉山在流沙西，崑崙墟東』，今岡底斯山北支爲葱嶺，戈壁當其東，《穆天子傳》亦先升崑崙之邱，復西征至西王母之邦，是迆西山脊皆爲崑崙之證。」却把巴顏喀喇山和葱嶺兩說都拉進去了。近世學者們除間有主張喜馬拉耶山外，都不出此兩說，而尤以董說爲最普遍，於是荒誕的學者們，考穆王的西征，居然說他到過歐洲了。〔四〕

說崑崙的人這樣地多，而從漢朝到現在，没有人能考出真正崑崙的所在，這是什麽緣故呢？考據之學最忌有成見，一有成見，就是最好的證據放在眼前，也看不見了。先秦古書裏，崑崙和河源往往是連在一起的，漢武以後，由河源來定崑崙的所在，成了牢不可破的成見。李光庭《漢西域圖考》說「崑崙之説，言人人殊，余以爲當舉水以證山，不當指山以證水」，可以代表一般的意見。其實這方法是最錯誤的。山雖可以認錯，但很少變動。水道較山已容易變動了，但一條很大的河，就算經過變動，總還可以尋出些故址來。至於水源更難考了。一條大水的上源，往往不止一個，究竟那個是真源呢？我們現在所謂真源，究竟是不是歷史上的源頭呢？漢以後人往往要從窮河源來定崑崙，他們却没有想到你所窮出來的新河源，古人壓根兒就没有知道，你所謂崑崙當然只是自己手定的崑崙而不是歷史上的崑崙。《禹貢》説：「岷山導江」，幸而岷山是可確定的，我們能知道《禹貢》時代把源出青海、四川交界的岷江當做江源。假如在目前，我們不知道岷山的所在而去窮江水的真源，那末，巴顏喀喇山豈不兼做了岷山的替身，所以舉水源來證山是靠不住的。但是司馬遷尚且只去懷疑崑崙，而没有懷疑新河源。也許那時的西域地理，正是一種時髦的學問，學者們不敢去懷疑，以免落伍之譏吧！

漢時新的河源崑崙説雖産生，然祁連山脉的崑崙，也還容易考見，但學者們説祁連的崑崙，不是河源崑崙，或者説此崑崙之外，尚有别的崑崙，這也是狃於成見的一端。鄭玄注《禹貢》説：「别有崐崘之山，非河所出也。」不知《禹貢》的崑崙在雍州的邊外，所以没有説它是河源，但就雍州有黑水、弱水看來，和《山海經》、《穆天子傳》裏所説河源崑崙，只是一處。又郭璞注《海内西經》説：「言海内者，明海外復有崑崙山。」又《海外北經》「衆帝之臺在崑崙之北」，注「此崑崙山在海外者」，其實《山海經》的崑崙虚是介於海内海外之間的，衆帝之臺，同樣見於《海内北經》，可見還是一處。又郝懿行箋《海外南經》昆侖虚以爲是東海方丈山，於《海内東經》在西胡西的昆侖山，以爲是海外崑崙。其實《海外南經》的昆侖虚和赤水相近，《海外東經》的昆侖山，上文已詳，也還是一處。總之先秦時只有一個崑崙是無疑的，但學者們總懷着不是一個的成見。李光廷説「世徒據周穆王所至之崑崙，祇在甘肅，漢武帝所名之崑崙之不出河源，其見已小」，他知道穆王所至的崑崙只在甘肅，而以爲甘肅以外還有崑崙，却不知除有甘肅以外，别無真正老牌的崑崙。我們不妨替喜馬拉耶山安上一個崑崙的新名，我們也可以隨便找出一個山來加上崑崙的頭銜，但這都與歷史上的崑崙是無涉的。許多考據家的方法太不精密，不去分别老牌和冒牌，於是崑崙的問題，棼如亂絲，無法整理了。

河出崑崙山和玉出崑崙山都是先秦古書裏所常説到的。後世對於崑崙的許多謬誤的説法，都因此而起。我在這裏並不想推翻這兩項史實，我只以爲這兩事不能用以考證崑崙的所在，而反要由崑崙來考證。假如河源只能有一個，或玉只産一處，當然可用以作證據的。但事實不這樣簡單，先秦時的河源可以和江源一樣，是認錯了的；産玉的地方，又不只一處。所以，我們只能先考定了崑崙，再由崑崙來考河源和玉的産地。

先秦時河源，我以爲當屬於祁連山脉的浩亹河，就是現在的大通河，這是黄河最北的大源。我在前面説過，古代的崑崙，是由南邊上去，所以大通山一帶是崑崙而祁連山是懸圃。我們因崑崙所在的確定，而把大通河假定是先秦人所謂河源。那末，大通山一帶，是河水和赤水所出，而祁連山與弱水、黑水相近，和《禹貢》、《山海經》等書正合。這個河源，考證家雖没有提到過，但漢時似乎本有這樣一種説法。《水經》在河水東注蒲昌海後説「又東入塞，過敦煌、酒泉、張掖郡南，又東過隴西、河關縣北，洮水從東南來流注之。又東過金城允吾縣北」，這一段話裏有兩個矛盾地方。現在的河源，遠在敦煌、酒泉、張掖南的千數百里以外，在漢時，都是西羌所住的地方，不能説「入塞，過燉煌、酒泉、張掖南。」所以酈注替它彌縫，説：「河逕其南，而瀍洛遠矣。」而杜佑《通典》駮它説：「山水地形，固有定體，自葱嶺、于闐之東，敦煌、張掖之間，華人往來非少，從後漢至大唐，圖籍相承，注記不絶，未聞有桑田碧海之變，陵遷谷移之談，此處豈有河流纂集者。」[五]又經文「過金城允吾縣北」下，酈注替它改正説：「河水逕其南，不在其北。」這兩點都是很可怪的。考《漢書·地理志》河關下説：「河水行塞外，東北入塞内，至章武入海，過郡十六，行九千四百里。」王鳴盛説：「河所過郡，據鄭康成《尚書注》當爲金城、天水、武威、安定、北地、朔方、五原、雲中、定襄、鴈門、西河、上郡、河東、馮翊、河南、河内、魏郡、鉅鹿、東郡、清河、平原、信都、勃海，凡二十三郡，此言十六，疑有錯誤。」按《漢志》當説過郡二十六，今脱二字，或本作廿字，今誤十。王氏所説二十三郡，再把敦煌、酒泉、張掖加入，正是二十六郡。我以爲《水經》記載河源，雜采各種舊説，在塞外一段，本是很明顯的。「入塞過敦煌、酒泉、張掖南，……又東過金城允吾縣北」，是漢代相傳的舊説，所以《漢書》載河水所過的郡數正合。這種舊説大概是把浩亹河當做河源的，酈氏《水經注》説：「湟水又東，與閤門河合，即浩亹河也。出西塞外，東入塞逕敦煌、酒泉、張掖南。」又説：「閤門河又東逕浩亹縣故城南，又東流注于湟水。……湟水又東逕允吾縣北。」……湟水又東流，注于金城河，即積石之黄河也。」閤門河、湟水所經，和《水經》所説河水，恰恰相合，這是一個很顯明的證據。考漢初西疆，本以長城爲界，只有臨洮、榆中等地。到武帝時才築令居以西，置酒泉郡，旋分置武威、張掖、敦煌三郡，又析隴西爲天水郡。昭帝時因邊塞闊遠，取天水、隴西、張掖各二縣置金城郡。宣帝時才置河關、破羌、允街等縣。那末，金城以西的河，在武帝以前，不會很詳細的。《地理志》河關西南羌中的所謂積石，武帝時人大概也不會知道，所以《水經》會把積石放在葱嶺前面。張騫等西使的時候，一定知道閤門河即浩亹河是河源（《水經注》引闞駰云「金城河初與浩亹河合，又與勒且河即湟水，大概閤門河和湟水同會金城河，因相距很近，《漢志》便説「東至允吾入湟水了」）。而浩亹河源和蒲昌海很近，所以相信河水隱淪之説。假如説重源在大積石山，一個張騫等所没有到過的地方，而且離蒲昌海將二千里，無論如何是説不通的。《水經注》引釋氏《西域記》説：「牢蘭海東伏流龍沙堆，在屯皇東南四百里。阿步干——鮮卑山，東流至金城爲大河，河出崑崙，崑崙即阿耨達山也。」阿耨達山一説雖不對，而由屯皇到河水重源只有四百里，很可做張騫等所窮河源的注脚。可見漢武以前，可以認爲河源的，只有閤門河了。到宣帝時置河關縣，又知道西南羌中有一座大山，地理學家把它誤認爲《禹貢》的積石，於是把金城河當做河，而閤門河成爲支流。於是修改河源説，以爲從蒲昌海到積石才出來，而張騫等的話變成不合情理。《水經》在「過敦煌、酒泉、張掖郡南」下，「又東過金城允吾縣北」上，加入「又東過隴西、河關縣北，洮水從東南來流注之」，於是經文前後不合，而開酈、杜二氏的疑竇。從漢以後，大家只知金城河是河，更去上尋河源，又由河源來定崑崙，於是漢以前所謂河源，就没有人知道，而崑崙也終於不能定。

至於玉出崑崙的記載，漢武、清高都曾籍以定于闐南山做崑崙的，也很錯誤。古今的鑛産不必完全相同，有古時已採掘一空的，有後代才發現的。像周時吴、越以兵器著名，其地應當産銅錫，而錫山現在叫做無錫。歙石可以做硯的，出土不久，就没有産品了。可見鑛産有枯竭的時候。傳記所載崑崙出璆琳琅玕，而附近峚山（疑即西胡白玉山）、鍾山、玉山，等處出玉。璆琳琅玕究是那一類的鑛産，尚難確定，且不深論。玉在秦以前用途很廣，《周書·世俘解》説：「武王俘商舊寶玉萬四千，佩玉億有八萬。」《穆天子傳》説：「穆王在羣玉之山，取玉版三乘，載玉萬隻。」這種數目雖或有些誇大，但總不很遠，近世的黄金，以兩計，而漢時動不動就幾十萬斤，可見古代社會經濟和現代不很同。更由近代地下發掘方面看來，商、周兩代用玉的數量，一定是可驚的。以一個産玉的區域，經過長時期的採掘，而且是一個消費量最多的時期，所産當然有時而窮，所以到漢時老坑早已湮廢，只有和闐的新坑，而漢武把新坑的和闐認爲老坑的崑崙了。所以産玉的話，也得由崑崙去考定的。我以爲祁連一帶是古時産玉區域，雖不可詳考，但還有些痕迹。《太平寰宇記》引《十三州記》説：「延壽縣在酒泉郡西，金山在其東，至玉石障，亦是漢遮虜障也。」所謂玉石障，大概是現在的玉石山，是嘉峪山的別名，在祁連山西北，或許就是《山海經》的玉山，《穆天子傳》的羣玉之山。又酒泉、南山，現在還是産玉石的地方。〔六〕

崑崙在古代地理裏，正像天文裏的北辰，古時是把它認爲地之中的。許多小地名，可以重複混淆，記載時也有些出入，只有崑崙是一個人人習知的最重要的地點，不會有錯誤的説法。所以，秦漢以後，雖湮晦了二千年，而且曾爲别的民族所據，把許多史迹湮滅。但一經考訂完全明晰，先秦古書，無一不可印證，這真是可狂喜的事情。由於崑崙的考定，在古代地理、歷史、民族、文化各方面，將有新的發展。例如《禹貢》雍、梁二州的疆域，《山海經》裏以崑崙爲中心的地理，《穆天子傳》西征的地望，均可以重新考定。而研究黄帝、后稷和夏民族等的故事時必將取證於這個新説，也是無疑的。

作者所尚未十分滿足的，是没有能親到祁連、青海之間去做實地的調查，用以尋一些更確實的證據，在目前，這還是做不到的。讀斯坦因的《中亞西亞探險談》所描寫的甘肅南山，人迹所不至，和圉人的畏懼艱險，「視此山中危險充塞，聞見之外，加以想象，羣思遁逃，不止一次」。長江的《中國的西北角》説：「窮荒絶地的祁連山裏，真有把人退回到千年前的淒涼。」不禁回想到華夏民族發祥於此山，和周穆王升崑崙之丘，觀黄帝之宫的故事。今世如有發探險此山的壯圖的人，執鞭拾鐙，所欣慕焉。

二十六年三月至五月一日寫了凡二十易稿

〔一〕此本吴承志説，見《山海經地理今釋》及《横陽札記》。法人費瑯(Gabriel Ferrand)所撰《崑崙及南海古代航行考》(馮承鈞譯)據此經火山以爲指馬來羣島一火山，甚誤。

〔二〕日人小川琢治《穆天子傳考》以昆侖爲在古浪附近，然其證據殊不充分。

〔三〕《漢書·匈奴傳》「匈奴呼天爲撐犂」，撐犂和祁連，大概不是一個語源。有人以爲撐犂爲今土耳其語稱天的 tangri，祁連爲 Kuklen，但 Kuklen 和折羅漫或祁縣羅漫都不合。陳寅恪先生告訴我：「地名的語源最難考，因爲它常是由别的族的語言借來的。」

〔四〕南海中的崑崙和古籍所載崑崙無涉。

〔五〕胡渭《禹貢錐指》説：「漢世河關以西皆爲羌中地，河水所經，人莫能覩，故聊假三郡以表之，非真謂河自鹽澤入玉門陽關也。」這也是想替《水經》彌縫的，不知水經自説：「入塞」，明明不在羌中。

〔六〕王金紱編《西北地理》四三二頁説：「酒泉的輸出品，以糧石煤炭及南山所産玉石等爲大宗。又小川琢治《穆天子傳考》據匈、俄二國學者調查所得，亦謂祁連山一帶産玉石，西與和闐産玉地相接。那末，祁連山一帶是老坑，老坑的菁華採盡後，玉工就向西去採和闐的新坑了。

作者自注：寫成於一九三七年五月一日。

載北京大學《國學季刊》第六卷第二號。

懷鉛隨録（續）

卜辭彝銘多倒書

卜辭及彝器銘刻文字，常有順逆相間者，前人已言之矣。其一篇之中俱正書，而間以一二字倒書者最爲難辨。卜辭中如《後編》上二十六葉五片云「甲辰卜，完，貞帝于……」帝字倒書。又下卷一葉五片干支表中之□字作□，余友吴其昌氏據謂□象射侯，不知其爲倒書也。金文中如中鼎《薛氏款識》之真字，其一器倒書。盧觶《殷文存》下二九葉乍字倒書。又□簋的□字倒書作□，《金文編》收入附録，丁佛言《古籀補補》釋作□是也。又果簋《續殷文存》上四四葉之果字作□，前人亦不能識。蓋□、果二字皆人名，無文義可循，故學者往往不能辨其爲倒文耳。

彝銘之僅有一字者，辨其正倒尤難。鐃文有專字，《鄴中片羽》及《續殷文存》俱書作□。乃不成字。又故宫博物院藏盉文作□，馬衡氏語余當即屰（逆）字，甚是，然盉文實倒書也。故知依銘在器上之位置，以定字之正倒者，不盡可信也。

《考古圖釋文》與《考古圖釋》

余前誤據翁方綱説謂《考古圖釋文》爲趙九成作，于時，未見容庚氏所作《宋代吉金書籍述評》一文也。容氏謂此書非趙九成作，翁氏之言不足據，然亦不能斷其爲誰所作。余案《釋文》實吕大臨所作，原與《考古圖》相副而行者。四庫本源出錢曾所抄宋本，題「宋吕大臨撰，」一證也。晁公武《郡齋讀書志》于《廣鐘鼎篆韻》條下云：「皇朝薛尚功集。元祐中吕大臨所載僅數百字，政和中王楚所傳，亦不過數千字，」是吕氏原有篆韻之輯，云數百字，與此八百餘字者正合，二證也。

假《釋文》爲别一人所作，必將述及吕氏作圖之事，而卷首題詞云「以今所圖古器銘識，考其文義」，顯係吕氏自作之詞，三證也。以此三證，已可證明《釋文》之爲吕作，然尚有可疑者三，希白以《圖》與《釋文》互校，《釋文》之伯姬鼎，圖無其器，《圖》之庚甗，史孫盤等，《釋文》不采其字，同出一人而有差異，一可疑也。《釋文》於文字詮釋甚詳，而《圖》中銘識下又有音釋，此爲叠床架屋，二可疑也。《考古圖釋文》與趙九成所著《考古圖釋》，名極相類，三可疑也。按《考古圖》異本甚多，吾邱衍所舉有黑白兩本，四庫所録白字本與吾所舉不合，與通行刊本亦不同。各本圖説互有多少，則《圖》無伯姬鼎者乃闕失也。至《圖》有其銘，而《釋文》闕者，則偶然失采耳。又師望簋，《釋文》作師服簋，然以□字收疑字類月部中，似本釋作𣃔，後人誤改爲服耳。師奐父簋，《釋文》作師奕父簋，凡此似《釋文》爲吕氏之舊，而今本《考古圖》經後人改易也。父己人形彝《釋文》與《考古圖》目録合，而《圖》中釋「蘻」爲「析子孫」，不釋爲「人形」，則《圖》中所釋，非吕氏原有明甚。余謂吕氏作《考古圖》。但詳器之出土、收藏、形製諸端，而不爲考釋，其文字别依韻編次附諸後，即《釋文》也。然古文奇字，人多不識，趙九成者殆取《考古圖》之書，即銘識之下，附以釋文，間用己意，故於吕原書多不合也。《籀史》稱趙氏之書爲《吕氏考古圖釋》，可見其書專爲釋圖而作也。趙氏書出較吕原書便於繙閲，故當時頗盛行，李邴序《嘯堂集古録》謂「吕大臨、趙九成二家《考古圖》」，即謂吕氏之圖，與趙氏之釋也。吕書有趙釋後，其原有之《釋文》反晦，王楚、薛尚功等《篆韻》踵出，而吕書更形其簡略，故後人往往但刻《圖》而不及《釋文》。然不知何緣於《圖》中所釋，削去趙氏之名，於是趙氏所釋，易於認爲吕之原有，而吕氏之《釋文》，反爲翁氏誤認爲趙作矣。吕氏《考古圖》有功於古器物學，前人已言之，至其《釋文》爲金文字彙之首創者，其條例，其考釋，均有可采者，有功於古文字學頗鉅，而湮没不彰，且誤爲趙作，是不可不辨也。

趙氏身世不詳，惟李邴《嘯堂集古録序》已及之，《嘯堂》之集當在南宋初年，則趙氏當是北宋末年人也。容氏逕定其爲南宋時人，又據陸心源説謂其作《續考古圖》，皆誤也。

續考古圖之作者

《續考古圖》之作者，舊佚其名氏。《四庫總目提要》謂其書在紹興三十二年之後，乃後人續吕書，而非吕作，其説甚是。陸心源刊本序據《嘯堂集古録序》謂爲趙九成所作，則誤也。余按此書作者當爲楊氏，据書中所稱，其姪有克中、克一，克一當即楊克一，著《古今印格》者，其時代正合。按克一爲張文潛外孫，其父爲楊補之，則此書作者殆爲補之之弟也。惜其名尚無可考耳。

《管子》奇字

《兵法篇》「舉韓章則載食而駕」，尹注：「韓，韜也。謂韜其章而舉之，則載其所食而駕行矣。」王念孫云：「韓本作皋，……今本作韓者，因韜字而誤加韋耳。《白帖》五十八引此已誤。考《說文》、《玉篇》、《廣韻》，皆無韓字，唯《集韻》云『櫜或作韓』，則爲俗本《管子》所惑也。」按尹、王二說俱誤，韓即韓字，古皋、睪多亂。《玉篇》、《廣韻》固俱有韓字也。此處疑假爲皋雞之皋。《周書·王會解》「文翰若皋雞」，注「鳥有文彩者。皋雞，似鳧，冀州謂之澤特」是也。《管子》所云九章，除日、月外，龍、虎、鳥、蛇、鵲、狼，皆取生物之形以爲旗常之章，不應於舉韓章解爲韜其章以舉之，甚易明也。

《大匡篇》：「⿱斬衣領而刎頸者不絕。」尹注：「⿱斬衣謂掣斷之也。」丁士涵云：「⿱斬衣折之俗字。」按丁說誤。毛公鼎、番生𣪘、彔白𣪘、師兑𣪘、吳尊等均有⿱斬衣字，作⿱斬衣、⿱斬衣、⿱沂衣等形，是古有此字也。金文從斬蓋即後世之斬字，以古文東車形近也。（故陳變爲陣）折首即斬首，⿱斬衣領猶云斬領矣。

《侈靡篇》：「鴅然若謞之靜。」俞樾謂「鴅乃鶱字之誤，篆文穴字與隸書肉字相似，因改爲鴅矣。」今按其說殊誤。鴅字當從鳥丹聲，漢鄭季宣殘碑「虞放鵃□」誤從舟，月、丹、舟並易混也。《虞書》驩兜，《隸古定本尚書》作鴅吺，《玉篇》：「鴅，人面鳥喙。」《廣韻》同。《廣韻》又作⿰月曷，云「⿰月曷兜，四凶名」，則譌鳥爲曷矣。近出沈子它𣪘亦有鴅字。

同篇「必從是嚚亡乎？」注：「則國從是嚚敗而亡乎，嚚即奥字也。」嚚、奥兩字並無考。洪頤煊疑喪之僞，非是。宋翔鳳謂假爲《說文》訓「相敗」之儡，甚是。然謂即𤼴字，亦非也。嚚乃嚚字之譌，古缶或作㕣，與合相近。嚚即《說文》之𤼴，爲櫑之籀文，奥殆櫐之譌耳。

《地員篇》：「陞山白壤十八施。」陞字字書所無，疑陘之譌，巠或書作坙，誤作坙，又失上畫耳。上文「赤壤𡏬山」，孫詒讓讀爲磝，引《釋名》「山多小石曰磝」爲證，甚是。此曰陘山，《說文》「陘山絕坎也」，其義正合。

同篇：「猶土之次曰五壯。」宋本作「五弘」，元本作「壯」，按當從元本，唐人寫本爿旁似弓，因而傳譌耳。宋本作弘，乃臆改。宋翔鳳謂爲弦字之譌，亦非。《淮南子·地形訓》：「壯土之氣，御于赤天。」許注：「壯土，南方之土也。」

《臣乘馬篇》：「陰凍釋而秇稷。」秇宋本作杌。今按本當作枘，見卜辭，藝之本字也。

《山權數篇》：「民之能樹瓜瓠葷菜百果使蕃衺者。」衺宋本作育。洪頤煊云：「《玉篇》裕作衮，衮即衺字之譌。」甚是。金文衺或作衮，此由衮而誤也。裕、育聲近，宋本作育，殆別本也。

《地數篇》：「上有鉛者，其下有鉒銀，上有丹沙者，其下有鉒金。」俞樾云：「《玉篇》：『鉒送死人具也。』然則鉒銀鉒金，義不可通。疑當爲銋，《五音集韻》曰：『銋，堅金也。』」按俞說誤。鉒乃銋之誤字，銋通鋌，《說文》：「鋌，銅鐵樸也。」《淮南·脩務訓》「苗山之鋌」，許慎注同。此言上見鉛及丹沙者，下有金銀之樸也。

《輕重甲篇》：「彼十鈞之弩，不得⿱非東檄，不能自正，」王念孫云：「案《說文》、《玉篇》、《廣韻》、《集韻》，皆無⿱非東字，當是棐字之譌。《說文》曰：『棐，輔也。』」按王說甚是，然⿱非東當是棐之別體，非譌字也。卜辭、金文叙或作敹，是其證。《說文》有⿱壬木、⿱壬東二字，其實⿱壬東即⿱壬木字也。蓋古有二東字，一象囊橐之形，一象束木之意，而今混爲一矣。其象束木者，固可與木字相通假也。

同篇：「請以給其口食筒曲之彊。」洪頤煊云：「字書無筒字，《月令》『具曲植籧匡』《呂氏春秋》作篆，筒即篆之壞字。」按筒、篆不相似，無由致誤。洪說非是。筒當爲莆之誤，莆即薄字也。古艸竹往往不分，甫本作□，亦作□，蓋隸變作峝，脫誤爲冈耳。薄、曲皆蠶具，《說文》：「曲或說蠶薄也。」苗，蠶薄也。《史記·周勃世家》「勃以織曲薄爲生」，筒曲猶曲薄矣。《穆天子傳》數言「桂薑百峝」，峝，亦昔人所未識，今謂乃専字古文□之隸變，専讀爲縛，言桂薑百縛也，與此可互證。

《輕重戊篇》：「虙戲造作六□以迎陰陽。」《路史》引作六畫，莊述祖謂：「峇當作佱，古法字。」下文云：「周人之王，循六峇，合陰陽而天下化之。」戴望亦謂峇爲佱之誤，今按俱非也。□當爲旋字，卜辭金文並作旋，古文㫃或作□，故隸變作□，峇又□之譌也。六旋者六圜也。疑六爻古或畫爲六圜，故因以爲名也。

讀《晏子》

《晏子春秋問下》：「其竜久乎。」孫志祖《讀書脞録》，孫星衍《晏子音義》均謂竜不成字。《音義》据劉向《序》謂「章爲長，」疑爲長字，均誤。按竜即龍字，見《汗簡》，又《集韻》亦收爲龍字古文。又習見六朝及唐人碑誌，如董美人墓志之類，不得謂不成字也。竜讀爲能，聲之轉也，《左傳》昭公三年傳，正作「其能久乎」，可證。《天問》言鯀化爲黄熊，《國語》作黄能，而《歸藏啓筮》作黄龍，龍亦能聲之轉，與此正同。

讀《穆天子傳》

卷二「封膜晝于河水之陽以爲殷人主。」注「膜晝，人名。」按膜晝當是膜地之人名曰晝也。又云「□吾乃膜拜而受。」當是膜地之拜，猶云「胡服」「夷俟」也。郭注引「胡人禮佛，舉手加頭，稱南謨拜者」非其義也。又云：「至於黑水，西膜之所謂鴻鷺。」又云「爰有□木，西膜之所謂□」，又云「至于苦山，西膜之所謂茂苑」，卷四「爰有荅堇，西膜之所謂木禾」，又云「至于文山，西膜之所謂□，」是西膜之語言與中國異也。又云：「膜稷三十本。」注云：「稷粟也，膜未聞。」又云：「有模堇。」注云：「模堇，木名。」按模堇之模亦當作膜，謂膜産之稷與堇也，猶云胡秫、胡麻、胡椒、戎菽之類矣。按傳文西膜之地，當在河水之陽，流沙之濱，崑崙之側，當即《山海經・海内東經》所謂西胡，胡膜聲之轉。其地當在甘肅古浪一帶，詳余所作《崑崙所在考》。曰西胡，曰西膜，明别有東胡矣。

卷四「至于巨蒐之人，」巨蒐即《禹貢》之渠搜，其地當在漢朔方郡之渠搜縣也。

趙孟庎壺跋

趙孟庎壺凡二器，傳云十年前出於衛輝，今歸法人刻爾氏。器有兩耳作獸形。通體蟠虺紋，間以綯紋。蓋頂作華瓣形。銘在蓋口外緣，凡十九字，曰「禺邗王于黄池，爲趙孟庎，邗王之惕金，台爲祠器。」字體略長，筆法與戰國文字相近，得此足證羼羌鐘實爲春秋時器也。

「禺邗王于黄池」者，馬叔平先生（衡）云「禺當讀爲遇，」甚是。或以禺爲人名，或以禺邗王爲一名，皆非也。《春秋》「哀公十三年，夏，公會晉侯及吴子于黄池」，與此銘所述，當同時，邗王即吴王也。按經傳習見之吴國，其自稱曰工𠭯，（鐘銘）

攻敔，（劍銘）攻吳，（鑑銘）句吳，《史記》：「大伯之犇荆蠻，自號句吳。」皆聲之轉。疑吳字古或讀如孤，長言之則爲攻吳，猶邾之爲邾婁也。《漢書·貨殖傳》：「辟如戎翟之與于越。」王念孫《讀書雜志》謂于本作干，干越者吳越也，舉《墨子·兼愛》「以利荆、楚、干、越；」《莊子·刻意》「干、越之劍；」司馬彪注「干，吳也。」《荀子·勸學》「干、越、夷、貉之子」；楊倞注。「干，越猶言吳越。」《淮南·原道》「干、越生葛絺」高誘注：「干，吳也。」爲證，甚是。俞樾據《管子·内業》言「吳、干戰」，及《說文》：「邗，國也。一曰，邗本屬吳。」以爲：「邗古國名，後爲吳邑。古書言干越者當從國名之本訓，不得因其後爲吳邑而即訓爲吳。」今按俞說非是。吳干之戰，見《管子·小問》，遠在齊桓以前。《左傳》哀公九年：「吳城邗，溝通江淮。」是邗已爲吳邑也。此器作於哀公十三年以後而稱邗王，則必非古邗國而爲吳王無疑。是干越仍當從舊說爲吳越，此銘可爲鐵證也。邗雖古國，而吳之稱邗，與之無關。蓋邗爲攻吳之合音，今音寒，古當讀如干。猶鄒爲邾婁之合音也。時人據典册則稱之爲吳，據方音則稱之爲邗，後人不知邗之即吳，故往往改干越爲于越矣。

「爲趙孟庎」者，作器者自述也。庎字舊不識，今按從广從□，戰國時人字作□，故知□爲介也。庎字《說文》所無，當是疥之異文，《方言》《廣雅》俱有疥字，古□□二形往往通用也，《集韻》有庎字，似是唐以後新字。此當借爲擯介之介。趙孟即趙鞅，簡子鞅亦稱趙孟，見《左傳》哀公二年。黄池之會，有單平公、晉定公、吳王夫差，及魯哀公，而趙鞅與於會，具見《左傳》。度事先趙鞅嘗見吳王，故立介也。「邗王之愓金，台爲祠器」者，愓讀爲錫，台讀爲以，作器之人爲趙孟之介以見吳王，吳王錫之金，因以爲祠器也。作器者不見主名，於商或周初，時或見之，此春秋時器而不稱名，實變例也。

此銘文詞簡潔，器之花紋，字之書法，亦俱臻上品，且與史迹有關，流徙國外，殊可惋惜。慕陵先生參加倫敦中國藝展，手拓此銘以歸，屬余考之，因爲跋。民國二十六年二月秀水唐蘭。

古文字之字母式排列

中國文字之以兩部分以上組合者，大抵作方形，上下左右，位置適宜。然古文字有例外者，故宮博物院藏父辛鼎文云「乍父辛寶隮彝亞□□。」亞字以下，佔三字之地位，《西清古鑑》四卷十二葉釋爲「亞，立戈形，執旂形，」殊可哂。余初不解，繼乃悟亞下實只一字，從牛從攴，即牧字也。《古鑑》四卷十葉父乙鼎亞□，合寫之，正是牧字，可證也。依此推之，《續殷文存》卷上六二葉之小子夫尊，末作，似三字者，亦只一字，父乙鼎有字，（見同書十二葉）可證也。更以推之冀字，前由所由誤釋爲析子孫者，亦正以作三部分，直下排列，有似三字耳。此例乃前人所從未道及者，爲頗有興味之問題也。

余意中國文字，由圖繪而進入音符之際，必曾經此種書法之一時期，今金文所見者，特彼時期所遺留之氏族徽號耳。假使中國文字循此途徑，則必成爲字母式文字，與埃及文字之變化相同。及組合爲方形，爲拚合之字母，受限制，遂成爲一種獨特之字體矣。

釋示宗及主

余夙疑示與主爲一字，於《殷契卜辭考釋》四十一葉曾論之曰：「《左襄二十四年傳》『以守宗祊，』宗即卜辭示壬示癸之示，而在室内者，亦即《史記》主壬、主癸之主也。」其後，陳夢家氏謂余示即主字，説殊新穎，因促其發表。旋在《文學年報》見其文曰：《祖廟與神主之起源》，所舉示、主一字之證凡六，而以一、三、六之三證爲至確。其第一證亦以《史記》卜辭互證。第三證據室即主字，主祏即宗祏，謂室宗一字而主即示也。第六證則以字形言之，謂卜辭示壬、示癸之示或作工，可變爲主，尤屬神悟。示主一字，於此可成定讞。

古示字讀若寘，《易》：「寘于叢棘，」寘或作示，是也。然則宗本從宀，示聲，而示之與主，宗之與室，皆一聲之轉也。《左傳》昭十八年云「主祏」，自即《説文》之「室祏」，而莊十四年謂之「宗祏」，金文作册卣謂之「石宗」，襄二十四年又謂之「宗祊」，明「主」「室」即「宗」，而「祏」「石」即「祊」也。按商時典祀，有祖與宗之別，自上甲以下，咸在宗廟，故卜辭均可稱示，如云：「自上甲廿示是也。」然上甲至報丁四人，所報祀者，乃祭於門内之祊，別爲石室以盛主，與其他之主異，故謂之祊，亦謂之祏。所謂石室者，猶云劍室，乃石龕也。卜辭祊字作若匚，即古方字，亦即石室之形，《鐵雲藏龜拾遺》一葉六片云：「貞弓㞢自囲二㔁。」㔁象神主在石室中之狀，以象意字聲化之例推之，當爲從示匚聲，即祊字也。然則祊祏屬於主宗，而又微別，故《左傳》每以兩者兼舉矣。

按商人所宗祀者，不僅先公先王也。卜辭所習見者婦稱示，如云「帚好示」，「帚妌示」之類，則宗婦也。羣臣亦稱示，如「邑示」，「羌陟示」，「小臣中示」之類，此如令簋云「用障史于皇宗」召伯虎簋云：「用亯于宗，」臣下之宗廟也。諸神祇亦稱示，如「雩示，」當即祭水旱之「雩宗，」而《簠室殷契徵文地望》三九片云「汅宗」者，即《穆天子傳》之河宗也。其於經傳，又有祭星之幽宗，有瞽宗，死爲樂祖而祭於瞽宗，殷學也。有宗布，《淮南・氾論訓》：「羿即天下之害，死爲宗布。」又《書》有岱宗。《山海經》有嶽崇之山，嶽崇者岳宗也。《左傳》魯地有庚宗，當如金文之丁宗，變爲地名耳。《書》曰：「禋于六宗，」則天神之屬也。然則古人所宗祀者甚繁，其祀典有專人司之，《漢書・郊祀志》所謂「能知四時犧牲，壇場上下氏姓所出者，以爲宗。」故《書》有秩宗，後世有「大宗」、「宗伯」、「宗正」等官矣。

蓋示及宗者，其先爲鬼神之總名，其後因人死之稱鬼，而別爲神字，神人，神鬼，俱相偶也。《書・微子》以神祇對稱，祇即示也。《周禮》則分爲天神，地示，人鬼矣。蓋神字爲示字所孳乳，示聲轉爲神，即於示旁增注申聲而爲神字耳。故《封禪書》云：「八神、一曰天主、二曰地主、三曰兵主、四曰陰主、五曰陽主、六曰月主、七曰日主、八曰四時主。」猶以主爲神，主即示也。《禮記・祭法》言禘、郊、祖、宗及天、地、時、寒、暑、日、月、星、水、旱四方之祭，而繼之曰：「山林、川谷、邱陵，能出雲爲風雨見怪物皆曰神，有天下者祭百神，諸侯在其地則祭之，亡其地則不祭。」又《山海經》及其他古書，所載山川之神甚多，皆地示也，而稱曰神，更可證神之即示也。

又按示與主者，本用木或石以擬鬼神而祭之，藏於廟謂之宗。引申之則謂同所祭之人爲宗，言其同一廟也。又謂主祭之人爲宗，亦謂爲主。《呂刑》：「禹平永土，主名山川。」《史記》「禹爲山川神主。」《詩》云：「百神爾主矣。」均謂爲山川之神之主也。《魯語》：「禹致羣神於會稽之山，……山川之靈，足以紀綱天下者，其守爲神，社稷之守者爲公侯，皆屬於王者，」韋昭注：「羣神謂主山川之君，爲羣神之主，故謂之神也。」蓋古者宗教與政治不分，國君祭其民人所崇信之神，往往自命爲神之子孫，如《穆天子傳》所載河宗氏爲河伯馮夷之裔而主其祭，是其例也。《魯語》以防風氏爲神，蓋汪芒氏之君而守封嵎之山，而《論語》記顓臾，先王以爲東蒙主，東蒙亦山名。明神即主，亦即宗也。引申之則如《穆天子傳》：「封膜晝於河水之陽，以爲殷人主。」「赤烏氏先出自周宗，大王亶父之始作西土，……封丌璧臣長季綽於春山之虱，……以爲周室主。」「天子乃封長肱於黑水之西河，……以爲周室主。」第以稱山川之君矣。

主在《春秋》以後，爲君人者之通稱，而陪臣之稱大夫亦曰主。如桓主，簡主之屬是也。童書業氏謂屭羌鐘：「厥辟韓宗」語爲可疑，以爲春秋時大夫稱主，而辟似只可用於王與國君也。（見《禹貢》七卷第一二三合期《齊長城考》所附《致張維華書》。）不知宗即主，韓宗猶云韓主也。夫宗主本國君之稱，如云河宗，東蒙主是也，萬乘主，社稷主，既可移之於大夫，則韓宗之可稱厥辟，可無疑已。

十四面匋瓊

古瓊余所見者四，簠齋、匋齋所藏皆漢時物，各十八面，銅製。余友商承祚氏得石瓊十四面，其文自一至十，而二十、三十、四十，空其一面，六國時物也。今歸于省吾氏。易縣陳雲瀛氏字子蓬，所藏古物甚富，頃以匋拓見貽，中有燕時匋瓊尤奇。凡十四面，亦空其一面，其文自一至十，而一、二重出，又有一面作□，不知何義也。古博經盡亡，其何以作十八面及十四面，亦無以考之。

繹内

董作賓氏謂卜辭作□者，有丙内二字，殊有特見，然丙内實一字也。卜辭□爲冏字，可證，又□□□三字，舊誤釋爲□□，殊不成字，今謂當釋爲汭肭□，亦其證也。肭字舊謂當作腩，以卜辭證之，則仍以從内爲是。

釋袎犳

我鼎（《貞松補遺》上十三葉）有□字，爲祭名，舊或釋爲神，或釋爲祀，皆非也。余讀《説文》，乃悟爲袎字，句實象勺形也。又鉨文有□字（《古鉨文字徵》附録十二）舊亦不識，余謂當是犳字。

禘郊祖宗報

《魯語》：「商人禘舜而祖契，郊冥而宗湯。」又云：「上甲微能帥契者也，商人報焉。」按此禘、郊、祖、宗、報五事，於卜辭蓋俱可徵。禘者禘其所自出之帝也，《魯語》禘舜爲禘嚳之誤，卜辭無嚳，王國維氏以夒當之，余謂夒於卜辭爲高祖，蓋即曹圉而非嚳也。卜辭於嚳蓋但稱帝，不稱其名。卜辭別有上帝，明帝爲嚳矣。卜辭亦無契，余謂當即太祖，蓋殷禮之宗既以太宗、中宗、高宗爲次，於祖自當以太祖、中祖、高祖爲次矣。《後編》上二十一葉六片云「癸卯，貞彭大圓于砃𠂤，伐……」砃𠂤地名，即《戩壽》十葉一片之「殸京」，大圓即太祖也。大豐𣪘云「王鄉大圓」，以大俎爲大祖，正與此合。近見楚王歓肯鎬，祖字作𥛜，尤可爲證。冥於卜辭，蓋當作㚷，即廮字，余所得一骨與唐並列，昔作《古史新證序》據以爲上甲微之別名，今知不然，廮冥一聲之轉，《天問》云「昏微遵迹」，昏亦當是冥也。郊冥宗湯，故㚷唐並列。又《簠室殷契徵文·天象》四四片「貞烄㚷㞢从雨」；烄㚷當即郊冥也。宗湯者，卜辭之示壬、示癸，示即宗也，在湯之前，而太甲稱太宗，在湯之後，則湯之用宗典可知也。余疑卜辭之大乙、大丁、大甲、大庚、大戊皆大宗也，中丁，中宗也。《尚書》家說及《史記》以大戊爲中宗，而卜辭有中宗祖乙，王國維氏據《御覽》引《竹書紀年》亦以祖乙爲中宗，因謂太戊說爲誤。余謂兩說似並不誤。商時祖宗之祀，當有升遷之制，如卜辭有高祖夒及高祖王亥，然又有高祖乙，說者或謂爲報乙，或謂爲大乙，要之爲由宗祊升爲高祖者也。然則商時之中宗當不只一人，初以大戊爲中宗，其後升爲大宗，則改稱大戊矣。中丁之稱中，自以繼爲中宗之故，而祖乙殆又繼中丁爲中宗者也。至於報即祊祭，則余於《殷栔卜辭考釋》及上《釋示宗及主》篇內已詳之矣。

載《考古社刊》第六期第三一五至三三四頁一九三七年。
其中《〈考古圖釋文〉與〈考古圖釋〉》《趙孟疥壺跋》又收入
《唐蘭先生金文論集》紫禁城出版社一九九五年十月。

唐蘭啓事

年來習於疏散學業荒蕪報載在古學院研究金石云云實未與聞特此聲明。

《新民報》一九三八年三月十五日第一版。

智君子鑑考

智君子鑑，二器，河南輝縣出土，今夏或携至北平輔仁大學。余以胡魯士、沈兼士兩先生之介紹，得作數度之觀察，並召工拓其器銘。器爲圓形之鑑，高〇・二二四公尺，圈足高〇・〇二三公尺，徑〇・四三公尺，脣寬〇・〇一五五公尺。有四耳，耳上着獸面形，其兩耳貫以扁平之環。器之通體作蟠虺紋，於虺身復施以精緻之回紋。項腹及底，間以綯紋。器脣及環之平面，均爲較簡單之蟠虺紋。器脣之外側爲貫貝紋。於獸面上復飾以髮紋。器之外表遍布緑鏽，而腹内則晶瑩如鏡。腹有銘一行六字，曰：「智君子之弄鑑」，弄字下垂兩筆，頗似後世所謂薤葉篆。兩器形製花紋俱同，唯銘文與環耳之位置有殊，其一之銘文與有環之耳相值，其别一器則與無環之耳相當，殆製器者有意錯綜之也。同時出土者，聞尚有尊之屬五六器，惜言之者不能詳，其出土情形，亦無由知悉。

鑑者古代用以鑑容盛水，余在《晉公锥盦考釋》中曾有詳晰之解釋。〔一〕銘曰「智君子之弄鑑」者，《説文》「弄，玩也」，《楚語》「若夫白珩先王之玩也」，是玩有珍寶之意。器銘之稱弄者，如：天尹鈴云「天尹作元弄」，〔二〕杕氏壺云「盧以爲弄壺」，〔三〕鳥尊云「作弄鳥」，〔四〕蓋皆指寶物之足以供玩賞者，異於尋常服用，暨祭器明器之類也。徐中舒氏謂獵器即古代之弄器。〔五〕然有獵圖諸器僅一杕氏壺有銘辭而稱爲弄壺，而其他稱弄者皆無獵圖，其關係，似難遽行斷定也。智君子者，智君之子也。古人作器，好稱述其祖父之名，如吴季子之子，命瓜君孠子之類，而君子一詞，與王子公子同例，不可以爲人名，故知其當爲智君之子也。

余初見此器，讀其銘辭，即疑此智君與周季晉之智伯，有若干之關係。但以此銘過於簡質，難爲進一步之推測，故未敢輕易決定。然以此類偉大之工藝美術，見之者不論愛好古物與否，莫不傾賞。其在當時，必王公貴卿，具敵國之富，始能窮奢極侈，作此類重器，以充玩賞。吾人摩挲其器，不禁聯想及於攻吴王夫差之大鑑，而感覺此雙鑑之故主，亦必爲歷史上之一有名人物也。

沈兼士先生欲余撰一短文，以研究此二器之時代。余初則思及美國華盛頓弗里爾陳列館所藏之狩獵圖鑑，其形製與此正同，唯四耳各有一環爲小異耳。徐中舒氏於《古代狩獵圖象考》中稱爲四耳獵盂，而定爲公元前三世紀之物。徐氏所持之理由，蓋以其器外作狩獵圖而内作鳧魚龜等之浮雕形，與李峪所出殘盤之浮雕類似，認爲同期作品。李峪者法人王尼克L. Wannieck所誤稱爲歸化城者也。歸化既遠在雲中以北，故此類銅器遂被定爲趙武靈王拓地雲中以後矣。据今日所知，則王氏之説，實爲謷言，此類銅器之出土地，乃渾源而非歸化。渾源於古當爲代地，在春秋末年，代即已强大稱王，至戰國初爲趙氏所滅，而封其支子爲代君，則其地當公元前五——四世紀之間，已有極高之文化矣。李峪器中有少盧劍二具，爲吾人今日所知之惟一有銘識者。〔六〕其銘謂「玄鏐鏄呂」，則春秋時之習語也。曰「朕余名之」，朕余猶叔夷鐘之余朕，叔夷鐘當齊靈公時，固春秋中葉之器也。然則李峪銅器羣之時代，至遲當在春秋末年或戰國初年，徐氏之説，已當加以修正，若歐陸學者所稱爲秦器者，更不足一顧也。按狩獵圖鑑之浮雕，既與彼羣中之殘盤相同，而此二鑑又與狩獵圖鑑之形製相同，如此輾轉系聯，此二鑑固亦可定爲春秋戰國間器矣。

趙孟疥壺

由於花紋，余更思及法人刻爾兄弟所藏之趙孟疥壺，在蟠虺之中，界以綯紋，與此二器相似。趙孟疥壺者，余曾作一跋語，〔七〕由於其銘文所載史實，極爲明確，故甚易考定其爲晉吳會于黄池後，（公元前四八二年）晉趙鞅介所作。今据以推測此二器之時代，其去黄池之役，當必不甚遠也。至于其文字及書法，亦可定爲春秋戰國間之作品。

就銘辭觀之，本無歷史之事實，可資考證。所足以注意者，唯智君一名而已，考彝器多有稱君者，除天君及女子之稱君若君夫人者外，如：鼄君鐘、〔八〕黄君段、〔九〕邛君婦龢壺、〔一〇〕樊君鬲、〔一一〕番君鬲、〔一二〕番君召鼎及簠、〔一三〕交君子叕鼎及簠、〔一四〕匽君鼎及盉、〔一五〕[illegible]君壺、〔一六〕萬君盂、〔一七〕[illegible]君簠、〔一八〕趞君壺、〔一九〕亯君壺、〔二〇〕中義君𩰫、〔二一〕堋夜君鼎、〔二二〕纕宓君鎣、〔二三〕武坪君鐘、〔二四〕有白君匜、〔二五〕[illegible]汈君鼎、〔二六〕等，其上均當爲國或封邑之名，是智君之智，亦必國邑之名也。此二器由器形花紋文字諸方面之比較，既可定爲春秋戰國間物，在此期間内，可以當之者，正唯晉之智氏耳。

此二器出土於輝縣，與智地無關。《史記·魏世家》正義引《括地志》云「故智城在蒲州虞鄉縣西北四十里，《古今地名》

云『解縣有智城』，蓋謂此也」，是智氏故邑，當在今山西虞鄉縣矣。然古代寶器，時有流徙，攻吴王鑑出於山西代縣，即古器不必出土於原地之證。輝縣於七國時屬魏，智氏之器，頗有出於魏地之可能，蓋三家分智氏封邑之時，未必不分其寶器也。

考智氏出於荀首，荀林父之弟，以食邑於智，别爲智氏，是爲智莊子。生武子罃，罃生莊子朔，朔生悼子盈，盈生文子櫟，櫟生宣子申，申生襄子瑶，〔二七〕瑶即於貞定王十六年（公元前四五三年）爲三家所敗，殺於鑿臺之上者。其明年，晉大夫智開率其邑人奔秦，更四年，晉大夫智伯寬率其邑人奔秦，〔二八〕智宗遂滅。然則智氏凡有七世，此智君者，不知其何世也。抑古書之稱智氏者，曰智伯，此猶中行氏之稱中行伯，趙氏之稱趙孟也。或曰智子，則大夫之通稱也。顧未有稱以君者。且終春秋之世，列國之卿大夫，亦未聞有稱君者，則此智君之爲智氏，又若可疑矣。

於此，余當先論及别一問題，即驫羌鐘之時代是也。驫羌鐘發現後，余與吴其昌、劉節、徐中舒及珂羅堀倫 Bernhard Karlgren 諸氏，先後爲之考釋，〔二九〕均以銘中有「達征秦，迮齊，入長城，先會于平陰」等語，與《左傳》襄公十八年晉伐齊平陰之役相類，遂謂爲一事。襄十八年，周靈王之十七年也，故以銘文之廿又再祀，〔三〇〕爲靈王二十二年，（公元前五五〇年）然伐齊與作鐘之年既不合，家臣而稱其主爲辟，亦信如童書業氏所疑，爲春秋時所不宜有。〔三一〕又襄十八之役，不僅晉之一國，即以晉言，六卿同在行中，趙武、韓起同將上軍，此時縱有韓氏家臣，其身分當甚微末，不應「賞于韓宗，令于晉公，昭于天子」，有如此煊赫之聲勢，此吾人考核之疏也。郭沫若氏於《金文叢考》及《金文續考》力駁靈王之説，獨據《六國表》安王二十二年三晉有伐齊之事，以爲即作鐘之年。（公元前三八〇年）然安王之時，王家者久已受命爲諸侯矣。而鐘銘尚稱韓宗，此足證其必在未侯以前者。郭氏於此殆未注意，因謂韓宗爲韓君，不知公若侯固未有稱以宗者也。温廷敬氏駁斥諸説，而據《水經注》二十六《汶水注》所引《竹書》「晉烈公十二年，王命韓景子、趙烈子、翟員伐齊，入長城」，以爲十二年乃十六年之誤，以晉烈公之十六年當周威烈王之二十二年，爲作鐘銘之歲（公元前四〇四年）。〔三二〕依余近來之意見，温氏所定之威烈王二十二年，確即作鐘之年，勝於靈王安王之説，唯輕改《竹書》之文，是其疏失，尚須加以修正耳。蓋《史記·六國表》與《竹書》本多齟齬，温氏引《竹書》而以《六國表》之晉烈公紀年推之，自不能合，因而竄改其年數，則不能使人無疑矣。

余考《水經·瓠子河注》引《竹書》：「晉烈公十一年，田悼子卒，田布殺其大夫公孫孫，公孫會以廩邱叛于趙。田布圍廩邱，翟角、趙孔屑、韓師救廩邱，及田布戰于龍澤，田師敗逋。」《史記·田敬仲世家》索隱則引《紀年》：「宣公五十一年公孫會以廩邱叛於趙。」此二書所引，本是一事，惟《水經注》依《紀年》用晉烈公之年，而索隱則以《田齊世家》之故，改用齊宣公之年耳。然正因此參差，吾人可藉以窺見《紀年》之舊，其烈公之年，當與《六國表》不同。齊宣公之五十一年，威烈王之二十一年也，在《六國表》，是爲晉烈公十五年，於《竹書》爲十一年，然則《竹書》所記烈公十二年伐齊入長城之事，正當於威烈王之二十二年，與鐘銘所紀符合。當是時，晉衰，反朝韓、趙、魏之君，〔三三〕故韓氏得稱爲辟。然猶未立爲諸侯，故僅曰韓宗。且既以王命伐齊，則又無怪於以家臣而「昭于天子」矣。《紀年》本晉史，多得其實，此其一證也。按烈公十一年翟角趙孔屑韓師救廩邱，翟角與翟員疑是一人，角、員字形相近，是亦三家之師同出者。救廩邱者以齊人來圍之故，則十二年王命伐齊之役，殆即前事之報復耳，更明年（公元前四〇三年）而三家被命爲諸侯矣。三家之立，雖爲大夫强盛過其主之必然結果，然亦不能突然產生，其被命者，殆旌其伐齊之功與？然則伐齊之役，在當時所繫甚鉅，故驫氏伐其勳而銘鐘也。

驫羌鐘時代之論辨，於兹可告一段落矣。鐘之發現地在洛陽太倉，其附近出土之古器物甚多，懷履光主教Rt. Reu. Bishop William C. White曾作詳細之調查，著有《洛陽古城古墓考》。Lombs of old Lo-Ynag 其間最可注意者，當爲所謂韓君之器。懷氏既因此而謂此類古墓爲韓君墓，劉節氏承之，謂爲戰國末葉韓國君主之古墓郭沫若氏沿之，〔三四〕則謂爲韓國君臣所合葬之處。〔三五〕余初亦未加深切之注意，嘗由智君而聯想及於韓君，以爲必有若干之關係，及細考之則大爲失望。蓋所謂刻有韓君字者，實一豆銘，其字作[glyph]，極詭異，以古鈢[glyph]字推之，疑是事字。尚有一器爲殘盤，上有今君二字，其上字不甚明晰，然下半從子則可確定。〔三六〕要之，均非從㫃從旱之韓字也。然則韓君云者，實無其器，但以懷氏等先受驫羌鐘銘韓宗之暗示，見字之略相近者，漫然定之，而未嘗深考也。

器銘既非韓君，則所謂韓君墓及其類似之説，均失其根據矣。按此類古墓中之重要發現，尚有命瓜君孠子壺，其字形與此二鑑頗相似。郭沫若謂命瓜即令狐，誠屬至當。然其謂「作器者蓋韓之宗室或家臣，封於令狐而歸葬洛陽」，則未免造次。〔三七〕蓋銘文中本未透露作者與韓氏之關係，郭説僅以所謂韓墓之説爲根據而參以想像者也。其謂令狐在戰國時屬於韓尤爲大錯。河東安邑一帶，在戰國時實屬於魏，韓之宗室家臣，安能遥封於魏邑哉。

余考春秋時有令狐氏，其先出自魏氏。魏犨之子，可考者三人，曰魏錡，别爲吕氏；曰魏顆，别爲令狐氏；曰魏絳，爲魏氏。〔三八〕魏顆之子曰魏頡，則《晉語》七所謂令狐文子也。頡以後，世系不明。然令狐之邦，與安邑接壤，安邑者魏絳所居也。魏氏既日以强盛，其族人封邑，當不致驟更他氏。後世言氏族者，於令狐必推本於顆，未聞其别有所祖，則魏頡之後，其世祚當頗綿遠也。

令狐君孠子壺之銘文，除十年四月之紀時外，無歷史之事實，可供吾人之探索。以形製言，兩側有穿鼻形之環，當遠在趙孟庎壺（公元四八二年後）以兩獸爲耳者之後，然其書法則尚饒古拙之風，如隹字、家字等頗與晉公𥂴盦相近，（公元前五一一——四七五年）較之驫羌鐘（公元前四〇四年）之尚新體者爲早。參互以觀之，殆當爲貞定王、考王、威烈王等時代之作品也。（貞定王十年當公元前四五九年，考王十年當四三一年，威烈王十年當四一六年。）當此之時，三家尚未爲侯，晉室猶擁虚位，則所謂令狐君者，當尚是晉之大夫也。太倉諸墓之發現，本爲私人盜掘，未用科學方法，事後調查，難盡得其真相。今以壺銘及驫羌鐘考之，則與其謂爲韓墓，毋寧視爲晉墓較爲得也。郭沫若氏謂壺與驫羌鐘之年代相去不遠，則亦安王時器，而又謂爲戰國初年之器，亦不能合，安王之時實已是戰國中葉矣。郭氏考戰國器之時代，往往失之過後，如陳騂壺，其初定爲齊襄王五年（公元前二七九年），〔三九〕其致張政烺書已改定爲定王五年（公元前四五八年）。〔四〇〕令狐君孠子壺之時代，則隨驫羌鐘而誤者。其所抑後，雖不過二三十年，然此時期内歷史上實有鉅大之變化，即三晉、田齊相繼受命，而七雄之形勢成矣。郭氏於系列金文，頗具卓識，惟余意戰國與春秋，當加分畫，蓋戰國器於史實上之重要，較春秋器殆當過之，混而不分，於研究上未能謂爲盡善也。

令狐君嗣子壺銘之書法，與此雙鑑，頗相似，令狐君既當爲晉大夫令狐氏，則此智君，必爲晉卿智氏，可無疑矣。按智氏之當春秋末季者，爲智文子躒，始於《左傳》昭公九年，至定公十四年尚在，其卒不知何時。躒生宣子申，其名見於《國語》，而未詳其事，蓋智躒既没，趙鞅爲政，智申之地位不甚重要也。申生襄子瑶，始見於《左傳》哀公二十三年，已入戰國矣。〔四一〕襄子死後，其後嗣或其近族，雖尚有智果、智開、智伯寬諸人，然智宗既覆，别氏奔秦，自不遑再作重器，則作監之智君，當以文子至襄子三世爲最可能也。

考殷虚卜辭，君字之義，與尹字同。周初猶承用此義。《易·師》之九二曰「王三錫命」，而上六曰「大君有命」，明大君非王也。金文習見天君，即大君，而天尹鈴及作册大鼎並作天尹，即大尹也。春秋時宋尚有大尹，當是其遺制矣。作册大鼎曰「鼄（鑄）武王成王異鼎」，當在康王時器，而曰「揚皇天尹大保宮」，此天尹而兼大保者必爲召公奭，然則《周書》、《君奭》、《君陳》、《君牙》諸篇之稱君，亦即尹也。〔四二〕《曲禮》云「君大夫之子不敢自稱曰余小子」，鄭玄曰「辟天子之子未除喪之名，君大夫天子大夫有土地者」，按《曲禮下》文云大夫士之子，則此君大夫爲天子之大夫可知。是君本王臣之稱也。若君臣之對稱，殆別有所起，《虞夏書》及《商書》俱未見君字，而《周書》頗習見，如邦君、冢君，君子之屬是。《康誥》曰「亦惟君惟長」，《顧命》曰「昔君文王武王」，似爲元首之通稱，或周民族之故言與？春秋之季，諸侯之大夫强盛擅權，僭竊名位，或不稱子而稱主，如晉趙莊子之爲莊主（公元前六百年左右）是也。其臣子之稱之，或曰主君。然猶未見稱爲君也。至於戰國則大夫可封其宗族爲君，如趙襄子封兄子爲代成君是也。（公元四七六年後）及三晉田齊相繼受命，更自稱爲王，則孟嘗、平原之流，不可勝計，而昔之稱公若侯者，反多自貶而稱君矣。然則大夫之稱爲君，當即在春秋戰國之交，其爲襲王臣之稱，或由國君之稱所推衍，雖不可知，而由主爲君，爲進一步之僭竊，固無可疑也。

君之名號既起于戰國，則作鑑者殆智襄子與？瑶之初爲政也，勝齊，圍鄭，晉之諸卿，皆出其下，固可作此類重器，以供玩賞。且由於形製花紋書法諸方面之推測，此亦爲最適宜之時期也。瑶有太子曰顔，見《衛策》，又《秦本紀》智開，《史記》正義謂是智伯子，不知何据。銘文謂智君子，亦不能定爲何人。然古人或爲子鑄器，郭沫若氏謂子禾子釜乃田莊子爲其子田禾所作，子陳騂壺乃田惠子爲其子陳騂所作，[四三]至確，則此或即襄子所作者，故不復舉其子名也。

然則此器之作，當在公元前四七二年至四五二年之間。較趙孟庎壺（公元前四八二年後）當略後，蓋花紋雖同，而君之名號爲新出也。較之令狐君孠子壺（公元前四五九—四一六年）則當略先，蓋字形雖同，此器獸面連環之耳，尚早於壺之穿鼻爲環也。至於驫羌鐘（公元前四〇四年）則當尤後，由字體書法已可區別矣。趙孟庎壺與驫羌鐘之年代，既可確定，則此與令狐君孠子壺介於其間，此所假定之時代，大致當無差舛矣。

智伯瑶與吴王夫差時代相接，其行事雖異，要皆一世之雄，豪侈之主，於今世俱有鑑之流傳，殊爲巧合，夫鑑者所以鑑形，引而申之，爲鑒戒之意。若吴之爲封豕長蛇，薦食上國，而不虞勾踐之沼，智伯謂「我不爲難，誰敢興之」，而不知韓魏之君，肘足接於車上，是則所謂「天奪之鑒而益之疾也」。古器流傳，多有裨於史事之考訂。然如此類，使人迴環舊事，增無窮之感喟，又豈僅考訂而已哉。

〔一〕北京大學《國學季刊》四卷一號。

〔二〕《雙劍誃吉金圖録》上卷一葉。

〔三〕《蔡元培先生六十五歲慶祝論文集》。

〔四〕《藝術類徵》。

〔五〕同注〔三〕。
〔六〕《兩周金文辭大系圖録》二十七葉。
〔七〕莊嚴氏曾影印《考古》第六期三二五葉轉載余跋文。
〔八〕《貞松堂集古遺文》一卷三葉。
〔九〕同上五卷三十五葉，原名堇同毁，誤。
〔一〇〕《攈古録》二之一卷七十五葉。
〔一一〕《夢郼艸堂吉金圖續編》八葉。
〔一二〕《愙齋集古録》十七卷十二葉。
〔一三〕《積古齋款識》四卷十三葉及《愙齋》十五卷十四葉等。
〔一四〕《貞松》三卷三葉及六卷廿八葉。
〔一五〕《積古》四卷四葉及《攈古》二之二卷廿葉。
〔一六〕故宫博物院藏器。
〔一七〕孫詒讓藏器。
〔一八〕《貞松》六卷廿四葉。
〔一九〕同上七卷廿五葉。
〔二〇〕同上補遺上册六葉。
〔二一〕《小校經閣金文》七卷卅六葉。
〔二二〕《愙齋》五卷廿二葉。
〔二三〕《攈古》二之二卷十二葉。
〔二四〕同上十四卷廿一葉。
〔二五〕《綴遺齋款識》十四卷十四葉。
〔二六〕《薛氏款識》九卷。
〔二七〕參考《史記・趙世家》索隱引《世本》。 櫟或作躒，申或作甲。
〔二八〕並見《史記・六國表》。
〔二九〕吴劉二文見《北平圖書館館刊》五卷六號，余文見同刊六卷一號　徐氏有《驫氏編鐘圖釋》，珂氏文見The Bulletin of the Museum fo Far Eastern

Antiquities No. 6。

〔三〇〕吴其昌氏釋再爲商，讀爲三，非是。

〔三一〕《禹貢》七卷一四七葉。

〔三二〕《中山大學史學專刊》一卷一期。

〔三三〕見《史記·晉世家》。

〔三四〕《北平圖書館館刊》七卷一號。

〔三五〕《金文續考》嗣子壺。

〔三六〕豆見《洛陽古城古墓考》一〇九圖，盤見同書一四三圖，其銘文並有摹本。又《北平圖書館館刊》七卷一號插圖亦有拓本。

〔三七〕《雒陽古城古墓考》一五三圖，《金文續考》嗣子壺。

〔三八〕據杜預《春秋釋例》，若依《史記》，則絳爲犨孫，中有悼子一世。

〔三九〕《金文續考》二葉。

〔四〇〕潛社《史學論叢》二册。

〔四一〕春秋與戰國之區畫，昔人頗有異同。余意以獲麟之明年爲戰國之始。

〔四二〕其後有尹氏，見《詩》及《春秋》，隱三年尹氏卒，《左傳》本作君氏，附會爲隱公母聲子，非也。

〔四三〕潛社《史學論叢》二册。

智君子鑑一

智君子鑑二

智君子鑑銘文一

智君子鑑銘文二

載輔仁大學《輔仁學誌》第七卷第一第二合期第一〇一至一一二頁一九三八年十二月。

又《唐蘭先生金文論集》第四五至五二頁紫禁城出版社一九九五年十月。

未有謚法以前的「易名」制度

當謚法還没有發生的時候，古人已有過一種易名的方法了。夏朝的第十三、十四兩君，叫做胤甲和孔甲，第十七君就是最後一代的桀，叫做履癸。在同時期裏，商人的祖先，上甲、報乙、報丙、報丁、主壬、主癸六世，更是很整齊地用十日的名來做稱號。接着下去，商湯被稱爲大乙，一直到亡國時的紂，叫受辛，紂的兒子禄父叫武庚，商的一朝，簡直没有例外。繼承商代的周民族，早年也還常見，像矢彝的父丁，史獸鼎的父庚等，到中葉以後，才漸漸消失。

因爲這一種制度，在夏的後期開始，到周初就消滅了，商朝是最盛行的時期，所以前人往往誤認爲商所獨有的。斷銅器年代時，一見銘文有祖甲父乙就定做商器的風氣，現在還頗盛行。有些人更把它當做商人的名字。爲什麽用這些日名做名字呢？《史記·殷本紀》索隱引皇甫謐説：

> 微字上甲，其母以甲日生故也。商家生子，以日爲名。蓋自微始。

這是生日説，此説所最難解釋的一點是上甲到示癸六代的生日，何以恰恰是甲、乙、丙、丁和壬癸，都是連屬的日子。王静安先生以爲這六代是成湯以後的追名。但既是追名，爲什麽不索性用甲、乙、丙、丁、戊、己呢？

何況上甲名微，大乙名湯，受辛名紂，他們自有名字。由卜辭、金文來看，凡祖、妣、父、母、兄都用日名，因爲這都是被祭的，换句話，他們在貞卜時是已死的。而妻一定稱姓，如帚姘，子一定稱名，如子漁，因爲都是生存的。子下用日名的是很少的例外，大概是有繼承資格而比父輩先死的事實不很習見的緣故。那末，用日名做稱號，必定是死後的事情，用生日來稱他們是不必要的，也是不可能的。

另外有一説，是董彦堂先生所提出的死日説，在他的《甲骨文斷代研究例》裏面曾講到過，據云「將别有説」。這和生日説有類似的一點，就是對於上甲以下六代的整齊畫一，很難解釋。董氏説：「成湯以來，以日干爲名，已成慣例。至於成湯以前，先世忌日已不甚可考，武丁乃以十干之首尾名此六世。」雖是這樣説，我們仍然要懷疑：（一）所謂成湯前六世之廟，還是成湯時立呢，還是武丁時才立？假如成湯時已立，六世的名字早該有了，何必等到把先世的忌日都忘了的十代以後的武丁才去追名呢？（二）假如武丁才立成湯時所應立的六廟，那末，再加上湯以後的宗廟，應該有多少座宗廟呢？（三）假如武丁時並不立湯所應立的六廟，而只是追名，那末爲什麽不把玄王勤商以後的十四世統通追名，而只名此六世呢？

姑且把這一點放開，死日説的成立，還有一個絶大的難關。據説夏桀是乙卯日死的而叫做履癸，商紂是甲子日亡的而叫做受辛。前説出於《禮記·檀弓》注，難免於單文孤證。後説是《牧誓》《漢書·律曆志》所引《武成》、《逸周書·世俘解》和《商誓解》、《周語》、《吕氏春秋》、《史記》等書所同有，是無法推翻的證據。那末，紂的叫做受辛，和死日截然不相干。有人説「或者紂是辛日死的，到甲日周人才知道」，但是周兵在癸亥夜裏才到牧野，紂何至於早兩天就尋死呢？

《史記》索隱引譙周説，以爲「死稱廟主曰甲」，這是比較近理的，可惜毫無根據，我在《卜辭時代的文學和卜辭文學》一文裏，曾主張過這種稱號是由祭日來的。因爲在銅器裏面，殷末以後，常看見祖日乙、祖日庚一類的稱號，比以前加上一個日字。史喜鼎説「史喜作朕文考翟祭，厥日惟乙」，尤可以證明日乙、日庚是祭的日子。王静安先生説：「殷之祭先，率以其所名之日祭之。祭名甲者用甲日，祭名乙者用乙日，此卜辭之通例也。」

他所舉的事實是大家公認的，但是倒果爲因，我們要替他修正一下，就該説：「用甲日祭者名甲，用乙日祭者名乙。」

關於上甲六世，我以爲本是從甲至癸十人，其所以得名，是由於一天挨一天的祭禮，其中戊己庚辛四人，是後世闕而不祀的。這種闕而不祀的制度，在卜辭裏還可以看到，像上甲六世的只祭上甲，羌甲妻的只有一見，都可以證明商人的祭典，常有變更，所祭祀的人鬼如被認爲不重要時，便可淘汰。商代兄弟相繼承，戊、己、庚、辛應當是報丁或示壬的兄弟，後來只祭父子相承的六世，就把他們删除了。如大丁的弟兄有外丙、仲壬，大庚的弟兄有沃丁，大戊的弟兄有小甲、雍己，但在重要祭禮裏，只有大丁、大庚、大戊，那末，在上甲到示癸的先公裏略去四人是不足奇的。

由卜辭裏，我們可以看到商人每天都在祭祀。有幾張單子記着由上甲以下按順序祭祖先的日子。雖然，這已有若干空隙，例如丁日祭祖丁了，壬日祭示壬，跳了四天，祭日祭示癸，乙日祭大乙，又間了一天。但我們可以想到這些空隙，原來是不空的。《楚語》說：「古者先王日祭，月享，時類，歲祀。」《周語》說：「日祭，月祀，時享，歲貢，終王。」《漢書韋元成傳》引劉歆說：「祖禰則日祭。」《五經異義》引古《春秋左氏》說：「日祭於祖考。」又說：「叔孫通宗廟有日祭之禮」，可見古人是每天祭祀的。商人於祖考以下的新鬼，排日祭祀，新鬼逐漸增多，以前的新鬼變爲故鬼時，就得淘汰一下，許多的空隙是由此造成的。

有人懷疑到這種空闕似乎太多，由上甲到文丁廿一世，見於《史記》只有三十五人，要是這些人的稱號，用一天捱一天的祭日來排比，至少得一百二三十天，也就有一百二三十人，這些將近三倍的人到那裏去了。我以爲這是很容易解釋的。因爲殷制是兄弟相繼的，所以王族近支中有許多男子可以有繼承王位的資格，這種人的死後，也就有被祭的資格，孝己並没有繼位，卜辭裏照樣被祭。商人的祭法，祖父兄弟子侄是一輩，妣母又是一輩。在廿一世裏的王族近支的男子，總數只有這些，平均起來，每代只有六人左右，還能說多嗎？

假如在一旬内所祭的祖先，都是不重要的，在較大的祭禮裏，當然可把他們删除，而把下旬所應祭的人提前。從現在所知的王族的稱號排出一張祭日表時，可以知道大乙前還有一個叫甲的人，但祭上甲時，就只把大甲去配了。大戊、仲丁中間，有小甲和雍己，可推見至少尚有十六人，但在若干祭日表裏，中間只隔了八天。由此可見卜辭裏的祭日表的總日數，不能代表商王族近支男丁的總數。就是從他們的稱號所排出來的表，也未必就包括無餘，那末，二十一世裏的王族近支男子，或者還不止一百二三十人吧。

要想在史書或卜辭裏把許多的人名找出，當然是做不到的，因爲這裏面没有玉牒，但是《史記》裏固然有許多人在卜辭中没有發現，卜辭也有些人像小乙、且戊、咸戊等，是《史記》所没有的。這些在空隙裏的祖先，也未必完全是永久的空隙吧。

這種易名制度，和崇拜祖先有關，尤其是那時代的祭法和兄弟繼承制，都是有關聯的。在兄弟繼承制裏，每一個兄弟子侄都有繼承的可能，因之他們都可被祭，但在每一代裏面，儘管有好幾個兄弟繼承過，却只能有一個被認爲真正的繼承者。所以從上甲到文丁二十一代裏，有許多人從祭典中被擯斥了。這還是曾經繼承過的，那實際上未繼承過的而又没有聲譽功績的人，被祭的時間，當然更短促，是無疑的。所以被祭的人，雖隨世代而增多，可由祭日而列成很長的一張表，而淘汰的結果，每代只祭一個人，二十一代就只祭二十一人。此種祭法和周以後嫡子繼承制的祭法，是不同的。所以到了西周中葉，謚法發生，這種易名的制度隨着兄弟繼承制和那時代的祭法同時消滅了。

載《中央日報·讀書副刊》新一號一九三九年十月八日。

關於歲星

一　開始注意歲星行動的時期

古書裏的歲星就是現在所謂木星，太陽系行星裏最大的一個。它差不多十二年一周，在天體的十二次裏，每經過一個次的時候，約是一歲，所以古人把它叫做歲或歲星。《說文》：「歲，木星也」，許叔重把木星當做歲的本義，後人承襲他的錯誤，往往把年歲的意義，反認爲後起。只有徐灝的《說文段注箋》說：

造曆之始，因日月之會，斗杓之建，以定十二次，於是攝提格諸名立焉，斗杓轉徧則寒暑一終。是爲一歲，而木星適行一次，因謂之歲星，歲之名非由星起也。《堯典》曰「以閏月定四時成歲」，此歲之本義。

我們看卜辭裏已有「今歲」，正是年祀的意義，可是徐說是很精覈的。我們不能確實地知道古代天文家開始注意到歲星的行動，是在那一個時期。據《左傳》昭公八年「顓頊氏以歲在鶉火而滅」，但這種晚出的傳說，不一定是可靠的。《庫方二氏藏甲骨卜辭》第一〇二二片有「太歲」的字樣（這是胡厚宣先生找到後告訴我的），雖則太歲和歲星不同，但它的名稱的起源，大概是由歲星而再引申的。古人說一歲，本是太陽一周，照現在的說法，是地球繞日一週。天文家把周天分做十二次，又叫做十二辰，借子丑寅卯等十二字來代表它。這十二辰本是日躔斗建的目標。一個辰約略相當於一個月，本和歲名、日名、時名無關，後人見歲星十二年一周，每年差不多經過一辰，和日躔斗建有相近的地方，就借用了歲的名字。又見星左轉，日右行，斗建是子丑寅卯順序下去的，日月所會却相反。歲星也是右行的，和日躔一樣。由是想到地上有一個神秘的東西和斗建一樣是順行的，而歲星是逆行的。這神秘的東西，就叫做太歲。太是大的意思，這是説一個大的歲包括了十二個歲，等於一歲包括了十二個辰。所以説太歲左行，歲星右轉。這個理想的太歲，沒有關於歲星的知識是不會發生的。那末，卜辭裏雖還沒有發現歲星的記載，而僅僅有「弜又于大歲萃」一辭，假使它的意義，確和後來所用的一樣，我們就可以説商代已經有歲星的觀測了。

理想中的左行的大歲，是借用子丑寅卯來紀的。右轉的歲星和日躔一樣，從丑子亥戌倒數過來，所以采用另外一種名稱，如下：

析木＝寅　大火＝卯　壽星＝辰　鶉尾＝巳
鶉火＝午　鶉首＝未　實沈＝申　大梁＝酉
降婁＝戌　娵訾＝亥　玄枵＝子　星紀＝丑

這些名稱都是有意義的，像大火是「日永星火」的火，鶉首、鶉火、鶉尾合起來是鳥形，就是「日中星鳥」的鳥，降婁裏面有婁宿。玄枵的枵是虛耗的意思，所以代表虛宿。尤其可注意的是丑的叫星紀。夏正建寅，丑是十二月，所以《月令》裏季冬之月説：

是月也，日窮于次，月窮于紀，星回于天，數將幾終，歲且更始。

從斗建看來，丑是最後一月，但從日躔説，冬至日月會於星紀，又是最先的一辰。古人在曆數裏常用紀字，所以稱丑爲星紀和斗杓指攝提稱爲攝提格用以代表寅是一樣的。《爾雅・釋天》：「星紀斗牽牛也」，孫炎注：「星紀，日月五星之所終始也，故謂之星紀」（《左傳》襄廿八年正義引），可見星紀這名稱是有意用以區別别的辰而代表天體裏一個終點和起點的。

這些異名裏，像實沈是應該屬於别一類的。因爲這是一個星的神祇的名字。《左傳》昭公十一年説：「歲在豕韋」，豕韋是商代的諸侯，這裏用做娵訾的異名。昭公十年說：「歲在顓頊之虚」，這是玄枵的異名。又説：「戊子，逢公以登」。《周語》也説：「我皇妣太姜之姪，伯陵之後，逢公之所憑神也」，逢公是殷末的諸侯。豕韋、顓頊和逢公，都是這些星的神祇。《左傳》昭公元年説：

昔高辛氏有二子，伯曰閼伯，季曰實沈，居於林，曠不相能也，日尋干戈，以相征討。后帝不臧，遷閼伯于商丘，主辰，商人是因，故辰爲商星。遷實沈于大夏，主參，唐人是因，以服事夏商。

襄公九年説：

古之火正，或食於心，或食於咮，以出内火。

是故咮爲鶉火，心爲大火。陶唐氏之火正閼伯居商邱，祀大火而火紀時焉。相土因之，故商主大火。

在這兩節星的神話裏，實沈是夏民族的代表，大火是商民族的代表，星的參商，代表兩個民族間的仇恨，這故事大概不是商以後的東西。

十二辰在古代恐怕還有許多神話，和西方的十二宫一樣，可惜保存下來的太少了。由現在的材料裏，我們可以知道和殷民族有很多的關係，或者這些異名，就發生在殷代，也未可知。

古人以爲星是有分野的，所以除顓頊之虚外，《左傳》昭公十七年説：「宋大辰之虚」，《晉語》説：「實沈之虚，晉人是居」，稱做虚，顯然是代表了一個國家或一種民族，由此，自然可以産生許多占候的方術來預言某地某族的吉凶，而那些術士在研究月行星孛的時候，也就狠容易獲到五星行動的經驗。所以天體分十二辰，雖則由日躔斗建而起，久而久之，就産生了用歲星卜占的方法。子丑寅卯，本只是斗所指的十二辰，但在卜辭裏已假借來配十日成爲六十甲子，可見天體十二辰的分畫，是狠古遠的事情。我們如果根據這一點來假定商代已注意到歲星的行動，大概是不會錯誤的。

二 《左傳國語》裏的歲星

歲星的見於記載，却是狠晚的事情。除了《左傳》《國語》而外，較古的書籍裏没有提到過。《左傳》襄公九年（公元前五六四）説：

> 晉侯以公宴於河上，問公年，季武子對曰：「會於沙隨之歲，寡君以生。」晉侯曰：「十二年矣，是謂一終，一星終也。」

所謂一星就是歲星。同年，晉侯問士弱：「吾聞之，宋災於是乎知有天道，何故？」士弱的回答，是「商主大火，……商人閲其禍敗之釁，必始於火，是以曰有天道也。」孔穎達正義説：「不知爾時宋有何失而致此災。」案襄公十八年（公元前五五五）董叔説「天道多在西北」，杜預注：「歲在豕韋，月又建亥，故曰多在西北。」那末，晉侯士弱所説的天道，大概是指歲星。考襄公二十八年（公元前五四五）梓慎説：「歲在星紀而淫於玄枵」，裨竈又説：「歲棄其次而旅於明年之次，以害鳥帑，周、楚惡之。」杜預注：「歲星棄星紀之次，客在玄枵，歲星所在，其國有福，失次於此，禍衝在南，南爲朱鳥，鳥尾曰帑，鶉火鶉尾，周楚之分。」据杜預的解釋，裨竈的占法，本於六衝，玄枵子，鶉火午，所以相衝。昭公八年史趙説：「陳顓頊之族也，歲在鶉火，是以卒滅，陳將如之。今在析木之津，猶將復由。」顓頊之虚是玄枵子，到鶉火午相衝，占法正同。照此法推襄九年太歲丁酉，歲星應該在實沈，前一年在大梁。宋災在九年春，那時歲星或者留滞，或者逆行，還在大梁，大梁是酉，禍衝於西，西爲大火，大火是卯，宋的分野。從宋災而知有天道，大概是根據這個占法。

明顯地記載歲星的占事，在《左傳》裏從襄廿八年到昭三十二年的三十六年裏有七處。（一）就是襄廿八年梓慎裨竈所説的「歲在星紀而淫於玄枵。」（二）襄三十年（公元前五四三）傳文追溯襄十九年鄭國子蟜死的時候「歲在降婁」，裨竈預言伯有「猶可以終歲，歲不及此次也已。」這年伯有亡，「歲在娵訾之口，其明年乃及降婁。」（三）就是昭八年（公元前五三四）史趙所説的話。（四）昭九年（公元前五三三）裨竈説「五年陳將復封，封五十二年而遂亡。」爲什麽封五十二年呢？他對子産説：「歲五及鶉火而後陳卒亡、楚克有之、天之道也。」這年歲在星紀，五年，歲在大梁。從大梁起五十二年五及鶉火，是哀公十七年（公元前四七八），這年楚滅陳。（五）昭十年（公元前五三二）裨竈説「歲在顓頊之虚。」（六）昭十一年（公元前五三一）萇弘説「歲在豕韋」。又説：「歲及大梁，蔡復楚凶，天之道也。」歲及大梁是十三年壬申。（七）昭三十二年（公元前五一〇）吳始伐越。史墨説：「不及四十年，越其有吳乎？越得歲而吳伐之，必受其凶。」漢儒据分野的説法，越得歲是歲在星紀。但依《左傳》通例説，這年應在析木，還没有到星紀，所以劉歆服虔都用超辰法來解釋。越滅吳在哀公二十二年（公元前四七三），從此年起算，計三十八年。

《國語》裏關於歲星的記載有三事。《周語》伶州鳩對景王説「武王伐殷，歲在鶉火。」是魯昭公二十一年的事情。《晉語》兩條，都是重耳出奔時的故事。當僖公十六年（公元前六四四）重耳過五鹿乞食而野人給他土塊時，子犯説：「歲在壽星及鶉尾，其有此土乎？天以命矣。復於壽星，必獲諸侯，天之道也。」到僖廿三年（公元前六三七）將入國時，董因説：「歲在大梁，將集天行。元年始受實沈之星也。」又追溯他在僖五年出奔的時候，説「君之行歲在大火。」

除了晉侯説一星終的一條外，《左》、《國》兩書所記有十二條，都和歲星所在的辰次有關。這裏面只有武王伐殷，歲在鶉火，是追述古史，其餘都應該是當時的現象。現在列表如下：

時代	太歲	歲星所在
紀元前六五五＝魯僖公五年	丙寅	大火＝卯
六四四＝十六年	丁丑	壽星＝辰
六三七＝廿三年	甲申	大梁＝酉
六三六＝廿四年	乙酉	實沈＝申
五六四＝襄公九年	丁酉	大梁＝酉？
五五五＝十八年	丙午	娵訾＝亥？
五五四＝十九年	丁未	降婁＝戌
五四五＝廿八年	丙辰	玄枵＝子

五四三＝三十年　戊午　娵訾＝亥
五三四＝昭公八年　丁卯　析木＝寅
五三三＝九年　戊辰　星紀＝丑
五三二＝十年　己巳　玄枵＝子
五三一＝十一年　庚午　娵訾＝亥
五二九＝十三年　壬申　大梁＝酉
五一〇＝三十二年　辛卯　星紀＝丑？
四七八＝哀公十七年　癸亥　鶉火＝午

這裏襄九年較普通遲一次，襄廿八年和昭三十年都快一次，其餘太歲歲星間的關係如下表：

太歲	**歲星**	**太歲**	**歲星**	**太歲**	**歲星**
寅	卯	午	亥	戌	未
卯	寅	未	戌	亥	午
辰	丑	申	酉	子	巳
巳	子	酉	申	丑	辰

我們可以看見從公元前六五五到四七八年的二百八十八年裏面，歲星所在的辰，大致没有變動，這是狠可怪的。木星的周期是一一・八六年，在十二年裏行遍十二辰後，還超出百分年之十四，所以七周之後，就差不多超出一辰了。本來是太歲在寅，歲星在卯，超一辰就變爲太歲在寅，歲星也在寅。可是在這兩書裏却違反了這個自然的法則。《漢書・律曆志》、《世經》説：「三十二年歲在星計，距辛亥百四十五歲，盈一次矣。」《三統曆》誤認歲星是一百四十四年超一辰，所以劉歆以爲從僖五年辛亥（應是丙寅。《三統曆》太歲也超辰，所以不同），到昭公三十二年，盈一次，超析木而入星紀。服虔《左傳注》：「有事於武宮之歲，龍度天門」，又把昭公十五年認爲超辰的期限。其實昭三十二年傳文只説「越得歲」，不一定便

是星紀。即使真是歲在星紀，也和襄二十八年的「歲在星紀而淫於玄枵」的現象一樣，爲什麼不説在襄二十八年超辰呢？何況在昭公九年裨竈的預言裏明明指出公元前四七八年是歲在鶉火，可見尚未超辰。用《三統曆》超辰法的人，要附合僖五年的在大火，而又限於一百四十四的年數，就不得不把滅陳時的證據抹殺了。

如果我們仔細分析一下，在這些可怪的材料裏，實包藏着一個狠大的漏洞。歲星的運行，本是自然的現象，和人事一無關涉，這班占星家怎麽能從星的行動來作預言，每言必中，而且能推到四五十年以後呢？他們的方法，不外由重要事情的重演和周期，星的所在所衝的分野等，組合成一個幻想的系統。應驗的機會本不很多，那種靈驗到絲毫不可移動的預言，還是靠事後的裝點和渲染。那末，裨竈等所作陳亡的預言，一定是公元前四七八年楚滅陳以後的傳説。而史墨預言越滅吴，也一定是公元前四七三年吴亡後的傅會。《左傳》在最後的一葉裏講到知伯的滅亡，它的成書總在公元前四五三年以後，《國語》也差不多。那末，關於歲星的這些故事，一定是那時流行的傳説，就是歲星所在的辰次，也都是根據當時的現象來附合的，所以前後一百八九十年就没有變動過。假如我們認爲公元前五一〇年以前的真的記録那就上當了。

此外，在這些傳説裏有四點狠可注意。（一）晉有七事，鄭四事，周二事，魯一事。可以看見這種占星術流行的區域。也可以想見《左》《國》裏晉人的傳説較多。（二）除了《晉語》有僖公時兩條，其餘全集中在襄昭時期。我以爲《晉語》裏重耳的故事是較後而且單獨發生的，它所講大辰「后稷所相，唐叔是封」，和《左傳》不合。（三）裨竈的話最多，他是傳説中最重要的偶像。（四）常説到天道或天之道也，這是占星家的一個主要觀念。

總之，《左》《國》兩書所載的歲星，大抵根據戰國初占星家的傳説。和用歲星來紀年不同。只有《周語》説「武王伐殷，歲在鶉火」，是太歲在寅歲星在戌時的現象，或者是較古的傳説的遺留。至於用曆法的眼光來看歲星，大概是戰國末年的事情了。

載《中央日報·讀書副刊》第二號一九三九年十月二九日。

說井

一

《孟子·盡心》說：「人非水火不生活，昏暮叩人之門户，求水火，無弗與者，至足矣。」這一節話的意思，説水火是最容易得到的，不過事實上有時並不如此。火的發明，在文化史上占狠重要的一頁，野蠻人在没有會取火以前，只有保存着火種，不讓它熄滅。假如一不小心而把火滅了，只有到别處去借，否則他們就要感到莫大的困難了，水，似乎没有像火那樣的難題，它是可以由人們隨意取用的。但在「旱既太甚」的時候，和離水源太遠的地方，也常會因没有水而感到痛苦。關於前者，最初的人們除了求雨以外，没有别的法子可想。後者有時可用人工來補救，像穿井鑿渠之類。

古代人類，因爲用水的關係，多住在川流近處。自從發明了穿井取水的方法，許多離水源較遠的地方也可以定居了。居住地域的擴大，對於文化的發展，有密切的聯繫，所以穿井取水的發明，其重要正不亞於鑽木取火。

人們怎麼會想到穿井呢？在我國古書裏對於一切發明，照例要推而歸之於聖人。井的起源有兩種説法，陸德明《經典釋文》在《周易》的井卦裏引《周書説》：「黄帝穿井」，又引《世本》説：「化益作井」，宋衷云：「化益，伯益也。堯臣。」是兼舉兩説的。可是像《吕氏春秋·勿躬篇》説：「伯益作井。」《淮南子·本經訓》説：「伯益作井而龍登玄雲，神棲崑崙。」《説文解字》説：「古者伯益初作井。」大都集中在伯益身上，足見後説是較流行的。

但在别的傳説裏，像擊壤歌説：「鑿井而飲，耕田而食。」《孟子·萬章》説到瞽叟使舜完廩浚井。假如這些傳説可信的話，井就該在伯益以前就有。因爲舜浚井是他少年時的事情，益則是幫禹治水，而且後來做禹的繼承者，年紀要比舜小得多。

如果我們把這些傳説擱起，關於井的起源的推測，我想至少還有一條路可走，——而且是比較可靠的路，那就是文字學。

二

井字的寫法，兩横兩直，由甲骨金文到木版鉛字，從篆文到楷書，没有狠大的變動。只有西周中葉以後，有些彝銘，在中間加上一點，小篆也沿襲這種寫法，可是到了隸書裏，却又空了。

《説文》是以小篆爲本的，所以把井字的形體，解釋做「象構韓形，甕之象也。」許氏所説的韓，就是《莊子》等書裏的井幹，他自己解做井垣，後世稱爲井闌。在井闌裏面有一個汲水的甕，所以王筠《説文釋例》説：「此字本是汲井。」但把一點來象甕，畢竟是太玄虚了，所以孔廣居《説文疑疑》説：「井象井闌，象井窟。許氏謂象甕，疑非。」于鬯《説文職墨》，更進一步，索性把井象井闌也推翻了。他分成兩字，説無點的，井是井田之井，有點的丼是丼竈之井。可是把一點來象井窟，也只是難以證明的假想。只有林義光《文源》的説法，「凡古文中空者多注點其中，非必象甕也。」是無可非議的。在文字演變的慣例中，有些字時而中空，時而注點，所以注點者，只是字形的一種文飾而已。

縱二横二的井，究竟象井闌呢？還是象井田呢？我以爲都不像，象形字是原始時代的圖畫蜕變而成，鑿地取水的井，當然是用以防止人墜井中的井欄要早的多，至於井田，只是周以後的制度，這都不是古人所能取象的。

三

《説文》井字的訓義是「八家一井」。有人解釋做井田，有人解釋做八家共汲一井。自然，解釋做井竈之井，比井田之井，來得合理些。但終究也是由後起的井田制度引申出來，決不是井字的初義。章太炎《文始》説：「尋井以地中水穴爲本義，其鑿地爲窗如采丹井者亦井也，井田乃以同井爲名耳。作井雖始伯益，然丹井陷阱自倉頡時已有之，故初文有井。」他雖然沿襲了伯益造井，倉頡造字，同井爲井田，許多不可靠的説法，但能推翻井田説，而把地中水穴爲本義，又把丹井陷阱也歸入井内，這已是勝前人一籌了。

我以爲井的本義，只是陷阱。井字兩横兩縱，就是像陷阱上的構架形。古人因穿地爲阱，發現有些地方，可以取水，才有井的發明。專爲取水而鑿的井，在原始時期還没有，所以原始的井字，只象陷阱。

四

《説文》："阱，陷也。從𨸏，從井，井亦聲。穽，阱或從穴。汬，古文阱，從水。"玄應《一切經音義》引"阱，大陷也"。桂馥《説文義證》説："陷當爲臽，臽小阱也，故阱爲大臽。"

按井、阱一字，《易》井卦初六"井泥不食，舊井无禽"，舊井便是舊阱。阱是井的孳乳字，和臽孳乳作陷正同，從𨸏旁指明陷阱在山林中。阱的或體作穽，指示陷阱的穿穴，猶臽的孳乳作窞。古文作汬，指示陷阱中有水，猶臽的孳乳作淊。阱、穽、汬三形，都以井爲主體，可見井即是陷阱。

五

《説文》："𣪠，坑也。從𣦼，從井，井亦聲。"慧苑《華嚴經音義下》説："穽籀文作阱、𣪠。"徐灝《説文段注箋》説："𣪠與阱同。"

按卜辭有𣪠字，見《鐵雲藏龜》百五二葉三片，輯集卜辭文字的書像《殷虚文字類編》、《甲骨學文字篇》及近出《甲骨文編》均失收。𣪠象𣦼在井中，即𣪠字。𣦼字《説文》解爲"列骨之殘。"其實是獸頭骨形，可見所在的井是陷阱。

卜辭有丼字，象人在井中，商承祚説是囚字，丁山説是死字，字形既都不合，甲骨文又自有囚、死兩字。我以爲這是刑的本字。《殷虚書契》六卷五葉第一片和《殷契佚存》八百五十片的丼字，人形都寫在井的上面，作𠔁。古文字的演變，常把在上面的偏旁挪到旁邊，變成方塊，以免字形過長。而人形在古時最易和刀形相混以致錯誤，像侄字的誤爲到，𡕢字的誤爲釁之類的例很多，所以併字就變成了刑字了。到字後來更衍成倒字，所以刑字也衍成侀字。

卜辭的刑字，是人在井中，和臽字本象人在凵中一樣，凵象阬坎形，所以這井形也一定是陷阱。《漢書・谷永傳》：「又以掖庭獄大爲亂阱。」顔師古注：「穿地爲阬阱以拘繫人也。」《楚辭・九歎》：「慶忌囚于阱室兮。」注：「阱，深陷也。」是古時有把人放在陷阱裏的一種刑罰。所以刑有罰辠的意義，引申出來，有刑殺的意義。

六

《説文》：「㓝，罰辠也。從井，從刀。《易》曰，井法也。井亦聲。」案《周易》没有「井法也」的話。徐鍇《説文繫傳・通論》説：「於文，刀井爲刑，井者法也。《易》曰改邑不改井。或曰，井者井田也。」他在「井者法也」一句不引《易》，而且舉另一説，以井爲井田，似乎這不僅不是《易經》的話，并且不是《説文》的話。

《説文》只説「從井從刀」，本是狠含混的。《春秋元命包》説：「㓝字從刀從井，井以飲人，人入井爭水，陷於泉，以刀守之，割其情，欲人畏慎以全命也。」誠然是「謬語」，但既從刀從井而把井解釋做法，和刀守井田的説法，也未見得言之不謬。張文虎《舒藝室隨筆》説：「井字古借爲阱字，從井從刀，謂人自陷於刑也。」把井當陷阱講，這一點是值得稱許的。

《説文》：「刑，剄也。從刀开聲。」和從井的㓝字不同。學者們認爲從开是刑殺的刑，從井是刑法的刑。隸書裏兩字没有分别。林義光《文源》説：「开非聲。刑訓爲剄，即㓝之引申義。蓋本同字，井譌开，復譌爲开耳。㓝刑兩地同名，不當分爲兩字，形從开聲，實亦作形也。」這是狠對的。《説文》㓝從开，金文正從井。

刑字小篆從刀，西周末葉的散盤已這樣寫，所以生出刀守井的怪説。其實所從的刀是人形的誤體。

七

《説文》：「刱，造法刱業也。從井，刅聲。讀若創。」刃字，《説文》：「傷也。從刃從一。」林義光説：「古作，從刀，××象傷痕。」

按刱字即是刑的異文，卜辭裏説到某人刑，某人不刑，刑字就應當讀作刱解釋作創傷。金文□字即是《説文》㓝字古文所從的刅，也就是小篆的刅。在金文裏和刱字都用做荆楚的荆，而《説文》的荆字正從刑，可證明刑和刱本是一字。由此更可以推見刅也是從人而不從刀，作□或作刅，都象人的手足被刑棘所創傷。還可以推見刑字本象人墮落陷阱而受創傷，後來因爲專用在刑罰一義，所以把創傷一義改從刅聲而作刱。徐灝説「從井無義，疑當從刑省」，不知道如果要説從刑省，必定要先有從刅又從刑不省的寫法才行，而這是不成字的，其實井只是陷阱。

八

卜辭有□字，或作⿱鹿凶，或作⿱鹿井。《説文》没有，商承祚釋做阱，説是「井上獸形，其從凵者，亦象陷井形」。按⿱鹿井象麇在井。凵象坎形，是剖面，井是凵的平面，所以通用，正像人在凵爲㠯，在井爲刑。丹字與井字形近而混。

這字的意義，顯然和陷阱有關，但不能直釋做阱。卜辭裏，這是用陷阱來禽麇的專字。《殷虚書契後編》卷下四十一葉十二片説：「丙戌卜，王，⿱鹿井，禽，允禽三百又卌八。」⿱鹿井字包括阱麇二字。

九

卜辭有⿴井爿字，象井中有爿，爿是牀的本字。或作⿴井人，象井中有人倚牀。用後來的篆文寫，當作□和□。《説文》没有，前人也没有説。我以爲是□的古文，猶刱的通創。井裏可以放下牀，這顯然是阱室，和普通的陷阱不同，但總還是由陷阱衍變而成的。

一〇

由井字和與井有關的字的研究，我們可以確定取水的井的前身是陷阱。傳説裏的「伯益作井」，也許就因爲他主鳥獸的緣故，陷阱用以禦禽獸，有間道可以進去，所以古時的井正像《元命包》所説「人入井爭水」，是可以進去的。《莊子·天下篇》「漢陰丈人鑿隧而入井，抱甕而出灌」，可以知道古時井中有隧道。所以瞽叟使舜浚井從而揜之，舜却從旁處出來了。

初期的井本是偶然的發見。《山海經》有天井，「夏有水，冬竭」，這不是真正的井。穿地而得到清洌的寒泉，這不是容易遇的事情，所以只要有水的地方，各處都來汲水，就可成爲交易貨物的中心，就是所謂市井。後來漸漸懂得鑿井了，但還只貴族家能有。《易經》說：「改邑不改井，无喪无得，往來井井，汔至，亦未繘井，羸其瓶，凶。」這是說《易》雖邑移而井在原處，汲井的人，往來井井，可見那時的井還是難得，到周秦以後，「後邑鑿井能作牀」，有錢的人家，大都可以鑿一口井，門户井竈同是宅舍的一部，而桔橰鹿盧之類就盛行以代「抱甕而灌」。由於井口小鑿得深，也就要用井欄來防護了。

載《中央日報·讀書副刊》第八號一九三九年十二月十七日。

一九四〇

讀新出殷虚文字學書六種(一)

近年所出殷虚文字學書甚多,如(一)《殷栔萃編》録劉體智所藏甲骨之一部分。(郭沫若著,五册,定價二十元,日本出版。)(二)《甲骨文録》録河南博物館所藏之一部分。(詳後)(三)《天壤閣甲骨文存》録王懿榮舊藏之墨拓。(唐蘭著,二册,定價五元,北平輔仁大學出版。)(四)《鐵雲藏龜零拾》録劉鶚舊藏之一部分。(五)《殷栔遺珠》録日本人六家所藏。(並詳後)此皆影印拓本,並附考釋者。(六)《七家所藏甲骨卜辭》。(*Seven Collections* 一九三八年紐約出版)(七)《金璋所藏甲骨卜辭》。(詳後)則並據方法斂氏Frant H. Chalfant摹本影印,僅有材料而無説。(八)《甲骨地名通檢》,與(九)《殷虚書契續編校記》。(詳後)則均爲工具書。

以上九種,除《殷栔萃編》因需討論之問題甚多,擬另爲一文外。《天壤閣甲骨文存》爲筆者自著,本刊第四期已有魏建功先生評語。《七家所藏甲骨卜辭》尚未見,故此文所述。僅六種。

一《甲骨文録》

孫海波編　民國二十六年《河南通志》館出版《河南通志·文物志》

單行本　二册定價國幣十元

民國十八年冬及十九年春,河南省政府派人在安陽採掘甲骨,所得約三千六百版,藏於開封之河南民族博物館。二十年關百益氏主持館事時輯爲《殷虚文字存真》,二十二年館中研究員許敬參氏所著之《殷虚文字存真第一集考釋》出版。

以後關氏去職，適《河南通志》館議立《文物志》，孫海波氏因於三千六百板中選得九百三十，輯爲是書。今讀孫氏序，於關、許之書不及一字，不知何故，又謂采集甲骨爲十五年事，則誤記也。按關輯本爲拓本，每集百板，售至五十元，時已出至八集，而流傳不廣。許書即以關輯本爲根據，加以考釋而付石印者，定價五元，惜僅一集而止。孫氏此書雖亦僅館中所藏之四分之一，據云係選録其最精萃者。開封淪陷後，此批材料，不知無恙否？在目前能考見此一批之内容大概，僅有此書矣。書之出版，已在平津淪陷後數月，作者傳布材料之熱忱，有足多者。定價不高，亦可稱許。惜所用珂羅版爲所謂濕版，較之用乾版□晒者，印費之所省頗微，而拓本往往不甚真確，非計之得者。所録第五八九片云「貞，乎王族先。」乎者呼也，使王族先也。先字在關輯第一集中極明晰，而孫本此字之上半模糊，其考釋遂作人字。此不知爲甲骨拓久損壞，抑孫書印刷之失也。關書重要材料不多而價太高，非寒士所欲備，往曾借閱於福開森氏，亦僅四集，去夏匆匆南來，未獲與孫書一一相勘而遽歸之，至今爲恨。

孫書頗注意於材料之分類，其例言中謂「所列程序，先干支、次天象、次卜貞、次世系、次征伐、次畋遊、次奇字」。大抵襲用王襄氏《簠室殷契徵文》之舊而較少地望、歲時、人名、典禮、雜事五類，先後次序亦微有移易。按如此分類，頗難適當。書中以「貞旬亡咎」、「貞今日亡咎」、「貞今夕亡咎」，一類日常占吉凶之卜辭，列於天象。王賓之禮，次於征伐。（如第六四八片）有疾與受年，屬於世系。（第五四七片）又如「癸巳卜王，在自⿱次衣卜」列於卜貞，（第一九〇片）而「壬午卜王，才且⿱次衣卜」，則列於畋遊。（第六八九片）其餘失次之例甚多，足證此方法之多缺點也。

關於材料之整理，孫氏似不甚注意，甲骨在埋藏土中之前即有斷折，出土時又難免破碎，拓墨或移動時又有分裂，故整理複合，實爲極重要之工作。書中孫氏所舉者僅第七九四片與七九五片，原爲一片。筆者匆匆讀此書一過，即見下列八例，皆可復合。

四四——五五　七五——七六　七九——八十　八七——九三

二〇〇——二二六　四〇三——四二四　五三四——五三五　七二五——七二六

爲孫氏所未及。此皆近而易見者，其他材料若加以精密之整理，當尚有之。即孫氏所棄而未録之二千餘片中，度亦必有零片斷字，可資連綴者。若干學者對於古器物尚取賞誤家之態度，只知選取其精粹，而於其他部分，不免忽略，實爲重大之錯誤，以科學研究當注意於全部，零星材料，苟能細心鉤稽，使之重完，爲即可爲重要珍貴之材料也。故我人對於材料，宜先加以細密之整理，經過整理後決定爲不重要之材料，自可不必傳布，否則不如將全部材料，不拘有用無用，盡印出之。庶不致有遺漏之虞也。又孫書第七二八片與第六五五片重出。

釋文一卷，略附按語。孫氏曾作《甲骨文編》，於文字致力甚勤，釋文自其所長。間有若干因粗心而致誤者，如：丁卯誤爲己卯，（三二片）邑誤兄，（二五七片）五十誤十五，（二六〇片）白牛誤百年，（三〇七片）田誤甲，（三五八片）令誤今，（三六二片）旅誤行，（四二二片）之日誤昔，（五二九片）甲午誤甲寅，（五五八片）牢誤爰，（五七七片）彶誤辰，（五七八片）王誤于，（六七八片）毋又誤亡尤，（八四四片）戊子誤壬子，（八九九片）之類。又有衍字，（如二九六片衍一王字）脱文，（如五四七片之脱凡字）誤入，（如六九八片以紀數之九字入卜辭）失出者，（如七七七片之字繫七七六片下）殆校寫疏忽之故。至若五六〇片㞢字釋爲之，六〇六片亥字釋爲人，七百片才字釋爲卜，則由甲骨殘損，墨拓模糊而誤認者也。

孫氏詮釋文字，大部分墨守羅、商之舊，於近年來各家新説，未能信從。如：㞢釋爲之而不從郭沫若釋爲有，𠬝釋爲求而不從郭説讀爲祟，故「有祟」仍讀爲「之求」。（如第六八片）汅字不從郭説釋河而以爲人名。（三六二片）雍己不從吴其昌説而仍以爲邕。（四八四片）新字（六七片）龜字（三〇三片）等均未用余説。即最習見卜人名之尹字，（二六片等）以伊字偏旁證之即可知者，亦未釋，未免矜慎太過。遵守師法，固自有其優點，惟若對異説深閉固拒，不假思索，轉足以阻礙學業之進境。孫氏書中於中丁釋爲仲丁，（二七片）且爲之説曰：「史記中丁卜辭作仲丁」，其實卜辭自作中不作仲也。又以中子爲仲巳，（三三九及三四〇片等）萑爲藋（五三九片）等，均失于泥。惟謂月、夕兩字形每相掍，而以董作賓所謂前期月作D，夕作，後期相反之説爲誤，則頗有見地。

甲骨所刻往往不止一辭，其次序當依卜日爲先後，孫氏未加注意，大都顛倒。（如四五片以壬午、庚辰、己卯爲序，即其一例。）卜辭多有通例，如：「貞毋又」蓋即「貞亡尤」之異文，毋、亡、又、尤聲相同。孫氏或讀爲「貞每又」，（八四六片）或釋爲「貞母□又」。（二八七片及三五二片）又「貞母㞢」言勿往也。孫氏或釋「貞每往」，（七三五片）或釋爲「貞每又往」，（七二五片）均失諦審。殘辭斷句，讀時尤宜詳慎。一一四片云：「□□卜喜貞翌辛亥□□目衣□□冓雨」。孫氏分爲兩辭，（甲）爲「冓雨目衣」，（乙）爲「辛亥卜喜」。又七一五片有二殘辭，一爲「壬辰卜貞今夕……」，一爲「……在𠂤㯳」，孫氏合爲一辭曰「貞今夕壬辰卜，㯳𠂤」。則俱失其辭義矣。

孫氏所附按語中有可以商榷者，如第四二片下云：「卜辭紀時，月三旬，旬十日，是每月三十日無大小建之分。月之始日必逢甲，終日必逢癸，此定制也。」此無證據，當爲甲骨所刻三旬六旬之表所誤。其實在最初曆法中既稱爲月，自必與月之晦、朔、盈、虧相合，若始甲終癸，則與月象參差，不應稱月。今若謂卜辭時代曆法尚未進步，則尤應用太陰曆無疑。本片丙申、丁酉、戊戌、己亥四日在十月，庚子、壬寅在十一月，而辛丑、癸卯仍爲十月，孫氏謂庚子、壬寅之十一月當爲十月之誤，余則以爲此兩十一月不誤，庚子即十一月之朔，而辛丑、癸卯下之十月乃誤説一字，蓋誤增爲偶然之事，不能兩辭俱同，而誤脱爲卜辭之所習見也。第五五片庚午爲十一月。辛未、癸酉爲十二月，則辛未爲十二月朔，孫氏一律釋爲十二月，然拓本第一辭下固明是十一月也。第九八片下云：「此辭來艱與來雨並舉，是艱與雨有相對之意，」遂以旱訓艱。按此片有兩辭：一曰「貞今日不雨」，非來雨也。一曰：「貞今日□來䓾」，䓾即艱字，當訓爲艱屯，不當訓旱，夫旱豈一日所能來哉。第二七一片下釋外丙母匕甲謂：「匕甲者當是大乙之配而外丙之母也。祭日爲甲戌，則是日所祭者爲匕甲而外丙從焉。此子從母祭之例。」不知此母字之意義，相當於他辭之夾或妾，蓋匕甲者外丙之配也。郭沫若氏於《卜辭通纂》中於此用母字之例已有解釋，著者豈未之見，而發此子從母祭之怪論也。第七五四片下云：「《説文》古旅字從止作㫃，」按《説文》無此字，旅古文自作㫃，孫氏殆誤記也。

此書編次考釋雖間有疵類，如上所述者，然就大體論，仍不失爲此學中一重要之著作。材料既多，讀之往往有所啓發，如：由爲胄之異體，（胄字見六五〇片）余於《天壤閣甲骨文存》中已言及之。余前謂卜辭習見之「來嬉」與「來𡔷」，即是來䓾，學者多未信從。郭沫若氏釋嬉爲蝨，故辨之最力。余於《殷虚文字記》中已舉庫方所藏一辭爲證，今此録五七三片云：「貞其又來𧃒自方」，與庫方一辭所云「亡來嬉自方」，（一三〇五片）句法正相類，則嬉、𧃒相通無疑，又可爲余説添一注脚矣。余嘗謂卯即古卵字，故古音讀若劉。此書一百片、七一〇片，七一一片等，均有㲉字，以卜辭段即毃，般即毄之例推之，當即毈字，此又卯卵一字之良證也。

載《中央日報·讀書副刊》新十六期一九四〇年。

評《中國古代琱玉》(Carved Jade of Ancient China)

（德國）Alfred Salmony 著　一九三八年美國 Berketey 城 The Gillick Press 出版　精裝一册正文八十五面圖版七十五面　價英金四鎊十先令或美金二十二元五角　（此書只印二百五十部　書末有作者簽名及編號　北平圖書館入藏者爲一一一號）

中國古代玉器的研究，可以説是最近的事情。舊的文獻裏，像《考古圖》、《博古圖録》只偶然説到一些。一切禮家所圖的瑞玉，和龍大淵的《古玉圖譜》，幾乎完全是不可靠的。清末，吴大澂的《古玉圖考》，才算給這種研究開了一條路。可是後來的學者和考古家，都不十分注意到這一方面。因爲古玉，除去璽印以外，大概没有銘刻，和歷史的關係較銅器石刻疏遠，并且不容易考訂年代，可引起研究的地方，實在是太少了。所以，儘管有許多的收藏家，或賞鑒家，而對於古玉的知識，却還是很有限。

這二十年來，研究玉器的空氣，比較濃厚了。國外學者對於中國古代器物，不十分注意銘刻，而集中興趣於器物的式樣和雕刻的花紋。所以，他們所出版的關於古玉的著作，實在不少。國内出版的則有北平琉璃廠尊古齋主人黄濬的《衡齋藏見古玉圖》和《古玉圖録》。恰巧，最近有大批新材料的發現，有些的時代依賴着地域和同出的器物而可以確定。例如因殷虚的發掘，可以知道那幾種玉器應當是商代的。而由洛陽金村古墓的發現，也可以認識許多戰國時的樣式。關於時代，我們已積有若干常識，不再把漢玉當做唯一對象了。

這本書正在這時期裏出版。作者敍説他的創意寫述是在一九三〇年。他在天津會見了古玉收藏家吴桐緣Mr. D. Y. Wu。使他驚異的是吴氏收藏中竟有那麽多的古代琱玉。那時，西方收藏家的興趣，剛從明清的玉器轉移到古玉，他們愛好的是簡單雄渾的形式，大量的素樸的兵器和瑞玉等正支配着歐美的市場。後來，許多精緻雕刻的古玉由中國收藏家轉賣給西方，其中大部分就是吴桐緣所藏的。由於古董市場上銷路暢旺的鼓勵，增加了古代王公的墳墓的盜掘，寶玉重器不斷的發現，目前西方人對於中國古代琱玉，都很熟悉了。作者有些自鳴得意地説，他在中國的時候，一般西方人還不懂得欣賞這種琱玉。

和銅器、陶器、石器、骨製器一樣，玉器上所雕刻的紋樣，可以做處理它們的時代的最重要的根據。作者曾根據吴氏的意見，擬了一個草目，後來雖然更改很多，但這本書裏所劃分的時代，還是依舊。那是：新石器時代、商代、西周早期、西周晚期、東周早期、東周晚期、漢代、三國和六朝、唐代。每一時期有敍説，有圖版，而在各時期的敍述以前，有導言、玉、經傳紀載三篇，以後又有結論，書目、歷代紀年、收藏家志四篇。敍述方面，大體上簡單扼要，近於概論的性質。

吴桐緣氏，評者在天津時也曾見過，可惜没有機緣看他的藏品。不過他那藏品的全部拓本是看見過的，也曾聽到别的鑒賞家的批評。他所藏固然有很可寶貴的珍品，例如本書圖版七的第三器（刀），書中標明是華盛頓弗里爾美術館所藏，許是吴氏賣出去的。上面刻着古怪的人頭和獸形，真是希世的珍物。但也有許多的贋品，所謂廊房二條貨，廊房二條是北平賣新玉器的地點。他雖是一個豐富的收藏家，但不很能分美惡，鑒别能力較之黄濬差得很遠。

作者極推崇吴氏，他的鑒别知識大概就受於吴氏，因之也不很精審。書中圖版，有些器物一望可知真僞，不必要看原器。因爲原器散在各處，作者也大都没有看到，只根據照片著録的。例如：圖版四的一、二兩圖那個水牛，即使是真的古物，也一定是極晚的東西，比之圖版三那個牿羊，商器，形式作風完全不同，而作者都放在新石器時代。圖版十三的第一器垂飾和它同類的東西顯然不合，決不是古物，而作者也把它列在商代。圖版五十四的八、九兩圖的垂飾（吴氏藏品）背面有虎符兩字，顯然是僞刻。這些在黄濬的書裏是不會有的。

他所劃分的時代，也不十分妥當。新石器時代一類，大都是商器，也有是很晚的。或者簡直是石而並不似玉。本來，殷虚以前的情况，我們還不很清楚。但要説殷虚以前就是新石器時代，却不免是一種輕率的舉動，所以這一期似乎可以不要。西周、東周都要分早期晚期，也是很勉强的。在目前，對於玉器的認識，這樣精細的區别，事實上是做不到的。

關於玉器的定名，本是很難的事。在這本書裏有些定名是很可怪的。像：璧有時叫做 Simbol of heaven，（圖版三十四等）有時叫做 Disc（圖版六十二等）把一般稱爲圭的句兵，戈的前身，叫做劍狀斧 Dagger- axe 而把形制相近的琬圭叫做 Sceptre 未免太不注意中國的文獻了。至如圖版一的第三圖。應當是笄，作者稱爲器具 Implement。圖版十八的一、二、三三圖，都應當是釵，作者於前兩者稱爲鳥，後者稱爲不知用途。圖版二十五的五和六，應當是符，作者稱爲垂飾。這類名稱都須斟酌，不過，在這一點上對於西方學者是不必苛求的。

圖版印得很講究，材料的收集也很豐富。在貧瘠的我國，許多古物都不能保守，源源流出國外。有這樣一本書收集世界各大藏家珍品的景片，也很够我們過屠門而大嚼了。所以，除去作者的叙述説明方面，這本書也還有它重要的價值，爲研究古玉的人所必需參考的。

整理者按：文中提及的圖版均出自《中國古代琱玉》，此處不録。

載《圖書季刊》新二第四期六二五至六二七頁一九四〇年十二月。

論騎術入中國始於周末

經典無騎字六朝以來義疏家皆以爲古不單騎。如《論語》「策其馬」，皇侃曰：「六籍唯用馬乘車，無騎馬之文。唯《曲禮》云：『前有車騎』，是騎馬耳。今云策其馬，不知爲騎馬，爲乘車也。」又如《左傳》昭二十五年「左師展將以公乘馬而歸」，正義曰「古者『服牛乘馬』，馬以駕車，不單騎也。至六國之時，始有單騎，蘇秦所云『車千乘，騎萬匹』是也。《曲禮》云：『前有車騎』者，《禮記》漢世書耳，經典無騎字也。劉炫謂此左師展將以公乘馬而歸，欲共公單騎而歸，此騎馬之漸也。」又如《周禮・大司馬》「師帥執提」，注「提謂馬上鼓，有曲木提持鼓立馬髦上者，故謂之提」，疏云：「鄭蓋據當時已有單騎，舉以況周，其實周時皆乘車，無輕騎法也。」又如《曲禮》「前有車騎則載飛鴻」，正義云：「古人不騎馬，經典無言騎者。今言騎者，當是周末時禮。」蓋義疏家重家法，此經師舊説也。王應麟以《六韜》言騎戰，謂「其書當出於周末」，本此。

《詩・緜》云：「古公亶父，來朝走馬。」宋程大昌《雍録》曰：「古皆乘車，今日走馬，恐此時或已變乘爲騎。蓋避翟之遽，不暇駕車。」始發古有單騎之説。顧炎武《日知録》卷二十九有騎、驛兩條推衍之。於騎下引《詩》而云：「古者馬以駕車，不可言走。曰走者，單騎之稱。古公之國鄰於戎狄，其習尚有相同者。然則騎射之法，不始於趙武靈王也。」又曰：「春秋之世，戎翟之雜居於中夏者，大抵皆在山谷之間，兵車之所不至，齊桓、晉文，僅攘而卻之，不能深入其地者，用車故也。中行穆子之敗翟於大鹵，得之毁車崇卒，而智伯欲伐仇猶，遺之大鐘以開其道，其不利於車可知矣。勢不得不變而爲騎。騎射所以便山谷也，胡服所以便騎射也。是以公子成之徒諫胡服而不諫騎射，意騎射之法，必有先武靈而用之者矣。」段玉裁《説文注》騎字下亦云：「《左傳》左師展將以昭公乘馬而歸，此必謂騎也，然則古人非無騎矣。趙旃以其良馬二濟其兄與叔父，非單騎乎。」皆主古有單騎。徐灝《説文段注箋》因之爲調停之説云：「古有單騎而不用之行軍，至趙武靈王始以騎射習戰耳。」

今按程、顧、段諸説皆非也。《詩》云：「來朝走馬」，鄭箋云：「走馬言其辟惡早，且疾也。」鄭氏未言走馬爲騎馬，抑是乘車，然《詩》言馳驅者，其字雖從馬，要皆是乘車也。《日知録集釋》引惠氏曰：「《詩》疏馳謂走馬，是屬乘車，非單騎」，甚是。馬瑞辰《毛詩傳箋通釋》云：「《説文》『趣，疾也。』走馬即趣馬之假借，故箋以早釋來朝，而以疾釋走。《孟子》趙注釋《詩》『來朝走馬』，亦曰：『遠避狄難，去惡疾也。』《玉篇》引《詩》正作『來朝趣馬，言早且疾也。』是知古本《毛詩》蓋有作趣馬者。或以走馬爲單騎之始，失之。」所謂或者，即指顧亭林也。然以走馬訓爲疾馬，亦未允當。按《周禮·夏官》有趣馬《詩·十月之交》云：「蹶惟趣馬」，趣馬是官名，銅器有大鼎云：「王命走馬雁」作走馬，正可爲走、趣二字相通之證。然則其字本當作走，後或以趣爲之，非借走爲趣也。蓋走有自走與使之走二義，走馬者使馬走也，促之疾走也。其後語音稍别，使之走者言若趣，趣猶促也，故變走馬爲趣馬。而走馬之官，本與御者同科者，變而爲主馬政者，亦失其初恉矣。《韓子·喻老》云：「遽傳不用，故曰：『卻走馬以糞』」，以遽傳釋《老子》之走馬，則知走馬是駕車而非單騎也。

劉炫謂左師展將以公乘馬而歸，乃「欲共公單騎而歸，此騎馬之漸」，段氏承之，更謂趙旃以良馬二濟其兄與叔父爲單騎。此皆不知乘與騎之别也（《楚辭·招魂》注：「乘馬爲騎，」已混乘於騎）。乘者登也，卜辭乘字象大在木上，大即人形，是乘之本義爲登木，引申之爲乘車，乘舟，與一切登高之稱。騎者《説文》云：「跨馬也」，《釋名·釋姿容》：「騎，支也。兩脚枝别也。」然則乘與騎異。左師展欲以公乘馬者，直乘坐於馬背耳，非跨馬之騎也。今民間以馬代步，猶多如是（雲南之宜良等處，皆是坐馬而非騎馬）。然此既不如乘車之安逸，又不如後來騎馬之駛疾，故古人不常用，惟於不得已時一爲之耳。王應麟謂《公羊傳》齊侯唁公以鞍爲几，以爲《公羊》亦周末之書。王筠《説文句讀》驛下云：「古駕車用衡不用鞌，晉師敗齊於鞌，若無單騎，何以有鞌字。」今按用馬以乘人佗物，皆可用鞌，故春秋時已可有鞌，與騎馬之爲晚起固無涉也。

顧氏謂戎翟在山谷之間，兵車之所不至，信然。若謂因此變而爲騎則非也。春秋時戎翟之雜居於中夏者，其軍事上所佔之優勢，乃用徒耳，山谷之間，兵車所難至者，卒徒優於車矣。若騎固未必便於山谷也。古人褒衣博帶，且裳而不袴，焉能騎馬。蓋騎必下體裸露矣。若乘馬則不能控制其馬，故其馬必極馴順，其行必極迂遲，然此豈兵陳所需哉。若雲中上郡以北，胡人牧馬之區，水草豐饒，馬嬴橐駝，易於蕃殖。其馬多駿逸，其人多强悍，跨馬馳騁於廣漠之野，一日千里，此非中原之人所能及也。然則騎術必始於胡，無疑者。春秋時但有車徒，車雖不行於山谷，在平原則遠勝於徒，爲其可以侵軼之也。今以與利於衝突之騎兵會，則即平原，車已遠遜於騎，故步騎興而車徒廢矣。趙既最近北方，深知騎兵之可畏，車戰之不足恃，故必學騎射，然欲學騎射，必自胡服始。公子成諫胡服而不諫騎射，蓋以騎射爲時所必需，而胡服或可不改也，此狃於舊習而已。若謂騎在趙武靈王以前已有之，則略狄破林胡、樓煩，僅恃胡服乎？然則以騎術介紹於中夏者，趙武靈王當爲第一人，其時期當在紀元前三百年前後。《日知録集釋》引惠氏曰：「《韓非子》『秦穆公送重耳疇騎二千』，則單騎不始於六國。」黄汝成又引《韓非子》言「齊景公游少海，傳騎從中來謁。」不知韓子之書成於戰國之末，自受其時代之影響，不可據以謂戰國以前，中國即有騎馬之術也。

《爾雅・釋言》「馹、遽，傳也。」是馹亦傳車之屬，故《舍人》注云：「馹尊者之傳也。」《左傳》文十六年：「楚子乘馹會師於臨品」，杜預注：「馹，傳車也。」又襄二十一年：「祁奚老矣，聞之，乘馹而見宣子。」二十七年：「子木使馹謁諸王。」二十八年：「吾將使馹奔問諸晉而以告。」昭五年：「楚子以馹至於羅汭。」《晉語》：「晉侯乘馹自下脱會秦伯於王城。」《吕覽・士節》：「乘馹而自追晏子。」凡此稱馹者皆當與雅訓相合，即傳車也。《舍人注》蓋據楚子乘馹爲説，故以爲尊者之傳。邵晉涵《爾疋正義》據祁奚子木等事以爲「不專屬尊者」，甚是。然馹實有異於傳遽，蓋傳有傳舍，遽有蘧廬，皆有休止之所，而馹則事急奔馳不復休止也。及騎術既興，更速於馹，以騎代車，因有驛騎。《説文》「馹，驛，傳也。」又云：「驛，置，騎也。」其以驛訓馹者，通古今語耳。謂後世之驛騎，其事同於古之馹傳，非謂馹即驛也。《漢書・高帝紀》「乘傳詣洛陽，」顔師古曰：「傳若今之驛。古者以車謂之傳車，其後又單置馬謂之驛騎。」其説皎然明白。後世誤謂馹驛爲一（戴侗《六書故》云：「以車曰傳，以騎曰馹」，即混馹於驛）。永樂中制《春秋大全》盡改《左傳》馹爲驛，閩本、監本、毛本《左傳》於文十六年、襄二十七年、二十八年並誤作驛。顧氏《日知録》於驛下云：「竊疑此法春秋時當已有之」，即引《左傳》、《國語》、《吕覽》等書爲證，而云：「皆事急不暇駕車，或是單乘驛馬，而注疏家未之及也。」桂馥《説文義證》遂據閩、監、毛本《左傳》强生分别，以誤爲驛字者爲驛騎，以作馹未誤者爲尊者之傳矣。然顧氏之説其誤在於認爲春秋時已有騎術，今謂騎術始於周末，則驛騎之興亦自可見。《韓非子》有傳騎，今所見六國時馬符銘有「騎遫侯」三字，則驛騎當興於六國之末，蓋騎術之入中夏未久，已爲傳信機關所采用矣。

古以傳遽合言，蓋一事而異名。《左傳》言鄭子産垂遽而至，釋文：「以車曰傳，以馬爲遽」，亦是强生分别者。謝在杭《五雜俎》云：「子産時相鄭國，豈乏車乎，懼不及，故乘遽，其爲驛馬無疑矣。」此亦不知乘與騎之别。設想子産而搴裳跨馬，裸其下體，寧不可笑。然若乘馬而不以車，固遠不如驅車之爲速矣。

載《文史雜誌》第一卷第三期一九四一年五月一日。

吕大臨《考古圖釋文》跋

《考古圖釋文》一卷，自宋以來久佚。清初錢曾有鈔本，與《考古圖》十卷，《續考古圖》五卷，共爲一帙。錢氏《讀書敏求記》云：「北宋鏤板，得於無錫顧宸家，後歸泰興季振宜，又歸崑山徐乾學，曾復從乾學借抄，」述抄本之源流甚詳。錢抄本後入清内府，《四庫全書》據以著録，翁方綱作《四庫全書》纂修官時跋之，謂《續考古圖》中有紹興壬午所得之器，壬午是紹興三十二年，當成於南宋時，非吕大臨所撰，而謂《釋文》一卷，當是大臨原本。翁氏抄有副本，於壬寅夏又有識語云：「宋翟耆年伯壽《籀史》下卷有趙九成著吕氏《考古圖釋》，據此則《釋文》一卷是趙九成撰。其卷前題詞，蓋九成所爲也。」按壬寅爲乾隆四十七年，其年《四庫全書》成，翁氏原跋已録爲《提要》，不及追改矣。光緒時陸心源於潘祖蔭處見過録本《續圖》及《釋文》，借録刻入《十萬卷樓叢書》，遂依翁氏後説，定《釋文》爲趙九成撰。近人容庚作《宋代吉金書籍述評》謂《釋文》非趙作，翁説不足據，然於《四庫》之題爲吕作，亦致疑詰，因之不能定其作者，其妹容媛作《金石書録目録》、《續考古圖》五卷附《考古圖釋文》，注爲宋闕名。

按《釋文》實是吕大臨作，翁氏初説本不誤，其跋語云：「《釋文》一卷，則所舉諸器皆是前《圖》所載者，其釋榭字枂字亦與前卷相合，惟弫中匽弫字前《圖》釋作張；而此從闕疑。然張仲之文，薛尚功《鐘鼎款識》但引歐説而不及吕，則前《圖》之釋張，恐非吕氏原本。且今刻本《考古圖》有引薛釋某者，薛尚功南宋人，定是後人附益者爾。則此《釋文》一卷當是大臨原本也。」辯析亦極精。然卒因《籀史》有趙書而推翻其舊説。今按《籀史》卷下已佚，僅存目録，中有趙九成著《吕氏考古圖釋》，翟氏之説既無聞，而吕氏《考古圖釋》與現行本所題《考古圖釋文》之名又大異，昧然比附，是其惑也。《釋文》首題詞云「以今所圖古器銘識考其文義」，則《圖》與《釋文》爲大臨一人所作殊顯，故但題《考古圖釋文》耳。容庚以《圖》與《釋文》互校，《釋文》之伯姬鼎，《圖》無其器，《圖》之庚甗、史孫盤等《釋文》不采其字，則是同出一人而有差異。然此亦不能據爲非吕作之證，一書中體例前後凌雜者往往有之，如熊朋來所指薛尚功之《款識》與其韻，即不合也，由題詞觀之，蓋先有《圖》而後考其文義，則如伯姬鼎者或是《圖》已成所見，故僅於《釋文》録其字，而庚甗等則作《釋文》時偶失采耳，且吕氏《考古圖》之原本，今不可見。翟耆年云二十卷，今所知者皆十卷元吾衍《學古編》謂：「有黑白兩様，黑字者後有韻，圖欠瑀玉彘，白字者博山爐上雞畫作人手。」未知爲何時刻本，錢抄本自謂北宋板，而在《圖》及《釋文》中，間以《續圖》，是南宋時刻本無疑。元陳仁子刊於茶陵者，今亦不傳，所可見者僅明以下刻本。錢抄本既與吾氏所舉兩本不同，而近世通行者校之錢抄本脱落甚多。然則所謂伯姬鼎，又安知非吕氏原《圖》所有而爲後來刊本脱落者耶？余嘗考《圖》之師望簋《釋文》作師服簋，而以⿰臣月字收疑字類月部中，似本當作⿰月臣。《圖》之師興父簋，《釋文》作師弈父簋，與翁氏所舉《圖》之張中，《釋文》作張中，皆似《釋文》爲吕氏之舊，而《圖》經後人改易，《釋文》父己人形彝與《圖》之目録合，而《圖》中所附之釋則稱析子孫而不云人形，此更可見《圖》中所附之釋非吕氏本有也。翁氏跋云：「前《圖》十卷，器之有名者繪其圖必摹其名，摹其名必釋其文。今此《續圖》五卷則有有名而不摹其文，摹文而不釋其讀者。」余意《續圖》數舉吕書，當必承其體例，吕氏原書於圖銘之下，正未必盡釋其文，即釋亦不詳其訓讀，故别爲《釋文》一卷，不然則爲疊床架屋矣。《圖》中所附之釋，余以爲出趙九成之手。故《籀史》舉其《考古圖釋》，而李邴作《嘯堂集古録序》逕云：「吕大臨趙九成二家《考古圖》，」謂吕趙二家所圖釋也。吕氏既别作《釋文》，於《圖》中不注意於文字，趙氏爲之釋，人遂沿用，而不復留意吕之《釋文》，故往往不刻。既而趙九成之名又被削去，遂似趙氏之《釋》爲吕所本有。翁既誤讀《籀史》以《釋文》爲趙作，或又誤讀李邴《序》以《續考古圖》爲趙作。（按續圖）作者爲楊氏）不知《籀史》所舉《考古圖釋》一名，苟細味之，即可明其書之性質矣。

《釋文》之爲吕大臨作，即本書已可考之。此外，尚有二確證，晁公武《郡齋讀書志》云：「《廣鐘鼎篆韻》，皇朝薛尚功集。元祐中吕大臨所載僅數百字，政和中王楚所傳，亦不過數千字。」今此《釋文》正只數百字，明即吕氏所載者也。按王楚之《鐘鼎篆韻》與薛尚功之《廣鐘鼎篆韻》，雖均不傳，然《宛委别藏》中所收楊鉤《增廣鐘鼎篆韻》，實據薛書，所新增者，標楊增以别之，則薛書雖謂尚存可也。楊書卷七象形字末引吕氏《考古釋文》云：「古文，三代之書名也，書名所起，將記言於簡策，象物形而畫之，故厥初以象形爲主，不取筆畫之匀正爾。」此當爲薛氏原書所引，其語正見今《考古圖釋文》之首。則《釋文》者固薛氏所稱爲吕氏作者也。然吕氏作《考古圖釋文》，晁薛之外遂無言及之者。意者《釋文》本别出，與《圖》之刊行非一時，《圖》獨盛行而《釋文》頗微，故《籀史》亦不及之。字彙之屬，本以新與繁爲主，王薛之書後出，吕書更爲所掩，僅吾衍所見黑字本，及錢抄之祖本，與《圖》並刊，然亦附《圖》而傳。蓋自南渡以後，此書早已若存若亡，幸賴有錢抄本，尚得流傳迄今耳。

呂氏此書實金文字彙之始祖，在其前者，僅有《説文》《古尚書》《孝經》《石鼓》及《法簡》《古文四聲韻》略可參考。呂氏創立條例，考正形義，先導之功，不可没也。於每字下大體以《説文》推校，而頗引用句中正、楊南仲之説，於此可以見創始之難。所録字數雖少，且多錯誤，然其逐字考辨，不厭精詳，實足爲法，後來編輯古文字者，都未能到此。自宋以來，其書既爲人忽視，陸心源重刊後，亦未有注意及之者，故特揭出之，以告治古文字學史者。

載《圖書季刊》新第三卷第一、二期合刊第五六至五八頁一九四一年六月。

評《鐵雲藏龜零拾》

李旦丘著　民國二十八年出版孔德圖書館叢書第二種一册定價國幣伍元

本書所收拓本凡九十三片，李氏序謂本鐵雲舊物，當屬可信。第八四片，李氏疑贋，今按第八九片亦是僞刻。第五十片與第五三片，李氏已指出爲一片之折，今按第五六片與第八二片亦一片之折，其辭曰：

壬申卜，㠯，貞方其正今日□。
癸酉卜，㠯，貞方其正今日夕。

書中與《藏龜》重出者甚多，李氏已注明者，有十一、二六、二九、三二、三三、五十、五三、六四、八一等片，而遺去二，（鐵二一〇葉三片）二四，（鐵四〇葉三片）四六，（鐵二五〇葉二片）八五（鐵一六四葉二片）等片。

劉鐵雲繼王廉生之後，收蓄甲骨甚富，《鐵雲藏龜》之千片，僅其一部分。身後所藏大都散佚，諸家綴輯者，有羅振玉之《鐵雲藏龜之餘》，葉玉森之《鐵雲藏龜拾遺》，姬佛佗之《戩壽堂殷虛文字》等書。商承祚之《殷契佚存》中一部分，及鄞縣馬氏凡將齋所藏，（大部已見《殷虛書契續編》）亦皆劉氏故物。併此書之九十許片，可考者亦將二千片矣。甲骨脆薄易折，若知其爲同時出土之材料，其斷片易於配合。且同時出土者坑位往往相同，其所刻卜辭時代相近，可互相發明。故在今日蒐集劉氏舊藏，以存彼時所出土之材料，實爲一有意義之工作。即《鐵雲藏龜》所已著録者，亦不妨重印。蓋《藏龜》雖爲卜辭材料書中最先問世者，然以印刷惡劣，不易辨釋。孫仲容之作《契文舉例》即往往爲印本所誤。其後鮑鼎作《鐵雲藏龜釋文》，乃以石印本重翻者。今若能加以蒐輯，可使一部湮晦之材料，重行發現。即一鱗半爪，亦自具相當之價值也。

基於上文所論，余於此書之印行，甚感其重要。與彼徒以量之多寡，辭之長短爲衡量者，殊趣。惟此書於拓本十二葉外，附以考釋五十三葉，則頗可不必。蒐集材料之書，不必定有考釋，羅振玉氏所輯各書，固皆不着一字者也。如必欲爲考釋，則尤宜注意於釋文之字字覈實。此書作者，據其自序，涉獵契學，殆只一載。其釋文於極普通之字，如：貝、（二三片）才、（三十片）隹、（五七片）俎、（七二片）等均不能識。第三片之己丑，己字未刻橫畫，乃併字旁泐文作四直畫，不知乙、丁、己、辛、癸俱不容有四直也。六二片出字，爲拓本摺襞，筆畫不全，遂不復釋。此外如七日之爲十日，（五十片）𦎫之爲己羊，（五一片）壬子之爲甲子，（八五片）步之爲之，（九一片）亦皆顯然之錯誤。以僅數十片之材料而釋文粗疏若此，似不缺之之爲愈耳。

「貞亡尤」一語，卜辭習見，李氏所讀，往往糅合他辭，失其文義。（如第二十片第七七片等）第三十四片云：「翊日戊王其田才，……」釋爲「大丁妣戊王其用，」其謬最甚。其他殘辭之誤併，（如六八片六九片）行次之逆讀，（如第七片第六二片）可不論已。至如釋氏爲以，（第二片）認羌作狗，（第七片）改河爲沒（第四四片）同新於設（第六一片），雖欲自樹一說，要非治卜辭者之先務也。

載《文史雜誌》第一卷第七期一九四一年七月一日。

王命傳考

王命傳可考見周代傳遽與傳信之制。器爲銅製，銘凡九字。其器之見於著録者，余所知有七。一見阮元《積古齋款識》卷一〇稱爲漢龍虎銅節。云「據陳秋堂手搨本」，其銘之第七字從，與他器之考者異。〔一〕一見馮雲鵬《金石索》卷二稱周龍虎節。云「吴門陸貫夫藏」，其命字脚頗長而無重文。〔二〕一見方濬益《綴遺齋考釋》卷二九稱龍虎節。又見劉體智《小校經閣金文》卷九及羅振玉《三代吉金文存》卷一八稱王命𨔶車鍵。方云：「舊不審誰氏所藏，近歸吴清卿中丞。」以吴氏致陳簠齋尺牘考之，蓋得於延煦堂。〔三〕方摹本命下亦無重文，然吴器實有之，或所據拓本不晰耳。一見劉心源《奇觚室吉文述》卷一一稱漢龍節。云：「黄再思贈本」，其第七字右上之形較小，他字亦多微異。疑是仿製品。一見端方《匋齋吉金續録》卷二及鄒安《周金文存》卷六俱稱龍節，爲端氏藏器。〔四〕其第三字之形較晰，第七字之形最大。一見黄濬《衡齋金石識小録》，及《尊古齋所見吉金圖》卷四稱龍節，乃晚近新出者，即藏黄氏。以上六器均略似今之竹籌，前後有銘，上端作獸首形。自《積古》著録後，收藏家各説所見以爲即阮氏所據者。余嘗見吴愙齋批本《積古齋款識》，於此器上題云：「愙齋所得至寶，世無第二節。」其實吴所得者與阮所據者決非一器也。〔五〕别有一器亦著録於《尊古齋所見吉金圖》。卷四稱虎節，略似後來之虎符而頗大，又平面而薄，銘只存上五字。寶楚齋主人方氏《壽縣楚器出土記》及柯昌濟《金文分域編》卷三均謂出土於壽縣楚墓。

銘文九字，前人未有能通其讀者。阮氏從吴侃叔釋爲「王命＝惠賃一稖飤之」讀稖爲菴，引《後漢書》皇甫規於軍大疫時親入菴廬巡視事，以爲「王命賃一庵以棲軍之病疫者，而爲糜藥以飤之也」。阮又引江秋史釋，以命下重文爲卩，以惠爲道，賃爲寶，稖爲棓，而不主其説，云：「稖字口中有小畫，吴釋甚確。」其後吴大澂、方濬益等亦均主吴説。馮雲鵬譏吴釋爲穿鑿，從江釋，而以棓爲天槍天棓之棓，又以飤爲飢之消，或有缺筆，而讀飢爲載。云：「王命道寶一棓載之者，謂奉王命以此爲道路之寶，可建一棓以示威，載車而行也。」劉心源則釋爲「王命𨔶賃一棓飤之」，讀𨔶爲彙，釋爲總。又謂「賃一棓者，即今按板之類，特不知所飤者何指耳。」今按江、吳、馮、劉之釋，皆支離可笑。其實銘字多易識。[illegible]爲賃，[illegible]爲飤，吳、劉所釋甚確。所可論者僅第三字[illegible]與第七字之[illegible]而已。

[illegible]字舊皆以爲從行從止，從叀故釋爲惠及疐。江釋爲道，蓋據李陽冰書謙卦道作[illegible]，是亦以爲從行從止也。羅福頤釋作逌，則以爲從辵從[illegible]。實則右旁從人，壽州所出一器最爲明晰，可證其非亍。又以本器賃字偏旁人[illegible]作證之，亦可決其不從刀也。今按字當釋爲𨓆。容庚《金文編》重訂本以爲傳字從辵，甚確。𨓆兒鐸及𨓆兒尊𨓆字作[illegible]，容乃置於附録而未釋。阮書彙敦之彙，本作[illegible]，徐同柏釋遖，吳雲釋惠，劉心源釋疐，今按當釋爲𨓆，容亦以入於附録，其實皆可與此器𨓆字互證也。

[illegible]字或作[illegible]，前人之釋爲棓與稽者，第求與楷書相似耳。篆書音自作[illegible]，音自作[illegible]，與此絶異，不容比附。容庚以入《金文編》附録下，無釋，而摹作[illegible]，遍考諸本，無如此作者。蓋容據《周金文存》本，其[illegible]形較大，遂以意增一畫於其上爾。余謂此字右旁當是酋字，古人於字首從八者，書之或連中畫作[illegible]，壽縣楚器之棠字簠銘有作[illegible]者，古鉨鄭字作[illegible]，猶字作[illegible][illegible]，並可證也。然則此字右旁上當從八，下從[illegible]或[illegible]者，即[illegible][illegible]之變體，蓋作酉字而略離其下，遂似從口，亦似從甘矣。卜辭之[illegible]字，後世變爲[illegible]，[illegible]變爲[illegible]，變酉從口，其來蓋久。《薛氏款識》有師[illegible]𣪘，[illegible]釋爲師薛，近郭沫若氏《兩周金文辭大系》改作訇，于省吾《吉金文選》則改釋爲訇，其以[illegible]爲音或爲言，與江、吳諸家如出一轍，徒以楷書相似，曾不悟篆體之迥殊也。實則[illegible]即酉字，[illegible]當爲《説文》之酌字，與此正可互證。則此字從木從酋聲，當即《説文》訓柔木之楢字矣。

云：「王命𨓆賃一楢飤之」者，命下重文，江秋史讀爲卩，不可通。余謂仍是命字。此銘當讀「王命」爲句，此命爲名詞，次云「命𨓆賃一楢飤之」，此命蓋動詞也。𨓆讀爲傳，《説文》：「傳，遽也。」《爾雅·釋言》：「馹，遽傳也。」賃讀爲任，《廣雅·釋詁》：「任，使也。」《吕氏春秋·離俗覽》云：「寗戚欲干齊桓公，窮困無以自進，於是爲商旅將任車以至齊。」注云：「任，亦將也。」《淮南·道應訓》亦述此事，注云：「載也。」《北史·魏長賢傳》「或有釋賃車以匡霸業」，亦即用此事，是賃猶任也。楢讀爲輶，《説文》：「輶，輕車也。」按輶即輶軒，《聲類》：「軒，安車也。」[六]而《説文》訓楢云：「柔木也，工官以爲輭輪。」輭輪即以施之安車者，《後漢書·明帝紀》「安車輭輪」是也。則輶車之名，豈非以楢木所爲輭輪而起乎，抑木之所以名爲楢者，爲其中爲輭輪乎？要之此兩字殆出同一之語源也。

《方言》後附劉歆與楊雄書云：「三代周秦軒車使者遒人使者以歲八月巡路，衆代語童謡歌戲。」按此云「軒車使者遒人使者」，文當有誤。盧文弨校本云：「《玉海》引《古文苑》遒人二字在軒車使者上，無下使者二字。」然則劉書當作「輶軒使者」，輶本或作遒，校者釋遒爲遒人，軒爲軒車，後人誤入正文遂如《玉海》所引。或更增使者二字，而誤倒其文，遂成今本耳。《風俗通·序》云「周秦常以歲八月遣輶軒之使，求異代方言」，即本之劉書。楊雄答劉書云「常聞先代輶軒之使奏籍之書」，又云「猶見輶軒之使所奏言」，當承劉氏來書而言，皆可證。是輶軒爲使者所乘也。《左傳》襄十四年師曠引夏書曰「遒人以木鐸徇於路」，《僞書·胤征》襲其文，正義曰：「名爲遒人，不知其義。」桂馥《説文義證》於辺字注云「遒人即輶軒使者」，甚確，〔七〕則使者乘輶，其始當甚遠矣。

傳遽之制，不知起於何時，其見於記載，則在春秋戰國之世。《周禮·行夫》「掌邦國傳遽之小事」，《左傳》哀十二年「羣臣將傳遽以告寡君」，《玉藻》「士曰傳遽之臣」，《韓子·喻老》「遽傳不用」，此皆合言傳遽，或言遽傳。《左傳》成五年「晉侯以傳召伯宗」，定十二年「傳必數日而後及絳」，此皆但言傳者。《周禮·太僕》「以待達窮者與遽令」，《左傳》僖三十三年「且使遽告於鄭」，昭二年「乘遽而至」，《晉語》「遽人來告」，《吴語》「邊遽乃至」，《僞列子·語符》「使遽人來謁之」，此皆但言遽者。傳遽蓋一事而二名，子産乘遽明遽亦車也。杜預注僖三十三年傳曰「遽傳車」，甚是。鄭玄注《玉藻》云「傳遽以車馬給使者也」，並言車馬，馬所以駕，非必騎驛也。其注《行夫》云「傳遽若今時乘傳騎驛而使者也」，則自是以後世制度譬况説之，而《詩·江漢》釋文云「以車曰傳，以馬曰遽」，失之矣。余謂遽與楢、輶、遒當是一聲之傳，急遽與輶輕遒迫，義亦相近。然則傳轉也，以節傳傳命而言，遽急遽也，以輶車而言。《晉語》與《列子》之遽人，蓋即《夏書》之遒人矣。

傳車行遠，必有飲食休憩之所。《齊策》「車舍，人不休傳」，是車有舍也。《魏策》「今鼻之入，秦之傳舍不足以舍之」，是傳舍並舍乘傳者也。《釋名》：「傳，傳也。人所止息，去後人復來，轉轉相傳無常人也。」《廣雅·釋室》「傳，舍也」，是傳舍亦單稱爲傳也。《莊子·天運》「仁義先王之蘧廬也」，蘧即遽，蘧廬蓋猶傳舍矣。《孟子》曰「速於置郵而傳命」，置郵與傳命，語法相同，置爲動詞，猶設也。郵者，《説文》云「境上行書舍」，亦傳舍、蘧廬之屬。《增韻》「馬傳曰置，步傳曰郵」，此自是後世之制。元許謙取以説《孟子》，後人多從之，不知其於文法不合也。余謂郵輶聲之轉，《詩·賓之初筵》云「不知其郵」，《斯干》云「無相猶矣」，郵猶義同可證。然則郵本輶車，寖假而爲郵舍之稱，猶傳舍之言傳矣。《風俗通》

曰：「漢改郵爲置，置者度其遠近之閒置之也。」今按《漢舊儀》「五里一郵」，《續漢書》「驛馬三十里一置」，〔八〕是漢時郵置已有不同。《孟子》以置郵傳命喻流行之速，明指傳車，如漢制當是步遞矣。置蓋傳聲之轉，《爾雅·釋宫》「植謂之傳」，可證。《史記·孝文本紀》索隱引樂彦云「傳置一也」，〔九〕後世以驛馬代傳車，而置亦稱驛，故《廣雅·釋詁》云：「郵置行李關驛也。」

《管子·大匡》云「三十里置遽委焉，有司職之」，遽即蘧廬也。《周禮·遺人》云：「凡賓客會同師役，掌其道路之委積。凡國野之道，十里有廬，廬有飲食。三十里有宿，宿有路室，路室有委。五十里有市，市有候館，候館有積。」所謂「路室有委」，即《管子》之「遽委」，然則廬也，路室也，候館也，皆是傳舍蘧廬之屬耳。《晉書·刑法志》引《魏新律序》：「秦世舊有廄置乘傳副車食廚，漢初承秦不改，後以費廣稍省，故後漢但設騎置而無車馬。而律猶著其文則爲虚設，故除《廄律》，取其可用合科者以爲郵驛令。」秦制蓋本之周，周世傳舍，蓋有飲食委積，且有車馬以供給使也。〔一〇〕

此器之用，即以王命命掌管傳遽者發車馬，供飲食者。阮氏稱爲節，前人多從之。王國維《金文著録表》稱爲王命車鍵，羅福頤從之。〔一一〕今按稱爲車鍵，全無佐證，直是臆測耳。然稱爲龍節，虎節，或龍虎節，亦未允當。蓋節爲持以爲信者之公名。《周禮·掌節》：「守邦國者用玉節。守都鄙者用角節。凡邦國之使節，山國用虎節，土國用人節，澤國用龍節，皆金也，以英蕩輔之。門關用符節。貨賄用璽節。道路用旌節。皆有期以反節。」《小行人》：「達天下之六節。山國用虎節，土國用人節，澤國用龍節，皆以金爲之。道路用旌節，門關用符節，都鄙用管節。皆以竹爲之。」是節之類不一。玉節蓋圭璋之屬。角節，角製之器。虎節、人節、龍節蓋範金爲虎、人、龍之狀，與玉器之作龍虎形者爲瓏琥正同。《説文》以卩爲節，卩之字實象人形，然則卩即人節，後世引申以爲凡節之稱耳。玉節、角節、虎節、人節、龍節，蓋皆珍貴罕覯之物，故守者使者取以爲信也。至如剖竹爲符，截竹爲管，析羽爲旌，與抑埴之璽，則皆常用之品，其制自較簡易。此器制亦簡易，僅上端作獸首耳，故知其非龍節。其别一器作虎形者，自是較晚之變制，亦非使山國之虎節也。

余謂此器爲乘傳及宿止傳舍者所用，當即名爲傳。傳者專也。《説文》：「專，六寸簿也。」嚴可均《説文校議》云：「《後漢·方技傳序》有挺專之術，《離騷經》作筳篿，即筭籌，竹部筭長六寸，計歷數者是也。」〔一二〕此器正與筭籌相近，可爲嚴説佐證。然則傳車之所以稱傳，正緣使者之持專或傳也。《周禮·掌節》云：「凡通達於天下者，必有節，以傳輔之。」注云：「輔之以傳者，節爲信耳，傳説所齎操及所適。」《司關》云：「凡所達貨賄者，則以節傳出之。」注云：「商或取貨於民間，無璽節者，至關，關爲之璽節及傳，出之，其有璽節，亦爲之傳，傳如今移過所文書。」《司關》又云：「有外内之送令，則以節傳出内之。」注云：「有送令謂奉貢獻及文書以常事往來，環人之職所送迎，通賓客，來至關則爲之節與傳以通之。」〔一三〕凡此所謂傳，當如文書，其用較廣矣。然如《漢書・平帝紀》注如淳引律：「諸當乘傳及發駕置傳者皆持尺五寸木傳信，封以御史大夫印章。其乘傳，參封之，參，三也。有期會，累封兩端，端各兩封，凡四封也。乘置馳傳五封之，兩端各二，中央一也。軺傳兩馬再封之。一馬一封也。」《古今注》：「凡傳皆以木爲之，長五寸，書符信於上，又以一版封之，皆封以御史印章，所以爲信也。如今之過所。」尚可知傳爲乘傳車者所用。又如《文選・册魏公九錫文》「今更下傳璽，其上故傳，武平侯印綬。」李善注云：「應劭《風俗通》曰：『諸侯有信，乃得舍於傳。』故既下新傳，命上故傳及印綬也。」尚可知傳爲宿止傳舍者所用。然則車曰傳車，舍曰傳舍，信曰傳信，此器之當稱爲傳，乃無可疑也。

後世傳之用既不專於傳車傳舍，遂與用於門關之符節無别。《史記・孟嘗君傳》：「更封傳變姓名以出關」。《漢書・文帝紀》：「除關無用傳。」《寧成傳》：「詐刻傳出關歸家。」皆傳之用於門關者也。《漢書・文帝紀》注引張晏曰：「傳，信也。若今過所也。」又李奇曰：「傳，棨也。」《説文》「棨，傳信也。」按鄭注《司關》及《古今注》亦俱以過所況傳。《御覽》引《釋名》：「過所，至關津以示之。或曰傳。傳，轉也，轉移所在識以爲信也。」〔一四〕則徑以過所爲傳。過所蓋漢末時語。若棨、傳自有别。《漢書・韓延壽傳》：「建幢棨」，注：「有衣之戟也。」《匈奴傳》云：「棨戟十。」〔一五〕明與傳本非一物也。

傳之所以獨與符節相亂者，其器形本自相似，特以用不同而異其名耳。卜辭甫叀本一字，從甫從叀之字，實亦相通。《周禮・小宰》云：「聽稱責以傅别。」鄭司農注：「傅，傅著約束於文書。别，别爲兩，兩家各得一也。鄭玄云：傅别故書作傅辨，鄭大夫讀爲符别，杜子春讀爲傅别。」今謂傅符固聲通，傅亦即傳也。此與《説文》訓專爲六寸薄正同。漢之竹使符，當是古代符節之遺制。《説文》：「符，信也。漢制以竹，長六寸，分而相合。」《史記・孝文紀》：「初與郡國守相爲銅虎符，竹使符。」集解引應劭曰：「竹使符皆以竹箭五枚，長五寸，鐫刻篆書第一至第五。」竹箭之形，正與籌策相近。《孟子》曰「若合符節」，《説文》謂「分而相合」，此皆後世之符，若古代之符，本不别爲兩，故辟邪有桃符，即桃板也。然則符傳本相似，漢世以竹使符代古之珪璋，與龍、虎、人諸節，遂以傳兼符節之用矣。

此器之作虎形者，出於壽縣楚墓。又諸器銘文之書法，並與傳世楚器合，其爲楚之故物無疑。則所謂王命者，楚王之命也，王命限於傳車傳舍之用，則當爲早期之傳信。其如籌策者爲傳之本制，殆猶是戰國早期物。其作虎形者，已變初制，當爲較晚之器。其銘文分勒兩器蓋所以杜詐僞者。平面而薄，殆所以「傳著約束於文書」者，然則此爲符傳相合之先導矣。日人住友氏藏六國時錯金虎符，著録於《泉屋清賞》銘可見者兩行，〔一六〕一行有半字五，一行爲一㮴二字，㮴字諸符習見，舊釋爲桼，今無其字，余謂當爲乘，從大登木，木字變易爲來耳。〔一七〕銘云一乘，亦是發傳車者而已變爲虎符矣。〔一八〕傳世又有熊符，見《三代吉金文存》卷一八銘云「亡縱一乘」，又有豕符，見同書稱爲齊馬節，《貞松堂吉金圖》卷中稱爲馬節，銘云「齊節大夫□五乘」，一乘五乘，亦俱是發傳車也。〔一九〕《周金文存》卷六下有馬符，《三代吉金文存》稱爲騎□馬節，《衡齋金石識小録》稱騎遄馬節。銘曰「騎㡆候」，遄字舊不識，故鄒安以爲迪竹二字，而孫壯以爲㡆，余謂字從，以變爲例之，知是叀字，則㡆當即傳，亦即傳，騎㡆即騎傳，矦當是候館也。《三代吉金文存》又有雁符一與鷹符二其銘文不盡可識，〔二〇〕而其第一字皆爲㨗亦即傳也。則此三符亦皆用於傳車者。然此諸器皆不如此王命傳之作虎形者之雄偉，其器形既競趨新異，其字體亦較此爲晚，蓋六國後期之器與？熊、豕、馬、鷹之符皆有一穿或兩穿，殆以釘固著於文書者。凡此皆上有殊於使邦國之龍、虎、人諸節而下亦異於發兵之虎符，蓋其流爲後世稱爲合同之龜魚諸符，遂專爲門關譏察之用矣。

春秋時傳遽之制蓋已大備，此爲戰國初期楚器，已發見者即有七事，可見彼時交通之繁。而傳之初制僅一簡質之銅籌，即可藉以發車馬，徵飲食，可知彼時人尚質樸，不虞奸詐也。後世傳與符混，失其舊制，由此器銘始可考見，則此傳實我國古代交通史上一重要材料也。

二十九年五月十七脱稿於昆明才盛巷，曾由張苑峯兄閱過頗有沾益。三十年十一月二十八改定於明波村寓居。

〔一〕阮氏引趙晉齋搨本同。其所引江侍御摹本，則似無口中一畫。又初刊本《積古齋款識》亦無此小畫。

〔二〕馮云：「桂未谷拓本命下實無重文，」桂拓殆即陸藏。此書所載今人多疑之者，然所録多經桂未谷等之手，要是可信也。

〔三〕吴氏《龍節歌》云：「舊藏安邑宋芝山，此説聞諸叔未老。」自注云：「余藏舊拓有嘉興張叔未題語。」不知與吴氏所得者究爲同一器否。

〔四〕鄒氏目録注云：「吴縣吴氏，洹陽端氏，」以兩家所藏爲一器，蓋非。

〔五〕《攟古録》卷四有龍虎銅節，注篆書九字，湖北漢陽葉氏藏。《平安閣藏器目》亦有之。不知後歸何處。

〔六〕張苑峯兄謂「輶軒絶非安車，《説文》輶輕車是也。《聲類》晚出不足據。武梁祠及漢闕漢畫所見使者車甚多，無一定車者可證也。」又云：「如孝堂山畫象之大王車駕四馬當是安車，其餘使君使臣所乘，駕一馬，則軒車無疑也。」余按《聲類》撰於魏世，目見安車之制，當不誤。傳遽爲使臣所乘，然漢世自有四馬之傳，似未可以馬數定也。安車以坐乘而稱安，曰輕車者或正以施輭輪而覺其輕也。《説文》：「軒，曲輈藩車也，」按曲輈者曲轅也，大車載物故宜轅，乘車曲轅，故又稱軒轅。大夫乘軒，《趙策》云：「前有軒轅，後有長庭，」明軒轅即是軒車，然則軒本貴人所乘未必定駕一馬矣。

〔七〕《説文》：「迒，古之遒人以本鐸記法言，讀與記同」。王引之《經義述聞》謂許君所據《左傳》作迒人。今按許君自是以記釋迒，原本《玉篇》引《聲類》「迒，古文記字，」可證。王説誤。

〔八〕《後漢書・西域傳》：「十里一亭，三十里一置，」按三十里爲一站，或曰一程，後世猶然。

〔九〕《漢書・高帝紀》：「横懼乘傳詣洛陽。」注：「如淳曰：律，四馬高足爲置傳，四馬中足爲馳傳，四馬下足爲乘傳，一馬二馬爲軺傳。急者乘一乘傳。」《史記・孝文紀》索隱引如淳云：「律，四馬高足爲傳置，四馬中足爲馳置，下足爲乘置，一馬二馬爲軺置，急乘一馬曰乘也。」微有舛異，然可證傳即置。

〔一〇〕余初由《説文義證》見《魏新律序》，手頭無書可檢，不知其所出。承張苑峯兄檢出附此志感。張謂「田横乘傳詣洛陽，未至三十里，至尸鄉厩置，與沛公至高陽傳舍，使人召酈生，皆漢承秦制之證。又據元康五年陽泉使者舍熏盧有傳舍嗇夫克，可見漢世使者舍供張之盛。」並甚精碻。

〔一一〕張謂「羅振玉《雲窗漫稿》有《匋齋吉金録及續録跋》即以龍節爲鍵屬，而譏原名之誤。」則此實羅説而王氏承之耳。

〔一二〕嚴謂六寸簿當作六寸專，非是其解專爲筭籌則極確。漢木簡有簿，簿即長方形之板。桂謂簿爲簙之誤，實則簿因博著而得名，博著亦筭籌之屬。段注據《釋名》笏或曰薄，是亦笏之形有類於薄耳。

〔一三〕《司關》所謂節傳，當是以璽節封其傳，故可以達貨賄也。

〔一四〕今本《釋名・釋書契》傳與過所爲兩條，無或曰傳三字傳一條在前。

〔一五〕《古今注》謂棨爲殳之遺象，余疑乃旌節之遺，本用於道路，移於門關耳。又作綮，《説文》：「綮，徽幟信也，有齒。」曰棨戟者旌首作，有似後世之戟也。

〔一六〕又見《貞松堂集古遺文》卷十一及《海外吉金圖録》。

〔一七〕張苑峯謂「此乘字與齊侯壺略近似，」余按凡諸符乘字作椉者皆齊器，齊節大夫□五乘虎符可證。

〔一八〕新郪虎符、陽陵虎符與此形製微異，由彼是秦器地域不同也。又辟大夫虎符銘云：「辟大夫信節」以符本節屬，稱其公名也。

〔一九〕張苑峯謂「漢制有一乘傳至七乘傳，一乘傳見《漢書・郊祀志》，四乘傳見《司馬相如傳》，六乘傳見《文帝紀》及《吴王濞傳》，七乘傳見《武五子傳》，則各符之一乘五乘，殆即一乘傳五乘傳，漢制即紹自戰國也。」甚確。

〔二〇〕羅氏稱爲雁節鷹節鷹符之第二器亦見《周金文存》卷六下，《善齋吉金録》符牌一，《小校經閣金文》卷九。張苑峯兄謂歷史博物館有鉛鷹符數枚皆有文字，今歸中央博物館籌備處，惜未見。

作者自注：寫成於一九四一年十一月二十八日。

載《國學季刊》第六卷第四號第六一至七四頁

「國立北京大學研究院文科研究所油印論文之五」一九四一年十一月。

又《唐蘭先生金文論集》第五三至六一頁紫禁城出版社一九九五年十月。

蘇秦考

司馬遷作《史記》，於《蘇秦傳》贊云：「蘇秦兄弟三人皆游説諸侯以顯名，其術長於權變。而蘇秦被反間以死，天下共笑之，諱學其術。然世言蘇秦多異，異時事有類之者皆附之蘇秦。夫蘇秦起閭閻，連六國從親，此其智有過人者。吾故列其行事，次其時序，毋令獨蒙惡聲焉。」又於《張儀傳》贊云：「三晉多權變之士，夫言從横强秦者，大抵皆三晉之人也。夫張儀之行事甚於蘇秦，然世惡蘇秦者，以其先死而儀振暴其短以扶其説，成其衡道。要之，此兩人真傾危之士也。」蓋遷於蘇、張之事頗有考辨，故《國策》言蘇秦者，《史記》所記，往往爲代爲厲，而以秦當燕文趙肅之世，即所謂次其時序也。

然以今考之，猶多可疑者。景春問孟子：「公孫衍張儀豈不誠大丈夫哉？」舉往來秦、魏之儀、衍而不及連六國從親之蘇秦，是當時尚不知有此人也。《戰國策》所言與張儀有關者，以公孫衍、陳軫爲最著，其餘若惠施、周最、司馬錯、樗里疾之屬甚多，而儀、秦之間不見一字。史公所謂「秦先死，而儀振暴其短」者，僅見於儀爲秦連横説楚、魏、趙三章。然《國策》《史記》所載儀連横之辭，實不可信。據其間齊燕二章，今考爲始皇十五年事而此魏、楚、趙三章則正均是僞託者。蓋終儀之一生實未嘗與蘇秦相接也。

《趙策》載蘇秦初説李兑之辭有「今君殺主父而族之」之語，太史公蓋以爲時序不合，削而不載，且改李兑爲奉陽君，而以公子成當之，不知《國策》中凡所言奉陽君者皆李兑也。策文言：「李兑送蘇秦明月之珠，和氏之璧，黑貂之裘，黄金百鎰。蘇子得以爲用，西入於秦。」此當在周赧二十以後，去史傳所載秦之車裂已二十五六年，而張儀之死亦在十五年以上矣。及其至於秦，「書十上而説不行，黑貂之裘敝，黄金百斤盡，資用乏絶，去秦而歸」，雖不能確知其時，然以裘敝測之，當頗久而非暫也。歸至家，又朞年而揣摩成。「於是乃摩燕烏集闕，見説趙王於華屋之下，以始合從」，而有「今奉陽君捐館舍」之語。按五國之伐秦而罷於成皋也，齊使公孫衍説奉陽君曰「君之身老矣，封不可不早定也」（見《趙策》）。其後因蘇代之謀，齊絶於趙，奉陽君曰：「已矣，吾無齊矣。」（見《燕策》）而其後齊滅宋，趙收天下，將以伐齊，已是趙王自用，奉陽君不復見於策，所謂捐館舍者當在此時，蓋赧王二十八九年之間也。然則蘇秦之始合從，遲於史傳所載且四十六七年矣。

且從横之名果何始乎？其義又何取乎？世謂蘇、張始爲從横，而以爲合從即擯秦，横親即連秦，其實不然。[一]蘇秦既不逮張儀，而《國策》所載張儀之説，除破從連横之六篇以外，尚無從横之言。此六篇之辭既不可信據，則張儀連横亦虚説也。《楚世家》載齊湣王遺楚王書曰：[二]「寡人患楚之不察於尊名也。今秦惠王死，武王立，張儀走魏，樗里疾、公孫衍用而楚事秦。夫樗里疾善乎韓，而公孫衍善乎魏，楚必事秦，韓、魏恐必因二人求合於秦，則燕、趙亦宜事秦。四國爭事秦，則楚爲郡縣矣。王何不與寡人并力收韓、魏、燕、趙以爲從而尊周室，以案兵息民，令於天下。莫敢不樂聽，則王名成矣。王率諸侯並伐，破秦必矣。」時爲赧王五年。[三]從之一語，始見於此。故賈生作《過秦論》，以爲「惠王武王南兼漢中，西舉巴、蜀，東割膏腴之地，收要害之郡。諸侯恐懼，會盟而謀弱秦，合從締交，相與爲一。」明合從以攻秦，當在武王以後。而不在惠王初年也。《楚策》云：「楚王令昭雎之秦，重張儀。久未至，惠王死，武王逐張儀，楚王因收昭雎以取齊。桓臧爲雎謂楚王曰：『横親之不合也，儀貴惠王而善雎也。今惠王死，武王立，儀走，公孫赫、甘茂貴。甘茂善魏，公孫赫善韓，二人固不善雎也，必以秦合韓、魏。韓、魏之重儀，儀有秦而雎以楚重之。今儀困秦而雎收楚，韓、魏欲得秦，必善二人者，二人將收韓、魏，輕儀而伐楚，方城必危。』」横之一語始見於此。蓋秦收韓、魏，則將伐楚，楚重張儀所以破横，而後人虚造儀爲秦連横説楚王之辭，不亦謬乎？然則惠武之際，從親之説方興，而史傳所載之蘇秦固久已裂車矣。[四]是時楚計不定，秦拔宜陽，則合齊以善韓（楚懷王二十三）；秦昭迎婦，則倍齊而合秦（懷二十四）；齊、韓、魏爲楚負約而來攻，則使太子入質於秦以請救（懷二十六）；及太子亡歸，秦合三國而共伐，則又使太子爲質於齊以求平（懷二十九）。然是時楚勢尚盛，故五國約而攻秦，楚王猶爲從長。及其不能傷秦兵罷而留於成皐（見《韓策》），《六國表》書於周赧十七年，則楚懷之三十一年也。而《楚世家》謂懷王十一年，「蘇秦約從山東六國兵攻秦，楚懷王爲從長」。不知彼役五國爲韓、趙、魏、燕、齊（見《秦本紀》），楚實未與。故昭陽謂楚王曰：「五國已破秦，必南圖楚」也（見《楚策》）。且即如史傳所言，蘇秦之死亦自當在楚懷八年（即燕易末年也）。故前人已謂秦之約從爲虚矣。蓋史以攻秦之役，在懷王入秦以後，不得其説，故誤列於十一年實則懷王入秦，自在秦昭十年，周赧之十八年也。[五]於是秦留楚王而薛公以齊與韓、魏攻秦，欲出楚王而求下東國，則赧之十九年也。及秦、趙交惡，秦使魏冉致帝於齊而約伐趙。《趙策》云：「五國之王嘗合横而謀伐趙，三分趙國壤地，著之盤盂，厲之鏤柞。」則易合從伐秦爲合横伐趙矣。及齊氏釋帝而欲攻宋，秦、楚禁之，齊乃救趙以伐宋，秦王厲怨於趙，李兑約五國以伐秦。《趙策》所謂：「今之攻秦也，爲趙也。五國伐趙，趙必亡矣。齊逐李兑，李兑必死。今之伐秦也，以救李兑之死也。」則復合從而攻秦矣。此秦王所以大怒於韓，而曰：「吾固患韓之難知，一從一横」者也。及燕約趙連楚、魏，令趙諂秦以伐齊之利，《樂毅傳》謂：「諸侯害齊湣王之驕暴，皆爭合從與燕伐齊。」則又易合從伐秦爲伐齊矣。然則從横之説，蓋以韓、魏、兩周爲中心，而迭尊齊、秦、楚、趙爲霸主。合齊、秦則南以攻楚，北以攻趙，皆横也。楚勢方强，合齊、楚以攻秦。楚既弱而趙代興，合齊、趙則西以伐秦，合秦、趙則東以伐齊，皆從也。及齊既殘破，秦遂最爲强國，而情勢爲之大變，則合從即爲攻秦矣。後世不知從横之説之所由起，以從横强秦遠溯於燕文、趙肅之世，此錢穆秦蘇秦故所謂「以當時列强大勢論之，蓋非情實」者也。

然錢氏謂「蘇、張從横，一切皆虚」，則亦未是也。錢以秦説七國時爲全不可信者，以其非當時實況也。又謂：「自蘇秦未死之前，固絶無六國合從擯秦之必需，亦絶無國六合從擯秦之可能，即據今《史記》各世家年表所記，又絶無六國合從擯秦之痕迹」。不知史傳所記，蘇秦之死早於秦之合從，實有三十餘年。前之絶無必需與可能者，至赧王二十八九年之間固已盛極矣。

《史記》以爲蘇秦合從在張儀入秦前後。《燕世家》：「文公二十八年，蘇秦始來見，説文公。文公予車馬金帛以至趙，趙肅侯用之，因約六國爲從長。二十九年，文公卒。易王初立。齊宣王因燕喪，伐我，取十城。蘇秦説齊，使復歸燕十城。十年，燕君爲王。蘇秦與燕文公夫人私通，懼誅。乃説王使齊，爲反間，欲以亂齊。易王立十二年卒，子燕噲立。燕噲既立，齊人殺蘇秦。」《秦傳》略同錢氏既以合從爲虚，故曰：「要之，今蘇秦事可考者，惟仕燕，懼罪，避之齊，爲反間，見殺。余今所考則正反是。秦之合從爲戰國中葉一大事，爲説士所樂道。其見於《國策》者，《趙策》説李兑一章與《秦策》説惠王（當爲昭王）一章，敍事相接，首尾略具，可以據信。蓋其合從爲實。但當在趙惠文王與秦昭、燕昭之世耳。而《史記》所列之行事：如仕燕、避齊、爲間、見殺，與所次之時序，值秦惠、燕文、趙肅，則並襲傳説之誤，全不可信也。」

蓋史公次蘇秦、張儀等事，大抵本之《國策》，而《國策》甚多淆亂。今即以張儀事考之。如説秦王章，列舉謀臣之失，而以圍邯鄲爲言，此固蔡澤輩之辭，非儀所能及也。又如爲秦連横説齊王章言：「秦、趙戰於河漳之上，再戰而再勝秦。戰於番吾之下，再戰而再勝秦。」乃指始皇十四年李牧宜安之勝，與十五年番吾之勝。〔六〕説燕王章云：「趙興兵而攻燕，再圍燕都而刼大王，大王割十城，乃却以謝。」則追述孝文、莊襄時事，皆去儀時甚遠。凡此皆原有策辭，而不得其主名，秦、漢間人妄繫諸之者也。魯連聊城之書言：「粟腹以十萬之衆，兵折於外，萬乘之國，被圍於趙。」與説燕王章同。而《策》繫於田單殺騎刧時事，不知此在王建之時，單久已爲趙將，且亦未必生存矣。《秦策》説秦王章言「先帝文王、莊王」，又言「成橋守事於韓」，成橋者始皇之弟也，而《史記》横添首尾，以爲春申君説秦昭王，不知此當屬始皇十二年，春申已被殺矣。然則秦、漢之際，史實之淆亂多矣，不獨於儀爲然也。且策文尤有僞託者。如不明横合爲攻楚，楚方重儀以破横，而有儀以連横説楚王之辭。又如《趙策》，儀以連横説趙王，言「西舉巴、蜀並漢中」，其事固在儀生前。又言「東收兩周，而西遷九鼎」，則已是秦昭末年，儀之死已五六十年矣。言「先王之時，奉陽君相」，以與蘇秦説趙王章合，不知奉陽君乃李兑，蘇秦始説已在弑主父之後，何得稱先王之時哉？又言「齊獻魚鹽之地」，以與説齊、燕兩章合，不知《齊策》請齊獻地在趙入朝澠池割河間之後，而反以爲在前，其矛盾之辭非一。蓋後人熟聞一從一横之説，先以説齊、燕兩章屬之儀，而又僞造楚、趙等章以配合蘇秦之説七國耳。

蘇氏爲從横家所宗，言之者衆，故其事尤雜亂；然苟細心鉤稽之，亦非全不可考也。余按《趙策》説李兑章與《秦策》説惠王章，事本連屬，則惠王當爲昭王之誤。錢穆據《戰國策釋地》謂殽函全入於秦，已在惠文後十一年，蘇秦豈得先及。不知秦説自在昭王時也。秦説李兑在既弑主父之後，則初入秦當在昭王之十三四年。其辭曰「可以並諸侯，吞天下，稱帝而治」，而昭王不用，殆以穰侯疾説士，伊闕未戰勝與？及韓、魏獻地，秦爲西帝，時則昭之十九年也。及其歸家朞年，揣摩成而復出，遂不復至秦。《秦策》謂其「摩燕烏集闕，見説趙王於華屋之下」，而《燕策》以爲先説燕，燕齎秦車馬金帛以至趙。然説燕章燕王稱秦爲主君，明已在趙封武安之後，則《秦策》爲是矣。説趙章稱所説爲趙王，而言奉陽君明在惠文王時，《史記》改爲肅侯非也。説燕章篇中曰王，曰燕王，獨篇首曰燕文侯，此明是後人所妄繫者。曰：「秦、趙五戰，秦再勝而趙三勝。」按秦惠後七年五國攻秦，實秦、趙相攻之始，是爲燕噲三年。〔七〕《秦本紀》謂敗趙公子渴，是秦之一勝也。後十二年，趙莊之戰，此秦之再勝也。昭之九年，五國攻秦，楚爲從畏，雖不能傷秦，殆所謂趙之一勝也，昭十一年之五國攻秦（見《秦本紀》）。則殆趙之二勝也。及五國欲合横以伐趙，而韓西師以禁秦國，反温、枳、高平於魏，反三公什清（《史記》作巠分先俞）於趙，此當即李兑約五國時事，而爲趙之三勝也。然則此章當在燕昭王時無疑。〔八〕説魏王曰：「大王天下之賢王也。今乃有意西面而事秦。稱東藩，築帝宫，受冠帶，祠春秋，臣竊爲大王愧之。」説韓王曰：「夫以韓之勁與大王之賢，乃欲西面事秦。稱東藩，築帝宫，受冠帶，祠春秋，交臂而服焉。」其事略同。蓋在秦已稱西帝之後，魏爲昭王而韓爲釐王，而《史記》誤次於魏襄韓宣惠之時，故錢氏疑之，以爲「時秦尚未稱王，何遽築帝宫」也。蘇秦合從諸章，皆謂爲趙，時蘇方相趙也，故常曰「敝邑趙王」，而《韓策》獨謂其爲楚，則後人改之，蓋誤信楚懷王十一年蘇秦約從楚爲從長之説也。説齊章曰：「夫不料秦之不奈我何也，而欲西面事秦，是羣臣之計過也。今臣無事秦而有强國之實。」豈以湣王驕而好勝，輕與秦敵，故僅以此説之爲已足與？而《史記》又誤以爲宣王矣。至如説楚威王章云：「大王不從親，秦必起兩軍，一軍出武關，一軍下黔中，若此則鄢、郢動矣」。又云「從合則楚王，横成則秦帝」，皆楚頃襄時之情勢。頃襄十九年，秦擊楚而楚與秦漢北及上庸地，二十年，秦拔鄢、西陵，二十一年，秦拔郢，二十二年，秦拔巫、黔中去秦合從時，尚不滿十年也。而下云「楚王曰：寡人之國，西與秦接境，秦有舉巴、蜀并漢中之心」，則又後人以威王時形勢改之。蓋秦若未舉巴、蜀，即無由下黔中也。

《秦策》：「秦惠王謂寒泉子曰：蘇秦欺寡人欲以一人之智反復山東之君，從以欺秦。趙固負其衆，故先使蘇秦以幣帛，約平諸侯。諸侯不可一，猶連雞之不能俱止於棲明矣。寡人忿然含怒日久，吾欲使武安子起往喻意焉。寒泉子曰：不可。夫攻城墮邑，請使武安子。善我國家，使諸侯，請使客卿張儀。秦惠王曰：敬受命。」錢穆引此謂：「武安子乃昭王時秦將白起，豈得上及惠王與蘇張並世？凡策士言蘇氏兄弟事率類此矣。」不知惠王亦昭王之誤，白起固與之同時，而客卿張儀則張禄之誤也。《荀子·臣道篇》：「故齊之蘇秦，楚之州侯，秦之張儀，可謂能臣者也。」楊倞注：「儀或作禄。」是古書儀與禄有相亂者。《史記·蘇秦傳》「投從約書於秦，秦兵不敢窺函谷關十五年」，而《范雎傳》載雎之説昭王曰：「至今閉關十五年不敢窺兵於山東者，是穰侯爲秦謀不忠而大王之計有所失也。」雎即所謂客卿張禄，其説昭王，史以爲在三十六年，則所謂閉關十五年當始於昭二十一年，即周赧二十九年，是《秦策》張儀必當爲張禄抑亦蘇秦合從當在赧二十八九年之確證也。僞造張儀説楚王者曰：「且夫秦之所以不出甲於函谷關十五年以攻諸侯者，陰謀有吞天下之心也。」説趙王者曰：「大王收率天下以儐秦，秦兵不敢去函谷關十五年矣。」此蓋熟聞秦閉關十五年之説者，習見張儀，罕聞張禄，故以儀承秦後，而不知儀、秦之不並時。凡張儀連横之説殆皆以此與？

然則凡蘇秦合從之説，以今考之，與當時情勢吻合，實可據信。而其他行事，則傳説多有舛誤。如《燕策》云「燕文公時，秦惠王以其女爲燕太子婦。文公卒，易王立，齊宣王因燕喪攻之，取十城。武安君蘇秦爲燕説齊王」，而以「燕雖弱小，强秦之少婿」爲言。錢穆作《諸子繫年》辨之，以爲「秦惠王元年當燕文公二十五年，三年惠王始冠，其時惠王年不過二十。越二年，燕文公卒，豈秦惠王即有女爲燕易王妻哉？」其説甚是。而猶謂「蘇秦説齊歸燕十城，則其事或可有」，則又誤以爲秦實當文公之世矣。按燕、齊兩策並有權之難一事，舊謂在文公末年。〔九〕然彼役燕雖再戰不勝，而趙出兵救燕，無齊取十城之説，且當是齊威而非宣王也。然則齊宣王因燕喪攻取十城者，當即子之之亂，伐燕之事耳。燕昭初年，值秦惠末年，有爲其少婿之可能。《魏策》謂：「燕，齊讎國也，秦兄弟之交也，合讎國以伐婚姻，臣爲之苦矣。」又曰：「以燕伐秦，黄帝之所難也。」是燕與秦爲婚姻，爲秦壻者當是昭王而非易王也。《燕策》以下次以「人有惡蘇秦於燕王者」一章，秦謂燕王曰：「今臣爲足下使，利得十城，功存危燕。」又曰：「事弱燕之危主。」文公末年未至於危弱，此必在昭王時無疑。又曰：「使臣信如尾生，廉如伯夷，孝如曾參，三者天下之高行也，而以事足下可乎？」而引陽僵覆酒事以自喻其忠信。並與蘇代謂燕昭王章同。則此二章並爲蘇代與燕昭王事之傳誤無疑矣。

《燕策》又云：「燕王噲既立，蘇秦死於齊。蘇秦之在燕也，與其相子之爲婚，而蘇代與子之交。及蘇秦死而齊宣王復用蘇代。燕噲三年，與楚三晉攻秦，不勝而還。子之相燕，貴重主斷。蘇秦爲齊使於燕。燕王問之曰：齊宣王何如？對曰：必不霸。燕王曰：何也？對曰：不信其臣。蘇代欲以激燕王以厚任子之也。於是燕王大信子之。子之因遺蘇代百金，聽其所使。」又云：「初蘇秦弟厲因燕質子而求見齊王，齊王怨蘇秦，欲因厲，燕質子爲謝，乃已。遂委質爲臣。燕相子之與蘇代婚而欲得燕權，乃使蘇代待質子於齊。齊使代報燕。燕王噲問曰：齊王其霸乎？曰：不能。曰：何也？曰：不信其臣。於是燕王專任子之。已而讓位。燕大亂。齊伐燕，殺王噲、子之。燕立昭王，而蘇代、厲遂不敢入燕，皆終歸齊，齊善待之。」此二章皆記蘇代與子之事而微有不同。前章謂蘇秦與子之婚而蘇代與之交，後章則謂代與子之婚。前章謂齊使代，而後章則謂子之使代待質子於齊，而齊使代報燕。今按《韓非·外儲説右》曰：「子之相燕，貴而主斷。蘇代爲齊使燕，王問之曰：齊王亦何如主也？對曰：必不霸矣。燕王曰：何也？對曰：昔桓公之霸也，内事屬鮑叔，外事屬仲，桓公被髮而御婦人，日遊於市。今齊王不信其大臣。於是燕王因益大信子之。子之聞之，使人遺蘇代金百鎰，而聽其所使之。」其説較《燕策》爲詳，蓋即策文所本。首言「子之相燕貴而主斷」者，明代所以激燕王之由曰「使人遺蘇代金百鎰」，則子之與代未必素交也。《外儲右》引一説曰「蘇代爲秦使燕，見無益子之，則必不得事而還，貢賜又不出」，最爲近情。而或見代之益子之，遂妄謂與子之婚，又或易爲蘇秦與子之婚矣。且代益子之，事本可疑。若果有其事，則燕昭方且屬怨，安能令其爲反間於齊哉。或者代仕齊之時故爲此説，佯爲有罪於燕者邪？《燕策》又云「蘇秦死，其弟蘇代欲繼之，乃北見燕王噲」，今考其辭，皆當在昭王時，而曰「王誠能毋愛寵子母弟以爲質」，代遺燕昭王書亦曰「列在萬乘而寄質於齊」，則所謂「蘇秦弟厲因燕質子而求見齊王」，與「子之使蘇代侍質子於齊」，又皆昭王時事之誤傳也。

按史公次秦事，多本《燕策》，故謂秦弟代，代弟厲。《秦傳》索隱引譙周云：「秦兄弟五人，秦最少。兄代，代弟厲，及辟、鵠，並爲游説之士。」又云：「譙允南以爲蘇氏兄弟五人，更有蘇辟、蘇鵠。《典略》亦同其説。蓋按蘇氏譜云然也。」錢穆謂「秦字季子，而稱嫂不以我爲叔，則古史典略之言或信」，殊爲有見，而反信秦事在代、厲之前，則誤也。余考《國策》所記三人之事多淆亂，然終以蘇代之事爲最早。《魏策》犀首約文子而相之魏，身相於韓，而代爲田需説魏王，其事當在齊宣初立，薛公歸薛之際，蓋在梁惠王之末年周慎靚之元二年，亦即燕王噲之元二年也。故代與子之得爲同時。《東周策》「昭獻在陽翟，周君將令相國往，相國將不欲，蘇厲爲之謂周君」，此蓋昭獻相韓之時，當在赧六七年，則厲之游説殆晚於代十餘年矣。及秦説李兑於既弑主父之後，則晚於厲者又十餘年，信爲蘇氏之季弟也。

然世以秦置代、厲之前，稱其仕燕避齊爲間見弑者，蓋初見於僞造張儀説楚趙之辭。《楚策》曰：「凡天下所信約從親堅者，蘇秦封爲武安君而相燕，即陰與燕王謀，破齊共分其地。乃佯有罪出奔入齊。齊王因受而相之。居二年而覺，齊王大怒，車裂蘇秦於市。」《趙策》曰：「欲反覆齊國而不能，自令車裂於齊之市。」不知秦實相趙，而誤爲相燕。且以游説之士而與之謀破齊，共分其地，此事之必無者。而《史記》復謂其因私通燕文夫人而出奔，與齊大夫爭寵而被刺，詐爲車裂以求賊。則秦漢之際愈傳愈歧，史公不辨而誤采之耳。余按蘇氏兄弟以代秦二人之名爲最盛。代既先出，策之言蘇子者往往指代，而後人多改爲秦，故凡往來燕、齊之間稱蘇秦者皆鮮代之誤。及秦後起合從，聲名洋溢，上揜代、厲。而或誤傳與之有關之張禄爲張儀，謂當秦惠王時，則轉以秦爲長兄，謂代厲襲其餘蔭。由是而又誤傳代之事於秦，遂有爲燕反間之説矣。錢穆謂：「爲燕謀合從擯秦者亦蘇代，爲燕謀親趙者亦蘇代，爲燕仕齊爲反間者亦蘇代，蘇秦之事蘇代又一一重演之。」因謂「按實多歧，頗難信」。不知仕齊爲間皆實蘇代之事，而後世誤附之於秦耳。然齊湣亡後，奉召燕王，代約之而不行，當在赧三十六年。設慎靚初年，代附田需之時，年已三十，則此時且七十餘，蓋終老於燕。〔一〇〕史所謂以壽死者。則車裂之説，與代亦無涉也。

按蘇代仕齊，雖似爲燕反間，然其人實反覆兩端，乘時因勢，非真盡爲燕而欲亡齊也。〔一一〕齊宣遺楚懷王書請合從，時在赧五年，其議或即發於代，故曰：「天下由此宗蘇氏之從約也。」方齊湣釋帝而倍伐趙之約，蘇代盛創儐秦之説，而有李兑所主五國攻秦之舉。《趙策》代謂奉陽君曰：「使臣守約，若與國有倍約者，以四國攻之。無倍約者而秦侵約，五國復堅而賓之。」《魏策》謂魏王曰：「故爲王説太上伐秦，其次賓秦，其次堅約而詳講，與國無相讎也。」又曰：「燕、齊讎國也，秦兄弟之交也，合讎國以伐婚姻，臣爲之苦矣。以燕伐秦，黄帝之所難也，而臣已致燕甲而起齊兵矣。臣又偏事三晉之吏，奉陽君、孟嘗君、韓呡、周最、周韓餘爲徒，從而下之。恐其伐秦之疑也，又身自醜於秦扮之。請焚天下之秦符者臣也，次傳焚符之約者臣也，欲使五國約，閉秦關者臣也。」而《燕策》載代遺昭王書曰：「今王若欲轉禍而爲福，因敗而爲功乎？則莫如遥霸齊而厚尊之，使之盟於周室，盡焚天下之秦符。約曰：『夫上計破秦，其次長賓之。秦挾賓以待破，秦王必患之。秦五世以結諸侯，今爲齊下秦王之志，苟得窮齊，不憚以一國都爲功。然而王何使布衣之人以窮齊之説説秦。』」則代之合五國擯秦，乃所以窮齊，即所謂爲燕反間之事矣。秦承其後，易五國擯秦爲六國合從，其説固易取信。又值李兑方死，惠文用事，故得布衣而取封侯，立談以致卿相。自來游説之士，功業之驟，勢位之盛，無可與比擬者。及大勢所趨，齊卒殘破，魏效安邑，韓入於秦，於是秦使白起擊趙而取藺離、石祁，擊楚而拔鄢、郢、巫、黔中，而後孟嘗、芒卯、如耳、魏齊之屬，數卒韓、魏以攻秦，而趙有閼與之勝，此蓋秦、趙爭霸之時也。昭王含怒日久，而曰「蘇秦欺寡人」，又曰：「趙固負其衆」，是客卿張禄始入秦之時，蘇秦尚在趙，故《秦策》謂「蘇秦相於趙而關不通」，又曰：「山東之國從風而服，使趙大重。」而後世從横之家謂爲閉秦關十五年也。〔一二〕《秦策》秦攻趙章蘇子爲趙説秦王，言「田單將齊之良，以兵横行於中十四年，終身不敢以攻秦折韓也」。蓋在赧五十年單始爲趙將之時。而云：「於是秦王解兵不出於境，諸侯休，夫下安，二十九年不相攻。」與閉關十五年之説相同，則此蘇子當即蘇秦無疑也。〔一三〕秦初説李兑當在赧二十以後，假令彼時年已三十，則此時當有六十，是秦蓋終老於趙者，而非車裂於齊也。

戰國時，世臣之權少衰，而游説之風漸盛。鄒忌封爲成侯，舊謂其由於以鼓琴干威王，今已不能詳考。若公孫鞅之得封商君，則嘗有大功於秦，且爲大良造已十餘年矣。而張儀、公孫衍之徒，景春所慕爲大丈夫者，亦但兼相各國而已，終其身未得封侯也。〔一四〕凡齊之薛公、孟嘗君，趙之奉陽君，秦之穰侯，楚之州侯等，大抵非公族即貴戚近臣。而若陳軫、蘇代、齊明、周最之徒，則奔走馳説，所謂白頭遊敖之士也。蘇秦崛起，以窮巷掘門桑户棬樞之士，一説人主，封君受相，黄金萬鎰爲用，轉轂連騎炫熿於道，宜其爲從横家所樂稱也。及范雎託名張禄以入秦，間人主之母子骨肉以取相印，封爲應侯，其卒得富貴有相類者，故蘇、張爲當時所重。後世既誤禄爲儀，則在魏冉、范雎之時别有張儀（見《秦策》）。「其不知秦之行事者，又於惠王張儀之前，列其合從，宜乎考實之士反以當時情勢爲疑矣。

且史公傳張儀，亦多襲傳説之誤。楚相笞儀與魏齊之笞范雎，何其相類，得非由張禄而傳誤邪？蘇秦舍人資儀入秦，與李兑舍人請資秦厚用以入秦，事又相類，豈即秦事之傳誤邪？《吕氏春秋·報更》謂資儀入秦者爲東昭文君，是戰國末年尚無蘇氏舍人之説也。《國策》記儀事甚衆。齊、宋圍煮棗，儀以秦、韓之兵救之，以有濮上之事。蓋儀本魏人，故多爲魏也。又欲與楚漢中以逐昭過陳軫。故惠王死，武王立，而左右謂其不忠也。《史記》於儀事多闕略而獨盡載後起僞託之連衡六國之辭，又謂其行事甚於蘇秦。然策但謂其好譖，而其事常爲犀首、陳軫、甘茂、鄭彊等所敗，則尚未如他人之多變詐也。

秦漢之際，百餘年間，文獻淪亡，古事湮晦，飾説多歧，傳聞易誤。即《國策》一書，已是真僞糅雜。而史公往往輕信誣辭，不能考實。其齟齬不齊者，又從而剪裁補綴之，如以蘇秦之出游大困，次於説秦以前，而奉陽弗説，反在説秦之後，皆復與策違異。奉陽君本李兑也，而曰「趙肅侯令其弟成爲相，號奉陽君」，蓋以爲秦之時序當於肅侯，故以意定之耳。於是蘇、張縱横遂儼若一完整之故事矣。二千年來讀史者不復考其時代，論其情勢，而以爲此兩人真傾危之士也。余故詳辨之，毋令終蒙惡聲，或亦史公之志與？

〔一〕《張儀傳》索隱：「山東地形從長，蘇秦相六國，令從親而賓秦也。關西地形衡長，張儀相六國，令破其從而連秦之衡。故蘇秦爲合從，張儀爲連衡也」。此實彊爲之説，不知關西地形初非衡長也。

〔二〕當爲宣王。凡《國策》宣王史多誤改爲湣王。

〔三〕楚懷王十九年，張儀即死於此年五月，發書尚未死也。《楚世家》次於懷王二十年，則當就書到時言之。又前人以世家下有昭雎誤，謂韓已得武。遂送因列於赧九年，實則此書自在前也。

〔四〕鮑本於此策横親字妄改爲從親，乃不知文義所致。

〔五〕見《秦本紀》《趙策》云：「今南攻楚者，惡三魯之相合的。今攻楚，休而復之，已五年矣。接地千餘里。今謂楚王：苟來舉玉趾而見寡人，必與楚爲兄弟之國。必爲楚攻韓、梁，反楚之故地。楚王美秦之語，怒韓、梁之不救己，必人於秦。秦始攻楚在赧十四年，至赧十八年正五年。可證《秦本紀》所記不誤。

〔六〕策文言趙已入朝澠池，錢氏據謂秦昭王時，蓋未細考。

〔七〕錢穆謂：「趙肅侯二十二年，魏盡納上郡於秦，趙疵與秦戰敗，秦殺疵河西，取代藺離石，是魏失河西，而秦、趙壤地始接，兵爭始啓也」。余按趙疵之敗，僅見《趙世家》《秦本紀》與《六國表》不載，似有誤。《趙世家》「武靈王十三年，秦拔我藺，虜將軍趙莊」。《六國表・趙表》同。《秦本紀》作趙將莊，《樗里子傳》作趙將軍莊豹，而《六國表・秦表》則以藺爲關陽。按肅侯二十二年，秦人若已取藺則才有十五年，不應又復拔藺，而中間不聞歸越之事也。《蘇秦傳》「趙莊之戰」，集解「駰案趙肅侯二十二年與秦戰敗，殺趙莊河西」，則裴本以肅二十二之趙疵爲趙莊。《趙世家》正義云「莊一作茈，音疋婢反」，則其所見別本以武靈十三之趙莊爲趙茈。茈、疵字相近，疑趙茈趙疵皆即趙莊。世家錯次於肅侯而誤爲疵，後人復據《六國表・趙表》校補世家，故兩出耳。

〔八〕燕破齊後，秦、趙旋有藺離石祁之戰，則秦不止再勝矣。以此知此章當在破齊之前。

〔九〕《燕策》云「噲子謂文公」，似在文公時。然《齊策》有薛公與魏冉。按田嬰封薛，在齊威王末年，則已易王末年矣，魏冉至秦昭四十二年尚在，若文公末年已見於策，則云其卒時將七十年，亦無此理。則《燕策》文公或是易王，故子噲已用事矣。

〔一〇〕陘山之事，代爲齊獻書當在齊湣未亡以前。史以爲即赧四二華陽之役，非也。

〔一一〕《燕策》言代爲齊將而敗之，當是觸子達子之事之傳誤。

〔一二〕按所謂閉關者，不通秦使耳。後世傳誤，則以爲不敢窺兵於函谷關矣。范睢説秦王《秦策》本作「今反閉關而不敢窺兵於山東者」，閉關與窺兵爲二事。《范睢傳》作「閉關十五年不敢窺兵於山東」，乃後人誤改。然今日正因此可證前人以張禄承蘇秦，而非張儀則所謂諱誤□□亦是一適也。

〔一三〕按赧王五十五年有長平之役，五十八年有邯鄲之圍，是不得謂二十九年不相攻也。鮑彪吴師道皆疑之。余按圍邯鄲後趙雖大困，猶有頗牧。秦則白起新死，勢亦稍衰，直至趙悼襄之九年，王翦擊趙閼與取九城，去赧五十年正二十九年。此後趙雖尚有李牧之再勝，然僅八年而遂亡國矣。然則舊當謂秦趙維持均勢二十九年，而傳説者誤以爲天下不相攻耳。

〔一四〕《史記》謂秦惠王封儀五邑，號曰武信君，不知何本。按《國策》好舉封號而無武信之説，則是後人僞造以配蘇秦之武安君，而史公誤采之耳。

載《文史雜誌》第一卷第十二期一九四一年十二月十五日。

一九四二

《恬庵語文論著甲集》序

古者《書》有序,《詩》有序,《周易》有《序卦傳》,時所謂序者,次第篇章、敷述要旨而已。及漢而太史公有自序;劉向父子校書,輒疏其大意,考校其事,爰有《别録》,論其體制即後世之序跋文字矣。唐宋以來,凡著書必有序之者。序跋既多,往往皆率爾酬應,强爲諛詞,陳陳相襲,無裨實學。及清世諸儒,崇尚朴學,考據精密,不爲空言,是則序跋之文與論著無異矣。余友羅莘田先生,頃裒集其十年來所作序跋之文十餘篇爲《恬庵語文論著甲集》,以示余。余惟莘田先生邃于語言音韻之學,其專著如《厦門音系》《臨川音系》《唐五代西北方音》,即已爲海内外學者所交重,乃其爲序跋之文,類能深入淺出,明白條暢,讀之如對乾嘉老儒。雖一字一音,務歸翔實;而仍娓娓不倦,使人不覺其爲專門之學,題曰「論著」,我無間然。

余于此學,雖未涉藩籬,亦頗篤好。竊謂:論中古語音,當以陸法言《切韻》、陸德明《經典釋文》爲主。蓋前者綜《韻集》以下韻書之大成;後者爲孫炎以後音義之總匯。若考隋唐之際一系之語言,自當求之《切韻》;而欲求漢魏以來字音之演變,則《釋文》尚矣。《切韻》一書,舊有陳澧、成蓉鏡之《切韻考》。(成書未有刊本。往時余主編《東北叢鐫》曾寫印兩卷。九一八變後,遂中輟。今并《叢鐫》亦不可得矣)。近瑞典高本漢氏作《中國音韻學研究》,亦以其反切爲根據。而《釋文》一書前人未有注意及之者。今讀莘田先生書,則有關於《釋文》之跋文四篇,可見其精力所萃,即此已于高氏書外,自樹一幟矣。

然高氏之書,猶多可議:余考《切韻》成於隋世;下至唐末,乃有等韻學之興起。其間語音上蓋嘗有一最重要之變革,爲前人所未知。《切韻》之齊、薺、霽、先、銑、霰、屑、蕭、篠、嘯、青、迥、徑、錫、添、忝、㮇、怗,凡十八韻,其聲母爲「烏、呼、古、苦」等，蓋爲一等韻也；而後世韻表列于四等。魏了翁所見《唐韻》，于齊韻別出「移（成棲反）、臡（人兮反）」二字爲一部（夏竦《古文四聲韻》所據唐《切韻》即有移韻），蓋以「移」爲禪母，「臡」爲日母，故與一等聲母不合也，則彼時齊韻尚未變爲四等可知矣。然敦煌所傳守温之韻學殘卷，則先、錫等韻已入四等。降至《集韻》，遂往往改此諸韻之純粹聲母爲腭化。（如煙，烏前反；宴，烏見反；噎，烏結反。《集韻》：煙，因蓮切；宴，伊甸切；噎，一結切。高氏以爲《集韻》不分純粹與腭化，非也）。而《韻鏡》祭、仙、宵、清、鹽諸圖，則以其四等別爲一圖，反以齊、先、蕭、青、添爲其四等矣。（此殆韻表家認爲四等元音當高於三等，故以同元音之四等屬於別圖，而以此諸韻代之耳）。然則此劇變之發生，或即在唐末歟？高本漢氏以一、二、四等爲純粹聲母，三等爲腭化聲母，此由不知所謂諸用純粹聲母之四等，于《切韻》時代本爲一等，宋世實已腭化爲四等，而《廣韻》承用舊音，未有變易耳。且《切韻》中自有腭化之四等韻，而幽、黝、幼三韻，高氏合於齊、先等韻爲一類，不知此三韻未嘗用純粹聲母也。其他如支、紙、寘、脂、旨、至、祭、真、軫、震、質、仙、獮、綫、薛、宵、小、笑、清、静、勁、昔、侵、寢、沁、緝、鹽、琰、艷、葉等三十韻，則又總名曰三、四等與二、三、四等，不知《切韻》反語實分三、四等爲兩類也。因此謂喻（四等）、邪等韻均爲純粹聲母，不知一、二等韻以及由一等變成之四等韻均無喻、邪也。以近代方音考之，苟腭化必沿及於四等。而高氏創爲四等爲純粹聲母之説，上違隋世幽、黝、幼等韻之反語，下乖近代腭化之實例，則其説之有待於訂正者多矣。且三百篇用韻，似不分等。（若分等，則元音當有異，而與《切韻》同，不當相叶，今不然，故知不分等也）。四等之分不知起於何時，然唐末尚有由一等變爲四等之迹象，則四等之完成，似當不遠。莘田先生精熟《釋文》，倘能爲我析此疑乎？

載《經世日報·讀書周刊》第三期一九四二年十二月九日。
又《羅常培文集》第八卷第三至五頁山東教育出版社二〇〇八年十一月。

一九四六

小學雜記

近代辭書的錯誤

近代新出辭書，較著名的有《辭源》和《辭海》，《辭海》後出。一般人都認爲較《辭源》稍好。我從北平到昆明，没有帶辭書，後來就在昆明買一部《辭海》，這幾年來一繙到它，就會發現許多錯誤。例如：

《一切經音義》條下云：「唐希麟有《續一切經音義》十卷。」（子集十一頁）

又見未集一二一頁《續一切經音義》條

按希麟是遼僧，非唐人。

七萃條云：「周之禁軍，《詩説》《祈招》，穆王西征，七萃之士咸怨，祭公謀父作此詩以諷諫。」（子集十七頁）

按七萃之士出《穆天子傳》，編者不應没有看過吧。解釋做周之禁軍，杜撰可笑。

不光條云「猶之不僅，《木皮詞》：『不光是徐當沐鄧稱猛將。』」

按「光是」的反面是「不光是」，截取不光兩字，不成話。

丙舍條云：「迺賢《秋夜懷姪元童詩》墓田丙舍知何所。」

丙舍帖條云：「法帖名，趙孟頫於丙舍書之故世稱『丙舍帖』」（並子集七九頁）

按鍾繇有墓田丙舍帖，何以不引。

丟下云：「一去不返也，見《方言》」（子集七九頁。）

按此本《康熙字典》而誤，《方言》實無此字，且此字只是近代俗字。

散氏盤條云：「般散氏之盤也。」（卯彙一八五頁）

按散盤爲周厲王時物。

斜字下引《新方言·釋言》云：「今浙江謂自壺口注酒抒之他器曰斜酒，讀如賒。」（卯集二〇一頁。）

按章太炎先生所謂讀如賒的字應該是「釃」，《説文》：「下酒也。」後世借用篩字，《水滸傳》第一回：先燙酒來篩下。」《玉篇》「篩所街切」。現在吴語裏篩酒的篩，正讀這個聲音，和賒不同，更不應拿斜字來附會。章先生《新方言》用遠在秦漢的古語來考證俗語，没有注意到漢以後將近兩千年的歷史的聯繫，所以他的結論大抵是不可信的。《辭海》編者常把《新方言》連篇累牘地抄録，大可不必。

江蘺條云：「《離騷》，扈江離與辟芷兮，王逸注：《文選》離作蘺。」(巳集廿頁)

按漢代的王叔師難道已能省見梁朝蕭統所編的《文選》了嗎？

蒼兕條云：「《史記·齊太公世家》：師尚父左杖黄鉞，右把白旄以誓曰：蒼兕蒼兕。」索隱：「本或作蒼雉。按馬融曰：蒼兕主舟楫官名，又王克云：蒼兕水獸九頭，今誓衆令急濟故言蒼兕以懼之。」按《論衡·是應篇》云：「師尚父爲周司馬，將師伐紂，到孟津之上，杖鉞把旄，號其衆曰蒼光蒼光，蒼光者水中之獸也，善覆人船，因神以化；欲令急渡，不急渡，蒼光害汝。」又云「河中有此異物，時出浮揚，一身九首，人畏惡之，未必覆人之舟也，尚父緣河有異物，因以威衆□」兕即光字，王説蓋本此。(申集八二頁)

按這位編者居然知道兕就是光字，可是他説「王説蓋本此」是以爲《史記索隱》的王克的説法，是本《論衡》的，他可不曉得《論衡》是王充做的，《史記索隱》的王克就是王充，克是充的錯字，司馬貞所引本就是《論衡》裏的話，給這位編者這樣一注，平添出一位王克先生來引用王充《論衡》的話，就愈加糊塗了。

露葵條云：「蓴菜之别稱，《顔氏家訓》：蔡郎父諱蓴，遂呼蓴菜爲露葵。」(戌集二〇五頁)

按《家訓》原文是「蔡朗諱純，既不涉學，遵呼蓴菜爲露葵」既不是蔡郎，也不是諱蓴，並且蔡朗呼蓴爲露葵，顔之推笑他不涉學，可見露葵決不是蓴菜的别稱。按《七啓》：「霜蓄露葵」，似乎就是一名冬葵的葵菜，而《本草》又有落葵，一名繁露，一名承露，露落聲相近，所以有人説露葵就是落葵。但無論如何總和蓴菜無干。又按《本草圖經》説：「蓴生水中葉似凫葵」，唐本有凫葵注云「南人名猪蓴」，别本注：「即荇菜也」。由此可見由蓴菜與凫葵相似，又由凫葵誤爲露葵，所以顔之推笑他不涉學，但《辭海》編者却就把露葵當做蓴的别名，並且所引即蓴兩字都錯，可見是没有查過《家訓》原書的。

青精飯條云：「植物名即南燭。」（戌集二一六頁）

按《本草圖經》引陶隱居《登真隱訣》載太極真人青精乾不飢飯法，所謂青精飯者，是用南燭枝莖的青汁所煮成的飯，飯色青黑，所以又稱烏飯，不是南燭的别名。

餤字下云：「餅也。《正字通》：唐賜進士有紅綾餤，南唐有玲瓏餤皆餅也。」（戌集二八三頁）

按此文節録《康熙字典》，《字典》原引《六書故》「今以薄餅卷肉切而薦之曰餤」，才引《正字通》：「唐賜進士有紅綾餤，南唐有玲瓏餤，駝騂餤，鷺鷥餤，皆餅也。」由《六書故》的説法，可見餤就是後來的餡字。我們看《朝野僉載》敍高瓚和諸葛昂盛設筵席説：「薄餅闊丈餘，裹餤粗如庭柱。」更可證明。《辭海》編者把《六書故》一段删去，就注做「餅也」，不通極了。

鼻子條云：《稱謂録》：「王應麟《漢制考》：始生子爲鼻子。」（亥集一五二頁）

按此見《説文》皇字下，編字書的人連《説文》第二葉都没有看過，要從《稱謂録》裏所引的王應麟《漢制考》轉輾裨販，雖然没有引錯，可是編辭書的目的是要把出處告訴讀者，這樣一個簡單的出處都没有找出，當然也是一種錯誤了。

這十多條是我翻到時隨意鈔下來的，此外當然還有。因此我感覺到編一部辭書實在不是一件容易的工作。《辭海》的編成，據説時間有二十年，編者有一百幾十人，可是由上面這些例子看來，很多普通常識都會錯誤，可見編這幾條的人簡直没有讀過多少書。至於主編的人是否逐條看過，就難説了，可是我狠疑心就是主編者對於這些，也都未必了了。大概書商的編辭書，都是聚集許多半内行半外行的人材，找些通行的書籍（例如《説文》用《段注》和朱駿聲的《通訓定聲》，《爾雅》用郝懿行《義疏》之類），分類編輯，只要湊得起一本書來就算能事已畢，根本就不想做成一本完善的辭書。所以他們這許多人，耗費這許多時間，大體是用在抄編上面，很少用心到每一條辭的解釋方面，所以這種錯誤就免不掉。雖然書商的目的是在營利，可是用很大的資本很長的時間去編一本辭書，至少有些爲文化服務的性質。而照這樣編法，徒然費了許多心力，還是貽誤讀者，未免太冤枉了。

照我的理想，一切辭書應該有一個重心，所以它的主編者，應該是博通古今的專門學者，（自然辭書的範圍不應太蕪雜，人名地名書名以及科學名辭，隨便登載幾條，就掛一漏萬，要載得狠詳細，何妨另編一本專門辭書），每一條辭都能自己去下定義，尋出處，找解釋，而不靠抄襲。其餘分編的人不過担任收集材料。查考、校勘、抄寫，那末這一部辭書才會編得好。這樣的辭書，等於是一人編的，只要這一個人稱職就行了。如其主編的人一知半解，分編的人各自爲政，是築室道謀，永遠不會有一本好辭書編出來的。

載《國文雜誌》第三卷第五、六期合刊第三二至三九頁一九四六年二月一日。

論容忍

前幾天在報紙上看見胡適之先生由北京大學談到「容忍精神」。照我膚淺的解釋，容是大度包容，忍是苦心隱忍，就是説我們不要褊狹和忿激。這種精神是最偉大的。

容忍兩字的一般用法，總偏重在容的方面。例如：《後漢書・劉虞傳》裏記魏攸勸劉虞不要攻公孫瓚的話：「今天下引領，以公爲歸，謀臣爪牙，不可無也。瓚文武才力足恃，雖有小惡，固宜容忍。」這是因爲要容，所以才不得不忍。

我們的民族精神，最能容納異己。我們的歷史上，曾經容納過很多的異族，很多的宗教和外國文化。我們哲人的遺訓是「休休有容」。越能容人，越顯得自己的偉大，所以説「我之大賢與，於人何所不容？」尤其是眼光遠的人，器量也特別大，所以説「君子尊賢而容衆，嘉善而矜不能」。可見能兼容並包的人，不是湖塗到不分賢愚善惡，而只是一種雅量，一種泛愛的精神。

説到忍就不同了。是可忍，孰不可忍，忍是有限度的，所以古人不常教人忍。孔子説：「小不忍則亂大謀。」爲的要顧全大局，不得不在小節目上隱忍些，免得半路上出岔子，這種忍是有條件的。要不然，士可殺，不可辱，忍辱含垢，志士仁人所不取。屈原説：「寧溘死以流亡兮，余不忍爲此態也。」這是有骨氣的人説的話。假使人人能如此，抗戰期間，何致於有這麽多的漢奸。

蔡元培先生是北大精神的代表。他的大度，汪汪如萬頃之陂，澄之不清，淆之不濁，凡是和他接觸過的人都知道的。他在北大的時候，所請教授裏一方面有胡適之先生和陳獨秀等最新的人物，一方面也有像辜鴻銘之類的極端守舊派，這是無所不容的精神。可是能容的人卻未必能忍，在五四運動以後，有一天，他説：「殺君馬者路旁兒，民亦勞止，汔可小休。」就不再回到北京大學。那時，北京在北洋軍閥手裏，他所以不回來，就是「余焉能忍與此終古」的態度。

由此可見，容與忍有時不能並行。度量儘管可以大，到了要辯別是非邪正的時候，是萬不能忍的。一個人到了忍無可忍的時候，還能苟安下去，不是麻木不仁，便是頑鈍無恥。

但是在需要含容的範圍裏，隱忍卻是很重要。人與人之間，恩怨的由來，往往起於不相干的細故，常常不能明白誰是誰非。小之如家庭，「父子之間不責善」，就要忍的工夫。古人説：「一尺布，尚可縫，一斗粟，尚可舂，兄弟二人不相容。」這種不相容的悲劇，就因爲彼此都不肯忍。《詩經》説：「兄弟鬩于牆，外禦其侮。」在外侮剛臨頭，大家或者可以隱忍一下。只要拖長下去，或者外侮一朝不存在，許多私怨又累積起來，每每鬩牆更利害了。甚且還有喪心病狂的人勾引外人來報私怨的，爲仇者所快而爲親者所痛。可是這種仇怨的來源，往往是很細微的。所以俗語説：「不痴不聾，不作家翁。」九世同居的張公藝的秘訣，只有一個忍字。大之如一個國家，也是一樣。各部門間，各黨派間，磨擦歧視是免不了的。討論是非曲直，往往不會有結果。鬥爭下去，一定是兩敗俱傷，給第三者造機會。只有寬容，只有隱忍。唯一的辦法是「相忍爲國」。

如其有人想把自己放得更崇高些，更偉大些，第一要能容納異己，要容就得還要忍，容忍在此是不可分的。因爲忍是一件難事，尤其在有骨氣的人，所以越能忍，越能顯出他的偉大。器量寬大肯包容的人總不肯吹毛求疵，對別人的過失，時時刻刻都在隱忍。着眼越遠大，所忍越多。有容德乃大，這種「容忍精神」，是我們中華民族最偉大的精神。在目前這種紛亂的局勢裏，實在是應當特別提倡的。

載《經世日報》一九四六年九月八日第二版。

曹大家不音姑考

《後漢書・曹世叔妻傳》："帝數召入宫，令皇后諸貴人師事焉，號曰大家。"大家二字，李賢無音，今人相傳讀家爲姑。言古者每舉此爲古魚部字元音當讀如烏之證，其實非也。

考大家之語，習見載籍，用法多歧，據余所知，凡有六例。

（一）蔡邕《獨斷》："親近侍從官稱天子曰大家"。《北史・後主皇后胡氏紀》："語大家云，太后行多非法。"此以大家稱天子。

（二）《後漢書・皇后紀》："大將軍梁冀秉政，忌惡他族，故虞氏抑而不登，但稱大家而已。"又云："今沖帝母虞大家，質帝母陳夫人，皆誕生聖皇而未有稱號。"袁宏《漢紀》："謂太尉張酺曰：大家事籍籍君所知。"此以大家稱帝母。

（三）《後漢書・曹世叔妻傳》以大家稱女師。

（四）《晉書・列女傳》："孟昶妻周氏曰：君父母在堂，欲建非常之謀，豈婦人所諫。事之不成，當於奚官中奉養大家，義無歸志也。"《宋書・孫棘傳》："棘妻許又寄屬棘：君當門户，豈可委罪小郎。且大家臨亡，以小郎屬君，竟未妻娶，家道不立。君已有二兒，死復何恨。"並以大家稱翁姑。

（五）《法苑珠林・眷屬篇》引《五無返復經》："梵志復語其奴，大家已死，何不啼哭？"以大家稱男主人。

（六）唐杜荀鶴《唐風集・途中有作》云："百歲此身如且健，大家閒作卧雲翁。"以大家泛指家人。

此六例中，前五例均用於稱謂，且均用於尊者，第所施對象各不同耳。六例中除曹大家外，無讀爲姑音者。又考《玉篇》《廣韻》各書，家字並無姑音。《通鑑》四十八："超妹曹大家上書"，胡三省注："家今人相傳讀曰姑。又據《皇后紀》，沖帝母虞貴人，梁冀秉政，抑而不加爵號，但稱大家而已。則大家者宫中相尊之稱也。"黄公紹《韻會舉要》："曹大家本音姑，或音加，誤。"（顧炎武《唐韻正・四》引《玉篇》"家本音姑，今音加，誤。"按《玉篇》無此文，當即《韻會》

之誤。）

案家字不當讀如姑。胡、黄並元人，其以家讀姑者，蓋有二因。其一當受宋時吴棫等所謂古音之影響。吴氏作《韻補》，以家字列九魚，攻乎切，即讀爲姑也。其别一因則殆謂阿家即阿姑。大家之義難曉，曹世叔妻既爲后師，可稱之爲姑也。

俞樾《春在堂隨筆》卷九云：「盧山王應奎《柳南隨筆》謂『曹大家字當讀如姑。錢宗伯詩誤讀本音。』余謂此論亦未是。大家字讀如姑，乃古音如此。《左傳》：『姪從其姑，六年其逋。逃歸其國而妻其家。』《離騷》：『羿淫遊以佚畋兮，又好射夫封狐；因亂流其鮮終兮，浞又貪夫闕家。』並其證也。若以古音讀之，不特大家之家應讀姑，即凡國家、室家字，無不應讀姑。若依今音讀，則何不可皆讀如家也。《後漢書・曹世叔妻傳》：『帝數召入宫，令皇后諸貴人師事焉，號曰大家。』章懷注于家字無音，可知唐初並無異讀。《唐韻》《集韻》十一模皆不收家字。不從今音則曹大家之家字竟無韻可歸矣。唐宋婦人每稱其姑爲阿家，以曹大家例之，似阿家亦應讀姑。然馬令《南唐書・李家明傳》注曰：『江浙謂舅爲官，謂姑爲家。』若家必讀如姑，豈官必讀如公耶？」

案俞説謂大家、阿家之家均不當讀如姑，至確。馬令《南唐書・李家明傳》：「翁媼怒曰：『自家官，自家家，何用多拜耶？』」原注：「江浙謂舅爲官，姑爲家。」此記方言之異，蓋通語之翁與姑，江浙人稱爲官與家也。若家仍讀姑，則謂姑爲姑，何勞辭費！故知家字決不讀姑也。俞氏謂唐宋婦人每稱其姑爲阿家，實則六朝時已習見。《宋書・范曄傳》：「曄妻罵曄曰：『君不爲百歲阿家。』又謂曄母曰：『罪人，阿家莫念。』」《北史・崔暹傳》樂安公主曰：「唯阿家憎兒。」此類均是史家所記當時口語，以五代時江浙方言讀之，家亦不當讀姑。

惟俞氏仍沿襲宋以來古音家之説，謂：「家字讀如姑，乃古音如此。」不知即論古音，家亦不讀姑也。案《説文》家從豭省聲，以古文字證之，家字所象豕形，實即豭字。又以諧聲字考之，凡從家、叚得聲之字，在《廣韻》中絶不見于模、姥、暮等韻。此一點極爲重要。因由此可見麻、馬類與模、姥、暮韻，雖《詩經》用韻通押，古音家並定爲魚部，其初要非一類。家既不得讀爲姑，姑亦不得讀爲家也。且魚部元音如何，前人未嘗論及。近世汪榮寶始謂魚部字之元音，當爲阿（A）而非烏（U），其説至確。以等韻考之，姑在模韻爲一等，家在麻韻爲二等。麻韻元音當較模韻爲前。在模韻之姑，古音當略如今日吴人口語之家，而麻韻之家，當與今日官話及吴人讀音相近，決不如今之姑字也。（顧炎武《唐韻正》謂：「家古音姑，今山東青州以東猶存此音，如張家莊，李家莊之類皆呼爲姑。至幽薊之間則又轉而爲各矣。」今按讀各讀姑，實皆今音，蓋由A變O，又變U也。）

《釋名·釋首飾》引里語曰：「不瘖不聾，不成姑公。」（《意林》引《慎子》：「諺云：不聰不明，不能爲王。不瞽不聾，不能爲公。」與此大異，然《慎子》本書，未必可信也。）《南史·庾仲文傳》作：「不癡不聾，不成姑公。」僅瘖作痴爲異耳。《隋書·長孫平傳》作：「不癡不聾，未堪作大家翁。」唐趙嶙《因話録》作「不癡不聾，不作阿家阿翁。」《通鑑》唐代宗云：「不癡不聾，不作家翁。」此諸語皆出一源，而盡作家翁者，姑受爲家，公受爲翁也。前論六朝以來婦人稱姑爲阿家及五代時江浙人謂姑爲家，亦均姑變爲家之證。按模韻字因字音演變，有時可讀入麻韻，如荼本同都反，變爲宅加反，是其證。然姑讀如家，字書韻書均無迹象可尋，殆屬不可能。六朝以來，模韻元音，本由阿漸變爲烏，惟麻韻未變。故《切韻》以魚、虞、模爲一類，歌、麻別爲一類。疑姑字古音（元音阿）之存於當時口語者轉與家字之音相近，作史者但記口語，不考古音，遂以家字代姑字，正猶烏字之本音既變，遂别作一烏字耳。

讀家爲姑之説，出於宋後。爲此説者，所謂古音如此，不知適得其反。又誤曹大家既爲宫中尊禮，可與姑義比附。不知家乃漢以來尊稱（如天子稱天家，官家，宅家，母稱家家。）大家之話，尤無定義。胡三省所設宫中相尊，較近事實。若以曹大家讀姑，則《北史》以大家稱天子，《五無反復經》以大家稱男主人，《晉書·列女傳》以大家兼攝翁姑，又將何讀？

且大家用法有六例，讀姑者祇曹大家一事。此正由望文生義，不究通例之故。承襲千載，唯俞氏稍發疑義，余得因而正之。問題雖微，亦可以見考證之不易也。

載《經世日報·讀書周刊》第六期一九四六年九月十八日。

鄭庠的古韻學説

近代研究中國古音的人，都知道古音的分部，是從宋朝的鄭庠開始的。可是鄭庠的著作，誰都没有見過。關於他的知識，最初，只見於戴震的《聲韻考》卷三（乾隆三十四年己丑，西歷一七六九）説：

鄭庠作《古音辨》，分：陽、支、先、虞、尤、覃六部。（原注：東、冬、鍾、江、唐、庚、耕、清、青、蒸、登並從陽韻。脂、之、微、齊、佳、皆、灰、咍並從支韻。真、諄、臻、文、殷、元、魂、痕、寒、桓、删、山、仙並從先韻。魚、模、歌、戈、麻並從虞韻。蕭、宵、肴、豪、侯、幽並從尤韻。侵、談、覃、添、咸、銜、嚴、凡並從覃韻。）

後來戴氏替段玉裁的《六書音均表》做序（乾隆四十二年丁酉，公元一七七七）也説：

鄭庠作《古音辨》，僅分：陽、支、先、虞、尤、覃六部。

段氏《六書音均表》一《今音古分十七部表》説：

宋鄭庠分古韻爲六部，近崑山顧炎武據依《廣韻》部分分古韻爲十部，而婺源江氏又分爲十三部。鄭氏東、冬、江、陽、庚、青、蒸，入聲屋、沃、覺、藥、陌、錫、職爲一部。支、微、齊、佳、灰爲一部。魚、虞、歌、麻爲一部。真、文、元、寒、删、先入聲質、物、月、曷、黠、屑爲一部。蕭、肴、豪、尤爲一部。侵、覃、鹽、咸入聲緝。合、葉、洽爲一部。其説合於漢魏，及唐之杜甫韓愈所用，而於周秦未能合也。

到道光十三年（西歷一八三三）夏炘做《詩古韻表二十二部集說》，他說：

自宋鄭庠分唐韻爲詩六部，麤具梗概而已。

在宋鄭氏六部表裏，他根據的是段氏所說的韻目。表後引戴、段和江晉三的評語，戴氏的話，也只是從《六書音均表·序》上鈔下來的，可見他連《聲韻考》也没有看過。

近代錢玄同先生曾經把由鄭庠六部到黄侃二十八部的各家古韻部居次第標目做一個對照表，他說：「鄭庠《古音辨》，惟見於戴段諸家稱引，其原書標目若何，無從審知」。（錢說引見劉賾《聲韻學表解》一二七葉）我聽見毛子水先生說，黄侃先生常拿鄭庠分六部的出處考人。我們不知道黄先生自己是否曉得它的出處，可是錢先生這種以不知爲不知的態度是狠可以佩服的。

鄭氏的書名本是《詩古音辨》，《宋史》卷二百二，《藝文志》的詩類，有，

鄭庠《詩古音辨》一卷。

宋陳振孫《直齋書録解題》卷二有

《詩古音辨》一卷，從政郎信安鄭庠撰。

由這裏我們可以知道鄭氏是浙江衢州人。清謝啓昆《小學考》卷三十二有

鄭氏屖《詩古音辨》（原注屖或作庠），宋志一卷，佚。

以我的孤陋寡聞，在目録學方面所知道的，只是這些。

最近，我偶然讀到元人熊朋來的《熊氏經說》，（《通志堂經解》本），發見在卷二裏有《易》《詩》《書》古韻一條，關於鄭庠的古音說，提到的很多，節録如下：

吴棫材老作《協韻補音》，鄭庠作《古音辨》，鄭與項安世各立韻例，吴、鄭同時，而朱文公《詩傳》止采吴氏協音，間亦改其謬誤，補其遺闕。鄭韻出於《詩傳》既成之後，吴、鄭自不相識，故其說或未歸一。愚以《易》《詩》《書》折衷二

家之説，字音不勝枚舉，姑記其略。

吴、鄭二家不同，莫如天人二字。吴韻天字皆依丁度《集韻》作鐵因切，鄭則謂天如字而人協然，舉古詩「山上復有山，破鏡飛上天」爲證，協山爲羶以從天。愚按天字協音，《易》《詩》可以互證。爲鄭氏之學者，以貞、諄、文、欣、元、魂、痕、寒、歡、删、山、先、僊十四韻皆協先、僊之音，則似拘矣。天人二字，在《詩》中如鄘《柏舟》、《黍離》、《小宛》、《巷伯》、《何人斯》、《十月之交》、《棫樸》、《旱麓》等詩，止有天人字，則吴、鄭説皆可通。然《詩》韻天字多協貞、經、清、蒸之韻，至度人經尚然。故丁韻天、田、年等字皆附入貞、諄之韻，此古詩韻例也。《文王》之卒章，以天協躬，鄭乃協躬爲羶，不如姑弘鐵因爲易協。證之於《易》，尤不可限以十四韻之例。「上不在天，下不在田，中不在人，」雖可以人協然，乾之文言「以御天也」，協精、情、平、行、成、鐵因之音，可爲鐵煙，可爲鐵嬰，皆丁顛反紐，此程沙隨所謂反紐通用者也。《易》中以貞協川，《詩·頌》以躬協年。項氏以青先真三韻爲一例，又以東蒸爲例，比鄭□通。然聲音之道，變動周流，例有盡而音無盡也。

鄭氏以東、冬、鍾、江、陽、唐、庚、耕、清、青、蒸、登十二韻相通，皆協陽唐之音。東之協當，同是舌音，如大東小東則可也。降字因（疑音字之誤）洪，鄭恐破例，乃云「古音江」，不知江諧聲於工，漢字如曲江書爲曲紅者有之矣。況《易》之恒以深協中，以禽協容。艮以心協躬。《詩》之蕩以諶協終。《雲漢》以臨協宗。《閟宫》以綅協躬。《小戎》以音協弓。《緑衣》《晨風》諸詩以心林協風。東侵二韻相通者多矣。鄭皆缺其音。項氏以東蕭尤爲一例，東灰蒸爲一例，東侵爲一例。「烝也無戎」，讀戎爲汝。「克咸厥功，」讀功爲古。似此戎功二字，豈必協陽唐之韻，鄭庠乃盡欲協陽唐，固哉其言《詩》韻矣。

鄭氏又以魚、虞、模、歌、戈、麻六韻相通，皆協魚模之音，别以蕭、宵、爻、豪、尤、侯、幽七韻相通，皆協尤侯之音。愚按虞之與尤侯，自可相通，非但古韻可證，今人語音如謀之與模，侯之與胡，鄒之與朱，往往相近。《皇華》《羔裘》之韻，鄭所知也。況歌麻脂之韻相通，如儀□等字是已。且《騶虞》首章，上有葭豝，則虞協牙，東方朔稱建章宫後騶牙，是其音也。二章以虞協蓬豵，又當通虞音於東韻，《易》之爻辭，以「即鹿無虞」協林中，是其音也。如「熊羆是裘」，以裘協奇，「周爰咨謀，」以謀協騏，《詩》中此類甚多，尤侯亦可協脂韻矣。泰否二卦之彖辭，以消協衰，豈必盡協尤侯之音。項以虞尤豪爲一例，□□爲一例，亦未知虞可通於東韻也。

鄭氏以侵、覃、談、鹽、添、嚴、咸、銜、凡、九韻相通，皆協侵音。項氏以侵覃□爲一例，又以侵東爲一例。俱有未盡。《鹿鳴》以湛琴。《卷阿》、《燕燕》、《泮水》以南協音。諸詩固有通例。《易》、《詩》以侵覃之韻，協風躬諸字，語見東冬韻下。項氏有東侵一例，比鄭法差密。風諧聲於凡，波諧聲於皮，英諧聲於央，在古人但見其同韻爾。觀制字者之諧聲，亦可見當時字音也。風字在東韻爲方馮切，在侵韻缺非敷正字，遂旁協孚愔切。「穆如清風」，「淒其以風」，皆協心爲韻，心亦可爲鬆。「鬱彼晨風」，協林爲韻，林亦可爲隆。「其爲飄風」，協南□韻，南亦可爲儂。風有凡之聲，亦可爲馮。不但爲風諧聲於凡，芃汎亦諧凡爲聲也。《易》中禽協强，深協陽，則侵韻又通陽於唐矣。

鄭氏辨今韻之訛，其間亦有自破其韻例者。又引沙門神珙反紐旁聲正聲之例。正聲在一紐之中，旁聲出四聲之外。如《七月》《生民》以歲爲雪。杕杜《東山》以至爲室。來之利力，又之異亦，世之設逝之析。皆旁聲之例。此言字音者所同。然鄭氏既知旁聲之例，則「有客宿宿」，可以協濾，不必改宿爲俣矣。「雉鳴求其牡」，可以協美，不必改美爲牝矣。況犧之音娑，華之音敷，羹之音郎，皆不同一紐。吴、鄭於旁聲之協，多所遺缺，觀吴、鄭有所不通，殊敬服《集傳》之功也。

熊氏最後把吴氏和鄭氏作一個比較，認爲是吴優於鄭。

由熊氏所提到的，我們可以知道：

㈠ 鄭和吴同時，（大約北宋末年）可是不相識，他們的古韻學，是各自獨立發明的，所以不能一致。

㈡ 吴書先出，（按吴書有福州刻本，見《朱子語録》。）鄭書出於《詩傳》既成之後，沒有經過朱子提倡，所以知道它的人不多。

㈢ 鄭氏本書並沒有部稱，他本來只是協韻，不過他把《廣韻》的各韻，合併做六個大類。

㈣ 鄭書以真、諄、臻、文、欣、元、魂、痕、寒、桓、刪、山、先、仙十四韻相通爲一類，皆協先仙之音。（真原作貞，桓原作歡，當是以避諱改。臻原脱，不够十四韻，今補。）東、冬、鍾、江、陽、唐、庚、耕、清、青、蒸、登十二韻相通爲一類，皆協陽唐之音。魚、虞、模、歌、戈、麻六韻相通爲一類，皆協魚模之音。蕭、宵、肴、豪、尤、侯、幽七韻相通爲一類，皆協尤侯之音。侵、覃、談、鹽、添、嚴、咸、銜、凡九韻相通爲一類，皆協侵音。（支、脂、之、微、齊、佳、皆、灰、咍九韻，熊氏沒有提到。）

⑤ 鄭氏把人讀做然，山讀做𣌭，躬也讀做𣌭，然𣌭都是仙韻字。東讀做當，唐韻字。降鄭說「古音江」，江韻字。可見鄭書用先仙韻字來音真諄等十二韻的字，用陽唐的韻字來音東冬等十韻的字，不用反切。

⑥ 鄭書有時改易經字，「有客宿宿」，改宿爲俣。「雉鳴求其牡」，改牡與牝。

根據以上各點，我疑心不但後來從夏炘到錢玄同，不知道鄭氏分六部的出處，就是最先說到的戴和段也未必完全清楚，證據如下：

第一，鄭氏的書名是《詩古音辨》，戴東原兩次都只說《古音辨》和《熊氏經說》同，可證他没有見過原書。（熊氏因爲說《詩》音，所以對吴棫的《毛詩補音》只說《協韻補音》，對鄭的《詩古音辨》，只說《古音辨》，原是可以的。戴氏對吴棫，只說他的《韻補》，在鄭氏以後的顧炎武作《音學五書》，江永作《古韻標準》，那末在鄭氏條下的《古音辨》，只是古音，不是《詩》的古音了，這是不應有的。）

第二，鄭書雖合併各韻不稱爲部，六部的話，顯然是由顧炎武創立了十部以後，因性質相同，而替他加上去的。

第三，戴氏所說分部協韻，幾乎全是錯誤的。

A 戴氏說東、冬、鍾、江、唐、庚、耕、清、青、蒸、登並從陽韻，所以他把它叫做陽部。據熊氏說是「皆協陽唐之音」，所引東讀做當，是唐韻字，可證。

B 戴氏說真、諄、臻、文、殷、元、魂、痕、寒、桓、删、山、仙並從先韻，所以他把它叫做先部。據熊氏說是「皆協先仙之音」，所引□𣌭都是仙韻字，可證。

C 戴氏說魚、模、歌、戈、麻並從虞韻，所以把它們叫做虞部。據熊氏說是「皆協魚模之音」。

D 戴氏說蕭、宵、肴、豪、侯、幽並從尤韻，所以把它們叫做尤部。據熊氏說是「皆協尤侯之音」。

E 戴氏說侵、談、鹽、添、咸、銜、嚴、它、並從覃韻。所以把它們叫做覃部。據熊氏說「皆協侵音」。侵和覃今音很不同。

由此，我們可以確定戴氏確没有看見過原書，因爲明朝人没有提到這本書，可能原書在元明之間已經亡佚了。可是戴氏這種說法從那裏來的呢？我很疑心他是得於傳述的，要不然就是戴氏早前曾經看見《熊氏經說》，記住一個大概，後來忘了出處，就無法查考了。

我所以相信這種説法只出於《熊氏經説》，就因爲戴氏只説《古音辨》和熊氏相同的緣故。可是戴氏所説還有「脂、之、微、齊、佳、皆、灰、咍並從支韻」的話，是熊氏書上所没有的。不過熊氏本拿吴、鄭兩家學説來比較，這幾韻既没有説到，狠容易推想到和吴説相同。照《韻補》的説法，脂、之、微、齊、灰五韻古通支，佳皆咍三韻古轉聲通支，這就是戴氏所説的脂之等八韻並從支韻的説法了。再看戴氏所説陽先尤等部，也正是《韻補》的説法，所以我疑心戴氏對於鄭氏的分部，本只有一個輪廓，用《韻補》的説法填進去，所以結果每條都説錯一些了。

至於段玉裁的説法，又是承襲戴氏來的。戴氏本用《廣韻》韻目，和鄭氏原來説法同，段氏却用了今韻。但是有入聲，顯然因爲要和顧、江各家對照而添上去的。

鄭氏的協音改讀，由現在看來，當然是狠粗疏的。他把古音分做六大類，實際上只是他那時代的語音，他完全是根據字的收聲來分類的。後來毛先舒的《韻學通指》，把東、冬、江、陽、庚、青、蒸叫做穿鼻。支、微、齊、佳、灰叫做展輔。魚、虞、蕭、肴、豪、尤叫做斂脣。真、文、元、寒、删、先、叫做抵齶。歌、麻叫做直喉。侵、覃、鹽、咸叫做閉口。也正是六大類。不過鄭氏把魚虞歌麻歸一類，毛氏的讀法把魚虞和蕭肴豪尤併做一類了。李光地一顛的音韻學家的説法，也大致相同。從考古説，固然疏闊，從審音説，却正未可全非。

至於熊氏把項氏和鄭氏相提並論，項安世的《詩音類例》，凡分十四例，見武英殿聚珍板叢書《項氏家説》卷四，於鄭氏説完全無關。項氏和朱子同時，在吴、鄭之後，熊氏把鄭、項聯在一起，狠容易引起誤會。項氏的古韻説，長處在能把《廣韻》的每韻分開來看，顧炎武也許曾受過他一些影響。不過，隨便舉幾個例子，不像鄭氏規模宏大，所以清代學者也没有人提到了。

三十五年十月寫於北平米業庫舊寓。寫成後，張政烺兄來訪，言丁聲樹先生亦曾於《熊氏經説》中檢出此條，以告錢玄同先生。錢先生晚年是知道出處的，不過他們都没有發表。因附記。

作者自注：寫成於一九四六年十月。

載《大公報·文史周刊》第七期一九四六年十一月廿七日。

與陸志韋先生論《切韻》復書

志韋先生雅鑒：

頃奉七日手札，敬悉。承賜《説文解字讀若音訂》，謝謝。容仔細拜讀，再承教。

拙文謂「隋世至唐末，語音上蓋有重大之變革，其變革或在唐末。」先生疑之，以「法言序先仙尤侯，俱論是切，是六朝人固已有併先仙矣。……此雖不足爲齊先等韻有無介音之證，然每疑六朝晚年方言之齊先，已多作四等式。法言書蓋尚論南北古今者也。」尊意「切韻系統以前，齊先等爲一等式，推之周秦音，無不皆然。然顎化起於何時，殊不必言之過執，史不可徵耳。」

蘭爲莘田先生作序文，乃在三十二年。頃鄙意已略有變動。然謂唐末語音有變化一點，尚未完全推翻。

蓋一等古有三類，高本漢只知其二。知有談覃而不知有添。知有泰灰而不知有齊。（即兩類，高亦不甚了然。）蘭意三類韻母，談爲最後，添爲最前，其前者略如今粵人之説雞字耳。魏晉時其元音如何，未能確定。至東晉以後，則最近卒業於北大研究所之李榮君，據法顯以□字對梵文字母之e，直至唐玄應以□字，地婆訶羅以翳字，證此十八韻於彼時讀e，當可信據。蓋後元音之a，往往變爲o若u，而最前之a，自可變爲e也。雖梵文對者，亦不定精密，要之相距不遠。然則先知與仙，在隋唐之際，主要元音當已相近。（然似不全同，故陸氏不用東韻之例，併爲一韻也。）其大別在有i介音與否耳。

六朝以來，一等字音逐漸顎化者，歌韻陸氏本只一□字，其後又有伽字。海韻有□字、啡字。□韻有□字。齊韻有栘臡二字。同是一例。魏了翁所見《唐韻》别出栘韻，其故雖不可詳，而一爲純粹聲母，一爲顎化聲母，則固顯然者。可見開天之際，此十八韻者尚未儕於三四等也。

然此第以陸氏一派韻書所代表之語音言之，即當時所謂吳音者也。若尊示所謂《慧琳音義》音切易一等爲四等，則似關中音顎化較早矣。至五代，等韻産生時，則江南河北，想已全部顎化。（今閩粵音自在例外）蓋此十八韻之元音，六朝以後爲e，由e元音前生出流音i；則先與仙幾無别矣。既有i介音，聲母自易顎化，故今日之吴音，此十八韻俱是顎化也。等韻家原欲解釋《切韻》，而又欲附會當時之音，以此矛盾，遂妄析祭仙等韻三四等爲兩，而以齊先等填入，鑄成大錯。然由此可見齊先等韻在五代以後實是四等，與祭仙之四等同，後人紛紛於真四等假四等之辨，可哂也。

然則依《切韻》系統，則此十八韻之由一等（係前元音）變爲四等，當在唐末。若參照《韻詮》、老聲切韻、《韻英》一類韻書，則關中語音，初唐時或已顎化。李涪等鄙《切韻》爲吴音，中唐以後，漸以關中音爲風尚，（此當時之官話）江南語音殆受其影響矣。如此解釋，似較精密。不知執事以爲然否？

承詢「上古音宵部之蕭錫，何以變爲中古之前元音系？古蕭錫若無介音，何以轉輾爲前元音？例如歷聲字在漢魏韻讀與元朗所載反切，不知如何聯繫？」

蘭意錫歷本是前元音。支部之入聲也。（支部一等併入齊韻。）蕭則自是幽部轉入宵部，變爲前元音耳。（蒿則由前元音宵轉入中元音幽部。）

蘭昔年與無錫秦鳳翔先生討論上古韻，分三十二部。（二三四等依此）分配如下：

		喉音韻尾	舌音韻尾	脣音韻尾
後元音	東屋侯	唐□模	寒末歌	談盍
中元音	冬沃（告）豪（嗥）	登德咍	魂没灰	覃合
前元音	□蕭（蒿）	青錫□	先屑齊	添帖

《切韻》之前元音十八韻，即添帖先屑齊青錫奚鶴蒿十部也。凡此元音本當相同，則多通轉。添忝之從天聲，溺激之入錫韻，是也。韻尾相同，亦多通轉。脣音三類其顯然者。出之與宵，自得相轉，幽之與侯亦然。然脣舌均各三類，而喉音獨六類者，余謂魚之支爲一系，侯幽宵爲一系。侯幽宵蓋有u韻尾者。然則幽侯二部俱是後元音，唯宵則兩可。以其主要韻母a爲前元音，則可與青錫支相通，以其韻尾u爲後元音，則與幽相通，並可與魚相通，（以魚部後來由a變o或u也。）故宵部後世無入聲矣。如此解釋，不知左右以爲然否？（若蕭變四等，則十八韻之大例也。）

古韻如此分配，一切難題，都可解決。漢以後歌魚合流，灰咍變爲開合，而支類一等變入齊韻，可見除聲字失韻尾以後之現象，亦頗有興味也。

尊謂「高氏之三等，似不足以言顎化。」敬謝指示。唯鄙意《切韻》三等已鄂化，k已爲□，t已爲□矣。

蘭素不知音，習古文字垂三十年，一涉古音，輒苦眩惑。以兹發憤；數年來董理《切韻》，於若干點，自謂尚能發千古之惑。擬爲《切韻研究》一書。然終是以目治，一遇細微音理，便亦迷離惝怳。他日全書寫成，尚當奉手左右，籍聆教益耳。匆復，即請近安。唐蘭啓。十月九日深夜。

整理者按：報紙文字模糊不辨者，均作「□」處理。

載《經世日報·讀書周刊》第十期一九四六年十月十六日

附：與唐蘭教授論《切韻》中齊先等十八韻書

陸志韋

立庵先生大鑒：

蒙賜《恬庵集序》，捧讀甚佩。另封奉近刊《説文》音論著一本，乞哂正。其舊作副本有存有不存。暇當檢奉。

尊序謂齊先等十八韻在《切韻》非四等韻，其説不可移易。此十八韻至六朝以後，因擬仿三等□而具有介音 ı；韋前已言之。故：（一）咍韻系出四等切，（二）了翁所見《唐韻》從齊韻另出一韻爲三四等，（三）《慧琳音義》所載音切輒易一等爲四等，（尊著所引《集韻》切實導源於慧琳等書。）其他蛛絲馬迹，可尋者尚不止此。

《切韻》本有所謂四等，幽韻系是也。支脂等系中喉牙音重出是也。心等母亦可析爲蘇息二類是也。

韋於高本漢説自始即深致歉意，其蔽即不知精等母每可析爲二，邪不可析而齊先等韻則無邪母也。

然尊著所云「隋唐與等韻之間，語音上蓋嘗有一最重要之變革……或即在唐末歟？」韋竊有疑焉。

法言《序》云：「先仙尤侯，俱論是切。」是六朝人固已有併先於仙者矣。初唐人爲詩大都先仙等同用。推之六朝，楊、李、夏侯，蓧與小同，嘯與笑同，夏侯静與迥同。彼時詩韻固爲通例。此雖不足爲齊先等韻有無介音之證，然每疑六朝晚年方言音之齊先，已多作四等式。法言書蓋尚論南北古今者也。

韋意《切韻》系統以前，齊先等爲一等式，推之唐秦音，無不皆然。然顎化起於何時，殊不必言之過執，史不可徵耳。

且上古音宵部之蕭錫，何以變爲中古之前元音系？韋每百思不得其解。邇年韋居陋巷，每爲此節反復思惟，終未得其解。古蕭錫若無介音，何以轉輾爲前元音。例如歷聲字在漢魏韻讀與元朝（校爲朗）所載反切，不知如何聯繫？足下有暇，試略考之，或可開韋茅塞也。

尊著又謂「高本漢分一二四等爲純粹聲母，三等爲顎化聲母。」韋疑高意並不如是。高氏之 tj 似尚不足以言 t 之顎化，故韋譯爲喻化。

高氏之 j，時作介意，時作聲母之附庸。韋不諳細微音理，每覺其迷離恍忽。第有一事不得不爲足下言之。中國人説 ts. dz. s. z 等母，每與西人不同，説七時舌尖抵上齒，説 S 時抵下齒，故説精母，舌必移動。精等五母之後，舌面逼近齒齦，其i音自與説知等母時不同。高本漢若明此理，或將引韋爲知己。惜乎齊先等韻與支脂等韻之分別，固不在此i音之或前或後，或宏，或細，而適在介音之有無也。此等處恐非一言能盡。待有機緣，願爲足下懇切陳之。

韋盡日忙於人事，如南諺云：「熱石頭上馬蟻。」誰謂荼苦，此生不知再有治學之太平盛事否耳。匆遽，即頌時綏。陸志韋啓。十月七日侵晨。

整理者按：報紙文字模糊不辨者均作「□」處理。

載《經世日報·讀書周刊》第十期一九四六年十月十六日。

洛陽金村古墓爲東周墓非韓墓考

距今十餘年前，洛陽金村所出古器物甚多。事出盜掘，前後經四五年，未爲一般人所知悉。惟開封聖公會之懷履光主教Rt. Rev. Bishop William C. White曾注意及之。民國二十年瀋陽淪陷，余由瀋歸北平。一夕與海甯吴其昌，永嘉劉節，共話於番禺商承祚之二道橋寓所。商氏出驫羌鐘拓本相示，即出於金村而爲廬陵劉體智所得者。鐘銘長至六十餘字，文頗流美，且有關史實。諸人歎美之餘，略通其讀，因相約爲釋文。其後吴、劉二氏之文先就，發表於《北平圖書館館刊》。銘中據吴、劉所釋有所謂𣄰宗者。及余作考釋，依馬叔平先生説訂正爲韓宗。劉氏初甚不然之，爲文辨詰甚力。顧其後又有徐中舒氏之《驫氏編鐘圖釋》及郭沫若氏之《驫羌鐘銘考釋》亦均釋爲韓。及懷履光氏作《洛陽故城古墓考》"Tombs of Old Loyang"遂因驫羌鐘之爲韓器，更因别有一豆一盤均載韓君之名而直定此諸墓爲韓墓。劉節氏承之，謂是戰國末葉韓國君主之古墓。（見《北平圖書館館刊》七卷一號）郭沫若氏繼作《金文續考》，於《嗣子壺》一文中，亦以爲韓器，謂其地乃韓國君臣所合葬之處。於是洛陽金村古墓爲韓墓之説，盛傳於學者間矣。

余於此初未注意，以爲固韓墓也。及二十七年作《智君子鑑考》一文（載《輔仁學誌》），借閲《洛陽故城古墓考》，乃知懷氏所謂一豆一盤之有韓君字樣者，其實均非韓字。至郭沫若氏文中所及之嗣子壺，有命瓜君之名，郭氏謂命瓜即令狐，甚確。然謂「令狐於戰國時屬韓，此器之作者蓋韓之宗室，封於令狐而歸葬洛陽」（《兩周金文辭大系考釋》二三九葉），則殊非是。蓋令狐爲魏之支子，《左傳・宣公十五年》有令狐顆，即魏顆也。其子魏頡曰令狐文子，見成公十八年。又文公七年「晉敗秦師於令狐」。杜預注：「令狐在河東。」《水經・涑水注》引闞駰曰：「令狐即猗氏也。」其地在山西猗氏，魏都安邑即在其側。則令狐在戰國時亦當屬魏不屬於韓也。顧彼時亦未深考，但由驫羌鐘及令狐君壺之製作時代考之，謂晉公於時既未廢絶，則此諸墓，與其謂爲韓墓，毋寧謂爲晉墓，較爲允當。

然尚有一最大之疑點，余前此竟未留意，即不論其人爲晉、爲韓、爲魏，何以能葬於洛陽耶？蓋洛陽即成周，固王室所在，周亡而其地入於秦，此決非三晉君臣所可以選擇之墓地也。

方余等初見屭羌鐘拓本時，余於馬叔平先生處復見别一鐘銘之拓片，出於劉氏四鐘之外。更有一壺，有六國時文字，蓋皆懷履光氏所贈者。彼時於壺銘亦未詳考。其後蒐集漸多，凡見七壺，本皆相類。大抵先記「左内尊」或「右内尊」，次爲數目字，左最多者爲廿八，右最多者爲廿四。又一節首記「四斗」，其容量也。又記幾鋝，其重量也。又記冶客某人，其工人之名也。由其數目字觀之，原器至少應有五十餘器。此固嘗見於懷氏《洛陽故城古墓考》及梅原末治《洛陽金村古墓聚英》，可確定爲金村所出之器也。

其後余避地昆明，欲草六國銅器銘文研究，蒐輯材料時，頓悟《善齋吉金録》任器中有二壺，銘曰「徝公左師」者，亦當是金村所出之器。蓋其旁記左尊州，及十九爰四寽廿九□等語，辭例字體、書法，與上述各壺如出一手也。鮑鼎以齊有右師，遂謂此稱左師者爲齊器，臆説不足信。《善齋吉金録》尚有一東周左師壺，銘云：「廿九年十二月爲東周左師尊壺。」《戰國式銅器之研究》亦有一壺，銘文字體全同，唯左師兩字作皆有爲異。梅原末治據傳説云出壽州。余考此兩壺之字體書法，又與徝公左師壺及金村諸方壺相同，因悟此亦當出於金村。皆有壺之傳爲壽縣者，殆是估人悠謬其詞，如謂甲骨出於湯陰之類。且金村器羣之發現，較壽縣略在前，估人得之較遲，亦自易推測爲壽縣也。

余既根據銘文辭例、字體、書法，轉輾印證，而知東周左師壺爲金村器，乃恍然悟金村八古墓當即是東周墓，既非韓墓亦併非晉墓也。屭羌鐘余已定爲周威烈王二十二年（紀元前四〇四年），令狐君壺以文辭書法考之，尚在其前，蓋皆戰國前期之物。而金村諸墓遺物乃延至周赧王時。則此韓器之屭羌鐘，與魏器之令狐君壺，當可以餽遺、贈賂、市易、俘獲等故而入於周。自不可以屭羌鐘爲韓器，遂執出土地之洛陽爲韓墓也。銅器出土，寧有定所。攻吴王夫差鑑出於山西，豈可執山西爲吴地耶？

今日所知金村遺物極多，僅《洛陽金村古墓聚英》已有百數十種。其間固不無傳説之誤，然由前述方壺一種，本當有五十器以上，則此類墓中之殉葬器之豐富，當可想見。物常聚於所好，由墓葬規模之大，可知此類塚墓之主人，必爲周之貴人，則其可保有前代韓魏諸器，亦可無疑也。

余旋以此説告之馬叔平先生及郭沫若氏，均贊同之。馬氏覆函中别提出一疑點云：

「金村墓在故城之東北隅，弟曾於發現後親往觀之，介於金村與翟泉鎮之間。金村爲金墉城故址。翟泉即春秋會諸侯之地。審其地點，已在當時之城内（周時洛城東邊，曾經擴充，將翟泉包在城内）。墓在城内，亦一問題。」

余按洛陽故城之擴充，當有兩次。《漢書・地理志》：「春秋昭公二十一年晉會諸侯于狄泉，以其地大成周之城，居敬王。」《水經注》引舊説「翟泉本自在洛陽北，萇宏城成周，乃繞之」。其一也。《史記・周本紀》集解引皇覽曰：「景王冢在洛陽太倉中，秦封呂不韋洛陽十萬户，故大其城，並圍景王冢也。」《水經注》於穀水下云：「班固、服虔、皇甫謐咸言翟泉在洛陽東北，周之墓地。今按周威烈王葬洛陽城内東北隅，景王冢在洛陽太倉中。翟泉在兩冢之間側，廣莫門道東，建春門路北，路即東宫街也。於洛陽爲東北。後秦封呂不韋爲洛陽十萬户侯，大其城並得景王冢矣。是其墓地也。」其二也。則此諸墓之得在城内，當是第二次擴大，秦封呂不韋時所圍入者也。金村爲金墉城故址。金墉在洛陽故城中之西北隅。今此諸墓之發現，在金村之東北（據《洛陽故城古墓考》附圖），當是故城中之東北隅。考《史記・周本紀》集解引宋忠曰：「威烈王葬洛陽城中東北隅」。當即《水經注》所本，然葬城中之説，亦殊可疑。余疑威烈王墓當即在今所發現諸墓之鄰近。其地爲故城之最北，於彼時尚爲城外，較近邙山之麓，晚周君臣均葬於此。後人追述，但僅知景王冢之被圍入，而忘卻威烈王冢之亦不應在城内耳。

金村遺物有銘辭可考者，據余所知，有三十六器。其間，屭羌鐘五器，屭氏鐘九器，應屬於韓。令狐君壺二器應屬於魏。此外尚有二十器，皆周器。除上述諸壺外，有銀器八件，其記時代者，值壺銘有二十九年，銀器銘有三十七年。

《史記・周本紀》：「考王十五年崩，子威烈王午立。考王封其弟於河南，是爲桓公。以續周公之官職。桓公卒，子威公代立。威公卒，子惠公代立。乃封其少子於鞏以奉王，號東周惠公。」則東周惠公爲西周桓公之曾孫，史連叙其事於威烈王時耳。《史記・趙世家》趙成侯八年「與韓分周以爲兩」，集解引徐廣曰：「顯王二年，周紀無此。」正義引《括地志》云：「《史記》周顯王二年西周惠公封少子班於鞏爲東周，其子武公爲秦所滅。」《周本紀》正義引《史記》文略同，並與今本異，未知所據。然以時考之，卻頗相合。故梁玉繩《史記志疑》及黄式三《周季編略》均從之。《大事記》以封東周惠公屬於考王十五年，誤也。自顯王二年東周始封，至秦莊襄王元年滅東周，前後凡一百十九年。

按周自敬王居成周後，以迄於亡，有二十九年者，僅有三人。敬王在位四十二年（或云四十四年）。顯王四十八年。赧王五十九年。東周左師壺之字體書法既屬戰國後期，且明著東周之名，東周之始封在顯王二年，則此壺之製作決不在春秋末之敬王時可知。銀器銘之有三十七年者，爲一環形而附三足。梅原末治舊以爲秦始皇三十七年。余於民國三十年撰六國銅器銘文研究時辨之，謂：「三十七年，始皇之崩年也。按秦封吕不韋於洛陽，死於始皇十二年。始皇二十六年，統一天下，海内爲郡縣，又有何人能於洛陽爲此類玩賞之物耶？其不合明甚。考第二器有『中府右尊』語，與銀俑銘同，且器亦出於金村，其爲周器可知。顧其記重量，於兩下不曰厲而曰朱，其字體又與漢器接近，明是周末器，尚在甘斿銀杯等六器之後，則此三十七年當屬周赧王無疑。」

頃返北平得見梅原末治所著《洛陽金村古墓聚英》（昭和十八年增訂本），亦已因珂羅崛倫之指摘，並由書體及内容之考察，而改定爲周赧王三十七年（紀元前二七八年），與余説正合。

更以墓地考之。金村諸墓既在故城之内，依前所考，當爲秦封吕不韋時，擴大洛陽城而圍入者。按《史記・吕不韋傳》：「莊襄王元年以吕不韋爲丞相，封爲文信侯，食河南洛陽十萬户。」擴大洛陽當始於其時，至始皇十二年不韋欽酖而死，《史記》集解引皇覽曰：「不韋塚在河南洛陽北邙道西大塚也。」則其塚不在洛陽城之内也。更越二十五年而至始皇三十七年，安得更有人在新城之内，作如許大塚。則即以墓地言之，亦可知其決非始皇時也。

銀器銘之三十七年既可確定爲周赧王三十七年，則東周左師壺之年代亦可確定。蓋前此敬王之時，既未有東周，而壺銘文字尚屬戰國型，與銀器銘文字之接近漢器者，迥然不同。則壺銘之廿九年，必爲顯王二十九年（紀元前三四〇年）無疑。

綜上所論，金村諸墓所出古器有年代可考者，凡有三事。㈠ 厲羌鐘爲周威烈王二十二年（紀元前四〇四年）。㈡ 東周左師壺爲周顯王二十九年（紀元前三四〇年）。㈢ 銀器銘爲周赧王三十七年（紀元前二七八年）。厲羌鐘既是韓器，非洛陽所原有，則此金村八墓之時代，可考者，最早當在紀元前三四〇年以後，而遲可至於紀元前二七八年以後。前後相差之最大限度，不過七十餘年。前距顯王二年東周惠公之始封，尚少二十七年，後距秦取東周，以洛陽封吕不韋，尚早二十九年。則此八墓必爲東周墓無疑。蓋築墓之後不久而東周亡，秦人更築新城，此諸塚遂均在城内矣。

三十一年後，生計日蹙，六國銅器銘文研究僅爲兩周三晉，擱置篋中，幾等廢紙。頃以陳夢家氏自支加哥來信云：

我忘記你對金村年代好像有一個説法，它決非韓墓，懷氏對此頗含糊不清。便中請賜數行。因特檢出此節重寫，以覆陳氏。並以見史事之傳誤，或累千載而不悟，一經拈出，固極尋常也。

載《大公報·文史周刊》一九四六年十月廿三日。

又《唐蘭先生金文論集》第三九九至四〇三頁紫禁城出版社一九九五年十月。

評《説文解字讀若音訂》

關於《説文》讀若的專書，過去只有葉德輝的《説文讀若考》。本書是從音韻學的立場來研究説文讀若的。因爲許叔重時代反切還没有發明，所以要知道他的音韻系統，只好在讀若裏去找。

不過《説文》九千多字，讀若只有八百多，並且幾乎每條都是獨立的，没有一定的條例，所以要完全靠這部分材料來建立一個系統是很困難的。作者對漢代的語音先有一個輪廓，他對於讀若和反切的關係的考訂，常取决於兩漢音韻的大勢。可以反映出這一部分材料的本身，作爲研究對象時，是不能十分滿意的。

序文説："韻書反切出乎經師者居多。魏晉以後，治《説文》者代有其人，安知其不依比讀若之文造爲反切，以流傳於後世乎？曰：事誠有之。反切之有當與否，惟在人善擇之耳。"

可見作者對由反切來考訂讀若的危險是想到過的。後世的反切離許君的時代已很遠，語言系統已有變更。有讀若的字大抵都是很冷僻的，在口語裏和韻文裏不常見到，除了"依比讀若之文造爲反切"，又有什麼好辦法。

用爲讀若的，照理説應該是同音的，可是注音的變化，有時甲變而乙不變，（例如"君子偕老"的偕，近代北方音由古諧切變爲户皆切，而"其鳴喈喈"的喈字未變。）所以《説文》本字和讀若往往不符。可是最危險的倒是讀若字如有錯誤，反切常跟了錯，像㚇讀若棘陵，生出一個紀力切的音，就是一個例子。埲讀若隴一條，段玉裁説："埲之言蒙，不得讀若隴"，是很對的。因爲尨是犬多毛者，而龍的右半不成字，本不相同，漢人的隸書有時相混。《説文》"埲，塗也"。段玉裁引《通俗文》"泥塗謂之埲澒"。《玄應》"埲，莫董切。澒，胡動切"。埲澒是疊韻連語。《後漢書·張衡傳》"喻尨鴻於宕冥兮，"《文選·思玄賦》作"庬鴻"，和古書裏"濛澒"、"庬鴻"、"澒濛"、"鴻濛"等詞，都出於同一語源。所以段玉裁説"埲之言蒙，"可以决定字只應讀《玄應》的莫董切，或者是《玉篇》引《説文》舊音木貢切，和大徐的亡江切。

可是《玉篇》的字都是力奉反，這是很可怪的。照諧聲系統説，尨聲除此以外没有讀龍的。《周禮》注的龍當是尨，只是漢儒破字説經，和讀若不一樣。我很疑心塗字本讀若龙。龐和龙的音最相近。《商頌》「爲下國駿龙」，《家語·弟子訓》作龐。《史記》冉駹，應邵讀龐，可證。六朝時《説文》的某一本也許把龐字寫錯了，變作隴，《玉篇》《切韻》力奉反是承襲這個錯誤的讀若來的。

用讀若來記音，缺點本來就很多，再加上後人所追擬的反切，有時還牽涉到文字形體方面，問題愈加複雜。但是這本書依然很成功，在篇首的《許音説略》裏可以看出當時語音的大勢。作者以爲漢語的聲調，一直到六朝的末年都差不多，大概可以作爲定論。一條一條的考計確不是一件容易的事情，作者心思細密，條理的清晰都是很可以佩服的。在目前要知道許叔重的音韻體系，這是唯一的同時也就是最好的一本書了。

整理者按：《説文解字讀若音訂》陸志韋著　燕京學報第三十期。民國三十五年六月燕京大學出版。

載《大公報·文史周刊》第四期一九四六年十一月十日。

關於洛陽金村古墓答楊寬先生

《文史》編者告訴我，上海《中央日報·文物周刊》第六期有楊寬先生所作的《金村古墓爲東周墓非韓墓考的商榷》，設法借來讀過，對楊先生的指教，很感謝。楊先生對於戰國史地的精熟，尤其佩服。我平常不很和人辯難，因爲是非久之自定，一心求勝，臉紅頸子粗的爭吵，頗覺無味。像這樣平心静氣的商榷，倒願意寫幾句奉答，藉以向楊先生領教。

（一）懷履光《洛陽故都古城考》在八九年前曾借來看過，承楊先生指出其中有東周圜錢，委實已不記得了。不過，墓有東周錢，不能逕定爲東周墓，還要其他證據，這點我完全同意楊先生的説法。

（二）我由東周左𠂤壺來推測徝公左𠂤壺是周器，更由徝公左𠂤壺來推測懷主教所説金村出土的許多方壺是周器，是我把金村古墓定爲東周墓的主要證據。這種由銘辭字體書法來推斷時代和地域，是古器物銘學裏所常用的方法。上面所説諸壺，可惜因印刷的限制，不能在報紙披露。只要把《善齋吉金録》所載左𠂤壺和金村許多方壺一比較，就知道確是一家眷屬。戰國時各國文字的區別，是很清楚的。韓器像驫羌鐘，顯然不同。此外據我所搜集到的將近二十件，也和這些周器大相徑庭。

（三）二周領土，固然小得可憐，但亡國君臣，最易豪侈，楚國將亡時大鑄銅器，可證。金村墓中方壺上數目字之多，很可驚人，是最值得注意的。

（四）楊先生説三川包兩周，自是事實。不過楊先生只舉出「鞏縣東北一帶，至少是韓地」。這裏很重要的是「東北」二字，我們要注意，千萬不要纏作「東南」或「西北」。洛陽故城在現在洛陽東三十里，鄰近偃師縣的邊境。由偃師縣往東，經隴海路黑石關站才到鞏縣。那末，鞏縣在洛陽東北，中間還隔着偃師縣。鞏縣東北即使是韓地，鞏縣可能還不是，何況鞏縣西南，何況更隔着别縣，這似乎有些風馬牛了。

（五）《國策》「韓侈在唐」的唐，不知是否上一章「唐客謂公仲」的唐，唐客却是楚人。如其因韓侈在唐，就説唐是韓地，未免推斷得快一些。所謂唐也不知是否《後漢書》的唐聚。如依《七國地理考》的説法，在河南府洛陽縣，不知應該在縣治東北呢？還是西南呢？如能考出在洛陽故城附近有韓邑，倒是奇迹。可惜方向不明，不便論定。手頭無書，懶得追究。楊先生精於戰國地理，希望更能詳考。

（六）舊土城是魏晉以前的洛陽故城，是大家公認的。發現東西的墓在金村以東，是故城的東北隅。《水經·穀水注》説：

班固、服虔、皇甫謐咸言翟泉在洛陽東北，周之墓地。今按周威烈王葬洛陽城内東北隅，景王在洛陽太倉中，翟泉在兩冢之間側，廣莫門道東，建春門路北，路即東宫街也。於洛陽爲東北，後秦封吕不韋爲洛陽十萬户侯，大其城，並得景王冢矣。是其墓地也。

這些墓是周墓，這史料也是好證據。楊先生不信擴大成周城的説法，那末，這城中的冢墓，該怎樣解釋？楊先生説「與其認爲東周墓，遠不如認爲是韓墓爲妥」。但是這裏先決的問題，不在這些墓，而在楊先生所附地圖中不很方正的一個舊土城，因爲墓是在城裏的。不知楊先生以爲這個洛陽故城是韓的洛陽呢？或者不是洛陽而是别的郡邑呢？這是我很願意承教的。

總之，我所以定這些墓是東周墓，是由於那些數目字很多的方壺。楊先生所注意的，似乎還只在驫羌鐘，意見自難免有出入。此外枝節雖多，説即話長，因怕饒舌，姑止于此。

載《大公報·文史周刊》第九期一九四六年十二月十一日。又《唐蘭先生金文論集》第四〇四至四〇五頁紫禁城出版社一九九五年十月。

一九四七

釋「抛」

抛字的字形狠奇怪。《説文・新附》：「抛，棄也。從手，從尤，從力。或從手，尥聲。」鈕樹玉《説文新附考》引錢大昕説：「抛蓋即抱之譌。從尤，從力，於義無取。」一般學者，都用這個説法。但是他只駁了會意，没有駁那個形聲的或説。而且抱字和抛字並不太相像，怎麽會錯呢？他却不管了。孔廣居《説文疑疑》説「從尤無義，尥亦不成字」，才把兩個説法都顧到了。可是只説「此是徐氏新附俗字，不可從」，並没有提出什麽證據。

抛字當然不狠古。可是《廣雅・釋詁三》：「抛，擊也。」《埤蒼》和《字林》的解釋都相同，至少在魏晉時已經盛行。清代學者尊許叔重太過，凡《説文》以外的字，一律稱爲俗字，這種墨守的態度，是我們所不取的。不過，後世的孳乳字，照例，不是形聲，便是會意，而抛字在《説文・新附》裏的寫法，却什麽都不是。從尤既没法説成會意，説是從尥聲呢，又没有這樣一個字。

王念孫《廣雅疏證》把抛字寫做拋，鄭珍《説文新附考》抛字篆文從尤從力，注文的尥聲却寫成「尥聲」。他們這種寫法，都没有説法。我想這是由於感覺到尥不成字，要把它改爲較合適的形聲字，可是證據不充分，就只好悄悄地改了。但是這個字改得非凡好。就字形來説，尣楷書常寫做九（現在注音字母裏的一個韻母），變成尤字只多了一點，反轉來看右邊的勺字變做力，却正是少了一點，這樣錯誤是很可能的。就聲音來説，尥字可讀做薄交反，和抛字的匹兒反狠相近。因此，我就疑心抛字本該從尥聲。最近我在自己從前抄過的故宫本王仁昫《刊謬補闕切韻》裏發見一個證據，在去聲三十六教裏，抛字正寫做拋。接着我去檢空海的《萬象名義》寫做拋，勺字雖錯做夕，可是還没有變成力，由此可以看見古寫本的好處。最後我又檢到遼僧行均的《龍龕手鑑》有這麽一條：

拋（俗）　𢳆（或作）　抛（今）　𢪃（正）

唐慧琳《一切經音義》卷七十五和卷七十八引《古今正字》，卷三十五引《説文》（大概有脱誤），都説「從手尥聲」。𢪃從尥聲，由此可以完全證實了。從前學者都不大看《龍龕手鑑》一類書，更没有見過《慧琳音義》，所以没有人注意過這個正體，《康熙字典》也没有收録。

《廣韻》二十四職有一個𡯁字，「林直反，脛交」，這應當是尥字的錯字，和抛錯成抛完全一樣。説文「尥，行脛相交也」，就是「脛交」的意義。林直反是力字的聲音，勺形錯做力，索性就讀力聲。不過尥字本可讀力弔切，和力字還是雙聲，比抛字從尤從力而讀做普交反或匹皃反好得多了。由六朝到唐，寫書盛行，别字最多。𢪃字由勺誤力，本極尋常，只因《説文新附》把尢又錯做尤，并且由楷書改成篆字，後人心目中總以爲篆字是不會錯的，因此這抛字就永遠成爲無從下筆的俗字了。

𢪃字既從尥聲，那就應該是杓字的異文。《説文》：「杓疾擊也」。（都了切）《廣雅》杓和抛同訓「擊也」。凡從勺聲的字，聲母往往可以變成脣音，例如：杓可以讀甫遥切和撫昭切，豹字和䶂字都諧勺聲，讀北教切，所以杓字可以讀如抛。《方言》卷十：「拌，棄也。楚凡揮棄物謂之拌，或謂之敲。淮汝之間謂之投。」郭璞注：「江東又呼擽（原誤㩍，依戴震校。）音黶。又音犳，音豹。」戴震校本把「又音犳，音豹」五字改做「又音揞」三字，説：

《廣韻》：「揞吴人云，抛也。」黶於琰切，揞於陷切，語輕重異耳。

這種改法去原本太遠，犳和揞，字形又不近似，很難教人相信。我以爲《廣韻》揞字其實就是郭注擽字的音轉，「又音犳音豹」五字原文應作「又呼杓，音豹，」和「又呼擽，音黶」，本是兩個不同的語言。杓字韻狠容易錯成犳，只因把呼字也錯成音字，好像擽字有三個音，就讀不通了。杓字就是抛字，《説文新附》：「抛，棄也」，正是《方言》拌棄的意義，拌和抛都是脣音聲母。《龍龕手鑑》抛字的或作𢳆，大概就由「音豹」而造的新形聲字。

杓字在魏晉時大概和杓字相類，有兩個音，一個是舌音聲母，一個是脣音聲母。後世保留了它的舌音聲母（丁了反），那脣音聲母的讀法産生了兩個新字，普交反的寫做抛，因爲卮薄交反，匹皃反的寫做[扌豹]，因爲豹博教反。更後抛字盛行，[扌豹]字失傳，又加抛的勺旁錯做力，它和扚字的關係就没有人知道了。

徐鉉只知道《説文》裏不應該有抛字，可不知道它就是扚字的異文。所以他把它放在新附裏，説：

> 案《左氏傳》通用摽。《詩》「摽有梅」，摽落也，義亦同。

其實摽和抛不過聲相同，義相轉，形體上是全無關涉的。《史記·三代世表》「抱之山中」，注「抱音普茅反」，也只是聲音相同。錢大昕説抛字是抱字的誤字，字形也不相近。

抛字可以解做擊，也可以解做棄。陸德明《左傳釋文》：「摽敷蕭反，又普交反。」摽抛同音，所以摽《説文》訓「擊也」，《韓詩外傳》卷二説「怠慢摽棄」，盧文弨就把「抛棄」來解釋。

《説文》「扚疾擊也」。扚就是抛的本字，所以抛不是單純的擊。由摽抛等字的聲音説，它應該兼有飄動，漂浮，僄輕，慓疾，翲飛等意義。《左傳》哀公十二年「長木之斃，無不摽也」，杜注「長木斃踣於地，不擇物而後摽擊」，這正是飛來的疾擊。《文選·洞簫賦》「聯綿漂撆」，李善注：「漂撆，餘響飛騰相擊之皃。」那末，抛不但可以訓疾擊，還可以訓做飛擊。

范蠡兵法上的飛石，漢朝人叫做發石車。晉潘岳《閒居賦》「礮石雷駭」，礮也是魏晉以後的新形聲字，可是當時並不通行，一直到隋唐時，一般人還只用抛字。《切韻》三十四效「抛，匹皃反，抛車。又普交反」。《文選·閒居賦》「礮石，今之抛石也」。《後漢書·袁紹傳》「曹操發石車擊紹」，注：「即今抛車也。」《唐書·高麗傳》：「李勣引抛車，飛大石。」《通典》攻城戰具法有抛車。發字和抛字聲母都是脣音，所以發石車，可以叫做抛石或抛車。抛字本有疾擊飛擊的意義，也可以引申做飛石的抛車，只是由動詞變成名詞了。礮和抛音同，只是一個語言的兩種寫法。原本《玉篇》（據《萬象名義》）和《切韻》都没有礮字，故宮本王仁煦《切韻》才據《閒居賦》加入，那末，礮字的流行總在唐代文選學盛行以後了。

《方言》：「拌，棄也。……淮汝之間謂之投。」拌和抛的聲母都是脣音，而杓可讀丁了反，又和投字的聲母同是舌音，所以抛棄兼有投擲的意義。《廣雅·釋詁》：「投，擿也，擿，投也。」擿就是擲。《詩·北門》「王事敦我」，鄭箋：「敦猶投擲也。」所以《切韻》五肴把抛訓作「抛擲」，抛鄭是連語，其實抛和擲不完全相同，抛毬不是擲毬。「擲地作金石聲」，不能説是拋地。因爲拋字有漂浮飛動的意義(又從勺得聲,勺字有上升的意義。)有些近似於現在所謂拋物線,所以今本《玉篇》把拋訓作「擲也」,不十分得當。

拋訓拋棄,有時帶些輕視的意義。《韓詩外傳》「怠慢摽棄」,《荀子・修身》作僄,楊倞注説是「自輕其身」。《方言》十:「仈・僄・輕也。楚凡相輕薄者謂之相仈,或謂之僄也。」《後漢書・賈復傳》:「復興鄧禹並剽甲兵,敦儒術。」剽字我們可以解釋做拋棄,也可把它訓做「輕」,和「敦」字相對。《孟子》「摽使者出諸大門之外,」也是一種輕慢的行動,白居易詩「洛下田園久拋擲」可以解作棄置,也含有不注重的意義。至於説到「拋青春」,「拋心力」等,擴展成爲蹧蹋白費等意義和棄的意義又不盡相同了。

拋字和扚字的聲音,又可以變做撩。拋本從尥聲,尥字切《廣韻》三十四嘯,又讀力弔切。拋字就是《説文》扚字,《廣韻》扚都了切,和鳥字同音,撩盧鳥切和了字同音,可是都了切的鳥,後世變成盧鳥切(又誤爲奴鳥切,吴語俗稱仍是都了切),所以明朝人把了字認爲象男子生殖器,《字彙》有屪字,可見扚字也可以音變爲撩。玄應《一切經音義》卷十六出「撩與」二字注:「力條反。撩擲也。《説文》云:『撩理也。』」撩理即料理,和擲義無關。所以卷一出「石撩」二字注:「力彫反,撩擲也。《説文》作摷,『相擊也』。」另外找摷字來附會。其實古韻宵部的字,往往可以訓做擊,如其要在聲音上論親疏,就只有拋字和扚字了。慧琳《一切經音義》卷十九出撩擲二字,注:「遼調反,謂遥擲也。」還和玄應的説法相近。卷七十四出撩擿二字,擿就是擲,而注引「《博雅》撩取也。《説文》理也」,就絶不是經文本意。卷六十四出撩玄二字,注:「音遼。顧野王謂將整理也。《説文》云,撩理也,從午尞聲。」也犯這個毛病。這都由於不知拋擲可以變爲撩擲的緣故。這個新語言,大概起於六朝以後,故書雅記没有它的訓詁,一定要引經據典,就撓不着癢處。一直到近代字書,都没有這個解釋,可是現代北平話還保存着當做拋棄講,也有人寫做撂字。中國字書所采的訓詁,大部是漢以前的。六朝以後,一直到現代還存在的活語言,漏落很多,撩字就是一例(慧琳《音義》卷六十出撩舉二字,注:「撩舉者樞衣也,手提衣而走也。」撩衣的話,現在還流行,舊字書也没有。)一部能包括古今字義的字典,是我們現在所希望的。

載《大公報・文史周刊》第十二期一九四七年一月八日。

悲皖峰

開篋淚沾臆，見君前日書。夜臺今寂寞，猶是子雲居。

我和皖峰在何時認識，已經記不起來了。因爲吴子馨、侯芸圻、蔣秉南等的關係，我有很多的研究院出身的朋友，皖峰是其中之一。有一次，不記得是誰在西單商場樓上一家新開番菜館裏請客，就是皖峰夫婦倆，那時恐怕還是新婚不久吧？後來他在輔仁大學教書，常有機會遇見，知道他生過一次很利害的肋膜炎，因爲曠課太多，没有復原就勉强着到學校去上課了。

抗戰以後，我們就十分的熟習起來。那時，許多朋友都已去内地，剩下來在北平的幾個人就特别覺得親熱。尤其是皖峰等兩三人和我更是時常見面，除了感時傷事外，無聊時也去吃一頓小館子。皖峰喜歡談文學史上的問題，那時他正排印他的新著的第一部分，有關於殷周文學的部分，更是我們常討論到的。他的寓所是一長排房子，近門的一大間是他的客廳，遍處都是書籍。我時常看見他在抄集材料，校排印的稿子，會見來領教的同學，他實在是太忙了。那時他太太在安徽原籍，因爲是亂時，他不願意她回來，可是又着實懷想她，把她的一張戲裝照片放大了，印成正反兩面，掛在書房裏。有一次我們在前門外厚德福吃瓦塊魚後出來，走過一個坡——北平有坡的地方不多，可是我再也想不起它在什麽地方了。我發覺他喘息得很利害，他告訴這是肋膜炎治癒後没有將息的緣故，我才深識他的身體太孱弱了，雖然表面上是很胖的。

二十七年秋季後，我就準備到昆明去，爲了要把《天壤閣甲骨文存》寫完，躭擱了許多時候。那本書的印刷，他曾幫過忙，序文他曾替我改過一兩個字。一直延到二十八年四月我才動身，他是最鼓勵我南下的，并且曾送我五十塊錢做路費。我到昆明後，他又對我家裏幫了很多的忙。因爲那時匯兑不通，他代我接洽了一筆對劃的款子，雖然對方不近人情的刁難刻薄，使中間人爲難，可是他是最有涵養的，所以還能使我家保持在最微的接濟。後來先母逝世，經營喪事，他所幫的忙更多。他是這樣一個熱心腸的朋友，不是經過患難身受其惠的人是不會知道的。我在那時常常想需要怎樣去謝他，雖然我懂得他的脾氣，他的幫人家忙是不蘄望酬答的。但是在我母親逝世不久，突然接到我妻的信，説皖峰死了，簡直把我怔住了，這真是不能相信的噩夢。信上説病並不嚴重，開頭只是鬧脚氣，後來大概在一處宴會裏，吃壞了，肚子不好。這種小病會死嗎？這些當然不是致死的真因。我想他從那次病後，身體本是衰弱的，但他對於做學問和教學生，從没有一天懈怠過，他是過於認真了，過於勞頓了。在敵人統治的城市中，每日在悲憤哀痛的心情下過活；學校的待遇一天比一天菲薄，營養不足；太太又不在旁邊，缺人照顧；這種種都足以斲削他的壽命的。我到昆明以後，接到他的信不多，因爲他很謹慎，好些信都是避免答覆的，所以許多情形，都從來信裏知道。一直到他過去後一年，我妻到昆明，才談到他屢次的幫忙和逝世前後的情形，我們常常悲痛，悲痛這樣一個善人，在亂離中被犧牲了。有無數的小事件，可以想起他，每一件事情都是我畢生不會忘記的。

離開北平七年，居然生還故國。城郭猶是人民非，以前常見面的朋友，有些是不得已而下了海，我爲他們的蒙恥受辱很想哭一番，可是皖峰是見不着了。皖峰和吴子馨先後故去，他們都是生過肋膜炎，都有肺病，都是苦學臞儒，篤行君子，真正愛護國家民族的志士，而不幸都是中年短折。皖峰和我交契的時間不到兩年，可是親切有過於骨肉，子馨是弱冠時的同學，近三十年的老友，朋友不易得，這樣關係的朋友更不易得，中歲以後，舊遊喪逝，這種不可名狀的悲哀，反倒欲哭無淚了。

皖峰逝世，到明日是整五年了。他死，我不知道。回來後，也還不能到他墓地上，斗酒隻雞，過相沃酹。現在只能寫幾個字來悼念他，他的音容笑貌還如在目前，他的高情厚誼，我總慚愧没有法子去向他稱謝了。

三十六年二月五日　北平米糧庫舊寓

載《經世日報》一九四七年二月六日。

釋「打」

一、從歐陽修以來對於「觸事皆謂之打」的解釋

近代語裏的打字，用法非常複雜。遠在北宋時，歐陽修在《歸田録》裏就説：

今世俗言語之訛，而舉世君子小人皆同其謬者，唯打字爾。（打丁雅反）其義本謂考擊，故人相毆，以物相擊，皆謂之打，而工造金銀器亦謂之打，可矣。蓋有搥擊之義也。至於造舟車者曰打船打車，網魚曰打魚，汲水曰打水，役夫餉飯曰打飯，兵士給衣糧曰打衣糧，從者執傘曰打傘，以糊黏紙曰打黏，以丈尺量地曰打量，舉手試眼之昏明曰打試，至於名儒碩學語皆如此。觸事皆謂之打，而雅檢字書了無此字。（丁偏反者）其義主考繫之打自音謫耿，以字學言之，打字從手從丁，丁又擊物之聲，故音謫耿爲是，不知因爲轉爲丁雅也。

歐氏提出兩個問題，「觸事皆謂之打」，和丁雅反的讀法，關於讀法，我别有文討論，這裏只討論打字的用法。

紹興時吴曾做《能改齋漫録》對這問題有一個解釋；予嘗考釋文云：「丁者當也」，打字從手從丁，以手當其事者也。「觸事皆謂之打」，於義亦無據矣。夫歐公偶忘釋文云邪？予嘗見宋景文公云：「凡義有未通者，當以偏傍考之」，予於打字得之矣。

又紹定時張世南做《遊宦紀聞》説：

今俗談謂打魚打水打船打織打量之類，於義無取。沙隨先生云：「往年在太學爐亭中以此語同舍，有三山黄師尹曰：『丁當也，以手當之也。』其義該而有理。」

黄師尹説恐怕就本之吴曾。

關於打字用法，還有項安世的《項氏家説》曾説：「其於打字用之尤多，如打疊打聽打話打請打量打睡，無非打者。」嘉定時劉昌詩做《蘆浦筆記》搜羅的更多，説：

歐陽公《歸田録》云：「世俗言語之訛，……觸事皆謂之打。」《漫録》以釋文取偏傍證之，謂「打字從手從丁，蓋以手當其事者也」。此説得之矣。然世間言打字尚多，左藏有打套局，諸庫支酒謂之打發，諸軍請糧謂之打請，印文書謂之打印，結算謂之打算，貿易謂之打博，裝飾謂之打扮，請酒醋謂之打醋打酒，鹽場裝發謂之打袋，席地而睡謂之打鋪，包裹謂之打角，收拾爲打疊，又曰打迸（一作併），畚築之間有打號，行路有打火（一作伴）打包打轎。負錢於身爲打腰，飲席有打馬打令打雜劇打諢，僧道有打化，設齋有打供，荷胡床爲打交椅，舞儺爲打驅儺。又宋歌曲調：「打壞木樓床，誰能坐相思。」又有打睡打嚏打話打鬧打鬬打和打合（讀作閤）打過打勾打了。至於打糊打麵打餅打綫打百索打條打簾打薦打席打籬笆，街市戲謔有打砌打調之類，因併記之。

宋人大概都用吴説，清末章太炎先生做《新方言》説：

今人言朾，……義仍與古近。自訓撞擊而外，有所作爲無不言朾，如言朾坐朾躬朾招呼，此猶有所作爲者字皆從殳從攴也。從某處過曰朾某處過，即是丁字，《爾雅》：「丁當也。」其以聲假借者，如言朾飯朾酒，乃借爲盛，《説文》：「盛黍稷在器中也。」占卜謂之朾卦，乃借爲貞，《説文》：「貞，卜問也。」廉察謂之朾聽，乃借爲偵，《史記・淮南王傳》：「爲中詞長安。」服虔曰：「偵候之也。」然則音雖譌變，而上尋假借，韻部未遷，明其傳之自古矣。

民國十一年劉半農先生做了一篇《打雅》，搜集關於打字的詞頭一百多個（後來據説搜集到八千多個），認爲是意義含混的混蛋字因此引出陳望道氏做了一篇「關於劉半農先生的所謂混蛋字」（見《望道文輯》），陳氏説劉氏的方法是羅列雜纂，不是真正研究的態度。又説：

除了最廣的羅列方法之外，我們知道還有一種最高的綜合的方法。最高的綜合不能不靠最廣的羅列做基礎，但是最廣的羅列不能不附屬在最高的綜合下面。那一百多個或八千多個，只能説是打字的用處，不是打字的用法。打字普通用法不過三種，就把北方土話作從字解的一種也算在内，也不過四種。三種用法如下：

㈠ 作「打擊」解

㈡ 作「作爲」解

形式動詞，没有實質觀念，用來代替有實質觀念的動詞，有些像文言的爲字，如

打水——取水　打魚——網魚　打印——蓋印

打牌——玩牌　打稿——起稿　打胎——墮胎

㈢ 用作動詞的添頭，大概添在單字的動詞前頭用來構成複字的動詞，打字本身可説没有意義。如打消

打掃　打攪　打擊　打扮　打量　打算　打發

二、由歷史的眼光來看「打」字

上面所舉前人對打字的解釋，吴曾是太籠統了，章先生只知道漢魏以前，不明白二千年來語言文字的歷史的發展，打聽説成偵聽，不知打看打話打坐打睡又將怎樣講。劉陳二氏研究的才是近代語言裏的打，劉氏的方法是羅列，陳氏是綜合，當然陳氏是比較進步的。可是陳氏的解釋也有許多錯誤。他的第二種用法，比吴曾的手當其事高明不了多少。爲什

麼打可以解釋做「作爲」呢？第三種用法裏的打消打擊，打字未必没有意義。至於作「從」解的，他只認爲北方土話，不曉得它並不晚於打算打發。陳氏最大的毛病是没有研究打字的歷史，没有最精的分析，就想做最高的綜合，他説「只要研究的態度方法不要太含混」，但他自己所用的方法還是含混的，因爲他還缺少歷史的分析。

由歷史眼光來看，打字意義的擴展從唐時已經開始，現在，它的用法可分五種，由英語 Dozen 譯音，十二爲一打還不在其内。五種用法是：

甲　用作打擊本義以及其引申意義的動詞。

乙　同上的複合動詞。

這兩種是六朝時已經狠普遍的用法。

丙　複合動詞的偏重，使打字變爲助動詞。

丁　助動詞變成的動詞，用如取、造等意義。

這兩種是近代語裏用法複雜的由來。

戊　連詞，恐怕是同字的聲轉。

它的歷史發展如下。

三、用作打擊本義和其引申意義

打字不見《説文》，徐鉉《説文新附》：「打擊也，從手丁聲。」可是打字的歷史是狠遠的，《藝文類聚》引王延壽《夢賦》有：「撞縱目，打三顱」的話，可見東漢時已有人用了。（關於它的來源，我别有文考證。）它的盛行在魏以後，第一個記載它的是魏時的張揖，在他所著的字書裏，如：

打擊也——《廣雅·釋詁》
打棓也——《廣雅·釋詁》
《埤蒼攩搥打也——唐韻》
四十四宕《廣韻》四十二宕引《廣雅》

其次是晉時郭璞，在《方言注》裏用的特别多，如：

今關西人呼打爲㭕——卷一㭕字注
今連枷所以打穀者——卷五僉字注
今江東呼打爲度——卷五度字注
此皆打之别名也——卷
五棓柫柍三字注
打撲——卷三撲字音
劈歷打撲二音——卷十
二劈朴二字音
《唐韻》三十一職敕字下引《方言》「趙魏間呼打」，今本《方言》無，恐怕也是郭注。

張揖郭璞都注過《蒼頡篇》，現在所存《蒼頡》佚文裏也有打字，如「椎用打物者也」，「撲輕打也」，「鍛椎打也」，不知應屬誰。吕忱《字林》也用打字，《唐韻》卅一裥扮字注：「打扮出《字林》，脯幻反一。」《廣韻》把出《字林》三字漏了，所以輯本《字林》無此條。

打字在一般的後起文字裏，當得起劉半農氏所説的「時髦字」，由王文考到郭景純不到二百年，已經變成口頭語。漢時本只用擊，《説文·手部》擛以下十五字都訓擊，《廣雅·釋詁》有五十九字訓擊，可見魏時擊字還是通語。可是《説文》

訓「過擊也」的拂,「以車軼擊也」的抰,郭璞説:「此皆打之別名也。」(《廣雅》均從木旁)可見在晉時,打已取得擊的地位了。

打字究竟是後起字,在高文典册裏是不用的,現在還是如此。在晉時除了字書,只有范甯《穀梁傳集解》用過「捶打」二字。小説雜書是常用的,不過張華《博物志》還没有,干寶《搜神記》才用了八處,相傳爲陶潛做的《搜神後記》也有八處,宋劉敬叔《異苑》有五處,劉義慶《世説新語》有四處,後魏賈思勰《齊民要術》有二十多處,小説往往是史書的藍本,所以後來南北史《晉書》也都常用了。

打字的用法一開始就狠廣泛,可以用做打人打狗打馬打額打脊打門打窗打麥打麻打鐘打鼓打毬打金打鐵,也可以用做手打拳打杖打棒打鞭打椎打瓦石打。用久了它的意義常會含混,如唐《國史補》:「打李楷洛碑」,是用氈墨椎搨碑上的文字,搨下來的紙叫做打本。南卓《羯鼓録》「常著砑絹帽」,是打羯鼓作樂曲。這種迂曲的用法在仂語裏常見。

由於類推作用,打字的意義可以發展做三類:

甲　類似打擊的意義　《齊民要術》卷六抨酥法説:「當日内乳涌出如雨打水中。」唐杜甫詩:「可忍醒時雨打稀」,劉禹錫詩:「潮打空城寂寞回。」打獵打鳥叫打,網魚也叫打,《東軒筆録》有「一網打盡」的話。

乙　類似相打的意義　由兩人相打擴展做兩隊相打,如打仗,《南史·陳武帝紀》:「一把子人何足可打。」《侯景傳》:「打賀拔勝……打蘭陵王。」《北史·邵護傳》:「被宣州官軍打敗。」

打彄打園打雙陸打馬打標打謎打官司等,凡是分曹角勝負的都可用打字。

《蘆浦筆記》所説打綫打百索打條打簾打薦打席打籬巴等,以及後世所説打辮子之類,都由兩股交織編成,也可用打。

丙　類似打勝的意義　《指目録》説「逆境界易打,順境界難打」,京本通俗小説《錯斬崔甯》説:「只有這兩椿人命是天理良心打不過去的。」

四、複合動詞

漢魏以後有些單音節字有變成複音節的傾向，有些字加一個語頭或語尾，有些字變成複合詞。打字本是動詞，變做複合動詞時可分做兩類：

（甲）兩個平行的動詞，像

打擊或擊打　《抱朴子·登涉篇》：「巖石無故而自墮落，打擊殺人。」《北史·張彝傳》：「以瓦石擊打公門。」打撲或撲打　打撲見前，《南史·宋紀》：「手加撲打。」

此外如搥打捶打撾打拋打打扮打拍打攤打鬬打搨等，都是把兩個意義相關的動詞連綴在一起的。

（乙）一主一從的複合動詞，又可分爲兩類：

1　打字前加副詞的如：

極打——《晉書·索綝傳》

痛打——《搜神後記》卷九

微打——《齊民要術》卷三

輕打——《齊民要術》卷八

薄打——《鄴中記》

2　打字後加副詞的如：

打敗——《北史·邵護傳》

打殺——《抱朴子》卷五

打壞——《搜神後記》卷六
打碎——《晉書・謝玄傳》
打取——《齊民要術》卷五
打破——《齊民要術》卷六
打爲——《洛陽伽藍記》
打折——《世說新語・輕詆》

五、由於複合動詞的偏重，打字變成助動詞

在複合詞裏，把兩個相近或前後連續的意義，併做一個意義，因此一部分的意義被吞併而逐漸消失了。打字是通語，由於用法的廣泛，在複合動詞裏容易被別一個較重要的意義吞併，如打撲打拍就是撲和拍，打塌就是塌，捶打就是捶，撾打就是撾，打字意義就漸消失了。

最有趣的例子是《字林》的「打扮」，李登《聲類》說「扮，擊也」，可見打扮二字意義本是相近的。由聲訓說，和打撲打拍差不多。《倉頡篇》說：「撲，輕打也」，所以可用做撲粉。扮從分聲，和粉有關，《慧琳音義》七十六解釋「相扮」是「手握乾麨，互相扮擊，」乾麨是麥粉，扮擊即撲擊，所以打扮也可用做撲粉。古代男女多傅粉，「娥娥紅粉粧」，撲粉是粧飾的第一要事，所以粧飾也叫做打扮。宋人小說裏常用，《蘆浦筆記》也說到。打扮由撲粉轉爲粧飾，打的意義就不存在了。王陽明《傳習録》有「扮戲子」的話，就只用扮字。

一主一從的複合動詞裏，往往把打字下的副詞加重成爲動詞，而打字反退居於没甚深意的助動詞。打取本是因打而取，如說打取一壺酒就只是取了。打開門可以是因打而開，打開包打開信就只是開了。打鬧是打而鬧，也可以是不打而鬧。還有些打字用在動詞前面，本是有意義的，像打獵是搏獸，打赦（見《樂府雜録》）要打鼓鉦，可是既成了仂語，本意含糊不明，也就像複合詞裏的助動詞了。

最著名的助動詞，是在唐末才發現的。韓偓詩：「打疊紅箋書恨字」，宋人小說《錯斬崔甯》說：「收拾隨身衣服打疊

個包兒」，疊東西是不用打的，所以打字只是一個助動詞了。到宋時就更有打黏打景打聽打話打請打睡打套打發打印打算打博打鋪打迸打號打伴打包打化打供打和打合打砌打調等。如歐項劉三家所説，又有打撈（見《碾玉觀音》）打斷（《菩薩蠻》）打交（《西山一窟鬼》）打刼（《馮玉梅團圓》）等，幾乎在每一動詞上都可以安上打字，真是「觸事皆謂之打」了。

打字變成助動詞後没有什麽意義了，但有打字頭的動詞往往因習慣而變出一個新的意義，如《東原録》説「會打疊金銀」，變做檢點收拾的意義，《鶴林玉露》：「我輩學道須是打疊教心内快活」，是安排的意義。又作打揲，見《能改齋漫録》，又作打點，見宋人小説《菩薩蠻》，到近代又把賄賂叫做打點了。此外如打合本是湊合，變做慫慂，打算本是算，變做計畫，打量本是量，變做估量，打聽本是聽，變做偵察，在近代語裏很多這種例子。章太炎先生把打聽認爲是偵字的假借，是太不注意近代語法的緣故。

宋人小説裏還有一個特殊的例子，如：

一個安童托着盒兒打從面前過去——《志誠張主管》到次年春間打從建州經過——《馮玉梅團圓》

打從俺府門首經過——《金虜海陵王荒淫》

照一般文法家的説法，從字是介詞，在從字有打字是狠奇怪的。而友人王了一先生却把從字認爲動詞（《中國語法綱要》一六一頁），那末打字依然是助動詞。由從上加打字變爲打從的一點來看，王先生的説法比生吞活剥地抄襲西洋文法的説法就好多了。

六、由複合動詞裏的助動詞變成的動詞

打字在複合詞裏還有一個特殊的變化，是由助動詞重新又變做動詞。如打包打鋪之類，包鋪本是動詞，打就是助動詞，要是包解釋做包裹，鋪解釋做床鋪，那就變做名詞，那末打就變做動詞了。宋人小説裏還有打一看打一變打一踢等用法，也是把看變踢等動詞變做名詞而把打字變成動詞。這樣一來，打字的用法更廣泛了，用在什麽動詞前它就有什麽意義，這是我們現在覺得打字意義含混的最大原因。

遠在唐世就有打魚打油等用法，杜甫有《觀打魚歌》，唐詩人有張打油，《廣韻》四十禡引證俗文：「榨打油具也。」這種打字的用法是由打擊引申出來的，但打魚應該是打取魚，打油應該是打取油，杜詩「棗熟從人打」，也應該是打取棗。打取可以變成只是取的意義，又可以省了取字但用打字來代替取字，於是打水打酒都叫做打了。這種省變的例很多，如：

打請省做打　《蘆浦筆記》「諸軍請糧謂之打請」，又說「請酒醋謂之打酒打醋」，那末請糧也可以叫做打糧。其實打請也是取，《宣和遺事》「我特地打將上等高酒來」，《水滸》第三回「你要打多少酒」，就只是取的意義了。章太炎先生說打借爲盛，也是隔靴騷癢。取和與是相對的，所以《歸田録》說「兵士給衣糧曰打衣糧」，和《蘆浦筆記》正相反。

打化省作打　《蘆蒲筆記》說「僧道有打化」，東貼和尚說「在此間打化香油錢」，又說「一個打香油錢的行者」，可見打化可省作打。其實打化也是取，《夷堅志》「將打回齋飯歸家」，是取回來的，歐陽說打飯是役夫餉飯，也是取變爲與。

打造省作打　《水滸》第三回「好生打一條六十二斤的水磨禪杖……小人自用十分好鐵打造在此」，可見打造可省做打。歐陽修說「工造金銀器亦謂之打可矣，蓋有槌擊之義」，其實打造也可以不打而造，所以又可以用打來代替造，唐段成式《酉陽雜俎續集》卷二已有打墻的話，宋人把造船造車叫做打船打車。

打去省作打　唐《國史補》「打毦毬」應該是打去毦毬，後世説打食打胎也就是打去或打下的意義。

打扮省作打　《武林舊事》官本雜劇段數有「鶻打兔變三郎」，大概是蒼鶻扮演的。打三教是扮三教辯論。

打疊省作打　《錯斬崔甯》説「收拾隨身衣服打疊個包兒」，《馮玉梅團圓》説「收拾細軟家財打做兩個包裹」，可見打疊可省作打。

打從省作打　上面所舉是從上加打變爲打從，但如《錯斬崔甯》説「這裏是五路總頭，是打那條路去好」，《碾玉觀音》説「打潭州過」，就只用打字，可知是由打從又省做打，這是

從——打從——打

章太炎先生説打是丁字，引《爾雅》「丁當也」，他竟不知道丁雖有時可訓當，可從來不訓從，丁和從是風馬牛不相及的。

凡是把打用做動詞放在名詞之前，如和它的本義和引申義無關，那就一定是由助動詞變過來的。

七、連詞

打字用做連詞是特殊的。唐寒山子詩:「房房虛索索,東壁打西壁」,宋丁謂詩:「欺天行當吾何有,立地機關子太乖。五百青蚨兩家鬬,赤洪崖打白洪崖。」這種用法恐怕是同字的音轉,在現代吴語裏還保存住。寒山在台州,丁謂是長洲人,我狠疑心它原來就是吴語。

八、結論

劉半農先生收集打字的詞頭八千多個,我認爲還是收不完的。中國語言是太複雜了,無論是一字、巴字,它們的辭彙總是幾百條至幾千條,每一條又常有幾個意義,有若干條又是很難解釋的(如唐人常用的打令,我們要没看見敦煌所出的樂譜是解釋不清楚的。),所以要每一個詞研究起來,真得要俟河之清。只有研究它們的歷史演變,才是以簡馭繁的辦法,也只有根據歷史事實分析而得的結論,才靠得住。所以我們目前研究中國語文的重要工作,應該先弄清楚每一個文字的,由古代一直到現代的歷史。

打字雖然不像劉半農先生所説是一個混蛋字,但究竟是一個狠不祥的字。「十五年來,大有大打,小有小打,南有南打,北有北打,早把這中華民國打得稀破六爛,而嗚呼媽呼,打的還在打」,這是劉先生在民國十一年説的話,隔了二十五年還是如此。文有文打,武有武打,比以前打得更起勁了。這篇短文改了幾十次的稿,寫了兩三個月,深怕要打不出結果來了。居然打完,如釋重負。這一個討厭的字,偏有人喜歡去搜集它,研究它,連我也扯在裏面,其中經歷酸甜苦辣,也不願多説,但願漫天遍地的打,早日打住而已。三十六年三月二日燈下

作者自注:寫成於一九四七年三月二日。

載《大公報·文史周刊》第二四期一九四七年四月六日。

馬融作《廣成頌》的年代

據《後漢書・馬融傳》，《廣成頌》是元初二年上的，這顯然有錯誤。本傳所載《廣成頌》說：

伏見元年以來，遭值戹運，陛下戒懼災異，躬自菲薄，荒棄禁苑，廢弛樂懸，勤憂潛思，十有餘年，以過禮數。甫以皇太后體唐堯親九族篤睦之德，陛下履有虞烝烝之孝，外舍諸家，每有憂疾，聖恩普勞，遣使交錯，稀有曠絶。時時寧性，又無以自娛樂，殆非所以逢迎太和，裨助萬福也。臣愚以爲雖尚頗有蝗蟲，今年五月以來，雨露時澍，祥應將至。方涉冬節，農事閒隙，宜幸廣成，覽原隰，觀宿麥，勸收藏，因講武校獵，使寮庶百姓，復覩羽旄之美，聞鐘鼓之音。

又說：

方今大漢收功於道德之林，致平於仁義之淵，忽蒐狩之禮，闕槃虞之佃，闇昧不覩日月之光，聾昏不聞雷霆之震，于今十二年，爲日久矣。

一則說「十有餘年」，再則說「十二年」，但從安帝即位的永初元年（公元一〇七）到元初二年（公元一一五）卻只有九年，和「十二年」的數目不合。那末，永初二年應該改做五年，由永初元年到元初五年正十二年。范書《安帝本紀》元初五年七月的詔説：「永初之際，人離荒戹，朝廷躬自菲薄，去絶奢飾。」正用到「躬身菲薄」的話，也可以算是證據。

但是這一個年代也有可疑的地方，第一，鄧氏的政策是在甯息百姓，元初五年的詔書正在提倡節約，馬融正在希望進用，將順其志還顧不及，怎麼能想到校獵廣成上去。第二，任尚是在這一年的十二月棄市的，檻車徵詣廷尉應在其前，鄧鳳請託的事也一定早發覺了，在這樣環境下他也不會做《廣成頌》。

還有一件可怪的事情，是日本古鈔本《文館詞林》裏的《廣成頌》。《古逸叢書》本《文館詞林》楊守敬跋說：「除林氏已刻之四卷及第三百四十八之馬融《廣成頌》，餘十四卷今星使黎公盡以付之梓人。」又所附目録在第三百四十八下注：「卷首西京大覺寺影鈔本。卷尾原本，攝津國勝福寺所藏。馬融《廣成頌》一首，見《文選》，今不刻。」按《廣成頌》不見《文選》，只見《後漢書》，楊氏後來序楊葆初刻本說「其三百四十八之馬融《廣成頌》以已見融傳，及柏木政矩所藏五百七卷，只存目録，仍不彙入」，已自己改正了。《適園叢書》本《文館詞林》張鈞衡跋說：「董授經大理在日本西京借得廿一軸，除已刻外，又得卷一百六十一整卷，卷三百四十八一殘卷，卷六百六十四即佚存叢書之後半卷，殘詩四首與楊氏單刻卷一百五十六目合，又殘卷二卷。」但張氏刻本不知爲什麽依然没有卷三百四十八這一個殘卷。只有董授經自己在日本印的《文館詞林》最後有一個殘卷說：

（上闕）之忠言。既覽斯而淹思兮，復動軫而南轅。經造舟之飛梁兮，迄廣成之囿園。徒察夫垧野之窊盧污閼，顥寥曠盪，陵夷連延，唐茫儻莽，卷阿曲阜，高原顯敞。遥望菀觀，杳冥勿罔。獸如流川，鳥如浮雲。日未移景，人馬未勤，獲車已實，紆軫而旋。雖云蒐狩三驅之法，亦有兕荒殺禮之文。諸夏未徧被鴻奬之澤，而獨惠此封圻之六隊。竊懼聞管籥之音，見（原脱一字）旄之美者，有舉疾首蹙頞之怨，不皆欣然願此遊田。鄙人圖陋，亦私惑焉。

主人曰：吁！子所謂篅中闚駮，見前蔽後，識左暗右，以震寓燕雀之知度鸞皇之意，猶坎井鼃黽之思筴蛟龍之謀，從下億天，十不中千者也。往者盜竊寳璽，覆國殲家。元惡大憝，猾夏亂華。鯨鯢九嬰，封豕長蛇。剥落天下，虔劉普加。億兆夷人，夭昏札瘥，十有一存，離析奔波。於是皇矣上帝，臨下有赫，鑒觀四方，求人之瘼，乃眷西顧，新野是宅。然後光武乘天機，運玉衡，建參旗，攬攙搶，操篲拂，曳長庚。掃彼四野，芟夷九區，拯斯人於沈溺，復太祖之弘基。至於永平，明光上下。來遠以文，崇德偃武。經始靈臺，路寢作後。躬化正本，孝友三五。建初郁郁，增修前緒。班固司籍，賈逵述古，崔駰頌征，傅毅巡狩，文章煥爛，粲然可覩。自時厥後，以續妣祖，奕葉載德，不忝神符。文獻之士，設於衆寡，三九之輔，必乎儒雅。茂才尤異，鄉舉之徒，實署經行，課試圖書，不論蒐狩，不講獮苗，爲日久矣。故有言穰苴孫吴之法，宋翟李牧之守者，謂之末技賤工，不容於州府。有論成荆孟賁之斷，不詹狼瞫之果毅者，謂之贛越訬（原脱一字），擯弁於鄉部。是以託病辭干戈避扞禦者，以增名益高，前時議所與。見危内顧，臨難奔北者，謂之明哲全身，獲福利於後。故魑魅魍（原脱一字）陸梁乎梁井，夔虚鬼蜮湑沸乎徐楊，隅郄蛛蝥蠢動於蠻荆，王師數敗績困憊，乃克征方。今聖朝遠度深惟。圖難爲大，必於細微。存不忘亡，安不忘危。不教人戰，孔子所譏。故以農郄（下闕）

由於一開頭就説「迄廣成之囿園」，可以看出它應該就是所謂第三百四十八的《廣成頌》，但和范書所載完全不同。董授經本是由日本西京借來的，應當是小林辰目録注裏的「卷首西京大覺寺影抄本」，可惜我們没有看見所謂「卷尾原本攝津國勝福寺所藏的」是些什麽，假使單憑這個殘卷又怎麽能證明他是馬融的《廣成頌》呢？楊守敬那樣輕率地説「見《文選》」而不去刻它，真是一樁不可恕的謬誤。

這個殘卷裏的論旨，和范書本傳所説「俗儒世士以爲文德可興，武功宜廢，遂寢蒐狩之禮，息戰陳之法，故猾賊縱横，乘此無備」，完全相同，我們可以假定《後漢書》所載有節略的地方，這個殘卷裏正是略去的部分，而攝津國勝福寺所藏的原本才和《後漢書》相同。關於這一點我希望能有機會見到那個原本。可是在這殘卷裏所説王師敗績的地方有三處：「梁井」，「徐楊」，「蠻荆」，決不是元初時説的。據《順冲質帝本紀》説：

陽嘉元年（公元一三二）三月揚州六郡妖賊章河等寇四十縣，殺傷長吏。

漢安元年（公元一四二）九月庚寅，黄陵盜賊張嬰等寇郡縣。——是歲，廣陵賊張嬰等詣太守張綱降。

漢安二年（公元一四三）十二月，揚徐盜賊攻燒城寺，殺略吏民。

建康元年（公元一四四）八月，揚徐盜賊范容周生等寇掠城邑。九月……揚州陜史尹耀，九江太守鄧顯討賊范容等於歷陽，軍敗，耀顯爲賊所殁。十一月，九江盜賊徐鳳馬勉等稱無上將軍，攻燒城邑。十二月，九江賊黄虎等攻合肥。

永嘉元年（公元一四五）正月……廣陵賊張嬰等復反，攻殺堂邑江都長。九江賊徐鳳等攻殺曲陽東城長。三月，九江賊馬勉稱皇帝。九江都尉滕撫討馬勉范容周生大破斬之。五月……下邳人謝安應募擊徐鳳等斬之。七月……

廬江盜賊攻尋陽又攻盱台，滕撫遣司馬王章擊破之。十一月……丙午，中郎將滕撫擊廣陵賊張嬰破之。……歷陽賊華孟自稱黑帝攻殺九江太守楊岑，滕撫率諸將擊孟等，大破斬之。（《李固傳》説「帝崩，太后以楊徐盜賊盛强，恐驚擾致亂」，也在這一年。）

本初元年（公元一四六）正月……壬子，廣陵太守王喜坐討賊逗遛下獄死。二月庚辰詔曰：「九江廣陵二郡，數離災害，殘夷最盛。……」

從這些事實可以看出這個殘卷既然説到「滔沸乎徐楊」，一定要在永嘉元年（公元一四五）以後，在元初五年（公元一一八）時決不能預先知道的。

假如這個殘卷確是馬融《廣成頌》的一部分，本傳所説的十二年就不應該是和帝的十二年（元初五年，公元一一八），也不會是順帝的十二年（永和二年，公元一三七），而應當是桓帝十二年，就是延熹元年（公元一五八）。《桓帝本紀》「延熹元年冬十月校獵廣成，遂幸上林苑」，是一個狠好的證據。本傳説：「雖尚頗有蝗蟲，」《桓帝本紀》在延熹元年五月説「京師蝗」，也正相合。只有延熹元年做的《廣成頌》，才看得見揚徐盜賊羣起的事實。

但這個殘卷和本傳的《廣成頌》有兩點矛盾：第一，據殘卷是因狩獵廣成而作頌，和《桓帝本紀》正相合，如據本傳則只是馬融的一種虛構，並無狩獵的實事。第二，據殘卷應在冲質二帝之後，就只有放在桓帝十二年延熹元年最合適，可是那時梁太后已死了八年，本傳説到皇太后，也不合。在攝津國勝福寺原本不發見以前，我們只能作兩種假定：第一，《廣成頌》的舊本就有矛盾；第二，唐以前有兩種《廣成頌》的本子。

無論如何，我對和帝元初二年或五年的説法總是懷疑的。我認爲馬融決不會無故地去做一篇《廣成頌》來忤鄧氏，但在延熹元年桓帝校獵廣成苑的時候，他做《廣成頌》來迎合，倒是很可能的。在上文我假定馬融得赦歸在永壽三年，第二年就是延熹元年，我疑心他作《廣成頌》不但爲迎合桓帝，也還在巴結梁冀，所以有「外舍諸家，每有憂疾，聖恩普勞，遣使交錯，稀有曠絶」等話。但是延熹二年的八月梁冀就敗了。他本是梁氏故吏，而且他過去的劣迹，如誣奏李固，作《大將軍西第頌》，是人人都已知道的，幸而最近一次的髡鉗徙朔方可以認爲忤梁氏的證據，那末這一篇得赦回來後所做的《廣成頌》他當然不願意給人知道。他也許把這篇文章改一下作爲在元初五年時諷刺鄧太后的，因此就有上面所説的矛盾遺留下來了。

馬融是最會替自己掩飾的，如果我所假定的《廣成頌》的真實年代能證實的話，又可以作爲舉發他説謊的一個新證據。歷史上類此的事情很多，但是無論掩飾得怎麽好，它總會有漏洞的。有些人迷信正史，不曉得史書中到處都是謊話，要知道真實的歷史，必須先找出每一個謊話的漏洞。

崑腔戲中有一齣漁家樂，把馬融扮做一個花臉，在學者看來，這是一種侮辱。其實平凡的民衆的判斷是不會錯的。現代的馬融太多了，只要有官做，無事不可爲，可惜還没有人能把他們的花臉一個一個描畫出來。三十六年五月後記。

作者自注：寫成於一九四七年五月。

載《大公報·文史周刊》第三三期一九四七年七月十六日。

馬融的一生

東漢的經學大師馬融，鄭玄的老師，他的生平行事很不光明。范曄《後漢書·馬融傳》說：

初融懲於鄧氏，不敢復違忤勢家，遂爲梁冀草奏李固，又作《大將軍西第頌》，以此頗爲正直所羞。

又在《論理》說：

馬融辭命鄧氏，逡巡隴漢之間，將有意於居貞乎？既而羞曲士之節，惜不貲之軀，終於奢樂恣性，黨附成譏，固知識能匡欲者鮮矣。

「奢樂恣性，黨附成譏。」這八個字的評語是狠恰當的。范書把馬融蔡邕兩人合在一起，所做的贊是：

季長戚氏，才通情侈，苑囿典文，流悦音伎。邕實慕静，心精辭綺，斥言金商，南徂北徙。籍梁，懷董，名澆身毁。

（李賢注：「籍梁謂融因籍梁冀貴幸，爲作《西第頌》。」）

其實「忠孝成性，所坐無名」的蔡邕，死在獄中後，「縉紳諸儒，莫不流涕，……兖州陳留，聞畫皆像」，豈是聲名狼藉的馬融所可比並。范氏所説「名澆，身毁」，名澆如果僅是指馬融的籍梁，身毁才是指蔡邕的懷董，這個批評倒是很公正的。

但是，在《馬融傳》裏，范氏却把他寫成是一個弱者，只由於環境的逼迫，不敢違忤勢家，是多麽可憐，這和有心去黨附就大不相同了。這是什麽原因呢？我以爲史書的材料，往往取之於舊傳。范曄的書寫得太遲，元嘉以後（公元四二四後）離漢亡已二百多年了。雖則他所看見的後漢史書還有十多種，雖則他自以爲「體大思精」也只能在論贊上見長，在考訂史實方面是失敗的。他的《馬融傳》，大體上恐怕是從馬融的自叙來的。凡是卑鄙齷齪的小人，對於他自己的行爲，總有一套詭辯的話來作掩飾。在這次抗戰裏，我們可以看見無數的漢奸，在那裏説爲了保全元氣，掩護工作，幾乎人人都是不得已而爲之。中國讀書人本來講氣節，崇大義，却居然有些人平常是抗日的急先鋒，一旦敵人佔了上風，就回過頭來，做第一號的奴才。在勝利以後，我們覺得他們應該羞死愧死，但他們却相反地能説出一片所以從敵的大道理來。馬融就是這種一類型的人。《世説新語·文學篇》注引他的自序説：

融字季長，古扶風茂陵人。少而好問，學無常師。大將軍鄧騭召爲舍人，棄遊武都。會羌虜起，自關以西道斷。融以謂古人有言，左手據天下之國而右手刎其喉，愚夫不爲。何則，生貴於天下也。豈以曲俗咫尺爲羞，滅無限之身哉。因往隨之，爲校書郎。出爲南郡太守。

袁宏《後漢紀》十九説：

融少篤學，多所通覽。大將軍鄧騭聞其才學，召爲舍人，非其好也。避地至涼州，會羌戎擾攘，邊穀踴貴，困厄甚。乃歎曰：「古人有言，左手據天下國，右手刎其喉，愚夫不爲也。何則，生貴於天下。今以咫尺之恥而喪千金之軀，非老莊之意也」。乃還應騭命，轉爲中郎，校書東觀十餘年，窮覽典籍。稍遷尚書，南郡太守。坐事髡徙朔方，遇赦還，爲議郎。

范曄的《傳》裏説：

永初二年大將軍鄧騭聞融名，召爲舍人，非其好也，遂不應命。客於涼州武都漢陽界中。會羌虜飈起，邊方擾亂，米穀踴貴，自關以西，道殣相望。融既飢困，乃悔而歎息，謂其友人曰：「古人有言，左手據天下之國，右手刎其喉，愚夫不爲。所以然者，生貴於天下也。今以曲俗咫尺之羞，滅無貲之軀，殆非老莊所謂也。」故往應鷺召。四年，拜爲校書郎中。

袁宏、范曄所說，雖有詳有略，大體總是抄他自序。這裏是他出處的第一關，照他自己的話，應鷺召作舍人，不是他的本心，他應該是一個恬退的人。但這些顯然是假話，是他用以掩飾他的無恥的。他說：「豈以曲俗咫尺爲羞。」正因他的生平行事「爲正直所羞」，只好以此來解嘲。

傳文又說：

是時鄧太后臨朝，騭兄弟輔政，而俗儒世士以爲「文德可興，武功宜廢。遂寢蒐狩之禮，息戰陳之法，故猾賊縱橫，乘此無備。」融乃感激以爲「文武之道，聖賢不墜，五才之用，無或可廢。」元初二年上《廣成頌》以諷諫。……頌奏，忤鄧氏。滯於東觀十年不得調，因兄子喪自劾歸。太后聞之怒，謂融「羞薄詔除，欲仕州郡，」遂令禁錮之。

這一段大概還是從自傳來的。「文德可興」六句用「廢」、「法」、「備」三字爲韻，「文武之道」四句用「墜」、「廢」二字爲韻，上面都用「以爲」兩字，恐怕都是節引馬融的原文。自劾以後，李賢注引有融集兩條，說：

時兄子伉在融舍物故，融因是自劾而歸。

時左將奏融遭兄子喪自劾而歸，離署當免官。制曰：「融典校祕書，不推忠盡節，而羞薄詔除，希望欲仕州郡，免官勿罪，禁錮六年矣。」

也顯然是自序裏的話。可是他在這裏說的又都是假話。

他從永初四年（公元一一〇）拜校書郎中，詣東觀典校祕書，到元初六年（公元一一九）才是十年，他說「滯於東觀十年不得調，因兄子喪自劾歸」，自劾應在元初六年。他爲什麽要自劾呢？據本傳的説法好像有兩層緣故，第一是因爲作《廣成頌》得罪了鄧氏，第二就是十年的沈滯，其實都不是。袁宏《後漢紀》卷十六説：

> 騭子鳳爲侍中。初，都護任尚致鳳馬，及尚坐事檻車徵，鳳懼其及己。私屬中郎馬融宜在台閣事發覺，鳳先自首。騭乃髡妻及鳳，上疏謝罪。

范書《鄧騭傳》也説：

> 騭子侍中鳳嘗與尚書郎張龕書，屬郎中馬融宜在台閣。又中郎將任尚嘗遺鳳馬。後，尚坐斷盜軍糧，檻車徵詣廷慰，鳳懼事泄，先自首於騭。騭畏太后，遂髡妻及鳳以謝，天下稱之。

這件事袁宏放在永初四年，是由於行文方便而連記的。任尚被誅在元初五年十二月，所以《資治通鑑》就把這件事放在元初五年。

這件事和他的自劾，一定是有關聯的。他自劾後，鄧太后説他「羞薄詔除，欲仕州郡」，要是真的「十年不得調」，怎麽又説「羞薄詔除」呢？我以爲鄧鳳向张龕保薦他「宜在臺閣」一事是已經實現了的。《後漢記》十九説：「校書東觀十餘年，窮覽典籍，稍遷尚書，南郡太守。」可以看見他曾做過尚書。《後漢記》文有節略，在「稍遷尚書」下就接了「南郡太守」，和《世説新語》注引自傳在校書郎下就説「出爲南郡太守」是一樣的。只是他出仕的開始和最後。其實他在順帝末年做武都太守，三遷，到桓帝時做南郡太守，離和帝時校書東觀已三四十年了。據《後漢記》説「稍遷尚書」，可見只是由校書郎中遷的。又據《百官志》注引蔡質《漢儀》説：

> 尚書郎初從三署詣臺試，初上臺稱守尚書郎中，歲滿稱尚書郎，三年稱侍郎。

馬融在東觀校書，由校書郎改爲校書郎中，還是屬於三署的。在他自劾以後，左將奏他「離署當免官」，左將是左中郎將，《百官志》左中郎將主左署郎，那末，他所離的署也就是左署。由此我們可以知道由於鄧鳳「宜在臺閣」的推舉，馬融已遷尚書郎，不過還只是初上臺的守尚書郎中，他的本職還在左署。當鄧鳳推舉的事情發覺後，他一定感覺到不安，鄧騭髠妻及鳳，上書謝罪，他自然只有借「遭兄子喪」的題目來自劾了。大概他在東觀校書覺得太寂寞。在元初二三年間已經參與政事，曾上書請赦龐參梁慬。後來想依附鄧鳳入臺閣，這本是一個捷徑，可惜官運不發，事情發覺了，落得「禁錮六年」，這是狠丢臉的，所以他在後來寫自序時還盡力掩飾，對這件事一字不提。

在元初六年（公元一一九）他已經四十一歲，被太后令禁錮後，據范書本傳説「太后崩，安帝親政，召還郎署，復在講部。出爲河間王厩長史。時車駕東巡岱宗，融上《東巡頌》，帝奇其文，召拜郎中」。安帝東巡是延光三年（公元一二四）的事，他才重新拜郎中，所以李賢注所引融集説「禁錮六年。」到第二年，安帝崩，本傳説：「及北鄉侯即位，融移病去，爲郡功曹。」《文選·長笛賦》序説：「爲督郵無留事，獨卧郿平陽鄔中……融去京師逾年，暫聞甚悲而樂之，」大概也在這時。他的甚悲而樂，可以看出他失意的心情。

到他五十五歲時，總算機會來了。本傳説：「陽嘉二年詔舉敦樸，城門校尉岑起舉融，徵詣公車。」到陽嘉三年（公元一三四）的二月才對策北宫端門，那時同對策的有李固張衡等，他所對見袁宏《後漢記》卷十八，但不是全文。《五行志》劉昭注引融集爲許令時上書説：

> 乃者茀氣于參，臣前得敦朴之人後，三年二月對策北宫端門：以爲參者西方之位，其於分野，并州是也。殆謂西戎北狄。其後種羌叛戾，烏桓犯上郡，并涼動兵，驗略效矣。

這一事范書紀在做武都太守時奏馬賢（公元一四〇）以後，劉昭注把爲許令時上書放在延光四年（公元一二五），都是錯的。馬融對這事自謂有驗，其實那時人人會説災異，戎狄之禍，自在意中。郎顗在元嘉二年所條便宜七事的第五條説：

> 去年閏十月有白氣從西方天苑趨參，左足入玉井，恐立秋以後，將有羌寇畔戾之患。

比馬融説這話時，至少要早上半年多。

對策以後，融和李固都拜議郎，李固因阿母宦官等飛章陷罪，久乃得釋，出爲洛令。而據《馬融集》，馬氏也出爲許令。後來兩人又都由梁商請爲從事中郎。

那時在大將軍府做從事中郎地位是狠高的。周舉由從事中郎拜諫議大夫，李固由從事中郎爲荆州刺史，徙爲泰山太守。馬融則在永和五年（公元一四〇）已做武都太守了。那時，西羌反叛，征西將軍馬賢和護羌校尉胡疇去征西羌，稽久不進，馬融曉得他們要失敗，曾經上疏乞自効，這篇疏在本傳和《後漢記》、《太平御覽》、《北堂書抄》，所引各有詳略。他攻擊馬賢「野次垂幕，珍肴雜遝，兒子侍妾，事與古反，」與他自己「居宇器服，多存侈飾，常坐高堂，施絳紗帳，前授生徒，後列女樂」，有什麽分别。他要請兵五千，去克破諸羌，可又説「臣少習學藝，不更武職，猥陳此言，必受誣罔之辜。」那時，他已六十二歲，兵凶戰危，明知朝廷決不會使一個老儒去禦强敵，他的作此説，不過是投機，出風頭而已。

范書《吴祐傳》説：

大將軍表爲長史，及冀誣奏太尉李固，祐聞而請見，與冀爭之，不聽。時扶風馬融在坐爲冀章草，祐因謂融曰：「李公之罪，成於卿手，李公即誅，卿何面目見天下之人乎？」冀怒而起，入室，祐亦逕去。冀遂出祐爲河間相，因自免歸家，不復仕。躬灌園蔬，以經書教授，年九十八卒。

李賢注《李固傳》，把質帝時一班被李固奏免的人所作的「固獨胡粉飾貌，搔首弄姿，槃旋俯仰，從容雅步，」那一篇飛章，注上「據《吴祐傳》，此章馬融之辭」的話，這是錯的。《後漢紀》二十一在建和元年九月下説：

甘陵人劉文謀立清河王蒜爲帝，蒜閉門拒文事發覺，伏誅。貶蒜爲尉氏侯，徙桂陽郡，蒜自殺。冀於是誣太尉杜喬故太尉李固與文通謀，喬固皆下獄。固門生勃海王調等十餘人負鑕鑕詣闕理固。大將軍長史吴祐傷固之枉，與冀爭之，冀怒不從。從事中郎馬融主爲冀作章表，融時在坐，祐謂融曰：「李公之罪，成於卿手，李公若誅，卿何面目示天下人。」冀怒而起出，喬固遂死獄中。

據《李固傳》在桓帝立後一年多，劉文劉鮪想立清河王蒜，梁冀因此誣固和文鮪共爲妖言下獄。門生五調上書，河内趙承等數十人通訴，太后已經赦他。因爲出獄時，京師市里皆稱萬歲，梁冀害怕了，更據奏前事，才把他殺了。馬融作章奏，吴祐向梁冀爭辯，都在此時。《桓帝本記》序在建和元年十一月，大概總在九月到十一月。他所作章表，史書没有記下。

馬融在那時已經六十九歲了，在七年前已做過武都太守，這時又做梁冀的從事中郎。李固和梁家的關係，和馬融原是一樣的。但這時的李固是正直之士的領袖，以地位論，已經是三公了。李梁之爭，曲直是容易分的，李固的冤枉，又是人人所知道的，而馬融居然肯替梁冀作這誣李固的章表。同樣是大將軍的屬吏的長史吴祐還和冀力爭，并且明對馬融說：「李公之罪，成於卿手，李公若誅，卿何面目示天下人，」而馬融還是冒天下的大不韙，幫助梁冀。這是他爲正人所不齒的原因。本傳叙他身世時，在此只説「三遷，桓帝時爲南郡太守」，把做梁冀的從事中郎略去不提，我們可以斷定它也是由自序來的。可是《吴祐傳》的記載還是把事實揭露了，可見無論怎麽樣巧妙的掩飾，是瞞不過天下後世的。

馬融做南郡太守，本傳没有記那一年，我以爲該在元嘉元年（公元一五一）以後。范書《梁冀傳》説：

不疑好經書，善待士，冀陰疾之，因中常侍白帝轉爲光禄勳，又諷衆人共薦其子胤爲河南尹。胤一名胡狗，時年十六，容貌甚陋，不勝冠帶，道路見者，莫不嗤笑焉。不疑自恥，兄弟有隙，遂讓位歸第，與弟蒙閉門自守。冀不欲令與賓客交通，陰使人變服至門記往來者。南郡太守馬融，江夏太守田明，初除，過謁不疑，冀諷州郡以它事陷之，皆髡笞徙朔方。融自刺不殊，明遂死於路。

可以看見他除南郡太守在梁氏兄弟有隙以後。《資治通鑑》認爲梁不疑在嘉元年歲首還做河南尹，而同年的四月桓帝曾徵行到河南尹梁胤的府舍，所以把梁氏弟兄有隙放在那一年的正月至四月間，這是有些錯誤的。范書《張陵傳》説：

元嘉中，歲首朝賀，大將軍梁冀帶劍入省，陵呵叱之令出。敕羽林虎賁奪冀劍。冀跪謝，陵不應，即劾奏冀，請廷尉論罪。有詔以一歲俸贖而百寮肅然。初冀弟不疑爲河南尹，舉陵孝廉。不疑疾陵之奏冀，因謂曰：「昔舉君適所以自罰也。」陵對曰：「明府不以陵不肖，誤見擢序，今申公憲以報私恩。」不疑有愧色。

這件事並不能證明梁不疑在那時還是河南尹。反之，《後漢記》卷二十一桓帝建和元年（公元一四七）却早已説「封少府梁不疑爲潁陽侯」。光禄勳和少府同是九卿中二千石，可能是由光禄勳轉少府，那末，至少在建和元年前梁不疑已不是河南尹了。再由《後漢記》二十説梁冀和友通期往來，生子伯玉，給孫壽知道了，「使其子河南尹胤滅友氏家。冀恐壽害伯玉，常置複壁中，至年十五，冀被誅，乃出。」事來説，冀被誅在延熹二年（公元一五九），伯玉應該生在永嘉元年（公元一四五）。《梁冀傳》説「壽尋知之，使子胤誅滅友氏」，可見生下不久，孫壽已知道，也就是説在建和元年前梁胤已經做河南尹了。梁氏兄弟可能在那時已經有隙，但總不至於有不疑等「閉門自守」的情形，這是從元嘉元年梁不疑還在埋怨張陵可以知道的。但是在那一年以後的情形就不同。以梁冀的凶恣，對張陵的呵叱劾奏，當然是受不了的，所以到這一年冬天就有公卿議禮的事情，其間就有「入朝不趨，劍履上殿」等禮儀，由此他更「專擅威柄」了。張陵是梁不疑所舉的，由此，他當然更陰疾不疑。《梁冀傳》説：「冀二弟嘗私遣人出獵上黨，冀聞而捕其賓客，一時殺三十餘人，無生還者。」《後漢記》卷二十説：「災害長者及諸弟，不欲令與己同。其不疑及蒙私遣人出獵上黨，冀聞追捕其追客，一時殺三十餘人無生還者。」那末，不疑自恥，讓位歸第，與弟蒙閉門自守，大概都在這事發生以後，不是爲河南尹的問題。馬融等初除過謁，當然更在其後了。馬融作《大將軍西第頌》，大概還在除南郡太守之前。

本傳説：

> 先是融有事忤大將軍梁冀旨，冀諷有司奏融在郡貪濁，免官髡徙朔方，自刺不殊，得赦還。

可見融除南郡後，經過相當時期，才被奏免官。馬融田明（同是髡鉗徙北方，融自刺不殊，明遂死于路，可見在路上也經過一個時期。從永興元年（公元一五三）以後的幾年内，每年有一次大赦，只有永壽元年赦後，到三年才大赦，馬融的得赦還，或者就在永壽三年（公元一五七），那就已經七十九歲了。

馬融黨附梁冀，誣奏李固，照范曄説是「不敢違忤勢家」，可是真正和梁冀爭論的吴祐，證李固枉的王調趙承等，守李固喪的郭亮董班等，一個也没有得罪。吴祐至多是自免歸家，不再出仕，郭亮董班反由此顯名。而做梁氏幫凶者的馬融却終于有事忤大將軍旨，以致髡鉗徙朔方。他本善於投機取巧，結果却弄巧成拙了。

得赦還後，據本傳説：「復拜議郎，重在東觀著述，以病去官。……年八十八，延熹九年卒于家。」以病去官，不知應在何時。我疑心就在他八十一歲時，即延熹二年（公元一五九）梁冀死後。據《後漢記》，「冀所連及公卿列侯校尉刺史二千石。死者數十人，冀故吏賓客免絀者三百餘人，朝廷爲之一空」。當時像太尉胡廣、司徒韓縯、司空孫朗，都「坐不衛宮，減死一等，奪爵土，免爲庶人。」將作少匠周景以梁冀故吏免官禁錮，馬融本是梁氏故吏，雖則經過一次流放，才得赦回，在公卿失度，朝野鼎沸的時候，他恐怕只有託病去官的一法了。

綜合起來看馬融的一生，前半黨附鄧氏，後半黨附梁氏，可惜兩次都受了挫折。他早年欲仕州郡，結果也只做到州郡。他的爲人是一個享樂主義者，「善鼓琴，好吹笛，達生任性，不拘儒者之節。居宇器服，多存侈飾。常坐高堂，施絳紗帳，前授生徒，後列女樂」。所以范曄説他「奢樂恣性」。梁冀叫人奏他在郡貪濁，恐怕也不是冤枉他的。他這樣一個人，在當時爲正直之士所羞，在後世却爲他的學問所掩，又是鄭玄等的老師，并且范曄所寫的傳不能把他的生平真實地寫出來，所以容易地把他的操行一方面忘了。

范曄所寫的傳無疑的是受他自序的影響。最重要的錯誤是説他「懲於鄧氏，不敢復違忤勢家」。這是給他矇住了。我在前面已説過他的自劾既不爲做《廣成頌》忤鄧氏，也不爲「滯于東觀十年不得調」，而是由於鄧鳳請託事的發覺。此外還有一個問題需要討論的，就是《廣成頌》製作的年代。

載《大公報·文史周刊》第三一期一九四七年六月十八日。

古代飲酒器五種——「爵」「觚」「觶」「角」「散」

古書裏提到飲酒器的地方極多，較完備的一個記載是《儀禮·特牲饋食禮》記，説：

> 篚在洗西，南順，實二爵、二觚、四觶、一角、一散。壺、棜禁，饌于東序，南順，覆兩壺焉，蓋在南。鄭玄注：「禮器曰：『貴者獻以爵，賤者獻以散。尊者舉觶，卑者舉角』。舊説云：『爵一升、觚二升、觶三升、角四升、散五升。』」

《禮記·特牲》大概是漢初人寫的。鄭玄所引舊説是《韓詩》説，見《禮記·禮器》正義和《周禮·梓人》。疏所引的許慎《五經異義》。《韓詩》也在漢初。

這些酒器的形制，《三禮圖》所畫太可笑了，把爵畫做鳥身上負一個杯子，觚觶角散形狀都一樣，像一個有把的嗽口杯，這是靠不住的。在實物方面，流行的古器還很多，不過它們的名稱都是宋以後人所定，也還需要考覈。

現存的古器裏没有「散」，但是有「斝」。羅振玉在甲骨和彝器文字裏找出了斝的象形字，（兩柱、三足、一耳）説「散」是「斝」的錯字，王國維説斝立五證來成羅説，其中最重要的證據是端方舊藏斯禁上的飲器，有爵一、觚一、觶二、角一、斝一、和《特牲饋食禮》相較，説「散」就是「斝」，現在大家都已承認這個説法了。

因此，照一般説法，我們可以把五種飲器分成兩個系統：

（一）爵、角、散（斝），是有鋬和三足的。（無鋬的絶少。）

（二）觚、觶，是侈口的，没有鋬和三足。（有鋬的絶少。）

這樣，也就發生了兩個很大的疑竇：

（一）爵和散（斝）有象形文字可以證明，它們應有三條腿。角字從文字説，象獸角形，不會有也不應有三條腿。從器形説，兕觥應該是兕角做的，（另有考）觚的形製還和角製器相近，觚觶兩字都從角，表示總有過角製的器，可都没有三條腿。觶類的「徐王義楚鍴」和「義楚耑」，是在銘辭裏載明器名的，王國維已證明鍴和耑就是觶。

現在所謂「角」，何以有三條腿呢？爲什麽不在從角旁的觚觶兩字系統裏，而反在爵和斝的系統裏？難道真像有些太聰明的學者的想頭，在獸角飲器放不穩時，支上兩條假腿，真會有這樣事嗎？

（二）據《韓詩》説：「一升曰爵、二升曰觚、三升曰觶、四升曰角、五升曰散。」但一般所謂角，即宋以來假定的「角」，大小和「爵」差不多。據《禮記·禮器》説：「有以小爲貴者，宗廟之祭，貴者獻以爵，賤者獻以散，尊者舉觶，賤者舉角。」可見爵觶較小，散角較大。王國維《説斝》説：「《禮》言飲器之大者，皆散角或斝角連文」，是很對的。但現在所謂「角」，比觶還小得多，如何能和斝比？

總之，一般所謂「五爵」裏，「角」是最可疑的。

由器形説，現在所謂「角」，和「爵」的區別很小。普通以爲爵有兩柱，角没有，這種區别很靠不住。爵有只有一柱的，也有没有柱的。殷墟發掘出來的陶爵只有三足和流，没有兩柱，李濟以爲是爵的古形。較古銅器銘文的爵字，也只有三足和流而没有柱，可以證明李説。容庚的《商周彝器通考》收録了三個没有柱的爵，魯侯爵没有柱，前人稱爲「角」，但銘辭説「魯侯作爵」的爵字，非但有兩柱，柱間還畫出了蓋上的紐，這是爵類器裏惟一載明器名的。（前人不認識這個字，見《金文編》重訂本附録下二六葉）可見爵上的柱，真如濱田耕作在《爵與杯》裏所説，「決非本質的部分」。

除了柱，兩者間只有一小點差别，「爵」一面是流，一面是一個鋭角，所謂「角」則兩邊都是鋭角。從銅器形態的變化説，這一小點差别是太輕微了。我們知道原始的爵只有一個流，後來對着流的方向，發展出一個鋭角，就是無柱爵的樣式。我們可以想象到一種新型，爲對稱起見，把流也變做鋭角，因之，飲酒的口就改在鋬的對面，兩個鋭角中間，和斝一樣，就是所謂「角」的樣式。而另外一種新型，在流和鋭角之間，添了一個柱、兩個柱，就是爵的樣式。

現在所謂「角」，在形式上既明明是爵類，我以爲應該叫做「觴」。觴字從角是後起的，金文從爵，《説文》的籀文也從爵，可見本是爵類。《韓詩》説五爵的總名是爵，其實曰觴，是擴大後的用法。《楚辭・招魂》：「瑶漿蜜勺，實羽觴些。」《漢書・外戚傳》班倢妤《東宫賦》「酌羽觴以消憂」，對於羽觴，顔師古引了三個説法：

㈠ 劉德曰：「酒行疾如羽也。」
㈡ 孟康曰：「羽觴爵也。作生爵形，有頭尾羽翼。」
㈢ 如淳曰：「以瑇瑁覆翠羽於下，徹上見。」

顔氏説：「孟説是也。」《文選・西京賦》「羽觴行而無算」，李善注引《漢書音義》「羽觴作生爵形」也用孟説。宋程大昌《演繁露》有古爵羽觴一條也用孟説，又説：

> 本朝李公麟得古爵，陸佃繪之禮象圖，其形有咮、有足、有尾，但不爲背而盡窐虚其中以受酒醴，蓋通身全是一爵也。……古爵雀字通。紹興間奉常鑄爵正作雀形，如禮象所繪，知其有所本也。則夫以爵爲觴而命之羽觴，正指實矣。

可見宋人定「爵」的名稱時是把它認爲象雀形的。其實爵的流無論如何也不像雀的咮，後面鋭角也不像尾，三足兩柱更無從玄像雀的足。宋朝人由羽觴作生爵形而想到爵是雀，但居然給他們瞎摸瞎撞找出了並不像雀形的「爵」，這是一件有趣的事情。

真像雀形的器是有的，但應該是「觴」，不是「爵」。孟康説「有頭尾羽翼」不錯，足證他見過羽觴。端方藏「飛燕角」，見《匋齋吉金續録》和《支那古銅精華》。器蓋正作鳥形，頭當飲處，尾當鋬上，鼓翼欲飛正當兩個鋭角上。雀可以泛指小鳥，即使是燕，也可以算是雀，但由照片看，後面並非歧尾，似乎只是雀而不是燕。這個器無疑地就是古代的羽觴，因爲據我們所知，「爵」的飲處在流，所以爵的蓋都作獸頭，正當流上，作雀形只有兩頭鋭角的器才可以。在訓詁裏觴是爵屬，所以這兩種飲器的容量是相等的。羅振玉把羽觴認爲是後世的「杯」，也是錯的，不過羽觴的兩個鋭角，和杯上的兩個耳，也許有些關係。

根據上述，在「五爵」裏把這個冒名的「角」，而實在是「爵」的親屬的「觴」除去後，就空出一個位置，比爵大三級而且比觶還大的「角」。「角」到什麽地方去了呢？

我以爲真正的「角」，是宋人所定古器名稱裏最成問題的「尊」，王國維在《説彝》裏説：

尊有大共名之尊，（禮器全部）有小共名之尊，（壺卣罍等總稱）又有專名之尊。（盛酒器之侈口者）

所謂專名之尊是宋人定的。馬衡在《金石學概要》裏説：

禮經稱盛酒之器皆曰尊，猶之飲酒之器皆曰爵也。若就其專名言之，則尊爲盛酒器之一種。其形圓而碩腹侈口，有樸素類觶者，有有稜似觚者。大者容五六升，小者容一二升。

容庚本想把尊分到觚觶兩類，但後來又游移不定。《商周彝器通考》説：

今所見商周彝器，尊彝乃共名而非專名，凡彝器皆得稱之。自宋以來所定器名，乃有尊之一類。余初以尊之類觶觚壺罍者歸之觶觚壺罍，而以犧象諸尊當專名之尊。然尊之名既已習稱，改定爲觚觶，終嫌無别。故今于似觚觶而巨者仍稱爲尊焉。

這樣紛紜的説法，都由宋人所定名詞而起，我們先要研究「尊」究竟是什麽？

從彝器銘辭看，尊彝是禮器的通稱，即王國維所謂「大共名」。從文獻看，《爾雅・釋器》：「卣中尊也，」可見尊卣一類。《釋器》又説：「彝卣罍器也。」《周禮・鬯人》「廟用修」，鄭玄注：「修讀曰卣，卣中尊，謂獻象之屬。尊者彝爲上，罍爲下。」孫炎《爾雅注》就用這個説法，把彝卣罍都算是尊。凌廷堪《禮經釋例》説：「盛酒之器見于《禮經》者，曰甒、曰壺、曰方壺、曰瓦大、曰圜，尊其統名也。」可見壺也是尊。這都是王國維所謂小共名。

古書裏的尊字，還有一個較小的範圍，在《周禮·小宗伯》和《司尊彝》裏都有六尊，獻尊，象尊，著尊，壺尊，大尊，山尊。《禮記·明堂位》説：

> 泰，有虞氏之尊也。山罍，夏后氏之尊也。著，殷尊也。犧象，周尊也。

泰就是大尊，犧就是獻尊，只少了一個壺尊。《周禮》的六尊把彝和罍都已撇開了，所以鄭玄以爲就是中尊的卣，但是還有壺尊，足見尊和壺和卣是狠難分的。

推到最古之尊，是泰尊，鄭玄説「泰用瓦」，又説「大尊，大古之瓦尊」，在《儀禮》裏叫做「瓦大」，《燕禮》「公尊瓦大兩，有豐」，鄭玄注：「瓦大，有虞氏之尊也。」《儀禮》裏有些地方把它叫做甒，《禮記·禮器》説：

> 有以小爲貴者，……五獻之尊，門外缶，門内壺，君尊瓦甒，此以小爲貴也。

鄭玄注「壺大一石，瓦甒五斗」，可見這個尊是缶壺之類而比壺小。《方言》：「甒罌也。」《漢書·韓信傳》注：「罌缶謂瓶之大腹小口者」，這狠可以説明大古瓦尊的樣式了。由象形文字看，尊字從兩手奉酉，酉是酒的古字，也就是大腹小口的瓦尊。關於這一點，吴大澂早已根據古文字來推定古代瓦尊的樣式了。

我們知道凡是共名，總是由專名擴大而成的，原始的尊是瓦甒，是一種罌，由它演變而成的壺卣，自然也可以叫做尊，更進而一切盛酒的器都叫做尊，更進而一切禮器都叫做尊。

專名之尊應該是瓦甒，宋人所定的尊和王國維所謂「專名之尊」是冒牌的。這種酒器是侈口的，根本違反了盛酒器的原則。反之，在飲酒器中，觚和觶却正是侈口的。並且在形態上和觚觶最相近，馬衡説：「有棱素類觶，有有棱似觚。」容庚説：「似觚觶而巨。」觚觶的字都從角，《大射儀》有角觶，《山海經》有角觛，《漢書·高帝紀》：「上奉玉卮。」應劭曰：「飲酒禮器也。古以角作，受四升。」《説文》：「觵兕牛角可以飲者也。」我們從這些文獻裏可以推想到它們的侈口從角製器的形式變來的。同時，我們還可以想到樂器裏面的「角」，喇叭口的形式，也正是觚觶和所謂「尊」的形式。

那末，這種冒牌的「尊」由形式上我們已可以斷定它。

㈠是飲酒器。

㈡和觚觶一類，是由角製器的形式演變來的。

㈢比觚觶大。

由這三點，我們可以斷定這種冒名的「尊」裏，一定有五種飲酒器裏的「角」，就是給「觴」冒充了的「角」。如其把「觴」除去了而把冒名的「尊」填進去，我們可以得到兩個合理的系統：

㈠爵一升、散（斝）五升，都是有鋬和三足的。都有象形文字可以證明。（圖一）

㈡觚二升、觶三升、角四升，都是侈口的，没有鋬和三足。字都從角，可以證明它們都有過角製器。

這兩個系統是任何人不能懷疑的。

《禮記·禮器》説：

有以小爲貴者，宗廟之祭，貴者獻以爵，賤者獻以散，尊者舉觶，卑者舉角。

在從前是解釋不通的，因爲現在所謂「角」，實在比觶還小得多。如用這個新説，把所謂「尊」來放在「角」的地位，散比爵大，角比觶大，一絲不差。爵和散對舉，因爲它們是一系，觶和角對舉，也因爲它們是一系，一絲不差。還有比這樣更好的解釋嗎？

但是冒名的「尊」，還分兩類，一類像觶，一類像觚，究竟那一類才是「角」呢？

有人把像觚的一類忘記了，也不管尊的歷史起源，就把「尊」當做觶，説尊觶是古今聲音之變。這種糊塗的考證家不懂得一個名詞的轉變，條件很多，決不是萬能的聲變所可以解釋的。其實像觶的「尊」，依然是真正的觶，我們要把它正名作「角」的，却是冒名的「尊」裏面像觚的一類。

拿端方舊藏的寶雞酒器羣來説吧，《匋齋吉金録》上就有兩個冒名的「尊」，一個像觚的高有一尺多，但另一個像觶的只有四寸多，如此不同的兩類，怎麼能和諧起來都算是「尊」呢？同器羣裏還有三個觶，此高四寸多，所不同者只是口徑較小，器形較素樸。但是另外的一個觚，却不但是小，高也只有六寸多，和像觚的所謂「尊」相去就太遠了。由此我們可以想到像觚的不能還是觚，而像觶的可能還是觶。

我們所見到的像觶的一類都不高，只比普通的觶大些。馬衡所謂繁褥和樸素是不能用來定是觶與非觶的界限的，單就圜徑的大小就更難作分界的憑據了。容庚把端方的父乙尊改做觶是很聰明的，可惜到了最後關頭，他又游移不定起來，許多同樣情形的器，如「效觶」之類，他又稱爲「尊」了。

我們知道觶類是有大小兩種的：

一　觶即是巵。

《説文》：「觶鄉飲酒角也。禮曰：『一人洗舉觶。』觶受四升，從角單聲。觗，觶或從辰。觝，禮經觶。」

《説文》：「巵圜器也，一名觛，所以節飲食。」

觶之義切，巵章移切，只是讀作平聲去聲的不同，所以應劭《漢書注》説「巵鄉飲酒禮器也，古以□作，受四升」，就根據《説文》，他的意思因爲巵是玉作的，所以不叫做觶而叫巵了。《史記·項羽傳》「賜之巵酒，則與斗巵酒」，巵的容量可以到一斗，所以觶和巵該是大的一種。

二　耑鍴即是觛𧢲𧣾。

《説文》:「觛,小觶也。」《説文》:「𧢲,小巵,有耳蓋者。」

《説文》:「𧣾,小巵也。」

小觶即是小巵,觛𧢲和𧣾聲符都在古韻寒部,聲類也相近,當然只是一器而僅是語音上的變化。觶類古器只有徐國的三個耑—或作鍴,是寫出器名來的。耑無疑地就是𧣾,也就是小觶。從這三個耑來説,比普通的觶口徑更小,却高了許多,這是時代較晚的緣故。

觶字從聲符説,和觛應是一字,所以王國維《釋觶觛巵𧢲𧣾》認爲五字同聲當爲同物,雖是對的,可是把大小的兩類混起來了。我以爲觶古代只有小的一類,後來産了大型的觶,觶字由寒部讀入歌部,後來又變入支部,所以造一個觗字,又假用了巵字。但是小型的觶還保存舊讀,叫做觛,或者假用專字耑字,就産生了𧢲𧣾二字了。

像觶的一類我們可以確定它就是大的觶,但像觚的一類,我們却不能把它叫做觚。這一類器比觚又高又大,觚的喇叭式的弧形特别大,此類器除了裝飾像一個粗竹筩,只是口略侈,腹略鼓,弧形就狠小了。從形態説,觚形是和長的獸角器有關的,《交州記》:「兕有一角,長三尺餘,形如馬鞭柄。」《南州異物志》作二尺餘,總之獸角器可能狠長,却不狠大,所以這一類器只是觚形的擴大。我以爲這就是「五爵」中的「角」,角和觚應該是一類,兩字又同聲類,韻部也相近,情形和觶類分大小兩種是一樣的,所以禮器用觶和角比,就不提到觚了,實際上觚觶都分大小兩類,但秦漢人所謂「五爵」,却只分出觚和角,這是容易明白的,觶的大小兩種差别不太顯,高低又相等,又位在五爵的第三級,和中間一級,無法作嚴格的分别,所以没有分。觚和角,一個是第二級,比任何的觶都小,一個是第四級,比大的觶還大,那就不得不分了。

這個説法,再可以拿端方藏酒器和《禮記・特牲》對一下,(圖二)

寶雞出土酒器　《禮記・特牲》

觴（原誤角）一	爵二
爵一	
觚一	觚二
耑（原作觶）三	觶四
觶（原誤尊）一	
角（原誤尊）一	角一
斝一	散（斝）一
盉一	
卣二	壺二
禁一	棜禁

出土實物比記載只少一個觚而多一個盉，比舊説合理多了。由此我們可以看出禮家對於當時禮器的記載是不會錯的，把侈口的飲酒器叫做「尊」，把和爵一般大而有三條腿的器叫做「角」，都只是後世的錯誤。

現在我的結論是：

㈠現在五爵中的「角」，應正名爲爵屬的「觴」。

㈡觚和觶都有大小兩類，大的觚是角，小的觶是耑。普通所謂觶，實際上都是耑。

㈢宋以來所謂盛酒器的「尊」，實在是飲酒器。像觶的一類，應正名爲「觶」。像觚的一類，應正名爲「角」。

㈣禮家的五爵，由兩個系統湊成，一個是爵和散，一個是觶和角。觶耑沒有分開，角和觚却分大小兩級。

㈤漢初人所説五爵容量的大小，雖不能完全準確，但其比例是可以相信的。

三十六年六月寫於故都米糧庫。

圖一

圖二　寶雞酒器和斯禁

作者自注：寫成於一九四七年六月。

載《大公報・文史周刊》第三四期一九四七年七月三十日。又《唐蘭先生金文論集》第四〇六至四一四頁紫禁城出版社一九九五年十月。

石鼓文刻於秦靈公三年考

（石鼓文是秦刻石的一種，因便利故，暫沿舊稱）

石鼓是傳世金石裏最煊赫的一件古物，從隋發現以後，題詠、辯論、考釋、摹刻，我所知道的，至少已有一千多事。單是它的時代，已是聚訟紛紜的一個題目。當初發見時，蘇勗作題記，大概覺得它的文字有些像籀文，就斷定它是史籀寫的，所以説：

世咸言筆迹存者，李斯最古，不知史籀之迹，近在關中。

因爲史籀據説是周宣王太史，石鼓文「遊車既工」的句法，又和《三百篇》裏號爲宣王詩的《車攻》符合，所以唐時詩人像：韋應物、韓愈等；書畫像：李嗣真、徐浩等，都以爲是周宣王時做的。

歐陽修首先懷疑這一説，他説從共和元年到嘉祐八年，有一千九百十四年，鼓文細而刻淺，理豈得存。又説漢以來博古好奇之士，略而不道，隋世藏書最多，獨無石鼓。可是又説「字畫非史籀不能作」，這是因爲他不曉得石鼓就出在隋朝的緣故。董逌《廣川書跋》、程大昌《雍録》又都以爲是成王時作，他們的根據只是《左傳》昭公四年所説「成有岐陽之蒐」的一點。

翟耆年《籀史》説：

篆畫行筆，當行於所當行，止於所當止。今位置窘澀，促長引短，務欲取稱，如柳帛君庶字是也。意已盡而筆尚存，如以可字是也。十鼓略相類，姑舉一隅，識者當自神悟。以器款惟字叄鼓刻惟何惟鯉之惟，則曉然可見矣。蓋字畫無三代醇古之氣，吾是以云……僕於此書，直謂非史籀迹也。

翟氏用看鐘鼎的眼光來看石鼓，這議論是狠對的，但也没有指出應當屬於什麽時代。

鄭樵才由文字來證明石鼓是秦篆，因銘中有「嗣王」，定爲惠王之後，始皇之前。鞏豐大概不信嗣王是秦王，所以定爲襄公後，獻公前。

但是從温彦威傳來金人馬定國的意見，却以爲是後周文帝做的，這是因爲西魏文帝大統十一年有西狩岐陽的事。清代學者大都用周宣王説，可也有人主張後周的。還有好奇的人，像武億説是漢時作的，王闓運説是晉時作的，俞正燮因李彪表有「禮田岐陽」的話，以爲是北魏太平真君七年作，姚大榮因之説是崔浩作。

由文字的比較，近代學者大抵已經知道，它既不會是西周，更絶對不會是漢以後，大家都相信是秦刻石了。可是時代先後，依然還有爭執。鄭樵的年代是錯的，鞏豐的又拉得太長。震鈞、羅振玉直定爲秦文公東獵時作。馬衡根據秦公簋來推測，應在穆公時。郭沫若主張是襄公，馬叙倫還以爲是文公，兩人曾因此爭辯過。最近看到許莊所作《石鼓文綴》，也主張是秦文公。

除了鄭樵、鞏豐外，近代學者所主張的是：㈠ 襄公，㈡ 文公，㈢ 穆公，時代都在春秋中葉以前，（穆公卒於公元前六二一）。我覺得還都是錯的。

從文體來説，這十篇詩在《三百篇》裏毫無影響，「避車既工」，顯然是抄襲《詩經》的《車攻》。從書法來説，這種方方正正的文字，規矩而局促，字又特別大，和一般的金文完全不同，更不能和秦公比。我應該同意翟耆年的説法，「無三代醇古之氣」。從馬定國以下疑心它是漢以後的作品，主要原因就是覺得它的不古，所以要把它放後些。這種直覺的説法，我們也應該考慮到的。

最重要的方法，是由它所用的文字來看它的時代，鄭樵既由「殹」和「烝」兩字而知道這是秦刻石，馬衡又用十二種秦文來證明它，這是顛撲不破的了。但是，他們都没有注意到它的時代性，鄭樵因爲「嗣王」兩字定爲惠文王以後，其實嗣王還是周天子，他的説法根本錯誤。近代各家定爲文公，襄公或穆公，却都完全没有注意到下面這些文字上的問題。

㈠ 秦公簋和秦公鐘裏所用第一人稱代名詞，只有「朕」和「余」，朕字用在領格，余用在主格。石鼓文有兩處用「余」，兩處用「我」字，十一處用「避」字，「避」的用法，有主格，有領格，領格較多，没有「朕」字。

詛楚文有六個「我」字，三個「吾」字，「我」「吾」的界限不狠清楚，也没有「朕」字。

秦公簋羅振玉以爲穆公時，郭沫若以爲景公時，簋銘説：「十有二公」，郭説大概可信。可見在景公（紀元前五七六—五三七）時還用「朕」字而不用「遊」或「吾」，到了惠文王時因五國擊秦而作的詛楚文（紀元前三一八），却用「吾」而不用「朕」了。石鼓文和詛楚文接近，它的時代決不會更在秦公簋以前的襄公文或穆公文是狠清楚的。

㈡ 秦公簋秦公鐘也没有「殹」或「也」。在春秋以前的銅器裏就没有見過這類字。春秋末年的陳常陶釜才有「也」，石鼓才兩用「殹」。詛楚文的亞駞本巫咸本説：「以自救殹」，湫淵本作「也」。新郪虎符用「殹」字，秦權量用「也」字，也偶作「殹」。可見石鼓應在春秋末年後。

㈢ 兩周金文不用「予」，石鼓文「迂」字偏旁從「予」。

由於這些證據，我們可以指出石鼓文應在春秋末年。但是它稱「公」而不稱「王」，並且拿商鞅量來比較，字體繁複得多，所以應該在秦孝公前，就是從公元前四八一（陳常弑簡公相平公的一年）到公元前三六一（秦孝公元年）之間。

石鼓出於天興縣三畤原，即今鳳翔縣，是秦時雍邑。《史記正義》在《秦本紀》鄜畤下引《括地志》説：

三畤原在岐州雍縣南二十里。封禪书云。秦文公作鄜畤，襄公作西畤，靈公作吴陽。上畤，并此原上，因名也。

過去學者大都認刻石和作畤有關，所以總把它放在文公或襄公時。據我看刻石確和作畤有關，（另有詳考），但時代是錯的。據《封禪書》，襄公居西而作西畤，西畤決不會在雍邑，上面所引《括地志》是錯的。正義在密畤下引《括地志》：

漢有五畤，在岐州雍縣南，則鄜畤，吴陽上畤，下畤，密畤，北畤。

並没有西畤。北畤是漢高祖補立來祭黑帝的，原來四畤，鄜畤祭白帝，密畤祭青帝，吴陽上畤祭黄帝，下畤祭炎帝。四畤中密畤在渭南，那末，雍南的三畤原應該只是鄜畤和吴陽上下畤。

上面我已指出石鼓文所用的文字決不在春秋時，所以把它説成鄜畤的刻石或附會作陳寶之類，顯然是錯誤的。但是，這十個刻石出在三時原上有什麼意義呢？記得徐旭生先生説這種大石不是鳳翔出的，在渭水南陳倉一帶却常見。那末，費狠大的事，把這種大石運到汧雍之間去刻銘，所爲何事？

從文字的比較，我斷定石鼓文在公元前四八一—三六一之間，這一百二十年裏面，秦國在雍邑只有一件大事，就是靈公三年（公元前四二二）作吴陽上下畤。這是從德公都雍，宣公作密畤以後，隔了二百五十年才作的。這兩個畤就在三畤原上，也就是石鼓出土的地方，那末，這十個刻石是因爲作上下畤而作是決無疑問的。上下畤稱爲吴陽是吴山的陽，這是秦人把汧水所出的汧山叫作吴山的緣故，所以銘辭裏有「吴人」。前人總把石鼓説做出於岐陽，所以牽涉到周成王的岐陽之蒐，又附會上大統十一年的西狩岐陽，太平真君七年的禮田岐陽，假如知道這是吴陽，就不用如此紛紜了。在銘辭裏又説到「嗣王」，秦靈公三年是周威烈的四年，也是新即位，當然可以稱嗣王了。

石鼓文無論如何，不像是《三百篇》同時的作品，現在定爲靈公三年，已是戰國初期，就無怪於它和《穆天子傳》裏的詩相類了。古代史裏，戰國初期的史料是最缺乏的，石鼓文正可以補這個空。如其我們把秦器排成：

㈠ 秦景公時的簋和鐘，
㈡ 秦靈公三年刻石，即石鼓，
㈢ 秦孝公時的商鞅量和戟，
㈣ 秦惠文王時的刻石，詛楚文，
㈤ 秦始皇未統一以前的金刻，吕不韋戈和新郪虎符，
㈥ 秦始皇統一以後的權量和刻石。

這實在是太諧合了。學者們總是把石鼓推得太早，我的説法抑低了三百多年。我們希望這是最真實的歷史年代，儘管不是周成王，周宣王，或者秦襄公，秦文公，秦穆公等比較有名的王公時代的作品，它在歷史上的價值，是不會有絲毫貶損的。

載《申報·文史周刊》第一期一九四七年十二月六日第二期十二月十三日。

《唐寫本王仁昫刊謬補缺切韻》跋

戰勝之第三年，溥儀竊挾東去之國寶，於兵燹之餘，漸有由估人搜購，流歸故都者。一日，友人于思泊先生告余得見吴彩鸞書《唐韻》，約余同觀，展卷則赫然宋濂跋本《王仁昫刊謬補缺切韻》之全袟也。驚喜過於所望。余於二十三年前曾爲上虞羅氏手寫故宫所藏項子京跋本《王仁昫刊謬補缺切韻》影印行世，《十韻彙編》收録，所謂「王二」者是也。其後劉半農先生自法國抄回敦煌本《王韻》，刻於《敦煌掇瑣》中，即《彙編》所謂「王一」者。兩本各有殘缺，又頗殊異，魏建功先生疑項跋本是裴務齊所改作也。敦煌所出，又有五代刊本《大唐刊謬補闕切韻》，似亦非王書。向達先生自歐歸，示余所抄柏林普魯士學院藏吐魯番出土韻書斷片，則與掇瑣本合。今見此本，又復全同，其爲王書，已可確定。蓋《廣韻》以前，傳世古韻書，以余所見，未有全袟。民國二十六年蘆溝變起，余滯舊都，嘗擬寫《切韻反語考》。二十八年，間關入滇，避敵轟炸，蟄居湖村，重整舊業，爲新校正本《切韻》，據敦煌所出《切韻》、《王韻》、項跋本《王韻》、蔣氏本《唐韻》，參校輯録，犅具形模。然恒苦傳世諸寫本，各有遺脱，僅以《廣韻》補苴，心終不安。後方書籍不備，求一《十韻彙編》且不能得，寫定全書，徒懷夢想。孰意北定中原，得歸故廬，流離顛沛之餘，竟得覩此瓌寶哉。時廠肆索值至昂，余僅得匆匆録一韻目而已。逾月，馬叔平先生自京師歸來，亟以收購爲請，乃得復歸於故宫博物院，與項跋本同爲寫本書之極觀，促成其事者，思泊力也。叔平先生頗思手寫一通付印，余亦私發此願，人事倥偬，終不易舉。院中影印將成，袁守和先生以書囑余爲跋，以一周爲期，時促不得詳論，略記所知，以承嘉命，其未賅備，俟諸異日。

此書題「朝議郎行衢州信安縣尉王仁昫字德温新撰定」，王氏事迹無考。《廣韻》序録有關亮、薛峋、王仁煦、祝尚丘、孫愐、嚴寶文、裴務齊、陳道固諸家增加字。日本見在書目有《切韻》五卷，王仁煦撰。《倭名類聚抄》及《浄土三部經音義》並有引用。其書見著録者只此而已。今按此本三十五銑顯字下注今上諱，是王氏必爲中宗時人。又其官階爲行衢州信安縣尉，按天寶元年改衢州爲信安郡，此必在天寶以前也。序云：「大唐龍興，廉問寓縣，有江東道巡察黜陟大使侍御史平侯嗣先者，」按武后末年，傳位中宗，神龍元年，始復國號曰唐，此所謂「大唐龍興也。」二年，選左右臺及内外五品以上官二十人，爲十道巡察使，委之察吏撫人，薦賢直獄，二年一代，考其功罪而進退之，即所謂「巡察黜陟大使」也。然則此書之作，當即在神龍二年（公元七〇六）矣。然唐時無江東道，衢州屬江南道，東蓋南字之誤。《項跋本》作「江東南道」，考當時以二十人爲十道巡察使，則每道有二人，或已如開元末年分江南爲東西二道，衢州正在東道，則此或江南東道之誤與？長孫訥言爲《切韻》作箋，時在儀鳳二年，（公元六七七），王氏之作在其後約三十年，當時流傳頗廣，故得遠至敦煌吐魯番俱有傳本。又其後三十餘年而孫愐作《唐韻》，及其盛行，《王韻》遂微，五代及宋，郭忠恕、徐鉉、徐鍇等遂不複道其名氏矣。蓋唐人之用韻書，猶今人之用字典，新編既出，舊者便爲筌蹄。然今日《王韻》復出，竟爲一千二百餘年前之全袟，而《切韻》《唐韻》僅有殘本，古籍顯晦，亦各有幸有不幸也。

王書名《刊謬補缺切韻》，即於大題下注云：「刊謬者謂刊正誤謬，補缺者謂加字及訓。」序謂：「陸法言《切韻》，時俗共重，以爲典規，然苦字少復闕字義。」又謂「謹依《切韻》增加，亦各隨韻注訓，」是其本意尤重在補缺也。其所刊正，合此本與敦煌本，共見十二事：

鞾　鞾鞋，無反語。火戈反，又希波反。陸無反語，何□誣於古今。——平聲三十三歌

广　虞俺反，陸無此韻目，失。——上聲韻目

范　符山反，陸無反，取凡之上聲，失。——上聲韻目又五十二范

湩　都隴反，濁多。此是冬字之上聲。陸云，冬無上聲，何失甚。——上聲二腫

輢　於綺反，車輢。陸於倚韻作於綺反之，於此輢韻又於綺反之，音既同反，不合兩處出韻，失何傷甚。——上聲四紙

汜　音似者在成皋東，是曹咎所渡水。音凡者在襄城縣南汜城，是周王出居城曰南汜。音匹劍反者在中牟縣汜澤，是晉伐鄭師于汜曰東汜。三所各别，陸訓不當，故不録。——上聲六止

巹　瓢，酒器，婚禮所用。陸訓巹敬字爲巹瓢字，俗行大失。——上聲十八隱

言　語偃反，言言脣急。陸生載此言言二字，列於《切韻》，事不稽古，便涉字妖，留不削除，庶覽者之鑒詳其

謬。——上聲十九阮

嚴　魚淹反，陸無此韻目，失。——去聲韻目

足　案緅字陸以子句反之，此足字又以即具反之，音既無別，故併足。——去聲十遇

凸　陸云高起，字書無此字，陸入《切韻》，何考研之不當。——入聲十四屑

凹　下，或作容，正作㕡。案凹無所從，傷俗尤甚。名之《切韻》，誠曰典音，陸采編之，故詳其失。——入聲二十二洽

綜而言之，陸無广嚴二韻，王氏補之，一也。陸云冬無上聲，王擧湩字實之，二也。陸無韛范二字反語，王氏補之，三也。此三事雖曰刊謬，實亦補闕耳。惟畸足二韻，反語重出，言言凸凹四字，字妖傷俗，氾荳二字，訓義不當，此三事則真可謂刊謬矣。唐代前期韻書，祖述陸氏，每有刊正，並著其由。蔣氏《唐韻》於⿰兄風下云：「陸無訓義。」瞪下云：「陸本作眙。」鯿下云：「陸入格韻。」魏鶴山所見《唐韻》，於栘韻下云：「陸與齊同，今別。」《廣韻》於恭下云：「陸以恭蜙縱等入冬韻，非也。」獮下云：「陸作獮豸。」殆亦取之《唐韻》者。陸書一萬餘字，王孫等所刊正，不及二十條，可見剖析之精，今日陸書不存，反得藉此以窺體製也。

長孫作箋，不涉韻反，且無韻目陸注。王書略後出，所見陸書，當是別本，故韻目特詳。此本王序後即接陸詞字法言撰《切韻序》，而無長孫箋語可證也。頃所見敦煌出寫本《王韻》序文，亦與此同。而項跋本有《長孫序》而無《陸序》，此亦裴本亂之耳。陸書一百九十三韻，王增广嚴二韻，爲一百九十五韻，不知爲王氏創作，抑別有所受。其後孫愐於開元三十年作《唐韻》，見於《式古堂書畫彙考》者，上聲五十二韻，去聲五十七韻，較《切韻》多出二韻，似與此同，孫亦未必襲王也。若其加字增訓，長孫以下，無不如此。《封氏聞見記》謂陸書一萬二千一百五十八字，《式古堂本》孫愐《唐韻序》謂今加三千五百字，通舊總一萬五千字，」則所見陸書止一萬一千五百字也。《王韻》此本與《敦煌本》均於卷首詳記字數，惜寫者併上下平爲一卷，略去卷二都數一行，不能核實，若僅以上平及上去入三聲合計，則舊韻爲九千四百七十三字，加入下平，當與孫愐所見相近。而此四卷新加者爲四千七百六十二字，加入下平，當有六千餘字，遠較孫愐所加爲多，更以知孫氏之未嘗襲王書也。王氏序云：「舊本墨寫，新加朱書，兼本闕訓，亦用朱寫。」此本於序末又注云：「所有新加字并朱書，其訓即用

墨書，」當亦王氏原注。然寫本殊不然，僅於韻目上數字及小韻下字數用朱書，竟不知何爲舊韻，何爲新加也。王静安先生所書「切二」「切三」均注所加字數，蔣氏《唐韻》亦然，疑長孫訥言本之體製如此。然此本與敦煌本字次相合，以校「切二」「切三」，雖有增加，都在韻末。而故宫舊藏項跋本，其上平聲亦注所加字數，與此不合，且字次凌獵，韻亦大異，殆裴務齊以長孫本羼雜王本使然也。

此書凡二十四葉，除首葉外，並兩面書，共四十七面，每面三十五行，自四十耕起爲三十六行，所謂葉子也。《掇瑣本》殘存四十二面，亦兩面書，與此本頗相似，當是同時抄本也。此書於民字缺筆，顯字亦缺筆，然世下注文帝諱，治下注大帝諱，均未缺筆，未可以定寫書之前後，以字體度之，殆即在太和前後。所謂吴彩鸞韻，傳世至多，歐陽公謂「文字有備檢用者，卷軸難數卷舒，故以葉子寫之，如吴彩鸞《唐韻》、李郃《彩選》之類是也。」彩鸞者據傳説爲泰和時人，豈葉子寫書，即起於其時耶？此本手揭處多磨損，足見當時檢用之繁。原書當爲册子，頗類今之洋裝書，故近脊處多黏損，下葉之字，往往印於上葉，今爲龍鱗裝者，疑是宋人所改。元王惲《玉堂嘉話》卷二記吴彩鸞龍鱗楷韻，後有柳誠懸題，共五十四葉，鱗次相積，皆留紙縫，注云天寶八年製。此本宋濂跋云：「余舊於東觀見二本，紙墨與之正同，第所多者，柳公權之題識爾。」即秋澗所見之本也。山谷題跋謂所見有六本，張持義藏本孫愐《唐韻》三十七葉。魏鶴山所見爲有移韻之《唐韻》，故爲三十先三十一仙。《雲烟過眼録》卷一所載鮮于伯機藏本《切韻》則爲二十三先、二十四仙，疑是《韻詮》一系之韻書。若《式古堂書畫彙考》所載則開元三十年行陳州司法參軍事孫愐所表上之《唐韻》也。蓋唐宋以後，凡見韻書，即屬之彩鸞，爲人珍玩，反得藉以保存。今所得見者，蔣氏《唐韻》，故宫項跋本，并此而三矣。若敦煌吐魯番等地所出，余所見不下三十種，固未有如此本之完好者，即賞其書法，考其紙墨裝潢，已在在足視爲國寶矣。

然王書之最可貴者，實在韻目，其所注與吕夏侯等五家異同，王静安先生見項跋本後，作《六朝人韻書分部説》，以爲必陸氏原注者也。魏建功先生見敦煌本，作《五家韻目考》，又以爲王氏所注。項跋本僅見上平，敦煌本又多斷爛，排比推測，終異本來，今得此本，所補正者二十餘事，焕若神明，頓還舊觀。今考王於湩下云「陸云冬無上聲，何失甚」，足證韻目二冬下所注「無上聲」三字爲陸氏原注，静安先生之説不誤也。蓋惟广范嚴三目言陸失者，始是王氏所增耳。陸序言「吕静《韻集》、夏侯詠《韻略》、陽休之《韻略》、李季節《音譜》、杜臺卿《韻略》等，各有乖互。……欲更捃選，除削疎緩。顔外史、蕭國子多所決定。魏著作謂法言曰：向來論難，疑處悉盡，何爲不隨口記之，我輩數人，定則定矣。法言即燭下握筆，略記綱紀。」又言：「遂取諸家音韻，古今字書，以前所記者定之，爲《切韻》五卷。」是陸氏所記之綱紀，由顔之推、蕭該所決定，亦即此五家韻書之各有乖互耳。長孫作箋，唯在字様訓解，不録此注，《唐韻》《廣韻》遞相祖述，陸氏本意，遂不可見，幾乎得兔而忘筌矣。今故參合各本，比録於左：

平聲		上聲		去聲		入聲	
一東		一董	呂與腫同 夏與腫別	一送		一屋	
二冬	呂與鍾江別 夏與鍾江別 陽與鍾江同			二宋	夏與用絳別 陽與用絳同	二沃	呂與燭別 夏與燭別 陽與燭同
六脂	呂與之微大亂雜 夏與之微大亂雜 陽與之微別 李與之微別 杜與之微別	五旨	呂與止別 夏與止爲疑 陽與止別 李與止別 杜與止別	六至	夏與志同 陽與志別 李與志別 杜與志別		
九魚		八語	呂與麌同 夏與麌別 陽與麌別 李與麌別 杜與麌別	九御			
十二齊		十一薺		十三霽	呂與祭別 李與祭同 杜與祭同		
十三佳		十二蟹	夏與駭別 李與駭同	十五卦			

續表

平聲		上聲		去聲		入聲	
十四皆	吕與齊同 夏與齊別 陽與齊同 杜與齊別	十三駭		十六怪	夏與泰同 杜與泰別		
				十七夬	吕與怪別與會同 夏與會別 李與怪同		
十五灰	吕與咍別 夏與咍同 陽與咍同 杜與咍同	十四賄	吕與海別 夏與海爲疑 李與海同	十八隊	吕與代別 夏與代爲疑 李與代同		
				二十廢	吕與隊別 夏與隊同		
十七真	吕與文同 夏與文別 陽與文別 杜與文別	十六軫		二十一震		四質	
十八臻	吕與真同 夏與真別 陽與真同 杜與真同					七櫛	吕與質同 夏與質同
二十殷	夏與臻同 陽與文同 杜與文同	十八隱	吕與吻同 夏與吻別	二十三焮		八迄	吕與質別 夏與質同

續表

平聲		上聲		去聲		入聲	
二十一元	吕與魂別 夏與魂同 陽與魂同 杜與魂同	十九阮	吕與混佷別 夏與混佷同 陽與混佷同 杜與混佷同	二十四願	夏與慁別與恨同	九月	吕與没別 夏與没同
二十二魂	吕與痕同 夏與痕同 陽與痕同	二十混		二十五慁	吕與恨同 李與恨同	十没	
二十五删	吕與山別 夏與山別 陽與山別 李與山同	二十三潸	吕與旱同 夏與旱別	二十八諫	夏與襇別 李與襇同	十二黠	
二十六山	夏與先仙別 陽與先仙同 杜與先仙別	二十四產	夏與銑獮別 陽與銑獮同	二十九襇		十三鎋	
二十七先	吕與仙別 夏與仙同 陽與仙同 杜與仙同	二十五銑	吕與獮別 夏與獮同 陽與獮同 杜與獮同	二十霰	杜與線別 夏與線同 陽與線同 杜與線同	十四屑	吕與薛別 夏與薛同 李與薛同
二十九蕭		二十七篠	吕與小別 夏與小同 陽與小同 李與小同 杜與小別	三十二嘯	杜與笑効別 夏與笑効同 陽與笑同 李與笑同 杜與笑効別		

續表

平聲		上聲		去聲		入聲	
三十一肴	夏與蕭霄別 陽與蕭霄同 杜與蕭霄別	二十九巧	呂與皓同 夏與皓篠小別 陽與篠小同	三十四効	夏與嘯笑別 陽與嘯笑同 杜與嘯笑別		
三十三歌		三十一哿		三十六箇	呂與禡同 夏與禡別		
三十六談	呂與銜同 夏與銜別 陽與銜別	三十四敢	呂與檻同 夏與檻別	三十九闞		二十一盍	
三十七陽	呂與唐同 夏與唐別 杜與唐同	三十五養	呂與蕩同 夏與蕩爲疑	四十漾	呂與宕同 夏與宕爲疑	二十七藥	呂與鐸同 夏與鐸別 杜與鐸同
三十九庚		三十七梗	呂與靖別 夏與靖同	四十二敬	呂與諍勁徑同 夏與勁同與諍徑別	十九陌	
四十耕		三十八耿	呂與靖迥同與梗別 夏與梗靖迥別 李與梗迥同 杜與梗迥同	四十三諍		十八麥	
四十一清		三十九靜	呂與迥同 夏與迥別	四十四勁		十七昔	
四十二青		四十迥		四十五徑		十六錫	呂與昔陌別與麥同 夏與陌同 李與昔同

續表

平聲		上聲		去聲		入聲	
四十三尤	吕與侯別 夏與侯同 杜與侯同	四十一有	吕與厚黝別 夏與黝同 李與厚同	四十六宥	吕與候同 夏與候爲疑 李與候同		
四十五幽		四十三黝		四十八幼	吕與宥候別 夏與宥候別 杜與宥候同		
四十七鹽		四十五琰	吕與忝范豏同 夏與范豏別與忝同	五十艷	吕與梵同 夏與㮇同	二十四葉	吕與怗洽同
五十一咸	夏與銜別 李與銜同	四十九豏	夏與檻別 李與檻同	五十四陷	夏與鑑別 李與鑑同	二十二洽	夏與狎別 李與狎同
五十四凡		五十二范		五十七梵		三十二乏	吕與業同 夏與合同

自孫炎始作反語，李登肇爲《聲類》，吕静繼之而爲《韻集》，潘徽所謂「始判清濁，才分宫羽」者也。静不知當晉何時，其兄忱亦嘗作《字林》以附託《説文》，殆猶在西晉與？今考陸生所述，灰賄隊與咍海代別，元阮月與魂混没別，先銑霰屑與仙獮線薛別，實頗井然。至若董與腫同，齊與皆同，真質與臻櫛同，潸與旱同，巧與皓同，談敢與銜檻同，陽養漾藥與唐蕩宕鐸同，類皆洪細不別，等次未明，猶有三代秦漢之遺。又《顔氏家訓》論《韻集》曰：「成仍宏登，合成兩韻，爲奇益石，分作四章，皆不可依信。」則吕書耕與清同，蒸與登同，亦洪細不別之例，而此目中並未著，僅於三十八耿言吕與靖迥同，與梗

別，知所載異同，亦未盡備也。然支韻爲奇兩類，《切韻》具存，益石兩章，反語亦別。是知《切韻》反語，尚多吕氏之遺，雖刊定於隋時，實祖述魏晉。若由此目所注，上迹六朝，追考秦漢，則古音變嬗不難明也。

蓋反語起源至古，蒺藜爲茨，終葵爲椎，急言緩言，已肇其端。宋玉戲太宰屢遊之談，後人以此流遷，習爲諧隱，孫皓時童謡以常子閣爲石子岡，即此類也。漢人譬况取音，孫叔然首創反語，蓋即收諸謡俗，故能家喻而户曉也。高貴鄉公不解反語，正以其出自俚俗而輕之耳。或以爲梵夾東來譯音觸發，斯不然已。夫反語既作，韻類立分，余嘗取陸生《切韻》，反復抽繹，始悟反語者反復其語也。胡籠之反語爲盧紅，籠紅爲一類，則東切德紅，同切徒紅，而紅類定矣。陟隆之反語爲力中，隆中爲一類，則蟲切直隆，終切職隆而隆類定矣。東韻一部，乃含紅隆兩章，故陸書凡一百九十三韻，實際韻類，當以反語定之。《玉海》引韋述《集賢記》注云：「天寶末，上以自古用韻，不甚區分，陸法言《切韻》又未能釐革，乃改撰《韻英》，仍舊爲五卷，舊韻四百二十九，新加百五十一，合五百八十，分析至細」，王静安先生不解舊韻爲何指，今考詳文義，實即陸氏《切韻》耳。唐玄宗所言乃韻類，王氏誤爲韻部，遂以《韻英》爲增部矣。且《韻集》所以分益石爲兩章者，益本錫類，石本鐸類也。魏晉之時，當尚有別，故反語不同。若眉切武悲，悲切府眉：亦雙反語也，所以自成一章，不與脂類同者，脣音之字，且由微來也。學者以今世語言，範圍古韻，據四等開合，謂周秦漢魏，無大變異，豈足語於此哉？

《聲類》《韻集》以宫、商、角、徵、羽爲五部，惟時未有四聲，王静安先生作《五聲説》，乃以爲陽類一，陰類四也。然以陸氏所注言之，吕書有先銑霰屑，陽養漾藥，即不得謂陽類一也。或以五聲指聲母，即喉、牙、齒、舌、脣，此更不然。韻目所示，吕書以韻分，不能以每韻析入喉牙等類也。蓋宫商實指韻部，宫者東冬、商者陽唐、角者蕭宵、徵者咍灰、羽者魚虞，創始者粗疏，故但列五部耳。然其所用反語，本諸口吻，循乎自然，其韻類自極綿密。陽養漾藥，四聲不差，先仙灰咍，各有區別。陸生所据者，非吕氏先知四聲，早定篇目，實由但考反語，即見異同，如切莘爲疏巾，則真臻不分，反虯爲渠由，即尤幽無別矣。

唐初承六朝之舊，故陸德明與玄應所用反語與《切韻》初無大殊。玄應本於《韻集》，其書不知誰作，而襲吕氏之名，頗雜采四方之語，所謂「韻集出唐，字盈三萬」者也，及長孫訥言、郭知玄等出，《切韻》大行，乃有刊正之者，增广嚴或儼釅二部者，王仁昫與孫愐《唐韻》也。增諄桓戈準緩果稕换過術曷等十一部者，蔣氏本《唐韻》也。王静安先生謂是孫氏天寶十年改訂之本，然前有广嚴或儼釅二部，後反無之，若出一人之手，不應矛盾若此，殆不然也。今見伯希和所得二〇一六韻書殘片有天寶十載一序，只存上平韻目二十八韻，已增諄桓，而題曰《切韻》，乃知天寶之本，實非孫作，且不號《唐韻》也。或又以蔣本更加儼釅兩韻，殆合兩種《唐韻》爲一者是《廣韻》所祖也。魏鶴山所見《唐韻》，上平聲復增栘韻，今所見敦煌出五代刊本《大唐刊謬補闕切韻》有宣韻，夏竦《古文四聲韻》所據唐《切韻》實如此，而復有選聿兩韻，此蓋《切韻》一系韻目最多之韻書矣。《切韻》韻次，蓋有所本，如以删山先仙爲次者，以舊韻或以删與山同，或以山與先仙同，而陸氏復據吕靜以先與仙别也。陸氏序云「又支脂魚虞，共爲一韻，先仙尤侯，俱論是切」，足見此皆其用意所在也。故《王韻》《唐韻》於陸部次，無所變更。項跋本乃升陽唐於鍾江之次，侵蒸於尤侯之前，登次於文斤，寒先於魂痕，元在先仙之後，佳雜歌麻之間，鹽添覃談降於侯幽之下，其上去入亦俱改次，與舊大異，蓋裴務齊所改者。李舟《切韻》，降覃談而升蒸登，又以四聲相配，爲徐鉉及《廣韻》所從。新撰《字鏡》所引《切韻》平聲以蒸登爲殿，五代刻本入聲以職德爲殿，此又一系也。要之改易部次，當出天寶以後矣。《王韻》《唐韻》於韻字雖有增加，次序未改。間有舛互，傳寫誤耳。項跋本始紊其次，五代刻本則以聲母比次韻字，與陸韻系統大異矣。

若唐人之主秦音者，當以張戩《考聲切韻》爲最早，與王仁昫時代相近。復有武玄之者，不知何時人，著《韻詮》，「鄙薄切韻，改正吴音」，日本僧安然所著《悉曇藏》中有其韻目，平聲凡五十韻，無脂殷痕删銜凡等六韻，而多出栘岑兩韻。天寶時陳王友元庭堅作《韻英》，與唐玄宗所改撰者殆是一書也。景審序慧琳《一切經音義》亦非吴音，而取則於張元二家。唐末李涪《刊誤》亦訾《切韻》爲吴音，而欲以東都音切刊正之。蓋唐自中葉以後，西北方言，漸佔優勢，六朝以來，所謂雅音，日以湮滅，惟吴地猶存梗概，故陸法言《切韻》一系，遂被目爲吴音矣。

然則《切韻》所論定者，魏晉六朝之音也。唐人所改定刊正者，據當時之音，或爲西北方言也。今欲考由六朝變爲唐宋音之故，《切韻》其樞紐也。《切韻》原本，既不可見，惟長孫箋本、《王韻》、《唐韻》，尚與相近。王静安先生所書「切二」「切三」，敦煌所出，今在英倫，蓋即長孫箋本，其加字最少，凡各家所指陸氏原本，多可於此徵信，自與陸書最爲接近。《王韻》較晚出，加字頗多，然韻目舊注，獨賴之保存，且僅增广嚴兩韻，此外未有更張。《唐韻》所出更晚，改韻頗多，惟加字有時較少耳。然則《王韻》之重要，較長孫箋本，猶或過之。况韻書積字而成，反語毫釐必辨，凡有闕誤，不可臆定，故尤重在完秩。長孫箋本以「切三」爲最完，而猶全缺去聲，他卷復有斷爛。敦煌《王韻》處處殘損，首尾尤甚。蔣氏所藏《唐韻》只有去入兩聲，且尚不全。項跋本《王韻》與《切韻》已大異，似以詳略兩本合抄者，亦多殘缺。其他零星斷片，雖足資考校，更無關大體矣。今見此全袠，庶《切韻》全貌，可考而知。其有益於音韻之學，自遠駕於已見一切材料之上也。此書自宋時已入内府，千百年來，僅供賞玩。比者刦掠之餘，得免毁滅，若有神物護持之者。然若歸於私人，扃秘篋衍，惟恐知者，稍顯即晦，與毁滅何異。今幸故宫主者，嘉惠此學，影印流通，余故舉其有關學術之大者言之。其與敦煌本異同，當别爲校記。蓋其佳處，王静安先生所謂後人百思不能到者，殆不可勝記，讀者固可自得之也。

民國三十六年十一月九日秀水唐蘭跋。

此卷平聲二十一元蕃下注「草盛，陸以爲蕃屏失」，前失檢。又一先淵字下注武帝諱，亦未缺筆。

十二月二十三日校畢追記。

《王韻》影印既竣，以紙墨昏闇，製版有未晰處，故宫當局嘉惠來學，蘄使盡善，屬余爲校一過，因補寫其可辨者如上。此書原本以兩紙合爲一葉，故兩面均光滑也。書脊黏連又兩面書，均與西方書同。余頃爲北京大學購得一經疏，亦如此，故疑此類葉子亦仿於僧徒也。故宫舊藏項跋本《王韻》原記爲廿七葉，然今殘缺之餘猶得卅八葉，向以爲疑，今乃知原亦葉子兩面書。今揭開裝爲册頁，併所缺當得五十四開也。此種葉子裝，當爲書籍由卷變册之始，其後變爲蝴蝶裝，更後則爲今通行之裝法矣。

此書字迹之模糊者，一由於書脊之黏損。如輟下云車缺，噤下云口閉不開，車及不開二字今俱不可見。再者由於葉口之被磨損，蓋繙帬過多之故。唐時已重描若干字，其字迹惡劣者皆是也。凡此兩端今俱補寫，其不能辨者仍闕之，不敢臆增也。舊有以雌黄點定者，今多脱落。如斌下原爲於倫反，美好改爲鄙□反，文質所改大半脱落，今亦不能詳也。卅九庚有賡字，古行反，續六至有自字，疾二反，均在格外，亦校者所增也。此書以朱絲爲闌，書法近顔平原《麻姑僊壇記》。

唐蘭校畢續記，時卅六年歲終。

刊謬補缺切韻序 刊謬者謂正訛謬 補缺者謂加字及訓
六万三百七十六字 舊二万三千九百二十二言 新二万六千四百五十三言
朝議郎行衢州信安縣尉王仁昫字德温新撰定
以上標題
少復闕字義可　補缺切韻削舊濫俗添新正典并各加訓啓導愚
蒙救俗切清須斯便要省既字該樣式乃備應危疑韻以部居分別清切舊
本墨寫新加朱書兼本闕訓亦用朱書其字有疑涉亦略注所從以決疑謬使
以上叙
緫色青黃又細絹　愡屋中會又子孔反　蟌青蛉　通他紅反徹四
絎繌欄絲ㄑ縷騘馬鬷鼠　猣犬生三子　豵豕生三子　鯼石首魚　椶　㚇飛而斂足又則貢反吳人音
傱作孔反　艐數船著沙不行　翪球翅上下　蜙蜙ㄑ　稯十莒　蓬薄紅反根草反五　筇船ㄑ蓋船　鬆鬆亂　髼亂　䡯船車帳亦作芃　篷車ㄑ在上　烘呼紅反二
二
魟河魚似鼈　揔蘇公反小籠又先孔反　夂都宗反時二　苳草名　彤徒冬反亦從丹音　十五　疼痛　佟姓　烔火盛皃又他冬反　鴤鳥名出山海經　鼕鼓聲
憽憂　忪惶　痋動病　狆矛刺　䆚宮聲　鉵大鉏　爞旱熱又除中反　𤓸赤亦作赨　䳋鼨又之戎反　賨在宗反西戎七
𢗅　蜙先恭反蜙蝑　蚣亦作蚣四　淞水名出吳郡　凇凍落又詳容反　倯轉語　樅七容反木名松葉柏身曰ㄑ樅四　鏦短矛亦作鏦
農奴冬反業田正作䢉亦作襛四　儂我乃公漢高祖猶有此稱
硿戶冬反石聲二　𠽘胡宋反哥又　磄石力宗反硿磄二　鼛鼓聲　宗作琮反尊一
鬆亂髮

三

鍾職容反酒器十 鐘樂器 蚣虫動 忪心動 笗竹長節 蚣夫兄 衳小褌 彸征彸行皃 橦今作木橦又 伀志反衆 龍力鍾反俗作龍四 瓏室為龍文 蹤

蹱蹱小行皃 鸗鳥名 舂書容反杵擣六 摏撞 踳蹋 鶺鳥名 鶺鯛 蜙蜙蝑 惷愚丑江反亦 松詳容反亦作梥三 訟爭獄又徐用反 凇凍落又先容反 衝

罿尺容反網 艟八 幢幢往來皃 轒車 艟艟舡 潼關名又徒紅反 穜短矛亦 穜穃 容餘封反形十九 溶水皃 鏞水名出冥蘇山 庸用 墉垣亦

以上一東二冬三鍾

枳枳刺 咫咫尺 抵抵掌 泜水名出拘扶山 恀怙 敊只曲果 泜著正 芷芷陽縣 坻著

以上四紙

台在西鄂一 始詩止反初一 枲胥里反麻六 篙竹篾曰篙 萆胡萆亦作䓞 葸質慧皃 諰言且思之 㞖石利 峙直里反崝從六

以上六紙止

簿斐五反竹竹文簿二 部部五 粗徂古反不精四

以上十姥

麆大 徂淺亦作粗 㭣長角又助角反亦作舷 祖則古反宗三 珇圭上起 組組綬 虎呼古反四 琥發兵符為虎文琥珀

闉於小反隔一 表方矯反上書一

飽博巧反食滿一 獿奴巧反擾亂一曰事露又下巧反三

昴日出 茆鳧葵又力有反 媌好皃又莫交反 卯猶冒 絞古巧反縛九 狡狡狂 佼佼女字 攪手動 姣妖媚 盪濁又胡巧反亦作擾 藃藕根又下狡反 鉸

以上廿八小廿九巧

礸石林反 鷂鷹鳥 噉徒敢反食或作啖四 澹澹淡水皃 箹竹名 憺安又徒濫反 黲倉敢反日暗色一 嵰謨敢反鄉名在河東猗氏一 暫子敢反漱暫一 槧才敢反削

以上卅四敢

卌七拯 無反語取蒸之上聲救溺亦作撜抍夲作承一

以上卌七拯卌八等

卌八等 多肯反齊一 倗 普等反不肯一 肯 苦等反可一

種 之用反下稼又之隴反一 重 持用反再一

以上三用四絳

降 下亦作䧄 洚 下又胡冬反 巷 胡降反邑街三 衖 道或作𨞢

胮 普降反胮脹臭一 戇 丁降反愚戇又呼貢反二 稯 又降不耕而種又叉江反亦㙡又子紅反一

諑 不知 𢻲 多 伿 惰又神䜴敢反

胾 側吏反大臠四 椔 木立死又側持反 鶅 東方雉名又側持反 事 鉏吏反 吏 力置

以上七志

𥢨 𥢨陽縣在五原 故 舊 酤 酒又古胡反 痼 大疾 固 堅 錮 鑄又禁錮 棝 射鼠斗

梧 枝梧 逜 于又吾古反

以上十暮

王莽碎劍飾又直例反爲歠二反

䘙 竹竹名 衛 牛蹄 衛 縣屬蜀亦作衞䍐

芮 草生狀而銳反三 汭 水內 枘 圜枘 贅 之芮反假肉外肉別生二 𣪠 山間吉吉 啐 爲

帨 佩巾亦作帥

瀵 歠又須面反 𣀔

毳 毛小此芮反細毛十一 䜭歠

輟 車缺

以上十四祭

纇盧對反絲節十 耒〻耜又力軌反

背補配反面田二 輩俗作䡆 磑五對反磨一

靆靉〻雲狀 甙甘 酞[illegible]

以上十八隊

廿七

翰胡旦反鳥羽亦作鶾十九 捍拒〻 扞以手〻亦作忓 鼾〻睡 垾小堤 釬〻金亦作銲 汗熱汁 悍猛 瀚〻海 閈里〻 皯射〻 馯馬六尺〻 雗〻䧆

以上廿七翰

以上廿八線

狷狂〻褊急 鄄〻城縣在東郡也 瑗王眷反玉名又于願反五

補箇反又古文𥷚字布三 簸〻揚又布火反 譒〻敷 貨呼卧反賄一

以上廿八箇

卧吴貨反眠一 奈奴箇反又奴蓋反一 挫側卧反折三 𦑄(?)拜失容又子對徂嫁二反 侳安又子過反

坷口佐反坎〻不平皃三 軻孟子居貧轗〻故名〻又苦哥反 㪙擊 餓五箇反飢 播

佤〻儸 䵵黄色 阬閬又口庚反 頏咽又胡堂反

曠目不明 爌光明 儴奴朗反浪又緩一

以上卌一宕

蔭於禁反庇〻三 窨作窨 暗

滲上漏向下二 罧積柴取魚又所禁(?)斯反 闖門出二

覘私出頭視又丑心反 譖側禁反讒〻一 讖楚譖反又

以上卌九沁

鏕釜又於反 磟﹅碡 嗀呼木反鷇聲 豰獸名似豹又丁木反

以上一屋

鋜鎖足 灂瀺﹅ 鷟鸑鷟鳥 齺齒相近 捔攪﹅又﹅俎古反 嶌逑 斮斷亦膞 捉側角反五 穛早熟穀 穱稻處種麥亦作糕 藮莫毒

以上四覺

硈石狀 楬木虎樂器又名柷 黠黠 滑戶八反泥利五 猾狡﹅ 䱻魚名 鶻﹅鳩 螖蟹﹅似蟹而小於蟹 八博拔反二 𩣴馬八歲 窡丁滑反口滿三 娺婠﹅

以上十二黠

叕連﹅ 輟叕車具 罬罬又居劣反 蠿蛛蝥

以上十五薛

劃錐刀刻﹅ 鱯名 䨼 度 ⿰口畫叫亦作啪 蟈古獲反蛙別名五 聝割耳 幗婦人喪冠 膕曲脚中

以上十七昔九麥

裂 蘗黃﹅二 擘﹅ 繴絲

㢨廦﹅ 硤﹅石縣名 睞相著 恰苦洽反用心七 帢巾﹅亦作帢帽 㡊刺爪 ⿰目咸 剳入亦作箚 帢士服缺四角 䶢又公洽反 夾古洽反十三 郟﹅鄏地在

裌衣未絮 眨眼﹅眨 餄﹅ ⿸疒迕 蹄 ⿰齒咸唯聲又口狎反 鵊﹅子 鞅履根

㞖薄楔 倢﹅倡人負 插楚洽反亦作揷插字六 臿舂去皮亦作舂臿舌字

以上廿二洽

蕿苑﹅ 𪏰去宮又力繩反 弋與職反射十八 翊馮﹅郡 翌明日 廙敬

㦽穀表穅 隿繳射 翼鷬翊 㚤婦人官夫人名 潩水名在河南 杙木名 [illegible]鈍 趩進 𠥕鼎附耳 𦔳耕 芅羊桃 釴鼎耳

即子力反就十 稷禾 𣚃木名 𤛗牛名 蝍〻蛆虫 堲又秦悉反瓦棺 𤟎犬生三子 逼

彼側反近 皕〻百 偪水鷩皃 颰〻風 㽬姓 域棠 𡋝人名漢有〻孫〻 鍼瓦器 黬

絨縫或作緎戫 洫況逼反溝八 閾門限 緎衣縫 侐清淨 [illegible] 堛芳逼反[illegible]由十 愊悃 踾踾地聲 楅

析也判也 䭲飽皃 揊擊聲 稫〻稷禾上穛乾 畐多又房六反 副判 陟 昃 捌〻打 仄〻陋

腷〻臆意不泄 穛大乾 抑於棘反按二 𡊁邑名

肋脅 扐著指閒 仂礼記祭用數之〻

以上廿九職卅德

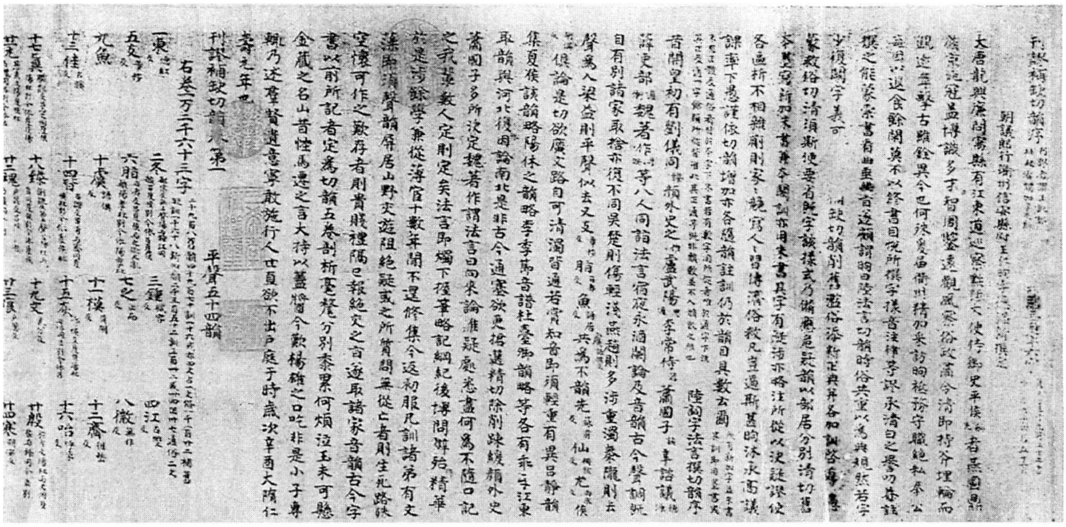

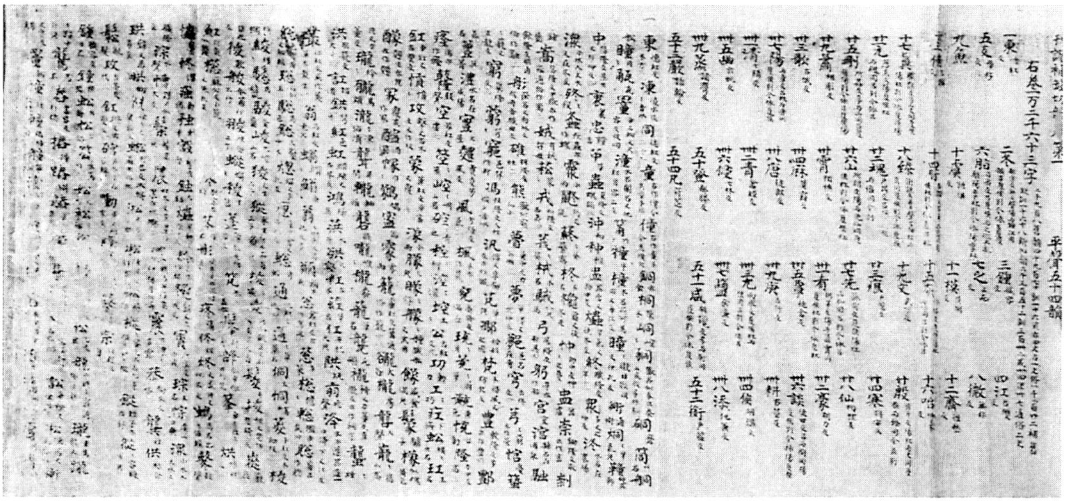

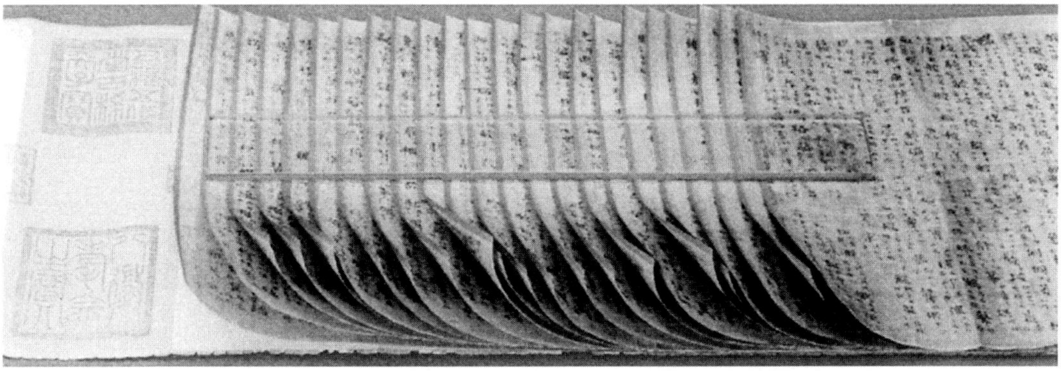

以上圖片取自《故宫博物院藏文物珍品全集》第十八《晉唐五代書法》第二十八，二〇〇一年七月商務印書館（香港）有限公司出版。

作者自注：寫成於一九四七年歲終。載北平故宫博物院影印明宋濂跋本《唐寫本王仁昫刊謬補缺切韻》一九四七年十二月初版彩華印書局承印二百册。又《唐五代韻書集存》周祖謨著中華書局一九八三年七月第一版唐跋收於該書上册第五二八至五三二頁。

揚雄奏甘泉河東羽獵長楊四賦的年代

《大公報·文史周刊》三十九期有陸侃如先生所寫的《揚雄與王音王根王商的關係》一文，我讀到了很感到興趣，這一個問題從司馬光的《通鑑考異》提出以後竟有這麽多的推測，而每一個推測，都不見得很妥當。這個老問題，在原始史料裏，有兩處可疑。

（一）《漢書·揚雄傳》贊説：

> 初雄年四十餘，自蜀來遊，至京師，大司馬車騎將軍王音奇其文雅，召以爲門下史，薦雄待詔，歲餘，奏《羽獵賦》除爲郎，給事黄門。

考《文選·王文憲集序》注引《七略》：「子雲《家諜》言以甘露元年生也。」這應該是很可信的年代。《漢書》本傳説，「年七十一，天鳳五年卒，」和《家諜》正合。從這兩個證據，我們可以確定他生於公元前五三年，卒於公元一八年。大司馬車騎將軍王音卒於成帝永始二年，即公元前一五年，根據上述的證據，揚雄那時才三十九歲，所以錢大昕《三史拾遺》説：

> 使果爲音所薦，則遊京師之年，尚未盈四十也。

（二）《文選·甘泉賦》李善注説：

《漢書》曰：「永始四年正月行幸甘泉。」《七略》曰：「《甘泉賦》永始三年正月待詔臣雄上。」《漢書》三年無幸甘泉之文，疑《七略》誤也。

又《長楊賦》李善注説：

明年謂作《羽獵賦》之明年，即校獵之年也。班欲敍作賦之明年，《漢書·成紀》曰「元延二年冬，幸長楊宫，縱胡客大校獵」是也。《七略》曰：「《羽獵賦》，永始三年十二月上。」然永始三年去校獵之前，首尾四載，謂之明年，疑班固誤也。又《七略》曰：「《長楊賦》，綏和元年上，」綏和在校獵後四歲，無容元延二年校獵，綏和元年賦，又疑《七略》誤。

李善這兩段注裏，一回説《七略》誤，一回又説班固誤，這是很可疑的。他所引的《七略》裏的三個年代，是原始史料，可是據《漢書》本紀甘泉泰畤是永始三年十月才復的，四年正月才行幸甘泉，郊泰畤，怎麽會在三年的正月就上《甘泉賦》呢？

由於這兩點可疑，才有各種推測。司馬光根據揚雄的自序，做《甘泉賦》那一年的十二月又做了《羽獵賦》的一個事實，以爲應該在元延二年，因而把薦雄待詔一事放在元延元年，那時王音已經早死了，所以説應當是王根把《甘泉》《河東》《羽獵》都放在元延二年這一點，後來很多學者都同意，因爲在《成帝本紀》裏，只有這一年的正月幸甘泉，三月幸河東，而冬天又有一次縱胡客大校獵，似乎是三者具備。不過宋祁校《漢書》引《通鑑考異》，把原文删改了，好像司馬光把作三賦的年代，放在元延元年，是錯誤的。

有些人想替作《劇秦美新》的揚雄辨護，説没有活到王莽的時候，把揚雄的見成帝，推早到成帝初年，建始改元時，因而説卒於天鳳五年是錯的。他們没有看見《七略》裏所引的子雲《家牒》，明明白白地説生於甘露元年，這種徒勞的考證，我們可以不管。

何焯、周壽昌都没有用司馬光的説法，何氏以爲揚雄在永始三年是四十歲，就是四十餘自蜀游京師被王音薦舉的一年，《甘泉賦》是永始四年上的。周壽昌説他没有把王音拜大司馬和薨年考一下是錯的。他也認爲揚雄是王音薦的，但是四十餘，應改作三十餘。其實周氏的説法也有困難。王音死時，揚雄三十九歲，如其薦雄在死前一兩年，怎麽能説三十餘，要是在王音剛拜大司馬時，揚雄剛三十二三歲，倒是可以説三十餘了，不過又怎樣去解釋這歲餘奏《羽獵賦》呢？

現在陸侃如先生的説法，還是根據司馬光，可不相信王音是王根的錯誤，而另外提出一個可能的人物，王商。因爲王商在元延元年正月做大司馬衛將軍，十二月乙未遷大司馬大將軍，辛亥薨。庚申，光禄勳王根做大司馬驃騎將軍。陸先生説：

> 不知庚申爲何日，但自乙未至此，已二十六日，故王根作大司馬一定在除夕前不久，而揚雄則在次年正月便從上甘泉作賦了，這時間未免太匆促了些。

他認爲在元延元年薦揚雄的，應該是王商。考陳援庵先生《二十史朔閏表》，元延元年十二月朔是甲午，乙未是初二日，庚申是二十七日，在這一年裏，王根只做了三天大司馬，時間實在太匆促了，在這一點上，我是同意陸先生的看法的。王商的所以錯成王音，陸先生以爲是班固記錯了，因爲王商是衛將軍，「衛」字不容易錯成「車騎」。

不過主要的問題，還在司馬光的説法對不對。我覺得把王音改成王根。或者王商，如無確實的證據，都是有些危險的。因爲班固離揚雄這麽近，看見過《七略》，看見過揚子雲的《家諜》，會把王根或王商錯做王音，驃騎將軍或衛將軍錯成車騎將軍嗎？

《七略》所載的三個年代，司馬光壓根兒就没有注意過，應該是很大的漏洞。沈欽韓在《甘泉賦》和《校獵賦》裏都從《通鑑》作元延二年，在《長楊賦》，卻説：

> 又疑《七略》編當時文，不當有失，或雄自敍，止據奏御之日，祕書典校，則憑寫進之年，故參差先後也。

這是他自相矛盾的地方。陸侃如雖也承認「《七略》當信賴」，可是他認爲三賦是元延三年奏御，不能在四年前的永始三年寫進。又説即使奏御在永始時，也不能四年才幸甘泉而三年已然寫進。所以他的結論是「李善所見《七略》，恐怕不是原文。」

另外，還有一個重要的問題。本傳所引揚雄自序，做《羽獵賦》的明年，上將大誇胡人以多禽獸，所以從秋天起就把老百姓捉來的禽獸，送到長楊射熊館，叫胡人手搏，所以他又做了《長楊賦》。成帝《本紀》在元延二年冬説「行幸長楊宫，從胡客大校獵」和《長楊賦》所説正合，應當是一件事情。司馬光等因爲把元延二年冬的大校獵，當做《羽獵賦》的羽獵，反而把因叫胡人手搏禽獸而作的《長楊賦》落空了。司馬光很乾脆，就在元延三年硬添上一條，「上令胡人搏禽獸，」説《本紀》錯了。戴震認爲元延三年没有長楊、校獵一回事，是揚雄傳錯的。錢大昕用司馬光的説法，以爲元延三年幸長楊射熊館，《本紀》没有寫，二年只校獵，没有胡客，三年才有胡客，併兩事爲一，是《本紀》錯的。

陸侃如先生似乎没有注意到這一問題，我們不曉得他的看法如何，可是我總覺得《羽獵》和《長楊》兩個年代的關係是不應該分開來討論的。把王音改成王根或王商的先决問題，實在是揚雄作四賦的年代。

由司馬光起，主張《甘泉》到《羽獵》是元延二年做的，但是這個説法，必須作三個大膽的假設：

（一）假設班固在揚雄本傳把驃騎將軍王根或衛將軍王商錯成車騎將軍王音。

（二）假設李善所引的三條《七略》，全不足信。

（三）假設班固在成帝《本紀》裏把從胡客大校獵的事記錯了。

這樣三個錯誤湊在一起，恐怕是不可能的。

如果平心静氣去看，我覺得何焯的説法，或許是可取的。何氏的惟一錯誤，只在忘了王音的卒年，但是他説上《甘泉賦》在永始四年，和李善《甘泉賦》注正同，比司馬光的説法要好得多。我們不妨用這一個年代來看看。

第一，我們如其承認薦揚雄是王音，那末，雄自蜀來遊的時候，大約是三十八九歲。王音召雄爲門下史，後來又薦雄待詔，那時行政手續遲緩，到揚雄真去待詔時，大概已是永始三年，王音已死，揚雄也四十歲了。事後追憶，人名是不容易錯的，數目字不容易錯，所以就含混地説四十多了。這樣的含混，可能在《自敍》或《家諜》裏已是如此，不一定是班固弄錯的。

第二，我們如其假定揚雄在永始二年前到京師，永始三年待詔，待詔歲餘奏《羽獵賦》，那末，《甘泉》《河東》《羽獵》三賦是永始四年寫的。成帝本紀「四年，春正月，行幸甘泉，郊泰畤，三月行幸河東，祠后土。」陸侃如説「永始四年則僅至甘泉，既未至河東，亦未校獵」，和本傳不合，怕是記錯了。《本紀》在這一年雖則没有説到《羽獵》，我們也不能因而推翻這個年代，因爲紀傳有時可以闕略的。

第三，我們如其假定三賦作於永始四年，那末，《七略》所説《甘泉賦》和《羽獵賦》作於永始三年，就不用完全推翻，只須像李善《甘泉賦注》認爲三年是四年之誤就可以了。數目字是比較容易錯誤的。

第四，我們如其假定寫《羽獵賦》是永始四年十二月，真正寫成奏上的時候，應該是元延元年了。明年就是元延二年，是《本紀》所説「行幸長楊宫，從胡客大校獵」的一年，也就是本傳明年作《長楊賦》的一年，我們就不用説《本紀》有錯誤了。

第五，我們如其假定《長楊賦》是元延二年寫的，那末，《七略》所説：「《長楊賦》綏和元年上，」要遲三年。這裏，沈欽韓的説法：「祕書典校，則憑寫進之年，」應當是對的，我們不必像李善的説法，以爲《七略》是錯的。

這個説法，對於這些原始史料，除了把《七略》兩處永始三年改成四年，此外就完全可以解釋，比司馬光的説法就妥當多了。

從事實上看永始四年也是作賦的一個好機會。因爲那一年是成帝第一次幸甘泉和河東，大赦天下，賞賜吏民，所以《甘泉賦》一開始就説：

惟漢十世，將郊上玄，定泰畤，雍神休，尊明號。

這決不是第二次巡幸的話。像司馬光的説法，三賦作在元延二年，可就是第二次了。那時人主心理上，已不那樣鋪張，不大赦，也不賞賜，揚雄如在那時才作賦，也未免太不合時宜了。况且《羽獵賦序》説：「其十二月羽獵」既没有説長楊宫，也没有胡人，更不是大校獵，《本紀》在元延二年所寫的卻是「冬，行幸長楊宫，從胡客大校獵，」怎麼會相合呢？

司馬光的錯誤，在只看見一個獵字，而忽略了其餘的條件。他因爲元延二年既幸甘泉和河東，又有從胡客大校獵的事情，可以和《甘泉》《河東》《羽獵》三賦的製作在一年相附合，卻没有注意到元延二年冬的大校獵，決不是羽獵，只是《長楊賦》的環境而不是《羽獵賦》的。他由這一點巧合，不惜把《漢書》的車騎將軍王音，硬改做驃騎將軍王根，但是，《長楊賦》又没有着落了，只好硬加在元延三年這樣似是而非的一再錯誤，就治絲而愈棼了。這個錯誤，可以説由司馬光一手造成的。後人紛紛推測，都受他的影響。

由此，我們可以看見考證之學，最好把原始史料都攤出來，然後尋求怎樣可以説得通。萬不可先有了成見，更不可只着眼在巧合。研究歷史，第一得有材料，第二就得在精密的方法，即使一個年代的考證，也是一點大意不得的。

載《學原》第一卷第十期第五五—五七頁一九四八年二月。

論彝銘中的「休」字

三十六年春《大公報・文史周刊》十三期，有楊遇夫先生的《詩對揚王休解》。據金文休字用例，糾鄭箋休美之訓，及宋以來金文家之誤釋。他説鄭康成把休字解爲美，「文義膚泛不切」，他解釋作賜與，對揚王休，即答揚王賜。古音休與好同，好也是賜與。又根據金文，設五證來證明休應解爲賜與。

我認爲楊先生的結論，下得太快了一些。「休」字在有些地方固然可以解釋做賜與，但不能到處用這個解釋。一個字的意義，是有多面性的。一般訓詁學家的毛病，往往把字義看成各個獨立的、死板的，而不去綜合起來。同是一個「好」字，解釋做「美也」，或解爲「賜與」，好像其間絶無關聯似的。楊先生説：休當讀爲好，《詩・小雅・大（小）明》云：「好是正直」。鄭箋云：「好猶與也」。《左傳・昭公七年》「好以大屈」，謂賂以大屈也。《周禮・天官・内饔》云「凡王之好賜肉脩，則饔人共之」，好賜連言，好亦賜也。鄭注釋爲王所善而賜，誤矣。

楊先生引《詩經》，太過於斷章取義了。《小明》第四章説：「靖恭爾位，正直是與。」第五章説：「靖恭爾位，好是正直。」我們很容易瞭解鄭康成之所以説「好猶與也」，就因爲這兩章的文義相近，如其不是押韻的關係，第五章也可以説「正直是好」，句法就一樣了。訓詁裏的甲猶乙也，本是甲和乙的意義相近，而不能説甲就是乙。即使好字可訓做與，在此也只是黨與許與的與，而不是賜與的與。《大雅・烝民》説「民之秉彝，好是彝德」和「好是正直」的句法完全相同，這只是喜悦的意思，和黨與許與的與，也不過意義相近，不能説「好」就是「與」。

把「好以大屈」的好釋爲賂，是可以的。《周禮》好賜連言，好訓爲賜，也是可以的。但我們不應排斥「好」字的其他意義。「好以大屈」的好，依然包含有聯歡結好的意義。《周禮》常以好賜連言，《内府》又以好賜予三字連言，但它們依然各有區别。《外府》説：「齎賜予之財用」，就没有説「好」。《太宰》説：「好用之式」，鄭玄注「宴好所贈予」，可見好本不是通常的贈予。《内饔》注「好賜，王所善而賜」，除了把好賜兩字合爲一義外，其實並没有錯誤。

古代休字的讀法，和好字差不多，它們是同一語源。楊先生讀休爲好，本没有什麽問題。問題是休字不應該只限於賜予的意義。因爲由我們看來，休之訓爲美，和好之訓爲美是一樣的。

楊先生引了許多銅器銘辭的證據，如小臣彝説：「追叔休于小臣貝三朋，臣三家，對厥休。」上面的休字只能解釋做賜與，就説：「下文對厥休，若作對厥美訓釋，豈不離奇可笑。」還有效卣：「王錫公貝五十朋，公錫厥涉子效王休貝廿朋，這是在王所賞的五十朋貝裏面分出二十朋來賞效，上面説錫，下面説休。還有號叔旅鐘「天子多錫旅休」，追簋「天子多錫追休」，錫是動詞，休是名詞。還有大保簋「王永大保錫休余土」，瀕事簋「姛休錫厥瀕事貝」，錫休連用，休錫連用。我們承認在這些證據裏，休和錫的意義是相近的。

但是，楊先生太拘滯了，他説：「考金文對揚王休之語句，必爲述作器之原因，君上賞賜其臣下，臣下作器記其事以爲光寵，此所謂揚君賜也。若云揚君美，賞錫臣下爲人君常事，何美之可言乎？此從事理言之，又可知其必不然者也。」

我們真不懂得他爲什麽把「光寵」和「美」分得這樣清。君上賞賜臣下，從君方面上説，也許是常事；但從受賜的臣下説來，應當是光寵。也就是君上的好意，所以就要對揚他的「美」，這是很平常，也很容易解釋的。楊先生只是把休字好字看死板了，只可訓做賜予，所以就把揚君美的美，也看成只是一般的美德，而不能解釋爲專對某一人的美意了。

從訓詁説，休字除了息止的意義，《爾雅・釋詁》「美也」，《釋言》「慶也」，《廣雅・釋詁》「喜也」，從來就只解釋做美好和喜慶。就是從金文説，休字也不只用做賜予，有好些地方還要訓做美，對揚王休也是如此。不過討論到這一點，我們還要牽涉到另一個重要的問題。

銅器裏有一個簋，銘文是「休王錫效父吕三，用作厥寶尊彝」，還有三個鼎，銘辭差不多。郭沫若先生作《兩周金文辭大系》説：「此孝王時器，休王即孝王也，古休孝本同音字。」那時，很有一部分人相信這個説法，如吴其昌先生便根據《釋名・釋言語》「孝，養也」，而《禮記・玉藻》正義説「休養也」，來助郭氏張目。在《金文疑年表》上説：「郭君擬休王爲孝王，其昌反思之，卒無以易其説，不特從之，且爲之引申，厚其證焉。」但我覺得單靠聲音相通，没有别的證據是很危險的。我以爲休王的休，只是一個動詞，不是人名，曾和郭先生討論過。後來，郭先生的修正本《大系》考釋，在召卣下説：休王即懿王之弟孝王也。休孝古本同音字，孝王本稱休，後世于傳説間轉變爲孝耳。效父彝、醫父鼎亦見「休王」，唐蘭云：「休是動詞，《召誥》云『今休王不敢後，用顧畏于民碞』，可證。古人多有此例，如云『魯天子之命』，魯亦動詞也。揚天子或王之魯休，而稱『休王』或『魯天子』，其義一也。縣妃彝云：『縣妃敏揚伯屖父休，曰：休伯昊盄卹縣伯室』，休伯亦猶休王也。」今按如僅就彼二器而言，唐説亦可通。余初亦頗疑休是形容詞，故于《謚法之起源》一文中，凡言「休王」之器均未徵及。今得此器之讀，則動詞形容之説均不能適用也。如讀爲「召進啓事，奔走事皇辟君，休」，似亦可通，然方言啓進，即已有成，文理殊難條貫，故此讀亦不能適用。《召誥》語，余意仍宜从舊讀以今休斷句，下文有「王厥有成命治民，今休，王先服殷御事，比邇于我有周御事」，亦然，今休謂今得天之休命也。縣妃簋之「休伯」，余意亦伯羣父之號，蓋休王號休，伯羣父亦號休也。

郭先生先承認我的説法是可通的，只因召卣的句讀，不適用于動詞或形容詞，所以依舊説「休王」是孝王。其實召卣説「休王自毀使賞畢土方五十里」，除了自毀的地方使人來賞的一點外，休王賞畢土方五十里，和「休王錫效父吕三」，或「休王錫醫父貝」，文法上有什麽不同？那兩個銘辭要是可通，召卣就不能不適用。至於把「休伯」説成是伯羣父的號，就更覺牽强了。

民國二十六七年間，新出土的銅器有穆公鼎，銘文説：「穆公作尹姞宗室于繇林。唯六月既生霸乙卯，休天君弗望（忘）穆公聖粦明德。事先王，各于尹姞宗室繇林。君蔑尹姞曆，錫玉五品，馬四匹。拜稽首，對揚天君休，用作寶。」「休天君弗望穆公」是稱美天君的没有忘了穆公，休字是動詞。我的説法，在這裏完全被證明了。對揚王休可以變成「休王」，召揚伯休，可以變成「休伯」，對揚天君休，可以變爲「休天君」，那末，休王決不會是人名，更決不會是孝王了。

我們從這個問題裏，知道「休王」是由對揚王休的句法轉換過來的，那末，休字的意義就不應該限於賜與。因爲對揚王賜還可以勉强講通，假如把「休王錫」解釋爲「賜王錫」，就不成文理了。召卣説「召弗敢譚王休異」，故休異連文，是王的美意和異數，解休爲賜與，在這裏也是不通的。

休字本訓美，没有賜與的意義。不過，賜與總是一番好意，所以「休」字就用作好意的賜與，久之也就單用做賜予的解釋了。命字本也没有賜予的意義，在古書古器裏却常有這種用法，便是一個絶好的榜樣。

那末，小臣彝的「對厥休」，不妨是「對厥美」，並不離奇可笑。《詩經》的「對揚王休」，也不妨是對揚王美，更不見得「膚泛不切」。楊先生這種評語是有成見的，和考據本身無關。我們研究訓詁，要着重字義的全部，還要注意它們的發展，不可望文生義，扶得東來西又歪。楊先生等由金文證明休字可以解爲賜與，本是很好的發現，但我們要認清楚這只是一個特殊的引申義。假如貿貿然用這個訓詁施於一切本可以解做「美」的地方，要去糾正它們，這就成爲「千慮一失」了。

載《大公報·文史副刊》第十期一九四八年二月十四日。

又《唐蘭先生金文論集》第六二至六五頁紫禁城出版社一九九五年十月。

關於石鼓文的時代答童書業先生

蒙翟鍾秀先生的好意，由無錫剪寄來一月七日的上海《中央日報·文物周刊》第六十八期，有童書業先生的《評唐蘭先生石鼓文刻於秦靈公三年考》一文，讀過後很高興。我寫那篇文章，早就預備挨駡。因爲一般人的保守性總是很强的。我説石鼓的年代是戰國，别人一定要説是秦文公、秦襄公、秦穆公，還有人説成王、宣王，也有人説北周、後魏，紛紜聚訟，執持成見，本是無可奈何的事情。不過在這個兵荒馬亂，薪桂米珠的時候，還有人來討論這些無用的問題，空谷足音，總應該是高興的。

童先生的大文裏最值得感謝的，是我説石鼓用「避」十一處，承他校正十四處。（還有幾處，童先生引原文而加問號，我想這總是手民之誤吧？）關於這個「避」的問題，童先生費了很大的氣力，找出了《尚書》第一人稱代名詞有「予」、「我」、「朕」等字，「予」字用在單數主格，和金文「余」字相當，「朕」字多用在單數領格，而單數、多數、主格、領格，都可以用「我」字。因此，童先生説我「只注意了領格主格的區别，却忽略了單數多數的分别」，所以他又説我「没有把先秦文法弄清楚」，「更不幸的是連兩三件銘刻的文字用法也没有分析清楚」。

《尚書》裏的代名詞，北京大學文科研究所同學王達津先生曾經研究過，那是四五年前的畢業論文，第一人稱代名詞和童先生所説差不多，不過「我」字似乎專用在多數。這篇論文，我還參加過一些意見，所以「我」字代表多數，還不至於忘記。

我在這裏應該先謝謝童先生，讓我覺得我寫的文字還不能使老嫗都解，這是很可慚愧的。不過我也很可惜，以童先生的聰明而作這種無益的，文不對題的討論。《尚書·周書》用「予」、「朕」、「我」三字，它可没有用「吾」字啊！石鼓文用「避」字，詛楚文用「䛘」字，據童先生説，就是「我」字，這真够把人鬧迷糊了。我們真不懂得，石鼓文、詛楚文既然都有「我」字，爲什麽還要另外寫作「避」或「䛘」呢？這兩個字顯然都是從「吾」得聲，「吾」古音在魚部，爲什麽不就代表經典的「吾」

字和春秋以後東方金文的「盧」字，反而去代表古音在歌部的「我」字呢？

商周銘刻用「我」字地方很多，秦公簋、秦公鐘雖没有用到，我們相信那時一定也行用。但是用「吾」字作代詞，在《尚書・周書》，在春秋以前金文裏是從來没有的，所以我們説在這樣一個時期裏，所用的只有「余」（或予）、「朕」、「我」，而不用「吾」。但是在《周易》、《論語》、《孟子》等書，除了引古書，就用「予」、「吾」、「我」，而不用「朕」。春秋以後東方銅器像齊鎛、沇兒鐘、杜［杕］氏壺等，用「余」、「盧」（或䱷）、「我」，而不用「朕」。這裏的界限本是狠清楚的。所以我的原文只是説明秦公簋時代用「朕」而不用「吾」，石鼓文詛楚文時代用「吾」而不用「朕」。因爲我們既無法證明秦民族先用「吾」這個語言，後來改做「朕」，後來再改做「吾」，我們就只好把石鼓文移後，放在詛楚文一起了。到了秦始皇時，天子自稱爲「朕」，就因爲這是已廢的語言，要不然，秦始皇儘管有魄力也不能把人們通用的稱謂，立時就禁絶啊！

現在童先生把「遾」字認作「我」，又牽涉到多數與少數的問題，這真是「張公吃酒李公醉」了。《詩經》上明明説「我車既攻，我馬既同」，石鼓文套這個調子，却變做「吾車既工，吾馬既同」，這就是天大的一個漏洞。不過，如其説「吾」就是「我」，歌部的字，應該諧魚部的音，石鼓文、詛楚文的並列，只是爲寫得好玩，胡適之先生的大作《吾我篇》大可以不作，我也無奈他何。

至於「殹」字和「也」字的問題，童先生説《秦誓》「猗」字就是「殹」字，也是我所不懂得的。童先生又説「猗」字也就是「兮」字，《禮記・大學》引《秦誓》的「猗」作「兮」，這是可靠的。只可惜在童先生是自相矛盾，因爲「兮」字並不等於「也」字，例如「叔兮伯兮，何多日也」，我們不能把「兮」和「也」顛倒過來。那末，「猗」既同「兮」，就無關於「也」，「殹」只同「也」，又何必拉上了「猗」呢？至於《秦風・權輿》説：「今也每食無餘」，不知應屬何時，《詩序》説是刺康公，不知是不是可信。金石文字和竹帛文字的體製不同，金石文字保守性比較重，即使當時已用「也」字，在金石文字裏儘可以没有用到。「也」字在東方各國大概早已盛行，可是一直到春秋末年的陳常匋量才看見「也」，正是這個原故，我在陳常匋量裏早就説明過了。唐宋的語言，大部分已和現在一樣，可是「你等」，「我每」，一直到現在，還不常見於金石，這是同樣的情形。

童先生説我「不是不讀書的人」，我不懂得書是怎麽讀法，如其照童先生的説法，「殹」就是「猗」，「猗」通「兮」，所以「殹」就等於「兮」，像這樣讀法的書，我確是没有讀過，並且也不屑去讀。（朱駿聲因《毛詩》兮也兩字，他書所引或互易，就認爲通用，那末，我們何以不把《毛詩》《楚辭》的「兮」字通寫做「也」，或把「也」字通寫做「兮」呢？《詩經》用「維」字，《尚書》

用「惟」字，古人用字的界限最清楚。兩句之中，「兮」「也」同見，可見決不相通。古人抄書常有錯誤，一二字的異文，不足爲據。朱氏把這種界限打破了，真是誤盡蒼生）。

童先生一再説我「武斷」，又一再説我「中了現在最時髦的但問實物，不問文獻的學風的毒」。「武斷」兩字，我不想接受。如其我把不同來源的材料，例如一個是秦時人自己寫刻的刻石，而其餘的却是經過不同時代，不同地域的許多人傳抄下來的東西，而作嚴格的文字或文法的比較，我就得承認我的方法有錯誤。現在我只用「金石銘刻」，只用「秦國的金石銘刻」來比較，時代的前後，只有幾百年，我不相信這個方法是錯誤的。《墨子》把金石和竹帛分開，秦二世詔把金石刻並稱，所以刻在刻石上，也同時刻在權量上，可見金石文字自成一個系統。例如古書裏用「予」，童先生自己承認相當於金文的「余」字，就等於説金文不用「予」字，這難道是「武斷」嗎？我在原文裏説「兩周金文不用『予』，石鼓文『迂』字偏旁從『予』」。我根本没有想到會牽扯到古書裏用作代名詞的「予」字，因爲那在金文裏是寫作「余」的，我所説的只是字的形體，所以用「偏旁」來作證。童先生恐怕没有把我的話看清楚，纏夾二起來，以爲我是把代名詞的「予」或「余」認爲後出，所以説「未免有些武斷」了。

至於中毒與否，我倒不想辨白，因爲中過毒的人自己也許不知道。不過，我却希望中的是「實事求是」的毒。對於一個字的用法要「分析」得「清楚」些，不要認甲作乙，即甲即乙，東拉西扯，把所有的材料，不一定同等的材料，攪做一團亂糟糟。

「避」、「殹」、「迂」，是我考訂石鼓文年代的根據，只要我們平心静氣去想一下，是非是不難定的。這都是十分明白而確實的證據，在没有提出前，固然可以歷千載而不悟，可是一注意到了，連我自己也失笑，這樣近在眼前而且狠淺顯的事實，怎麼會糊塗了二三十年呢？現在，這是一個前提，假使我没有「武斷」什麼，石鼓文就得放到景公以後去，否則我所説的都是丐詞，所以童先生别的評語，我就用不着答表了。

載《申報·文史周刊》第十三期一九四八年三月六日。

唐中宗時的十道巡察使

《唐書・中宗紀》在神龍二年有：

二月乙未，刑部尚書韋巨源同中書門下三品。遣十使巡察風俗。

這段記載，在《新唐書・中宗紀》裏略有不同。說成「丙申，遣十道巡察使」。在《文獻通考》卷六十一巡察按察巡撫等使條下說：

神龍二年敕左右臺内外五品以上官，識理通明，無屈撓者二十人，分爲十道巡察使，二周年一替，以廉按州郡。

就比較詳細一些。

唐時巡察使的制度，大概起原於太宗貞觀八年，《資治通鑑》卷一百九十四說：

上欲分遣大臣爲諸道黜陟大使，未得其人。李靖薦魏徵。上曰：「徵箴規朕失，不可一日離左右。」乃命靖與太常卿蕭瑀等凡十三人分行天下，察長吏賢不肖，問民間疾苦，禮高年，賑窮乏，褒善良，起滯淹，俾使者所至，如朕親覩。

《舊唐書・太宗本紀》詳細紀出這十三個人，只說「使于四方，觀省風俗」。《文獻通考》卷六十一在黜陟使條下說：「貞觀八年，發十八道黜陟大使」，只是這一事，説「十八道」，恐怕是錯的。黜陟使其實就是巡察使，唐人往往混稱。不過那時只有十道，所以又簡稱爲「十道使」，如《新唐書·蘇壤傳》「請罷十道使」，而貞觀八年派了十三個人，不知是怎樣分配的。

神龍時的十道巡察使，《通鑑》卷二百八説：

選左右臺及内外五品以上官二十人爲十道巡察使，察吏撫人，薦賢直獄，二年一代，考其功罪而進退之。易州刺史魏人姜師度，禮部員外郎馬懷素，殿中侍御史臨漳源乾曜，監察御史靈昌盧懷慎，衛尉少卿滏陽李傑，皆預焉。

《舊唐書·馬懷素傳》説：

累轉禮部員外郎，與源乾曜盧懷慎李傑等，充十道黜陟使。

只没有提到姜師度。但就照《通鑑》所説，也只指出了五人。近來讀《唐史》，又考出了幾個人，一併記在下面。

一、姜師度《新唐書》本傳説：

河北道巡察兼度支營由使。

又《蕭嵩傳》説：

河北黜陟使姜師度表爲判官。

二、馬懷素《新唐書》本傳説：

轉禮部員外郎，以十道使黜陟江西。

三、源乾曜《新唐書》本傳説：

神龍中以殿中侍御史黜陟江東。

四、盧懷慎《新唐書》本傳只説他「神龍中，遷侍御史，……遷右御史臺中丞」，他可能用中丞的身份出使，但不知他到什麽地方。

五、李傑《新唐書》本傳説：

神龍中爲河東巡察黜陟使。

六、倪若水《新唐書》本傳説：

擢進士第，累遷右臺監察御史，黜陟劍南道。

七、盧從愿《新唐書》本傳説：

遷監察御史，爲山南黜陟巡撫使。

八、侯令德《新唐書·李尚隱傳》説：

神龍中左臺中丞侯令德爲關内黜陟使，尚隱佐之，以最，擢左臺監察御史」。

九、路敬潛《新唐書·李素立傳》説：

黜陟使路敬潛薦其清白。

又《舊唐書·尹思貞傳》説：

神龍初爲大理卿，……出爲青州刺史，……黜陟使衛州司馬路敬潛八月到州。

又《金石萃編》卷六十八盧公清魏文説：

神龍元年，……改滎陽縣令，……河南道巡察使衛州司馬路敬潛以政術尤異奏聞。

這裏一共九個人，所到的地方有：河北，江西，江東，河東，劍南，山南，關内，河南，共八處，只有盧懷慎的地方還不知道。唐初的十道，本是：

一曰關内，二曰河南，三曰河東，四曰河北，五曰山南，六曰隴右，七曰淮南，八曰江南，九曰劍南，十曰嶺南。

見《地理志》。神龍時的巡察黜陟使却有了江東和江西，這是很可怪的。

故宫博物院去年影印的宋濂跋本《王仁昫切韻序》説：

大唐龍興，廉問寓縣，有江東道巡察黜陟大使平侯嗣先者，燕國鼎族，京兆冠蓋。

我寫跋文的時候，因爲唐時無江東道，就説「東蓋南字之誤」，又因爲項跋本作「江東南道」，疑惑他是「江南東道之誤」。現在知道不僅有江東，并且還有江西，可見讀古書没有把證據搜齊，是不應該輕易下判斷的。

「平侯嗣先」的平，恐怕是姓，他是江東道巡察黜陟大使，但據上文所引《新唐書》，却説源乾曜黜陟江東，那末，江東道至少就有二個黜陟使了。我疑心這個大使的大字是有些關係的。照《資治通鑑》和《文獻通考》所説，那時的使臣是要五品以上官，但源乾曜的本官殿中侍御史，據百官志只是從七品下，而左臺中丞侯令德做關内黜陟使，却是以正四品下的中丞身份充任的。所以平嗣先的品位可能較高而是大使，源乾曜是他的佐，正合李尚隱是侯令德的佐一樣。《新唐書・宋務光傳》在神龍元年大水上書後説：

俄以監察御史巡察河南道。

可見河南道也有路敬潛宋務光兩人。那末，神龍時的二十人，除了前引九人外，還可以加上平嗣先李尚隱宋務光三人，就可以考出十二人了。

《新唐書・席豫傳》説：

凡四以使者，按行江南，江東，淮南，河北。

似乎江東和江南不同。那末，神龍時雖説「十道使」，實際上還分出江東江西等道，在貞觀時所定十道之外，我想和貞觀八年的遣使十三人也許有些關係，這就希望再有别的新證據了。

載《申報・文史副刊》第十七期一九四八年四月三日。

論石鼓文用「逜」不用「朕」

——再答童書業先生

石鼓文用「余」、「逜」、「我」而不用「朕」字，我以爲應在秦公鐘、秦公簋之後，和詛楚文時代相近。最近，童書業先生在《論石鼓文的時代再質唐蘭先生》一文（見上海《中央日報・文物周刊》七十七期）提出了一個新穎的意見，説是：

> 石鼓文的文法，近於東方系統，故用「吾」字，它與其他金文用字不盡同，只能證明它是東方的方言，不能證明它時代的遲晚。

這是狠值得注意的。我狠同意於「𧇡」字本是東方語言的一點，因爲它和「也」字的情形是一樣的。現在童先生的新説，和我的説法總算是有一個相同的論點了。可是秦國的刻石，怎麽用東方的方言，而又寫作「吾」呢？童先生以爲「秦民族本出於淮夷，也是東方民族，所以其文字也近於東方系統」，却恐怕未必然。戰國時六國用古文是東土文字，秦用籀文小篆是西土文字，這種分別，不是突然發生的。由語言來看，「吾」等於「𧇡」，「殹」近於「也」，但從文字來看，秦國始終是承繼西方系統的。

我在這裏不想討論到秦民族問題，即使秦國是由東方遷去的，但她究竟始終住在西北的土地上，由秦嬴起一直到秦政未併六國以前，總是西方的國家。如其説秦國在早期還保存東方語言而把「𧇡」寫做「逜」，何以到秦景公時的鐘和簋用了「朕」字，何以到戰國後期的詛楚文又忽然想起了這「𢓊」字而不用「朕」，這恐怕是永遠解釋不出來的。

自然，童先生可以説東方民族也用「朕」字，他舉薛氏《款識》的齊侯鎛爲證。但我在這裏要指明，齊侯鎛、鐘用了「朕」字，可就没有用「𧇡」字，它所用的第一人稱，只有「余」、「朕」、「辝」三個字，和晉姜鼎相同。可是，同樣是齊國銅器的𬭚鎛，有了「𧇡」字，却便没有「朕」字，它就只有「余」、「𧇡」、「辝」三字了。這個現象和秦國的金石刻辭完全一樣，不知童先生又該如何解釋？「盧」字的出現，「朕」字的消失，到底由於方言呢？由於時代呢？還是變一個巧妙的戲法，説前二器恰巧用不着「盧」字，後一器又恰巧没有應用「朕」字呢？

在我們看來，只有用時代先後才可以解釋。用「朕」字的齊侯鎛、鐘是齊靈公時代的銅器（公元前五八一—五五四），而用「盧」字的𩛥鎛在其後，這是事實，不在堅持。有「朕」没有「吾」，有「吾」便没有「朕」，鄙人宗旨在此，童先生却去侈言「吾」「我」可以互用，豈非隔靴搔癢。

總之，不論東方西方，由卜辭到金文，没有用過「吾」來做代名詞。這無疑地是一個新語言。春秋時，徐國的沇兒鐘似乎是最先用「獻」字的。齊國在靈公時，還用「朕」字（齊靈公的死，在秦景公二十九年，孔子生前兩年），那末，「盧」字的採用，總該到春秋末期了。杕氏壺無疑是北方的銅器，也用了「盧」字，它的時期，恐怕要到春秋戰國之際了。再看西方的秦國，至少在秦景公時還只用「朕」字，這是和齊靈公同時的。等到這個新語言，由東方傳播到西方，秦國人用從「吾」聲的字來代表它，才有了戰國初期石鼓文的「遊」和戰國後期的詛楚文的「 」，到了這個時候，代名詞裏的「朕」字，已經是死語言了。所以，古語言用「朕」，新語言用「吾」，在原則上，這兩個代名詞是不碰頭的。我們根據「朕」字在齊靈秦景之際還在應用，而《論語》以後「吾」字這樣盛行，就可以推想到「朕」字的消失以及「吾」字的流行，應該在春秋戰國之際。

戰國以後，除了引古書，或後編的古書有「朕」字，一般早已不用了。但在《楚辭》裏有例外，《離騷》和《招魂》都有「朕」字，《招魂》只一見，而且像是摹仿《離騷》的關係，可以不論，《離騷》的用法最奇特，在「余」、「吾」、「我」三字之外，不但加上了「朕」，還加上了「予」，一共有了五個第一人稱代名詞。我疑心是這位文學家的手法，例如：

帝高陽之苗裔兮，朕皇考曰伯庸。攝提貞於孟陬兮，惟庚寅吾以降。皇覽揆余于初度兮，肇錫余以嘉名，名余曰正則兮，字余曰靈均。

前面是一個朕字，一個吾字，後面是四個余字。又如：

悔相道之不察兮，延佇乎吾將反。迴朕車以復路兮，及行迷之未遠。步余馬於蘭皋兮，馳椒丘且焉止息，進不入以離尤兮，退將複修吾初服。

「朕車」和「余馬」的文法一樣，却用了「朕」字，後面説「屯余車其千乘兮」，又只用「余」字，可見他只是爲文章的美而在掉換着用，如其認爲那時方言裏還保存着這個古語言的「朕」，那就上了他的大當了。

在古代雅言裏，「余」和「女」，相當於現在「我」和「你」，「朕」和「乃」相當於「我的」「你的」，「我」和「爾」相當於「我們」「你們」，或「我們的」「你們的」。例外總是有的，現在人説「我們」，有時也代表「我」。上次我說：

第一人稱代名詞和童先生所説差不多，不過「我」字似乎專用在多數。

也只粗舉原則，未作討論。因爲多數少數的問題，原是題外牽扯，意只在表明我還不至於不知道「我」字用在多數而已。文法弄清楚與否，止是節外生枝，豈關榮辱。「專用」可改爲「多用」，「似乎」亦本非定論，童先生所斤斤而振振者，從出有因，漫無鵠的，原文具在，可覆按也。

至於童先生不明白我爲什麽不反駁他所提出的石鼓文爲東周前期作品的證據，我其實已經明白説過，我的「遻」、「殹」、「迂」三條證據，如其完全不能成立，就得承認我把石鼓移到戰國時代的結論是錯的，假使有一條成立，石鼓在景公以前的説法也一定是錯的。壁壘分明，在別的枝葉上，還浪費什麽筆墨？即如童先生説「秦國在戰國初年，與周天子並不發生什麽關涉，那時的秦器銘文就根本不需要周天子來做點綴」。他似乎没有去翻一下《秦本紀》，獻公二十一年，天子賀以黼黻。孝公二年，天子致胙。十九年，天子致伯。二十年，朝天子。惠文君二年，天子賀。四年，天子致文武胙。這些事實，可以證明秦國從靈公時算起，更後九十年還需要周天子來做點綴，已到了戰國中葉，不久，秦國也自稱爲王了。

童先生説石鼓文用「遻」字十五處，我上次只感謝他校正了十四處，是因爲有一處不從午而從攴，又決不是代名詞。我既無意於乘瑕抵隙，吹毛求疵，就僭考爲十四處了。既非筆誤，也非排印之誤，今因提及，附此聲明。

載《申報·文史副刊》第二一期一九四八年五月一日。

「韻英」考

從來學者都認爲天寶時有兩種《韻英》，一是「天寶《韻英》」，一是「陳廷堅《韻英》」，這個錯誤是由戴震開始的。戴氏《聲韻考》卷四《顧氏音論跋》説：

天寶末《集賢注記》稱上以自古用韻，不甚區分，陸法言《切韻》又未能釐革，乃改換撰《韻英》，仍舊爲五卷。舊韻四百三十九，新加百五十一，合五百八十韻，萬九千一百七十七字，分析至細。而《南部新書》天寶時有陳庭堅撰《韻英》十卷，然則《注記》所謂舊韻四百三十九，殆庭堅之謂與？所謂仍舊爲五卷者，殆依法言卷帙與？

王國維《觀堂集林》卷八有「天寶《韻英》陳廷堅《韻英》張戩《考聲切韻》武玄之《韻詮》分部考」説：

《玉海》四十五引韋述《集賢注記》云「天寶末，……合五百八十，分析至細」云云，案舊韻四百三十九，不知何指，《南部新書》謂天寶末有陳友元廷堅撰《韻英》十卷，戴東原疑舊韻指廷堅韻，蓋兩書皆名《韻英》，天寶御撰之書，當因廷堅書而廣之，理或然也。

但是《韻英》的作者，據慧琳《一切經音義》前景審所做的序文裏説是「元廷堅」所以王先生在那篇文章裏又説：

撰《韻英》者，《一切經音義》序作元廷堅，《南部新書》作陳友元庭堅，未知孰是，其人均無可考。

我讀那篇文章時正看《太平廣記》，在第四百六十卷裏發現了作《韻英》的是陳王友元庭堅，曾寫信告訴王先生，王先生在《觀堂集林》的書眉上寫下了：

嘉興唐友蘭謂當作陳王友元廷堅，見《太平廣記·鳥類》。（見《國學月報》王静安先生專號姚名達所作《觀堂集林》眉批表）

但是後來編《王忠慤公遺書》的人，却在王先生原文「其人均無可考」一句上，删去「未知孰是」四字，硬栽了「《太平廣記·鳥類》作陳王友元廷堅」十三字，其用意似乎想替王先生把他的文章修改妥善，但在不知不覺間却犯了一個很大的錯誤。

因爲王先生對於《韻英》的知識是從戴東原得來的，他由戴説而去檢出了《玉海》所引《集賢記注》和《南部新書》。戴東原引《南部新書》説「陳庭堅撰《韻英》十卷」，而王先生所引却是「陳友元廷堅撰《韻英》十卷」，可見他是檢過原書的。但我們不知道他所檢的是什麽版本，因爲就我手頭的《學津討源》和《粤雅堂叢書》裏兩種《南部新書》的戊集，都明明説是：

天寶時，翰（學津本誤作朝）林學士陳王友元庭堅撰《韻英》十卷，未施行而西京陷胡（粤雅本誤作明，於下增年字），庭堅卒。

和《太平廣記》完全一樣。王先生所據却少了一個「王」字，又如戴東原説是「陳廷堅」他大概因先入爲主的關係，把「友元」兩字連讀了，成爲「陳友元」又叫做「陳廷堅」，所以在這篇文章的題目上還叫做「陳廷堅《韻英》」，而在文章裏就説「元庭堅」或「陳友元庭堅」，未知孰是，其人均無可考。假如王先生早就知道是「陳王友元庭堅」，他決不能連「陳王友」這個官名都不懂的。（實際上，他把我的説法寫在書眉時，已經知道「元廷堅」是對的了。）這種輕易改竄别人文字，其罪行是不可恕的。

其實《南部新書》這一部書，本都是唐人雜記的節録，這一條應當是節録牛肅《紀聞》。牛氏這書陸心源藏過，今未見，

《太平御覽》四百六十元庭堅條説：

唐翰林學士陳王友元庭堅者，昔罷遂州參軍，於州界居山讀書，……庭堅由是曉音律，善文字，當時莫及。陰陽術數無不通達。在翰林，撰《韻英》十卷，未施行而西京陷胡，庭堅亦卒焉。

這一段就引《紀聞》，首尾和《南部新書》，只有幾個字不同，可以爲證。

牛肅把元庭堅懂得音律文字，説做鳥王教的，雖然是神話，但是他把元庭堅的生平説得比較詳細，我們可以知道他先做過遂州參軍，後來是翰林學士陳王友，（陳王是玄宗的兒子陳王珪），在翰林做《韻英》，還没有施行而西京陷胡，這是至德元年（公元七五六），庭堅也在那時死了。

我們回過來看韋述《集賢注記》所説「天寶末，上以自古用韻，不甚區分，陸法言《切韻》又未能釐革，乃改撰《韻英》，仍舊爲五卷」，和《唐會要》：「天寶十四年四月，出御撰《韻英》五卷，付集賢院繕寫行用。」又《新唐書·藝文志》玄宗《韻英》五卷下所注「天寶十四載撰，詔集賢院寫付諸道採訪使」等話，和元庭堅《韻英》的時代完全相同。元庭堅是那時的翰林學士，又是精通聲韻的，唐玄宗改撰《韻英》，捉刀的人，除了他還有誰？據《新唐書》，玄宗《韻英》是天寶十四載撰，詔集賢院寫付諸道採訪使，天寶十四載安禄山已經陷東京，明年陷西京，所以牛氏《紀聞》説「未施行」，這是元廷堅《韻英》就是玄宗《韻英》或天寶《韻英》的明證。如果元廷堅的《韻英》，只是要和皇帝爭美的私人的著作，那就決説不到「施行」了。至於《集賢注記》和《唐會要》《唐書》都説五卷，而牛氏《紀聞》説十卷，這只是牛氏所見的把一卷分作兩卷，不足爲異。

玄宗《韻英》和元庭堅《韻英》既只是一本書，戴東原王静安兩氏把舊韻四百三十九歸於廷堅本的説法當然是錯誤的，我在《王仁煦切韻》的跋裏曾經指出這所謂舊韻，還是指陸法言《切韻》，不過是韻類而不是韻目。（陸書只有一百九十三韻）這「韻」字，等於「爲奇益石，分作四章」的「章」字。

黄淬伯先生知道陳廷堅的陳宜作元（不過他没有檢《南部新書》），也知道「廷堅成書，亦在天寶之季，何得謂之爲舊」，但是他還相信，天寶《韻英》和元廷堅《韻英》是兩部書。因爲他所做的是《慧琳一切經音義反切考》，他把反切聯繫起來的結果，韻目比《切韻》還少，所以他説：

然則天寶《韻英》五百餘部分析之法，與廷堅《韻英》迥異，兩書固亦不相涉也。

在這裏，我們就得問他這種聯繫的方法是不是可以信任？我們只一翻開他的反切四聲表，第一個「羈」字，一共有九疑、九宜、幾宜、記宜、紀宜、居宜、寄宜、京奇等八個反語，這就表示慧琳做音義的時候，並没有根據一種韻書注音，而是隨手抄集的，景審序説：

古來音反，多以旁紐爲雙聲，始自服虔，元無定旨，吴音與秦音莫辨，清韻與濁韻難明，至武與緜爲雙聲，企以智爲疊韻，若斯之類，蓋所不取。近有元廷堅《韻英》取則於這兩種書，他明明説取則於這兩種書，但黄先生却偏要説專依廷堅《韻英》，這是很難使人相信的。

不過就是在這些亂雜的材料裏，我們也能看出《韻英》何以比陸法言添出一百五十多類來。景審説：「企以智爲疊韻」，是指陸法言的「去智反」説的，企是四等，智是三等。這是元庭堅張戩等分韻類比陸法言精密的一點。唇音字在《切韻》裏本有獨立的韻類，不過不很一致，到慧琳書裏都獨立了。喉牙者，舌音，齒音，在《切韻》裏間或也有獨立的，在慧琳書裏的反切，這種傾向更顯著了。那末，《韻英》增爲五百八十類，是所用反語上下字比陸法言還要精密的結果。慧琳所用反語的系統既不純粹，所音的字又不能把每個小紐都包括在内，要從這一堆材料裏找完全而精密的《韻英》系統，本是不可能的。而且從戴東原起一直到黄先生都把五百八十韻認爲是東冬之别，而不知道是紅中之别，所以永遠想不出這麽多的韻，是怎麽來的了。

現在，我們可以斷定「玄宗《韻英》」就是「元廷堅《韻英》」，因安史之亂没有流行，只有慧琳因秦音系統而採用過，後來就亡佚了。

載《申報·文史副刊》第二五期一九四八年五月二九日。

《守温韻學殘卷》所題「南梁」考

敦煌所出《守温韻學殘卷》題「南梁漢比丘守温述」，因爲守温事迹無可考，所以這一條在研究守温時，是很重要的材料。

這一條裏的「漢比丘」三字，羅莘田先生作《殘卷跋》説是「所以别於天竺沙門」（《史語所集刊》三本二分），大致是可信的。關於「南梁」，羅先生説「非表朝代，即示郡邑」，又説「唐代以後惟朱温國號曰梁，而其始都開封，繼遷洛陽，均不得冠以南名，則南梁必非朝代明矣」。除了朝代，只好説是「郡邑」，可是在唐代只有武德四年時有南梁州，是從潭州分出來的，在今湖南寶慶，但在貞觀時已改做邵州，天寶時又改做邵陵郡，這曇花一現的州名，不見得在唐末還有人用。因此，羅先生又疑惑這是《史記·田完世家》的「南梁」，《史記》索隱引《晉太康地記》説：

戰國謂梁爲南梁者，别之於大梁少梁也。

以爲習俗相沿，唐人既常把汴州叫做「大梁」，也許就把臨汝西的故梁縣叫做「南梁」。

但是明釋真空《篇韻貫珠集》總述來源譜説：

法言造韻野王篇，字母温公舍利傳，等子觀音斯置造，五音呼噏是軒轅。

大唐舍利置斯綱，外有根源定不妨，後有梁山温首座，添成六母合宫商。

又叫做「梁山温首座」，羅先生在注裏提到，説：

其所謂梁山，究指守温住錫之山？抑指唐山南道萬州屬縣？或即由「南梁」展轉傳訛？一時疑莫能決，容俟續考。

這一段疑案在我心目中往來有八九年了。最初提起我注意的是趙蔭棠先生，他疑心「梁山」是山名，是湖南的一座山，而不是一個縣。記得他曾找到一本梁山許多和尚的譜録，可惜都是宋元以後的，依然找不出什麽綫索。最近有人告訴我，周一良先生曾經説過梁山在四川，那恐怕就指唐時屬山南東道萬州的梁山縣。其實，守温所寫的「南梁」，應該是現在陝西的南鄭縣。《太平廣記》卷一百九十温造條説：

憲宗之代，戎羯亂華，四方徵師，以静邊患。詔下「南梁」，起甲士五千人，令赴闕下。將起帥人作叛，逐其帥，又懼朝廷討伐，因團集拒命者歲餘。憲宗深以爲患，擇帥者久之。京兆尹温造請行，憲宗問其兵儲所費，温曰：「不請寸兵尺刃而行。」至其界，「梁」人覘其所求，止一儒生，皆相賀曰：「朝廷必不問其罪，復何患乎。」温但宣詔敕安存，至則一無所問。然「梁」帥負過出入者皆不捨器仗，温亦不誡之。他日，毬場中設樂，三軍下士，並任執帶弓劍赴之，遂令於長廊之下就食□坐筵之前，臨堦南北兩行，長索二條，令軍人各於面前索上掛其弓箭而食。逡巡，行酒至，鼓噪一聲，兩頭齊抨其索，則弓劍去地三丈餘矣。軍人大亂，無以施其勇，然後闔户而斬之，五千餘人，更無噍類。其間有百姓隨親情及替人有赴設來者甚多，並玉石一槩矣。「南梁」人自爾累世不敢復叛。余二十年前職於斯，故老尚歷歷而記之矣。——出《王氏見聞》

這一節故事是《唐史》上記載過的，《舊唐書·温造傳》説：

（太和）四年，興元軍亂，殺節度使李絳。文宗以造氣豪嫉惡，乃授檢校右散騎常侍，興元尹，山南西道節度使。造辭赴鎮，以興元兆亂之狀奏之，文宗盡悟其根本，許以便宜用事。帝慮用兵勞費，造奏曰：「臣計諸道征蠻之兵已廻，俟臣行程至褒縣，望賜臣密詔，使受約束，比臣及興元諸軍相續而至，用此足矣。」乃授造手詔四通，神策行營將董重質、河中都將温德彝、郃陽都將劉士和等咸令禀造之命。造行至褒城，會興元都將衛志忠征蠻廻，謁見，造即留以自衛，密與志忠謀，又召亞將張丕李少直各諭其旨。暨發褒城，以八百人爲衙隊，五百人爲前軍。前軍入府，分守諸門。造下車置宴，所司供帳於廳事，造曰：「此隘狹，不足以饗士卒，移之牙門。」坐定，將卒羅拜，志忠兵周環之。造曰：「吾欲問新軍去住之意，可悉前，舊軍無得錯雜。」勞問既畢，傳言令坐。有未至者，因令舁酒巡行，及酒匝，未至者皆至，牙兵圍之亦合，坐卒未悟。席上有先覺者，揮令起，造傳言叱之，因怗息不敢動。即召坐卒，詰以殺絳之狀。志忠張丕夾階立，拔劍呼曰「殺」，圍兵齊奮，其賊首教練使丘鑄等並官健千人，皆斬首於地，血流四注。

和《廣記》所載有兩點很大的不同，第一，《廣記》在憲宗時，而此在文宗太和四年。第二，《廣記》在「南梁」，也叫做「梁」，而此在「興元」。

《廣記》此條注「出《王氏見聞》」，這書已佚，《廣記》所引凡二十九條，也稱爲《王氏見聞録》，大部分都是五代時前蜀的故事，又常提到王仁裕所經歷的事情，應該就是《宋史·藝文志》的《王仁裕見聞録》三卷。據《五代史》卷五十七《王仁裕傳》説：

唐莊宗平蜀，仁裕事唐復爲秦州節度判官。王思同鎮興元，辟爲從事。

後來王思同給廢帝打敗，《王氏見聞》也有王思同一條見《廣記》卷四百五十九。考《五代史·王思同傳》説：

石敬塘討董璋，思同爲先鋒指揮使，兵入劍門，而後軍不繼，思同與璋戰不勝而却。敬塘兵罷，思同徙鎮山南西道。已而復爲京兆尹西京留守。

可見王思同鎮興元，辟王仁裕爲從事，應該在後唐明宗長興二年以後，愍帝應順元年以前（九三一—九三四）。温造殺興元叛卒的事情，遠在唐文宗太和四年（八三〇），《太平廣記》卷三百十王錡條引《河東記》和《唐書》正合，到王仁裕做從事時已隔一百多年，聽故老的傳説，年代是狠容易錯誤的。何況王氏自己説「余二十年前職於斯」可見他寫這一段故事的時候，已經是後周時代，（九五一年以後）據本傳，他死於周顯德三年，七十七歲，寫書時大概已七十多了，這種雜録的書，全憑記憶，不檢書籍，就難免把文宗錯成憲宗□□□□□□□□□□□□□□□五十多歲時當過山南西道節度使的從事，就在興元，所以説「余二十年前職於斯」，他就在當地聽到這故事，所以決不能記錯了地方。現在他把興元寫做「南梁」，或是「梁」都兩見，唯一可能的解釋，是興元又叫做「南梁」或「梁」。

興元從三國魏末時起，就稱梁州，唐武德元年立梁州，開元十三年改褒州，才七年又改梁州，一直到公元七八四年德宗西幸，才改做興元府。到王仁裕做從事時，還不到一百五十年，民間還保存「梁」的舊名，是無問題的。這地方原屬前蜀，蜀亡入後唐，所以王思同可以做節度使，到王思同復爲京兆尹西京留守時，繼他做節度使的是張虔釗，應順元年，王思同和唐廢帝打仗，敗後，張虔釗就歸附了孟知祥，所以在王仁裕寫這故事時，興元實際上是孟蜀的地方了。

王仁裕是秦隴的土著，前蜀的舊臣，又在興元住過，地方情形是很熟悉的。在隨手記録這故事時，不説興元，也不説南鄭，而寫「梁」或「南梁」，可見這一定是那時很通用的別名。但是爲什麽在「梁」字上又加上一個「南」字呢？據我的推想，興元是山南；山北的韓城，是古代的梁國，相傳就是《禹貢》「治梁及岐」的「梁」，而興元又叫做梁州，却相傳就是《禹貢》「華陽黑水惟梁州」的「梁」，如果把山北的韓城認爲是「梁」，那山南的興元當然就是「南梁」了。再從近一些看，乾縣附近，即唐時的奉天縣，也是梁山，唐德宗在奉天時，高重捷和朱泚的將李日月在這裏打過仗。和興元正是一南一北。

至於真空把守温叫做「梁山温首座」，這却是容易解釋的。南鄭東南有梁州山，也叫做梁山，《太平寰宇記》引《爾雅》「南方之美者，有梁山之犀象焉」，説州因山名，這似乎也可以稱爲「南梁」。還有一個中梁山在西，五代時有興元府中梁山遵古禪師，見《景德傳燈録》卷十五。

梁州山很大，中間有三十多里的平曠地，據説就是從前的縣治，守温大概就住錫在那裏。可惜那時人只重談禪，他的事迹竟致一無可考。

我們推測他是唐末或五代的人，現在，「南梁」這個地名，恰好見於五代時人的紀録上，這僅有的材料是很可寶貴的。王仁裕（八八〇—九五六）在五代時，以文學著名，所著還有《玉堂閒話》，也已佚，在《太平廣記》裏引用很多。這本《王氏見聞録》，本是雜記，很多和史實有關，不是憑空結撰的小説，埋沒在《太平廣記》的神怪妖鬼裏面是很可惜的。

載《申報·文史副刊》第二六期一九四八年六月五日。

關於石鼓文「遊」字問題

——致《文史》編者的一封公開信

編者先生：

關於石鼓文「遊」字的問題，今天又接到上海市博物館寄來《文物》第八十五期，有童書業先生的《論石鼓文的用字三質唐蘭先生》一文，我讀了一過，深深地感覺到，如其兩個人的思想和所用的方法不一樣，是不能在一起來討論一個問題的。例如我最近只提出石鼓文有「遊」没「朕」的一點，只是作「石鼓決不在景公前，要放在景公後，詛楚文前」這樣一個説法的根據。先把這一個説法確定了是，或者不是，然後再説別的。説別的時，自然還要別的證據。我和童先生討論，總想集中在這一個先決的問題，而不去東牽西扯。這種討論，應當「斬釘截鐵」，只限在一個論點，而不擴展開去，這是我的討論方法。現在童先生説我根據這一點來確定它是秦靈公三年所刻，便和我的方法不合。遊字和秦靈公有什麼關聯，我能把它們一下就勾聯起來呢？童先生還没有明了我的討論的方法，那就没有共同的出發了。

又如童先生引吉日劍的「朕余」，沈子簋的「朕吾」，姑不論吉日劍的時代和沈子簋的「吾」字是否可信，單是「朕余」跟「朕吾」，在我的方法裏，就不敢隨便用來代替「朕」或者「吾」，它們的性質，在没有詳細研究時，不知爲不知，是我的方法。

者沪鐘據我所知，沪應讀洓，不是汚字。這是越王勾踐的太子適郢，《越世家》作鼫與，《越絶書·記地》作與夷（《吴越春秋》與誤爲興）。十九年是勾踐十九年，在獲麟後。郭沫若先生認爲諸咎，是錯的，我們所見的諸咎粤滑的銅器很多，者沪鐘無疑地在他們之前。那裏有朕字，和我説朕字消失跟吾字流行在春秋戰國之際，時間並不矛盾，雖然地域不同的吴越文化也許可以是較爲保守的。不過，獲麟後就可算戰國，童先生也許還可以説戰國也有朕字，而説我的「春秋戰國之際」的説法是「無根之談」的。

主要的問題，是在時間和地域。齊侯鎛有「朕」没有「𠫑」，𪒠鎛有「𠫑」没「朕」，地域是相同的，所以我認爲時間不同，齊侯鎛在前，𪒠鎛在後。在秦系文字裏，我説有「朕」字的秦公簋在前，有「避」字的石鼓在後，這是同樣的論證。假使我把秦系的時代斷錯了，齊系的也一定是錯的，因爲，我的方法是一致的。對於某一點的看法，我們容或可以弄錯，假如錯了，我很願意承認，只有方法是錯不得的。

但是童先生呢？他説石鼓在春秋早期，當然遠在秦景公的秦公簋前。而在𪒠鎛則説和齊景公的齊侯鎛「差得不遠」，這是一句含混的話，是差在前的？差在後呢？他説時代無法斷定，可又根據齊侯鎛的縣，𪒠鎛的邑，説制度相近，因之他又起了一個疑問，「是不是齊國人的用字，在短時期中起了突變呢？」由此我們可以知道，童先生也知道這個「差」是「差在後」，他只是避免説出這個「後」字。也許我的想法不對，我總覺得在這種重要關頭，最低限度要把是非弄清楚，不應該用「遁辭」。既然覺得是在後，就痛痛快快的在後，何必説什麽「差得不遠」。我們所要決定的只是前後，是「𠫑」字在前呢？還是「朕」字在前呢？這是一個重要的分界。遠不遠，在此是另外一件事，短期中有没有突變也是另外一件事，一切理論，先收起來，請來歷史的事實，假使事實上是突變了，我們能説時間太短不許突變嗎？

總之，根據童先生的説法，石鼓用「避」字遠在用「朕」字的秦公簋之前，而和秦景公同時的齊靈公時代的齊侯鎛用「朕」字，却顛倒轉來，在用「𠫑」字的𪒠鎛前。在我的方法裏，這是矛盾的，絶對不能容許的。

誠如童先生所言，《詩經》用「朕」字很少，這或者可以證明西周末年以後，「朕」字在活語言裏已漸漸失勢，而鐘鼎文是較保守的，所以在春秋時還在用。可是同一地域内的「朕」和「𠫑」或「吾」，總有一個先後之别吧？到底「朕」在前呢？「吾」「𠫑」在前呢？我所願意討論的只是這一點。童先生居然承認「朕」字自然比較古，這是我們一百分之一百可以同意的，但是他依舊要説石鼓文用「避」字一定在東周初期，比用「朕」字的秦公簋要早得多，這又是我們不懂得的。

《詩經》用「我」「余」而不用「朕」跟「吾」，童先生以爲「朕」是古語，但是石鼓用「避」「我」「余」而不用「朕」，却又是「没有用朕的必要」。這樣前後矛盾的説法，不知童先生是怎麽想來的？童先生告訴我們《詩經·國風》不用「朕」字，不能説是戰國作品，所以石鼓文不用「朕」字也不能是戰國。但是「吾」字呢？《詩經》有「我」字，没有「吾」字，石鼓有「避」字，也有「我」字，而且把「我車既攻」，改爲「『避』車既工」。究竟是「吾」比「我」還古，石鼓還在《國風》之前呢？還是「吾」比「我」「余」兩字都新，發生在《國風》之後呢？

俗語説「事不過三」，我已竟兩次討論這個問題，這是第三次了。再答覆也不過是這些話，除了信口開河，總離不了我那套老方法。多説廢話，徒然佔了您寶貴的篇幅。真實的事實總有一天會被證明的，現在，既然思路不同，方法各異，再討論下去，只有「後息者爲勝」，不會有一個結論的。我雖怕人家誤解了我的本意，却也狠怕我誤會了別人的意思，又狠希望童先生能慢慢地自圓其説，所以決計就打住，借此聲明一下，以後不再討論了。

最後，謝謝您幾次刊布這些廢話的盛意。

載《申報·文史副刊》第二八期一九四八年六月十九日。

新鄭虎符作於秦王政十七年滅韓後

新鄭虎符，舊藏上虞羅氏，錯金書，四行，文爲：

甲兵之符，右在王，左在新鄭。凡與士，被甲用兵，五十人以上，必會王符乃敢行之。燔燧事，雖毋會符，行殹。

字作小篆，甚精。

王静安先生曾作《秦新鄭虎符跋》據《魏策》蘇秦説魏王：「大王之國，南有許、鄢、昆陽、舞陽、新郪。」説它到魏安釐王時還是魏地，因爲新郪在舞陽東，中間隔楚國的陳邑，而那時楚的國都正在陳，一直到秦昭王五十四年，楚都遷到鉅陽，始皇五年又遷壽春，新郪才有入秦的可能。所以他考定：

此符當爲秦并天下前二三十年間物。

王先生的考證，大體是不錯的。不過我覺得新郪入秦還要遲些，而且那時已不屬魏。因爲《秦始皇本紀》説：

十七年，内史騰攻韓，得韓王安，盡納其地，以其地爲郡，命曰潁川。

《六國表》在始皇十七年下説：

內史勝擊得韓王安，盡取其地，置潁川郡。

新鄭在《漢書·地理志》屬汝南郡，汝南郡是漢高祖新置的，本屬於秦代的潁川南陽二郡，新鄭大概就是由潁川分過去的。此外，《魏策》所説的「許」、「鄢」（《地理志》作「傿陵」）、「昆陽」、「舞陽」四縣，都在潁川郡，可爲明證。那末，這些地方秦得之於韓，已經不是魏的土地了。

始皇十七年置潁川郡是公元前二三〇年，隔九年就并兼天下而稱爲皇帝（始皇二十六年，公元前二二一年），但是這裏還只稱王，可見還在未稱皇帝以前（陽陵虎符就説「右在皇帝」），也就只能在這九年裏面，所以，我疑心就是置潁川郡的時候所做的。那末，我們可以更確切一些説，這個虎符就作於始皇十七年後，至遲也不過一兩年之差。

那時，李斯已經用事很久，他是手創小篆的，無怪這符的篆法是這樣精美了。

載《申報·文史副刊》第二九期一九四八年六月二六日，原名稱《懷鉛隨録》。

論唐末以前韻學家所謂「輕重」和「清濁」

每一種學説的創立，總有它本身的精密的法則，中國音韻學是由漢末創立的，從孫炎作反語，到李登呂静以後，韻書就大行了。我們知道反語是由民間的雙反語演變來的，民間的反語，口調聲韻，只有一個大概，不一定是狠精密的。但是音韻學家的反語就不同了。吕静《韻集》，先仙灰咍之類，已有區析，爲奇益石，分作四章：尤見精密，這種分别，是根據什麼呢？

《顔氏家訓·音辭篇》説：

> 夫九州之人，言語不同，生民以來，固常然矣。自《春秋》標齊言之傳，《離騷》目《楚辭》之經，此蓋其較明之初也。後有揚雄著《方言》，其言大備，然皆考名物之同異，不顯聲讀之是非。逮鄭玄注六經，高誘解《吕覽》、《淮南》、許慎造《説文》、劉熙製《釋名》，始有譬況假借，以證音字爾。而古語與今殊别，其間輕重清濁，猶未可曉。加以内言、外言、急言、徐言、讀若之類，益使人疑。孫叔言創《爾雅音義》，是漢末人獨知反語，至於魏世，此事大行。

顔氏説「譬況假借以證經字」的弊病，是「輕重清濁，猶未可曉」，等到有了反語以後，這種弊病，就没有了。那末，反語的長處，應該是能够分别「輕重清濁」。

《隋書·潘徽傳》説：

> 李登《聲類》、吕静《韻集》，始判清濁，才分宫羽，而全無引據，過傷淺局，詩賦所須，卒難爲用。

所謂「才分宫羽」，是指《魏書・江式傳》所謂：「宫商龣徵羽，各爲一篇」説的。五音是韻部，東冬陽唐之類。在《管子》裏已經略提到過。《論衡・詰術篇》説：

五音之家，用口調姓名及字，用姓定其名，用名正其字。口有張歙，聲有外内，以定五音宫商之實。

王充生於建武三年，卒於永元時，（約公元二七—九七）可見宫商的區别，至少東漢初已有了，由創反語而作韻書的主要貢獻，就只在輕重清濁方面作精密的區别，是狠明顯的。

宋末以後，周顒、沈約等發見了四聲，這在音韻學史上是狠大的一件事情。當時，甄思伯、梁武帝等都不懂得四聲。鍾嶸説：

余謂文製本須諷讀，不可蹇礙，但令清濁通流，口吻調利，斯爲足矣。至平上去入，則余病未能，蜂腰鶴膝，閭里已具。

他是不主張用四聲來拘執文體的，所謂「清濁通流，口吻調利」足證他不是完全不懂音韻。本來四聲是聲調，和李登、吕静的分韻是兩事，只緣發見的人，硬把宫商輕重等字眼拉在一起，所以有些人給鬧糊塗了。

但是四聲在韻部上是起了作用的。因爲要把舊時横的韻部，依據縱的四聲來再分一下，於是有夏侯詠的《四聲韻略》、陽休之的《韻略》、李季節的《音譜》和《音韻決疑》等。

陸善經《四聲論》説：

齊僕射陽休之，當世文匠也。乃以音有楚、夏，韻有訛切，辭人代用，今古不同，遂辨其尤相涉者五十六韻，科以四聲，名曰《韻略》。製作之士，咸取則焉。後世晚學，所賴多矣。齊太子舍人李節，知音之士，撰《音譜決疑》其序云：「……吕静之撰《韻集》，舍取無方，王微之製《鴻寶》，詠歌少驗。」

《顔氏家訓》説：

至鄴已來，唯見崔子約、崔瞻叔姪，李祖仁、李蔚兄弟，頗事言詞，少爲切正。李季節著《音譜決疑》，時有錯失，陽休之造《切韻》，殊爲疎野。吾家子女，雖在孩稚，便漸督正之，一言訛替，以爲己罪矣。

到了陸法言《切韻》就説：

古今聲調，既自有别，諸家取捨，亦復不同。吴、楚則時傷輕淺，燕、趙則多涉重濁，秦、隴則去聲爲入，梁、益則平聲似去。又支脂魚虞，共爲一韻，先仙尤侯，俱論是切。欲廣文路，自可清濁皆通，若賞知音，即須輕重有異。吕静《韻集》、夏侯詠《韻略》、陽休之《韻略》、李季節《音譜》、杜臺卿《韻略》等，各有乖互，江東取韻，與河北復殊。因論南北是非，古今通塞，欲更捃選精切，除削疎緩。顔外史、蕭國子多所决定。

可見他承襲五種韻書，又參酌顔之推、蕭該等的意見，作成《切韻》。他的標榜是「論南北是非，古今通塞，欲更捃選精切，除削疏緩」。怎麽才是精切而非疎緩呢？自然就是「欲廣文路，自可清濁皆通，若賞知音，即須輕重有異」。所謂「清濁皆通」，當然就指「支脂魚虞，共爲一韻，先仙尤侯，俱論是切」，而所謂「輕重有異」，也就是把支和脂分開，魚和虞分開，先和仙分開，尤和侯分開。

支脂在古代，分得狠清楚，其混亂，像《顔氏家訓》所舉北方以紫爲姊，恐怕只在六朝末年（武玄之《韻詮》没有脂韻，或者已合併了。）至於魚、虞的混亂，似乎較古，在六朝末年，也是北方方言。王仁煦韻目在上聲八語説「吕與虞同，」《顔氏家訓·音辭篇》説「北人以庶爲戍，以如爲儒」，又説：

北人之音，多以舉莒爲矩，唯李季節云「齊桓公與管仲於臺上謀伐莒，東郭牙望見桓公口開而不閉，故知所言者莒也。然則莒、矩必不同呼」，此爲知音矣。

矩是麌韻，舉莒是語韻，此即語麌之同，李槩説吕静「舍取無方」，大概就指這一類。莒、矩不同呼的「呼」字是音韻學史上狠重要的術語，李呼莒、舉應是開口呼，矩應是閉口呼。顔之推許他爲「知音」，陸法言當然也以魚、虞異韻爲知音的。

至於「先仙尤侯，俱論是切」，六朝以後，多把切指聲母，所以在韻的混亂外，同時也有聲的關係。廣韻《辯四聲輕清重濁法》把「仙」列於輕清，「先」列在重濁。陸法言切「先」爲蘇前反，切「仙」爲相然反，那就是「相」切輕，「蘇」切重，用「相」切「前」，是切輕韻重，用「蘇」切「然」，是切重韻輕。所以要「輕重有異」，「相」和「蘇」、「羽」和「胡」，是不能相切的。由韻來説，先和仙，尤和侯，據王仁煦韻目，吕静《韻集》本已區別，先韻下注「夏侯，陽，杜與仙同，」尤韻下注「夏侯，杜與侯同」，有韻下注。「李與厚同」，宥韻下注「李與侯同」。在陸法言看來，這是夏侯詠等「各有乖互」的地方。

聲韻的分别，因人而殊，同時同地，本已有人能分，有人不能分。尤其是方音的分别，顔之推説：

自兹厥後，音韻鋒出，各有土風，遞相非笑，指馬之諭，未知孰是。

再加之古今音的不同。顔之推所謂：

古今言語，時俗不同，著述之人，楚、夏互異。

一般人不知所從，所以那時的音韻學家就在辨「南北是非，古今通塞」。顔之推説：

共以帝王都邑，參校方俗，考覈古今，爲之折衷，榷而量之，獨金陵與洛下爾。南方水土和柔，其音清舉而切詣，失在浮淺，其辭多鄙俗。北方山川沈厚，其音沈濁而鈋鈍，得其質直，其辭多古語。然冠冕君子，南方爲優，閭里小人，北方爲愈。易服而與之談，南方士庶，數言可辨，隔垣而聽其語，北方朝野，終日難分。而南染吴、越，北雜夷虜，皆有深弊，不可具論。

其謬失輕微者，則南人以錢爲涎，以石爲射，以賤爲羡，以是爲舐。北人以庶爲戍，以如爲儒，以紫爲姊，以洽爲狎。如此之例，兩失甚多。

顔氏舉金陵洛下兩處帝都作標準，排斥南方的吴、越，北方的夷虜。而在南北兩帝都中認爲各有得失，南人從邪不分，食是不分，北人則魚御和虞遇不分，紙旨不分，洽狎不分。

這種參考古今南北而分出來的全部聲韻的精細的區别，在當時普通人是不可能的，有些人能發甲聲而不能發乙聲，另外有些人却能發乙聲而不能發甲聲，又有些人能同時分甲乙，却又不能發丙聲，音韻學家却能作精細的分析，同時發出許多不同的音來。陸法言的《切韻》就是這班音韻學家所能説的語言。近世有些學者以爲《切韻》代表某一個地方的通用語言，固然是錯誤的。但如章太炎《國故論衡》説：

> 《廣韻》所包，兼有古今方國之音，非並時同地得有聲勢二百六種也。且如東冬于古有别，故《廣韻》兩分之，在當時固無異讀，是以李涪《刊誤》，以爲不須區别也。支、脂、之三韻，惟之韻無闔口音，而支脂開合相間，必分爲二者，亦以古韻不同，非必唐音有異也。若夫東鍾陽唐清青之辨，蓋由方國殊音；甲方作甲音者，乙方則作乙音；乙方作甲音者，甲方或又作乙音，本無定分，故殊之以存方語耳。

却更似是而非。我們可以説每一地方的方言，不能兼備這許多不同的聲韻，却不可以説那種分别，「本無其音」，像章氏所謂「空有名言，其實使人哽介不能作語」。例如近代北平人多不能作尖音，但也有些人能把尖團辨得狠清。雲南昆明不會唸撮口韻，都變成齊齒，玉溪不會唸見母，都變成影母，但是一個音韻學家決不能雨以不辨，公翁不分。六朝末年，文人都通聲韻之學，風氣所被，上至於王侯，像梁簡文譏讀郢爲永，説「庚辰吴入，便成司隸」，下至於婢僕，如魏郭冠軍家婢譏人「傖奴慢駡」，分析本就精密。南方士族又特别注意語言，和庶俗語言完全不同。世世相傳，在督正子弟時，「一言訛替，以爲己罪」。顔之推、蕭該、陸法言等是生在那個講究聲韻的環境裏的音韻學家，他們的語言本是士族間的通語，他們更把「南北是非，古今通塞」，折衷一下，而且要「捃選精切，除削疎緩」。實際上他們的語言也就是這樣説的。他們的語言分析過密，是音韻學家嚴格審定的標準語言，一般人或者不容易照這樣去説，但我們總得承認它是一種活的語言，而不是把死的語言排列起來連自己都不會説的古董，章太炎先生等的看法，只代表後世有些音韻學家只能考古不能審音的現象，假如把六朝人書仔細推敲一下，就不會貿然發這種議論了。

陸法言東冬分兩韻，唐末李涪《刊誤》攻擊得最利害。

法言平聲以東農非韻，以東崇爲切；上聲以董勇非韻，以董動爲切；去聲以送種非韻，以送衆爲切；入聲以屋燭非韻，以屋宿爲切。……何須東冬中終，妄别聲律。

我們看《顔氏家訓·音辭篇》説：「河北切攻字爲古琮，與工公功三字不同，殊爲僻也。」陸法言《切韻》（見切二）把攻字放在冬韻，古冬反，正用河北的讀法，是顔氏所認爲「僻」的，但由此可以證明江東方言，東冬也分爲二，只不過攻字和工公功相同而已。同時更可以證明陸氏所取攻字尚是河北方言，並不是李涪所痛詆的「吴音」。

據王仁煦韻目所注，吕静董韻與腫韻同，而冬韻與鍾江，沃韻與燭韻是有分别的。夏侯詠則董韻與腫韻有别，冬韻與鍾江，宋韻與用絳，沃韻與燭都有别。陽休之則冬鍾江，宋用絳，沃燭都同用。可是就没有東和冬混用的。許敬宗因韻窄而合用，也只限於冬鍾兩韻。武玄之《韻詮》是孫光憲所稱「鄙薄吴音，亦甚覈當」的一本書，東冬鍾江，却分得很清楚。慧琳《音義》東冬似乎已不分，東鍾也還分開。那末，李涪把東冬，董腫，送用，屋燭等韻，混而爲一，只是唐末的東都音，正是「各有土風，遞相非笑」的一例。

孫光憲《北夢瑣言》説：

廣明以前，《切韻》多用吴音，而清青二字，不必分用。

據王仁煦韻目，吕静《韻集》静與迥同，耿與静迥同，與梗别，似乎清青和耕都通用。夏侯詠静與迥别，陸法言或者就是本於夏侯的。李季節、杜臺卿的耿韻都和梗迥同，清静勁昔也許是獨立的。許敬宗庚耕清同用而青獨用。武玄之的《韻詮》，也還分清青兩韻，只到了慧琳《音義》就不分了。

《封氏聞見記》説：

隋朝陸法言與顔魏諸公定南北音，撰爲《切韻》，凡一萬二千一百五十八字，以爲文楷式，而先仙删山之類，分爲别韻，屬文之士，共苦其苛細。國初許敬宗等詳議，以其韻窄，奏合而用之，法言所謂欲廣文路，自可清濁皆通者也。

先仙已見前，删山兩韻，據王仁煦韻目，呂静、夏侯詠、陽休之都是有分别的，只有李季節删與山同，武玄之《韻詮》，没有删韻，當與山韻合併，慧琳也不分。

此外，像脂之兩韻，夏侯詠是混亂的，祭霽兩韻，李、杜都同。齊皆兩韻，呂陽都同。怪韻夏與泰同。夬韻呂與會同，李與怪同之類，「諸家取舍不同」的地方，陸氏一一分析出來，在王仁煦《切韻》的韻目裏記得很詳細。

這些區别，在陸氏自稱是「剖析毫釐，分别黍絫」，是「捃選精切」，但在做詩文的人看來，却是苛細。有些音韻家還要分出广嚴兩韻，諄桓戈等十一韻，仙選聿等三韻，又有在齊韻分出栘，侵韻分出岑。但是有些音韻家，支脂之微混合了，尤幽混合了，其他也是如是，韻部比陸氏減少多了。實際語音上，唐以後的韻部也確是減少。許多精切或苛細的區别，有時有人分不出來，久之，習慣成自然了。但是，我們不能因爲後來的合併，而説本來就没有區别。《太平廣記》卷一百六十九記蘇頲讀《枯樹賦》的「依依漢潭」，因避裴談諱而改「潭」作「陰」，可見唐初長安音覃談已不分，現在北方話正如此，可是在吴語裏，談和覃，顯然是有區别的。

這種區别，陸法言通把它們叫做清濁輕重，支和脂，魚和虞，是韻與韻間因呼的不同而有清濁輕重之分，先和仙，尤和侯，是同一類韻裏，因洪細等第不同而有清濁輕重之分。李季節把魚類認爲開口呼，虞類認爲閉口呼。魏鶴山所見唐韻在一東下注「濁，滿口呼」，可見二冬應該是清韻，《廣韻辨四聲輕清重濁法》把「宋」列在輕清，「送」列在重濁，正可以證明這個説法。《廣韻》又把「仙」和「清」列在輕清，「先」和「青」列在重濁，《文鏡秘府論》卷一《調聲》也説「如清字全輕（清），青字全濁」，「仙」和「清」是三四等，「先」和「青」原來却應該是一等字。

《切韻》裏面：東冬；支脂、魚虞、佳皆、灰咍、真文、删山、覃談、庚耕、咸銜等，都屬於第一類；先仙、蕭宵、歌麻、陽唐、清青、尤侯、鹽添、蒸登等，都屬於第二類。還有些變例，在同一韻裏分開合兩呼，因而分爲兩韻，像文殷和魂痕，前人大都不分，所以入聲裏的没還是獨韻。武玄之《韻詮》，就根本没有殷痕兩韻，自從陸法言分了以後，後人紛紛效法，諄桓戈等韻，就是由開合分出來的。這是第三類。在同一韻裏，因爲等的不同，分爲兩韻，如把真質兩韻裏的照二等字分爲臻櫛，後來，《韻詮》把侵韻分成琴岑兩韻，岑也是照二等，又在齊韻裏分出栘韻，是從一等裏别出三等，魏鶴山所見《唐韻》也是分出栘韻的。這是第四類。

顔之推批評吕静「爲奇益石，分作四章，」陸法言《切韻》的反語，正也分作四章。爲奇兩類，一開一合，是很顯然的，由此可以知道，不僅不同韻可分清濁輕重，就是在同一韻部裏，如其再可分析，依然還有清濁輕重。《玉海》引韋述《集賢注記》説：

上以自古用韻，不甚區分，陸法言《切韻》，又未能釐革，乃改撰《韻英》，仍舊爲五卷，舊韻四百三十九，新加百五十一，合五百八十韻，萬九千一百七十七字，分析至細。

戴震《聲韻考》没有詳讀，把舊韻認爲陳（應作元）廷堅《韻英》，王國維承之，主張《韻英》分部比陸法言多。不知唐玄宗所撰《韻英》，實際就是元庭堅撰的，所謂舊韻四百三十九指陸法言《切韻》，而《韻英》却有五百八十韻。這裏所謂韻並不是陸法言的一百九十三韻，而是每一韻裏面每一大組的反語。景審作慧琳《一切經音義序》説：

然則古來音反，多以傍紐爲雙聲，始自服虔，元無定旨。吴音與秦音莫辨，清韻與濁韻難明。至如武與綿爲雙聲，企與智爲疊韻，若斯之類，蓋所不取。近有元庭堅《韻英》及張戩《考聲切韻》，今之所音，取則於此。

關於由吴音辨正爲秦音的問題，像把敷救反的覆改爲敷務反，慧琳《音義》常有説明。武與綿爲雙聲的問題，就是類隔改爲音和，也不必去管它。只有「清韻與濁韻難明，」和「企與智爲叠韻」這兩句，是很難講的。王静安先生以爲景審譏陸氏清濁難明，舉企智二字爲例，把這兩句連起來講。黄淬伯《慧琳一切經音義反切考》不管清濁韻的一點，他只看見慧琳把以來韻企，就認爲「企與智上去異聲，」不知上去異讀是吴音與秦音之分，李涪《刊誤》裏説得很多，只是聲調上的問題，不能放在雙聲叠韻裏去討論。其實元廷堅之所以韻類比陸法言還多，是由他分析的精細，他的反語往往是極綿密的，在一韻裏分成若干類，喉牙音的字，反語下字也是喉牙音，脣音字反語下字也是脣音，加上開合三四等處處都比《切韻》精密，當然就多了。企是喉音類，智是舌音類，本不能用作反語。況且企是四等字和三等的綺（上）⿺走奇（去）不同，《切韻》去聲没有⿺走奇紐，把企反爲去智，就看不出是三等還是四等了。慧琳《音義》卷五第十四葉呰字下注「兹此反，吴音子爾反。」黄淬伯説：「聲同韻同，難言其異，」不知這也是三四等之分。慧琳書裏支脂之微韻裏，知系和諸系是一類，側系是一類，精系又是一類，此字屬於精系，所以特別分出來，後來《切韻指掌圖》裏精系就改爲一等了。那末，清韻與濁韻，很清楚的是指三四等之分而説的。

《廣韻》卷末所附《辨四聲輕清重濁法》，不知是誰做的，所用反語和《切韻》系統很有異同，支脂之不分、梗耿不分、霽祭不分、廢隊不分，可見是《切韻》系統以外的韻書裏抄來的。王力先生《中國音韻學》附録羅莘田先生《中國音韻沿革講義論清濁》以聲母的帶音不帶音爲清濁，所以認《廣韻》所附的輕清重濁法爲「悠謬不可究詰，」實則《廣韻》所附《輕清重濁法》是以韻的清濁爲主的，所以就格格不相入了。此篇所列平聲上、平聲下、上聲、去聲，各分輕清重濁，每類二十一字，入聲輕清十四字，重濁只七字。清濁有時相對甚整齊，如平聲下輕清首行列清仙砧孃緜朝紬七字，重濁首行列青先針瓤眠昭訓七字正相對，可知原作是有深意的。可是錯亂很多，如平聲下輕清第八字是幽，重濁則第十一字才是憂之類。又在平聲上有弘員家杭傍五字，可能也有些錯亂在裏面（《四部叢刊》裏有周叔弢先生所藏的元刊本《玉篇》，附《新編正誤足注玉篇廣韻指南》，把這篇改稱《辨四聲輕清重濁總例》，爲後人妄改，大概想用後來五音清濁，可又不能畫一，顛倒錯亂，不足爲據）。現在我把它録下來，但因把輕重清濁對照的緣故，有些次序就得移動一下。（原次附注反語下）

平聲上輕清	重濁
璡將鄰反一	
珍陟鄰反二	真只人反二
陳直鄰反三	辰食鄰反三
椿勑倫反四	春昌倫反四
弘户肱反五	洪户公反五

龜居追反六
員王權反七
禋於鄰反八
孚撫夫反九
鄰力珍反十
從疾容反十一
峯敷容反十二
江古雙反十三
降下江反十四
妃芳非反十五
伊於之反十六
微無非反十七
家古牙反十八
施式支反十九
民彌鄰反二十
同徒紅反二一

殷於斤反八
夫甫于反十三
倫力迍反九
松詳容反十一
風方隆反十
杭户郎反十六
飛匪肥反十二
衣於機反十七
眉武悲反十八
文武分反二十
之職而反一
諄章倫反六
朱之余反七
分府文反十四
其巨之反十五
無武夫反十九

平聲下輕清
清七情反一
仙相然反二
砧知林反三
孃女良反四
緜彌鞭反五
朝知遥反六
紬直流反七
幽於虯反八
墻疾羊反九
箋則前反十
愆去乾反十一
衫所銜反十二
名武并反十三
并補盈反十四
輕去盈反十五
傾去營反十六
徼古堯反十七
翹渠遥反十八
璿似緣反十九
晴疾精反二十

傍步光反二一
重濁
青倉經反一
先蘇前反二
針職娙反三
瓤汝羊反四
眠莫邊反五
昭止遥反六
詶市州反七
憂於牛反十一
詳似羊反九
三蘇甘反十四
明武兵反十五
兵補縈反十六
卿去京反十七
嬌舉喬反十八
泉聚緣反十九
錫徐盈反二十

羌去羊反二一　匡去王反二一

川昌專反八

坊府良反十

氈諸延反十二

鉛與專反十三

上聲輕清　重濁

丑勑柳反一

餅必茗反二

冡知勇反三

⿰火芻昌狡反四

⿰礻旦勑兩反五

丈直兩反六

炅久永反七

豕式視反八　始詩止反十五

鄙方美反九　比卑里反五

邇兒氏反十

敢古覽反十一

梗古杏反十二　耿古幸反十一

皿武永反十三　猛莫幸反十三

起墟里反十四　豈氣幾反十六

美無鄙反十五　尾無匪反四

緊居忍反十六　謹居隱反六

畎古泫反十七
免無兗反十八
杏何梗反十九
氏匙止反二十
旨職雉反二一

去聲輕清

魅美秘反一
快苦夬反二
避婢義反三
譬疋義反四
臂卑義反五
赴撫遇反六
惠胡桂反七

卷居轉反八
晚無遠反九
幸何耿反十二
弛神旨反十四
止諸市反十九
甫方主反一
引余軫反二
鼠舒吕反三
汝如與反七
雨于矩反十
倣方兩反十七
里良已反十九
姊將已反二十
柿鋤里反二一

重濁

味無沸反一
蒯苦壞反二
賦府遇反六
衛羽制反七

弊毗計反八
肺芳昧反九
浚私閏反十
絹古面反十一
宋蘇統反十二
壞懷怪反十三
怪古壞反十四
替他計反十五
至之利反十六
縣玄絢反十七
甑子孕反十八
濟子計反十九
字疾四反二十
四思二反二一

入聲輕清
格古陌反一

廢方袂反九
舜舒閏反十
眷几倦反十一
送蘇弄反十二
會胡外反十三
膾古兑反十四
態他代反十五
志之利反四

再作代反十八
寺辭吏反二一
伺相吏反二十
瑞是僞反三
吏力值反五
誓時制反八
廟苗召反十六
釧川絹反十七
刵仍吏反二一
重濁

角古岳反二　　閣古洛反二
嶽五角反三　　鄂五各反三
邈莫角反四　　莫忙各反四
學户角反五　　鶴下各反五
疋譬吉反六
必卑吉反七
穴胡決反八
泬古穴反九
薛思列反十
籍秦昔反十一
悉息七反十二
一於質反十三
擲直炙反十四
　　　　　　　博補各反一
　　　　　　　訖居乙反六
　　　　　　　出尺律反七

上面這些對列的反語，我們可以從三個方面去看。（一）從韻的呼來區分的：

a　同是一等韻的，如弘清洪濁，宋清送濁，可見登和冬的元音較東韻前。又如替濟兩字清，態再兩字濁，也可以知道齊薺霽在咍海代前，所以後來齊薺霽會變成了四等。

b　同是二等韻的，梗杏清，耿幸濁，快清，蒯濁。

c　同是三等韻的，支脂之常不分，但是支脂總是清韻，之微總是濁韻，豕和始，美和尾，旨和止，魅和味，至和志，四和伺等都是。起清豈濁，又以之對微。至於微清眉濁，似乎是錯倒的。免清晚濁，獮韻元音當然在阮之前。

d 還有三等一韻內開合不同，如鄰清倫濁，羌清匡濁，那就開輕清合重濁了。

(二) 從韻的等來分別的：

a 二等對一等，二清而一濁，如：

降，杭；衫，三；壞，會；怪，膾；角，閣；嶽，鄂；邈，莫；學，鶴。

b 三等對二等，三清而二濁，如：

皿，猛。

c 四等對三等，四清而三濁，如：

禋，殷；伊，衣；民，文；幽，憂；名，明；并，兵；輕，卿；徼，嬌；緊，謹；畎，卷；惠，衛；浚，舜；絹，卷。

只有鄙比二字，鄙三比四是例外，應該也是錯亂。

d 四等對一等，四清而一濁如：

清，青；仙，先；緜，眠。

(三) 從聲的清濁來看，也和唐以後的説法不同，如：

a 珍，真；砧，針；朝，昭；是知清照濁。

陳，辰；紬，詶；是澄清禪濁。

椿，春；是徹清穿濁。

孃，瓤；是娘清日濁。

這是用知徹澄娘對照穿禪日。氏䑛兩字，又可以表示禪清神濁。

b 從邪二母，以從清邪濁爲主，像：

從，松；墻，詳；晴，餳；字，寺等都相同，只有璿泉二字却反過來，恐怕也是錯的。

c 非敷二母，又是敷清非濁，如：

孚，夫；峯，風；妃，飛；赴，賦；肺，廢。

這三種分法裏前面兩種，用呼或等來分別輕清和重濁，和前面所考由呂靜到陸法言所分完全一樣，是有韻書以來相承的分韻類的法則。第三種用聲來分的，只見於舌齒音和脣音，分法又和一般所謂五音清濁大不相同，這都是很可以注意的。把知徹澄娘和照穿禪日論清濁，又把神和禪，從和邪分清濁，在脣音裏把非和敷分清濁，在音理上也許是有緣故的，但是後來沒有人用過，那末，這種分法一定還在五音清濁之前，新説出來後，舊説被遺忘了。空海《文鏡秘府論·調聲篇》説「莊字全輕，霜字輕中重，瘡字重中輕，牀字全重」，和後來五音清濁的説法較接近，空海入唐在唐德宗貞元二十年（八〇二），《切韻》成於隋仁壽元年（六〇一），相去二百年，這一篇《辨四聲輕清重濁法》恐怕還在貞元以前。這裏面保留了等韻學發明以前音韻學家的分類法，傳寫固有錯亂，著書的人分配的也許本不很精密，但從宋以來，這批材料，一直被埋没了，這是很可惜的。

唐初，本來是一等的齊先等韻還没有讀入四等。顔師古《匡謬正俗》卷八説：

今俗呼東西之西，音或爲先，……晉灼《漢書音義》反西爲灑，是知西有先音也。

湛然《止觀輔行傳弘決》卷一講天台山的名稱，説：

有云本名天梯，謂其山高可登而升天，後人訛傳，故云天台。

西先讀爲灑，梯訛如台，可知其韻母前還没有 i 介音。陸法言《切韻》，先與仙别，青與清别，武玄之《韻詮》魏鶴山所見《唐韻》在齊韻裏分出移韻來，都可以證明這一點。《辨四聲輕清重濁法》分仙清爲輕清，先青爲重濁，可見先青等韻的元音，一定比仙清等韻後些。又把替濟兩字列輕清，態再兩字列重濁，可見齊系的元音要比咍系前些。我想在隋唐時，這一類的主要元音，假如擬作 ɛ，是很妥當的。現在紹興人説扶梯略如步推，還保存着古音。

到了唐末時，這些韻全讀成四等了，這在語音變化的歷史上是很重要的一葉。我們只要看敦煌所出的《守温韻學殘卷》裏的《四等重輕例》，平聲如「高交嬌澆」代表「豪肴宵蕭」四個韻，「擔鵮霑战」代表「覃咸鹽添」四個韻，「觀關勬涓」代表「桓删宣先」四個韻，「丹譠邅顛」代表「寒山仙先」四個韻，「樓流鏐」，「呣謀繆」，「裒浮滮」，「齁休烋」等代表「候尤幽」三個韻。可見蕭添先三韻都已是四等，和幽一樣了。在上聲裏，銑獮篠三韻，又和琰韻的四等一樣。在入聲裏，錫韻又和昔韻的四等一樣。這些原來的一等字，現在反比它們同類的三等韻的元音還要前了。守温在《聲韻不和無字可切門》裏説「高」字是喉中韻濁，而在四等重輕例裏，「高」字當然又是最重，所以一等的「高」字是最重濁的，四等的「澆」字當然是最輕清的。那末，蕭韻和宵韻四等相同，而比宵韻的三等輕而清，先韻和仙四等相同，青韻和清四等相同，又都比仙清的三等輕而清，齊添等韻都是這樣，比之《廣韻》裏的仙清先濁，清清青濁，就完全相反了。

根據《切韻》的反語上字，齒音一等用則倉作穢等字，二等用側初鋤所等字，我們知道它在每一個韻羣裏有三種一等，也就是最重濁的韻。如閉口韻裏有談覃添三系，收 n 韻尾的有寒魂先三系，它們的陰聲帶 i 尾，有泰（歌）灰齊三系。收 ŋ 韻尾的前有唐登青三系，它們的陰聲只有模咍二系，第三系和齊合併了。後有東冬二系，没有第三系，但是它們的陰聲，帶 *u* 尾，却有侯豪蕭三系，蕭系的入聲，分配到青系唐系去了。（所以合計 ŋ 尾的陰陽聲，實在都只有五系）。這三種一等，一種比一種輕而清，假如我們説「登」清「唐」濁，就更得説「青」清「登」濁。

（一）m 尾三系	p 尾三系	
1 談	1 盍	
2 覃	2 合	
3 添	3 帖	
（二）n 尾三系	t 尾三系	i 尾三系
1 寒	1 末	1 泰（歌）
2 魂	2 没	2 灰咍
3 先	3 屑	3 齊
（三）ŋ 尾前三系	k 尾前三系	不帶尾三系
1 唐	1 鐸	1 模歌
2 登	2 德	2（咍）
3 青	3 錫	

(四) η尾後二系	k尾後二系	u尾三系
1東	1屋	1侯
2冬	2沃	2豪
		3蕭

每一系一方面分四等重輕，一方面除入聲外陰陽聲又各分平上去三聲，韻與韻之間，有時雖有些交互，大體上，本來是很整齊的。

自從唐末把添先等十八韻，屬於第三種一等的韻，讀入四等後，一等少了一種，四等却多了一種，就發生出大麻煩來了。先和仙不能分，青和清不能分，蕭和宵不能分，整理韻書分韻類的人就不好安排了。守温把蕭韻的澆列四等，宵韻的嬌列三等；又把添韻的敁列四等，鹽韻的霑列三等，似乎也很整齊，可是宵韻鹽韻本身都有四等字，像宵韻三等有喬字，四等有翹字，鹽韻三等有淹字，四等有懕字，這些舊的四等字又怎麽辦呢？在《韻鏡》裏就把它們放在另一個三等韻下面，像鹽韻四等就放在本没有四等的嚴韻下面，像宵韻無處可附，就只好單獨立一圖了。陸法言《切韻》常常把不同等的兩類合爲一韻，像東韻包含一等紅類三等中類，麻庚等韻，同時包括二三等韻，侵鹽真仙脂祭支宵等韻，同時包括三四等韻，我們推想同韻的字，元音總是相同的，所以分類，只在有没有介音，或介音的區别罷了。晚唐音韻學家的定四等重輕，却認爲下面的等一定比上面的等清，即元音必須不同，所以寧可把陸法言的一韻拆做兩處，把一等變來的新四等，繼承舊三等，而把舊三等同韻的舊四等硬配到别系元音較後的三等下面，這就是《韻鏡》《七音略》各圖裏的怪現象了。

唐宋之交，有些韻羣裏連兩種一等都分不出來了。《韻鏡》還把删來次寒桓，山韻獨立，守温就把删來次桓，把山來次寒。上聲把産次旱，去聲把願韻的建字排在翰韻。這樣凡是較爲接近的韻類都不分了。他有《清濁韻鈐》一卷載《宋史·藝文志》，可惜不傳，但我們可以由四等重輕例來推想守温所謂清濁韻是只在分等第開合，别的由「呼」來定清濁的方法，那時已没有人來注意了。

我們如其翻開《切韻指掌圖》和《四聲等子》來看，守温的分法，已經和他們完全相同，有些人疑惑《指掌圖》是後起僞託，現在就大可不必了。由《韻鏡》《七音略》四十三圖併爲《指掌圖》二十圖，四聲等子十六攝，又變爲十三攝，只見其同，不見其異。語言漸漸單純，影響了音韻學家，等韻書的合併韻類，使大家不再精密分别韻的不同，也未嘗不能有一些影響到語言，所以現代語的韻母就十分地減少了。這種等韻學的興起，漸漸把四等重輕和清濁韻都忽略了，所以一般人就只知道五音分清濁了。

近代音韻學家從等韻入手來探討隋唐音以至於上古音，一開始就碰到了四等的難關。有舊四等（像鹽琰艷葉四韻裏的壓靨猒厭），又有新四等，（是由一等變來的，如先青等韻）；有三四等合韻（像侵鹽支脂等韻），又有獨立四等（像幽韻）；有真四等（即新舊四等韻），又有假四等；（如魚之等三等韻裏的四等字，只限於精系），這本來够使人迷亂的。現代語的韻類這樣的貧乏，而《切韻》裏面却這樣的豐富，所以不僅章太炎先生妄斷有許多韻是「本無其音，」就連高本漢先生也只勉强地找出兩種一等字來，而不知道新四等字在《切韻》裏是第三種一等字。他把三四等韻分成三類，除去第三類是新四等外，第一二兩類的區别，只是一個是什麽聲母都可以有，一個是只有見非兩系的聲母，或只有見系，而不知道分出純三等韻三四等韻，和純四等韻（幽黝幼三韻給他漏去了）。總之，他不知道有舊四等韻。固然，舊四等韻字數很少，（大都在見系非系）給一等變來的新四等字喧賓奪主，但是高氏也實在没有把《切韻》本身澈底的研究一下，他説「有少數字，在韻表裏從三等變成四等，就是説丢掉了j。這是《切韻》以後的演變。」這實在是誤解了《切韻》，也冤枉了韻表。因爲像《韻鏡》一類的韻鏡表，除了新四等韻，除了它所根據的韻書和陸法言原本稍有不同，此外是很忠實的，他們所列的舊四等韻，在陸法言《切韻》裏實際上已是四等，雖然在那時只是比三等較輕較清的韻，還没有等第的名稱。

但是，高氏究竟還有一隙之明，在《方言字彙》的臻攝裏殷慇字下，假定它們許是三等，與四等因姻等字不同，可見他在影母裏也一度分出三四等來了，他這説法是根據《切韻指掌圖》（九圖）之類的韻表來的，和《廣韻辨四聲輕清重濁法》的禋（同因）清殷濁，完全相同，只可惜他没有把這個例子推廣出來，用在伊衣一乙等字的區别。而在中國譯本的《中國音韻學研究》却被譯者誤會爲殷真屬韻不同而删去，就更可惜了。

自從高本漢没有忠實地根據韻表來分出《切韻》系統的舊四等，一般學者到現在還把新四等當做四等，而不曉得或不敢説它們是由另外一種一等變來的，同時對於舊四等没有法子安排，就只好把它們叫做「重紐」或「三等重紐」，這一個可笑的名稱。對於隋唐音還没有分析清楚，怎麽可以拿來講上古音。我們相信從古音到《切韻》已經有很多變化，現在，把唐末若干一等字變爲四等字這樣最重要的歷史尚且疏忽了，而以爲古音和韻表差不多，這種理論，無論如何是不可信的。

由此，我們可以知道創立一種術語來代替一種概念是很重要的。陸法言時代及其前後，只知道清濁和輕重，實際上只分輕清或重濁兩類，用來衡量韻母裏元音的長短前後，開合，洪細四等，并且還用來分別聲母，方法雖簡單，但只能在兩類間作分別，没有把全部韻類來作比較。雖然自稱「剖析毫氂，分別銖累」，但是由於術語的含混，年代一久，聲音有變化以後，後人就不懂得他爲什麽要這樣分析了。假使他早説明有三類一等，每類又有開合四等，許多紛擾就不會發生。這就是概念没有成立，術語不完備的毛病。晚唐韻學家規定了開合四等，確是一個重要的進步，其功績不在齊、梁時規定四聲之下。所可惜的是那時一部一等韻已變四等，新四等和舊四等的讀法幾乎完全一樣，這班音韻學家以實際聲音爲標準，所以同列在四等，而不管原來的反語。再加各種相近的韻，如：東冬、支脂、魚虞、佳皆、删山、庚耕、覃談等韻，細微的區別都消失了，所以又把它們合併起來。因此，韻圖和切韻就大不一樣。不但不能知道有三種一等，就是兩種一等也不大清楚了。等韻學盛行以後，逐漸的許多門法出現了，而六朝以來，《切韻》家最簡單，也是最重要的法則，反而遺忘了。清濁輕重不再用於韻的區別，五音清濁説起而代之，於是，《切韻》爲什麽要分這麽多的韻，就不容易取得答案了。我們現在要瞭解《切韻》時代的語音，顔之推蕭該陸法言等所精細分析過的語言，就得先知道他們所用的術語，瞭解他們的法則，那末，輕重清濁的分別，對於這種研究，應當是一条新的途徑。

後記

著者最近的意見，認爲《切韻指掌圖》《四聲等子》之類，既合於守温韻學殘卷，便是早期的等韻學説的代表。早期等韻學是審音的，而後起的《七音略》《韻鏡》之屬，是修正派，是想儘量附會韻書的。

關於知照分清濁一點，跟後來等韻家所謂知照互用，似乎有關。此文已付印，不及追改，因綴于後。三十七年九月唐蘭。

作者自注：寫成於一九四八年九月。

載《國立北京大學五十周年紀念論文集》文學院第二種一九四八年十二月。